Rumänien entdecken

Kunstschätze und
Naturschönheiten
Aufgezeichnet
von Birgitta Gabriela
Hannover

W0035603

Trescher
Reihe Reisen

1. Auflage 2003

© Trescher Verlag
Reinhardtstraße 9
10117 Berlin
www.trescherverlag.de
post@trescherverlag.de

ISBN 3-89794-012-4

Trescher-Reihe Reisen
Herausgegeben von Sabine Fach und
Bernd Schwenkros
Reihenentwurf: Robert Schumann
Satz und Bildbearbeitung:
Tom Schülke
Lektorat: Sabine Fach
Stadtpläne und Karten: Bernd
Schwenkros, Johann Maria Just
Bildnachweis: Birgitta Gabriela
Hannover; außer: 14, 15, 16:
A. Constantinescu; Titel, 167 u.,
250 o., 336 u.: Romeo Huidu; 33,
250 u.: Dinu Mendrea; 40, 43, 82,
83, 166 o., 167 o., 250 o., 336 o.:
Radu Mendrea; 19, 38, 86, 377,
81, 84, 165, 166 u., 168, 249, 252:
Sandu Mendrea; 17, 48, 251 u., 390:
Wilhelm Scherz

Titelbild: Eingang zur Kirche im
Kloster von Curtea de Argeş

Alle Angaben in diesem Buch wurden
sorgfältig recherchiert und überprüft,
trotzdem kann für die Richtigkeit
keine Gewähr übernommen werden.
Hinweise und Informationen unserer
Leserinnen und Leser nimmt der Verlag gerne entgegen. Bitte schreiben
oder mailen Sie unter obiger Adresse.

Gedruckt auf chlorfrei gebleichtem
Papier

Printed in Germany

Inhalt

Vorwort 11
Hinweise zur Benutzung 12
Zeichenlegende 13

**Die Entdeckung eines
Vielvölkerlandes** 14

Geographie 16
Die Bodenschätze und
Mineralquellen 18

Geschichte 20
Ur- und Frühgeschichte
Unter römischer Herrschaft 20
Erste Staatsbildung und
türkische Herrschaft 22
Die Zeit der Fanarioten 24
Nationale Befreiung und
staatliche Einigung 24
Rumänien unter den
Hohenzollern 25
Die Entstehung
Großrumäniens 26
Rumänien und der Zweite
Weltkrieg 27
Die Republik Rumänien 28
Unter dem ›Conducator‹ 29
Die Wende – ›Erwache
Rumänien‹ 30
Verfassung und Verwaltung 32

Wirtschaft 33
Umwelt 35

Religion und Kirche 37
Beginn der Christianisierung –
die rumänisch-
orthodoxe Kirche 37
Die katholische Kirche
in Rumänien 39

Inhalt

Die Völker Rumäniens 41
Die Magyaren 42
Die Deutschen 43
Die Juden 45
Die Roma 46
Die Slawen 49
Die Türken 50

Küche und Wein 50
*Kleine Speisen- und
    Getränkekarte* 53
Rumänischer Wein 54

Die rumänische Sprache 55
Das rumänische Alphabet 57
Kleiner Sprachführer 58

Dreiländereck Banat 62

Über die Region 64

Arad 66
Stadtgeschichte 68
Stadtbesichtigung 68
Rund um Arad 72
Deutsches Kulturgut im Banat 75

Timișoara 77
Stadtbesichtigung 80
Das Fabrikviertel 88
Die Banater Bergbauregion 89
Die rumänische Eisenbahn 91

Siebenbürgen 92

Oradea 94
Die Umgebung von Oradea 99

Die Maramureș und ihre
    Geschichte 99

Inhalt

Satu Mare und Umgebung 101
Baia Mare 103

Die Holzarchitektur Rumäniens 105
Die Kirche zu den heiligen
    Erzengeln von Şurdeşti 107
Die Kirche zu den heiligen
    Erzengeln in Rogoz 108
Die Bergkirche Maria Geburt
    in Ieud 108
Borşa 109
Weitere Holzkirchen 110
Sighetu-Marmaţiei 111
Feste und Brauchtum 113

Das historische Siebenbürgen 114
Geschichte Siebenbürgens 115
Die Siebenbürger Sachsen 119
Der Deutsche Ritterorden 121

Braşov 123
Stadtbesichtigung 125
Johannes Honterus – ›Wachet
    und Betet‹ 128
Die Umgebung von Braşov 129

Die Kirchenburgen
    Siebenbürgens 130
Cisnădioara 133
Cisnădie 135
Cârţa 135
Făgăraş 137
Prejmer 138
Hărman 140
Homorod 142
Die Unitarierkirche
    von Dârjiu 144

Sighişoara 145
Die Kirchenburg Biertan 152

Inhalt

Mediaş	154
Die evangelische Kirche	155
Die Umgebung von Mediaş	158
Blaj	159
Sibiu	160
Stadtgeschichte	161
Ein Spaziergang durch die Stadt	164

Alba Iulia	174
Besichtigung der Festung	176
Sebeş	178
Die Dakerfestungen	179
Hunedoara	181
Durchs Haţeger Land	183
Die Ausgrabung Sarmizegetusa-	
Ulpia Traiana	185

Cluj-Napoca	186
Die Altstadt	189
Matthias Corvinus	190
Weitere Sehenswürdigkeiten	193
Târgu Mureş	195
Bistriţa	197
Ein Spaziergang durch Bistriţa	199
Von Bistriţa in die Moldau	201
Vlad Ţepeş – Dracula noch	
immer aktuell	202
Die Walachei	**204**
Geschichte der Region	206
Bukarest	207
Entlang der Calea Victoriei –	
zwischen Piaţa Victoriei und	
Piaţa Revoluţiei	211
Piaţa Revoluţiei	215

Cişmigiu-Park	217
Zwischen Calea Victoriei und Bulevardul Bălcescu	218
Das alte Handelsviertel	221
Alt-Bukarest – Curtea Veche	225
Die Ära Ceauşescu	227
Das Cotroceni-Viertel	230
Der Norden	231
Die Umgebung von Bukarest	237
Schloß Mogoşoaia	239
Das Schloß von Buftea	240
Die Klosteranlagen im Norden Bukarests	240

Ploieşti und Umgebung	242
Prahova-Tal	242
Schloß Peleş (Castelul Regal)	243
Kloster Sinaia	243
Târgovişte	244
Kloster Dealu	247
Câmpulung Muscel	248
Curtea de Argeş	253
Klöster und Kurorte am Olt	258

Kloster Cozia	259
Călimăneşti-Căciulata	262
Die Bäder Olteniens	262
Kloster Bistriţa	263
Kloster Arnota	264
Kloster Horezu	264
Măldăreşti	267
Naturdenkmäler	268
Târgu Jiu	269
Kloster Tismana	270
Von Tismana nach Craiova	271

Inhalt

Die Moldau 272

Geschichte der Region 274
Die Bukowina und ihre
   Geschichte 276

Die Klöster der Südbukowina 278

Voroneţ, die ›Sixtinische Kapelle
   des Ostens‹ 281
Das Bildprogramm der Fassaden 282
Das Kircheninnere 285

Kloster Humor 287
Der Akathistos-Hymnus von
   Humor 289
Kloster Moldoviţa 291
Kloster Suceviţa 293
Kloster Putna 298
Kloster Arbore 299
Kloster Slatina 300
Baia 301
Răşca 301
Proboţa 302

Suceava und Umgebung 303
Stadtbesichtigung 303
Ştefan III. cel Mare 309
Dragomirna 310
Pătrăuţi 311
Siret 313
Bălineşti 313
Die ›Bogdana‹ in Rădăuţi 314

Die östliche Moldau 315
Rückblick auf Bessarabien 317

Iaşi 318
Das Zentrum von Iaşi 321
Die Drei-Hierarchen-Kirche 325

Das Universitätsviertel 327
Klosteranlagen im Süden
    der Stadt 328
Dimitrie Cantemir – ein Vorläufer
    der Aufklärung 330
Die Umgebung von Iaşi 331
Im Norden von Iaşi 331
Ipoteşti – auf den Spuren des
    Nationaldichters Eminescu 332
Einsamkeit 338

Das Neamţ-Gebiet 339
Kloster Bistriţa (Mănăstirea
    Bistriţa) 340
Die Klöster Văratec und Agapia 343
Tărgu Neamţ 344
Kloster Neamţ 344
Über Secu und Sihăstria
    nach Bicaz 348

Entlang der Donau zum
   Schwarzen Meer 350

Die Donau, ein europäischer
    Fluß und seine Geschichte 352
Die Ökologie der Donau 353
Das Eiserne Tor 354
Durchs rumänische Land –
    die Walachei 355
Die Dobrogea 357
Aus der Geschichte der
    Dobrogea 358

Constanţa 360
Stadtgeschichte 360
Stadtbesichtigung 361
Ovid in der Verbannung 364
Basarabi 366
Das ›Tropaeum Traiani‹
    in Adamclisi 367

Inhalt

Die rumänische Schwarzmeer-
    küste   370
Die Ausgrabungsstätte Histria   373
Die Badeorte mit Mangalia   376

Ins Donaudelta   380
Das Delta   382
Die Mündungsarme der Donau   383
Galaţi (dt. Galatz)   385
Brăila   386
Die Donau als Handelsstraße
    gehört allen – Die Donau-
    kommission   387

Reisetips von A bis Z   389
Glossar   390
Rumänien im Internet   409
Über die Autorin   409
Leseempfehlungen   410

Kartenregister   412
Personenregister   413
Ortsregister   416

Vorwort

Donauland, Karpatenland, Bärenland.

Rumänien, das Land im Südosten Europas, scheint trotz der politischen Wende ein wenig in Vergessenheit zu geraten. Manchem haftet es als Heimat des sagenumwobenen Dracula im Hinterkopf, anderen ist es geläufig als Siedlungsort der Siebenbürger Sachsen und wieder andere verbinden es mit der Bukowina und den Banater Schwaben. Häufig mußte die Walachei als Synonym für Unordnung herhalten, während sie als Lebensraum der Zigeuner romantisch verklärt wurde.

Die Nähe zu Krisenregionen wie Moldawien und Jugoslawien war leider nicht geeignet, dazu beizutragen, Vorbehalte einmal über Bord zu werfen und die Fahrt ins Land Rumänien zu wagen. Menschen, die in Rumänien einst ihre Heimat hatten, kehren heute für Besuche zurück, doch Reisende, die sich aufmachen, in den unendlich scheinenden Weiten die verborgen liegenden Kunstschätze zu suchen, sind eher selten.

Viele Kilometer trennen das Land von den europäischen Zentren, und zumeist bietet es sich an, in seiner bekanntesten Region, Siebenbürgen, zu bleiben. Der Fremde sollte aber keineswegs die Mühen scheuen und an seine äußersten Grenzen, die hügelige Moldau, die weite Dobrogea, die waldreiche Maramureş und auch in das sagenhafte Donaudelta fahren. Er wird die Straßen teilen mit Enten, Gänsen, Eseln, Fuhrwerken, aber auch mit Fahrrädern und rasenden Autos. Hier in Rumänien treffen im wahrsten Sinne des Wortes Fortschritt und Tradition in größtmöglichem Kontrast aufeinander. Wer bereit ist, trifft auf eine Ursprünglichkeit, die ihresgleichen in Europa sucht.

Gewiß tragen auch die Botschaften unserer Zeitungen von Armut, Kriminalität, Schlepperbanden, die angeblich ganze Sippen von Roma in die Nachbarländer schleusen, zu einer Furcht vor dem Land bei. Natürlich mögen auch unschöne Erfahrungen eine Reise bereichern, wie es überall geschehen kann. Doch auch in Rumänien blieb die Zeit seit der Wende nicht stehen, und die Erfolge der letzten Jahre sind weithin sichtbar. Schon warten viele neue Straßen, Hotels und gastfreundliche Rumänen auf ihre Gäste. Vielleicht mag das Reisen mühevoller als anderswo sein, doch die vielen hilfsbereiten Menschen lassen dies leicht vergessen.

Viele Jahrzehnte war das Land dem deutschen Sprachraum durch die auswanderungswilligen Rumäniendeutschen im Bewußtsein. Seit der politischen Wende sind die Tore geöffnet und die Reisenden herzlich eingeladen, die Brücke zwischen Europa und dem Orient mit seinem überreichen Kulturgut zu besichtigen und seine Naturschönheiten zu genießen.

Hinweise zur Benutzung

Rumänien ist im 19. und 20. Jahrhundert aus kleineren Fürstentümern zu einem Staat verschmolzen. Die beiden Weltkriege haben mit ihren wechselvollen Grenzverschiebungen die heutige Größe des Landes entscheidend beeinflußt.

Im ersten großen Abschnitt des Buches wird das Land übergreifend betrachtet. Hier findet der Reisende den Einstieg.

Der sehr viel ausführlichere Hauptteil ist untergliedert in die fünf historisch bedeutsamen Regionen, womit ihrer einstigen Selbständigkeit Rechnung getragen wird. Allen Gebieten wurde dabei die gleiche Aufmerksamkeit zuteil, kein Schwerpunkt gesetzt, um den Reisenden mit allen rumänischen Großräumen gleichermaßen vertraut zu machen.

Den Abschluß bildet ein Praktischer Anhang, der den organisatorischen Aufwand erleichtern soll, sowie ein Glossar, das wichtige Fachbegriffe, vor allem aus dem Bereich der Kunstgeschichte und der Architektur, erklärt.

Der Fremde, der sich vielleicht älterer Literatur bedient, könnte erst einmal verwirrt sein, durch die verschiedensprachigen Bezeichnungen von Städten, Regionen und geographischen Angaben. Das ist lediglich ein Indiz für die multiethnische Zusammensetzung der Gebiete, bedingt durch deren wechselhafte Zugehörigkeit zu verschiedenen Ländern.

Mehrere Rechtschreibreformen innerhalb der letzten fünfzig Jahre machen die Verwirrung dann komplet.

In Curtea de Argeş

Zeichenlegende

 Allgemeine Informationen

 Restaurant, Café

 Flughafen

 Museen

 Bahn

 Camping

 Hotel, Übernachtungsmöglichkeit

 Einkaufsmöglichkeiten

Grundlage für den gesamten Reiseführer ist das Rumänische, wie man es auf den offiziellen Beschilderungen und auch auf Plänen und Landkarten im Land findet. Dabei wurde die neueste Schreibweise berücksichtigt, auch wenn Schilder mancherorts noch nicht ausgetauscht wurden. In Klammern ist an das Rumänische die gegebenenfalls deutsche, ungarische oder serbische Bezeichnung angefügt.

Im laufenden Text wurde zur besseren Lesbarkeit teilweise das Deutsche angewandt, woraus sich Rechtschreibunterschiede ergeben können: der Fluß Prut (rumän.) und Pruth (dt.), Stefan der Große (dt.) und Ştefan cel Mare (rumän.). Rumänische Eigennamen wurden belassen und nicht der Rechtschreibreform angepasst. Der Führer hat zum Ziel, den Reisenden an möglichst viele Kunstdenkmäler heranzuführen und inhaltliche wie stilistische Merkmale exemplarisch zu beschreiben. Es lag nicht im Interesse der Verfasserin, mittels Aufzählung alle Sehenswürdigkeiten zu erfassen. Die Fülle des Gebotenen machten eine Auswahl zwangsläufig nötig. Da für Rumänien, insbesondere für die Regionen Moldau und Walachei, derzeit noch sehr wenig kompaktes Material vorliegt, war das Bildprogramm der Moldauklöster Gegenstand einer genaueren Beschreibung, damit sich der Betrachter vor Ort ausreichend orientieren kann.

Im Rumänischen häufig verwendete Abkürzungen

Str.	Strada (Straße)	Sf.	Sfântul (Heiliger)
B-dul	Bulevardul (Boulevard)	Sf.	Sfânta (Heilige)
P-ţa	Piaţa (Platz)	Mr.	Mănăstirea (Kloster)

Daker, Römer, Magya-
ren, Germanen, Juden,
Slawen und Osmanen
haben diesem abwechs-
lungsreichen Land
seine unverwechselbare
Note gegeben. Eine
Spurensuche lohnt sich.

Die Entdeckung
eines Vielvölkerlandes

Geographie

Die Republik Rumänien (Republica România) liegt mit ihrer Fläche von 238 391 Quadratkilometern (fast so groß wie die alte Bundesrepublik) weit im Osten Europas. Sie ist aus fünf historisch sehr verschiedenen Landschaftsräumen zusammengewachsen, die in unterschiedlicher Ausprägung seit jeher ein Einfallstor von Asien nach Europa waren. Siebenbürgen (Transilvania) mit Kreisch (Crişana) und Marmarosch (Maramureş), Moldau (Moldova), Walachei (Ţară Româneasca), Banat (Banatul) und Dobrudscha (Dobrogea) sind verwaltungsmäßig in 41 Kreise (Judeţe, sing. Judeţ) und dem den Kreisen gleichgestellten Munizipium (Municipiu) Bukarest aufgeteilt. In Nachbarschaft zu Ungarn und Jugoslawien im Westen, zur Ukraine im Norden und Südosten, zur Republik Moldawien im Osten und zu Bulgarien im Süden wird der Ring durch die natürliche Begrenzung des Schwarzen Meeres im Osten geschlossen. Nur 22,9 Millionen Menschen, (7,1 Prozent Ungarn, 1,8 Prozent Roma, 0,5 Prozent Deutsche, 03 Prozent Ukrainer, wenige Russen, Türken, Serben, Tataren, Juden, Armenier Bulgaren und Slowaken) bewohnen dieses abwechslungsreiche Territorium, womit das Land mit 94,2 Menschen (Deutschland 227) pro Quadratkilometer relativ dünn besiedelt ist. Die Staatssprache ist Rumänisch, Minderheitensprachen sind unter anderem Ungarisch und Deutsch. Über 50 Prozent der Menschen leben heute in den Städten. Die Hauptstadt Bucureşti hat 2,028 Millionen Einwohner. Weitere

Landschaft in Siebenbürgen

große Städte sind Iași (348 999), Constanța (344 876) und Timișoara (334 098). Das Land läßt sich geographisch fast dreiteilen in Gebirge, Hügelland und Hochebene und Ebene. In der Landesmitte umgibt der weit ausholende Karpatenbogen das transsilvanische Hochland.

Die Karpaten (rumän. Carparți, ungar. Kárpátok), ein Faltengebirge des alpidischen Gürtels, untergliedern sich in West-, Wald-, Ost- und Südkarpaten. Die Waldkarpaten umfassen die Marmarosch bis zur Prislophöhe. Ab diesem Paß spricht man von den Ostkarpaten, die sich bis zum Predeal bei Brașov entlangziehen. In ihnen liegen vulkanische Zonen, das ›Gurghiu-Gebirge‹ (westlich des obersten Maros) und die ›Munții Harghita‹. Die Ostkarpaten bestehen aus drei parallel laufenden geologisch verschiedenen Ketten, die von Norden nach Süden orientiert sind. Sie umfassen das größte Forstgebiet des Landes. Eine äußere Sandsteinzone breitet sich an ihrer Südseite fächerförmig aus.

Am Predeal schließen sich die im Durchschnitt höheren Südkarpaten an und verlaufen bis zum Donaudurchbruch am Eisernen Tor. Im Fogarascher Gebirge (rumän. Munții Făgărașului, ungar. Fograsi-Havasok), einer siebzig Kilometer langen Schiefer- und Gneiskette der Südkarpaten, liegen die höchsten Gipfel Rumäniens. Allein sechs reichen über 2500 Meter, der höchste, der Moldoveanu, ist 2544 Meter hoch. Stellenweise sind in den Karpaten (um Brașov) heute noch intakte Wildpopulationen mit Wölfen, Braunbären und dem scheuen Luchs aufzuspüren. In Zusammenarbeit mit deutschen Wissenschaftlern werden zur Zeit Studien und Pläne zur Einrichtung von Schutzgebieten erarbeitet.

Bergsee in den Karpaten

Im Westen Rumäniens begrenzt das ›Siebenbürgische Erzgebirge‹ mit Höhen von 1438 Metern die transsilvanische Hochebene. In seinen ›Munţii Metliferi‹ und ›Munţii Trascău‹ liegen wichtige Bergbauregionen des Landes. An seiner Südflanke verläuft das streckenweise wunderschöne Mureştal. Hinter den Wäldern des Erzgebirges, um die Städte Arad, Oradea und Timişoara, hat Rumänien Anteil an der ungarischen Tiefebene.

Der südliche Landesteil wird von der weiten rumänischen Ebene (Câmpia Română), dem bedeutendsten Agrargebiet, eingenommen. Sie reicht im Osten bis an die Region Moldau.

Im Südosten, zwischen Donau, Schwarzem Meer und der Grenze zu Bulgarien, liegt ein Tafelland mittlerer Höhe, die Dobrogea, und ganz im Osten das Donaudelta. Im Osten zwischen den Flußtälern von Pruth und Sireth, wird die Region der Moldau von der Hügellandschaft der Vorkarpaten und einem mit Löß bedeckten Tafelland geprägt.

Das Klima des Landes ist vom Übergang zwischen gemäßigtem und kontinentalem Bereich geprägt. Im Juli betragen die Durchschnittstemperaturen 22 bis 23 Grad in der Ebene, im Gebirge 15 bis 16 Grad. Die Niederschlagsmenge ist im Osten am geringsten, im Süden und im Westen regnet es mehr. Rumänien hat zuweilen mit extremen Hitzeperioden im Juli zu kämpfen.

Die Bodenschätze und Mineralquellen

Rumänien müßte kein armes Land sein. Seine Ölreserven haben schon im Zweiten Weltkrieg Hitler zum Öl-Pakt veranlaßt. Die Ölfelder von Moreni, nordwestlich von Ploieşti, lagen nach Förderung und Einnahmen einst an Europas erster Stelle. Im quellreichen Gebiet, in dem sich die Bohrtürme dicht nebeneinanderreihten, reichten die Bohrlöcher in eine Tiefe von bis zu 1500 Metern. Rohrleitungen beförderten den Rohstoff an die Donau nach Giurgiu oder nach Constanţa. Die Erdölreserven Rumäniens befinden sich nicht nur im Binnenland, sondern auch im Schwarzen Meer, sind aber rückläufig. Die Erdgasvorkommen, die seit 1910 ausgenutzt werden, liegen vor allem in Siebenbürgen um Sighişoara (Schäßburg) und Mediaş (Mediasch). Die Gold-, Silber- und Buntmetallerze werden in der Maramureş um Baia Mare und im Goldenen Viereck des Siebenbürger Erzgebirges ausgeschöpft. Außerdem werden Eisen- Blei, Zink, Kupfer und Manganerz gefördert. Im Schwarzen Meer entdeckte man Methangas. Reiche Stein- und Braunkohlevorkommen werden vor allem in der Petroşani-Senke (Petraschen-Senke) und im Tal des Jiu (dt. Schiltal) abgebaut. Die Steinkohlereserven schätzt man auf 50 Millionen Tonnen. Die Urangewinnung der siebenbürgischen Westgebirge deckt mit einem jährlichen Umfang von 125 Tonnen den Eigenbe-

Kurbetrieb in Băile Felix

darf, die Reserven werden bei gleichbleibendem Verbrauch noch 44 Jahre reichen. Weitere Bodenschätze sind Bauxit und reiche Salzvorkommen in Siebenbürgen, die in den Randsenken teilweise abgetragen werden.

Die Karpaten sind reich an Mineral- und Sauerquellen. Ein Drittel aller europäischen Mineral- und Thermalquellen findet man hier. Schon im Altertum war
Rumänien berühmt für diese vielen verschiedenen Heilquellen, sie wurden frühzeitig von den Römern, die auch das Băile Herculane (dt. Herkulesbad) gründeten, genutzt. Kaiser Napoleon III. bezog Wasser aus Călimănesti (ungar. Kele-
mentelke) und zog dieses den französischen Quellen vor. Heute versprechen siebzig Kurorte im ganzen Land Linderung bei rheumatischen Beschwerden,
Herz-Gefäßerkrankungen, Erkrankungen des Verdauungs- und Nervensystems,
Haut- und gynäkologischen Problemen und Alterserscheinungen. Natürliche
Heilverfahren werden ergänzt durch Physiotherapie, Akupunktur, Elektrothera-
pie, Pflanzenauszüge und ergänzt durch in Rumänien entwickelte Heilöle.

Geschichte

Ur- und Frühgeschichte

Die im Jahr 1994 in Frankfurt a. M. gezeigte Ausstellung ›Goldhelm, Schwert und Silberschätze‹ zeigte mit wertvollen Funden vom frühen 5. Jahrtausend vor Christus bis zum 6. Jahrhundert nach Christus das reiche archäologische Erbe Rumäniens. Schon während des Neolithikums (6500–3500 vor Christus) wurde hier eine qualitätvoll bemalte Keramik hervorgebracht, worunter jene der Cucuteni-Kultur aus dem Gebiet der Moldau ein harmonisches Zeugnis abgibt. Der Reichtum an Bronze- und Goldobjekten war den großen Kupfererzvorkommen Siebenbürgens und den Goldlagerstätten der Westkarpaten (Apuşeni-Gebirge) zu verdanken und läßt Verbindungen zur mykenischen Hochkultur erkennen.

Die Besiedlung durch Daker und Geten, ein nördlicher Zweig der thrakischen Völkerschaft und wie diese Indoeuropäer, ist seit der Bronzezeit 1800 vor Christus auf dem Gebiet des heutigen Rumäniens belegt. Die Südgrenze ihres Siedlungsgebietes bildete die Donau. Aus der engen Symbiose beider Völker gewannen die Daker allmählich Übergewicht. Während die Römer am Übergang vom 2. zum 1. Jahrhundert vor Christus mit der Festigung ihres Einflusses südlich der Donau in Makedonien und Griechenland beschäftigt waren, begann der Expansionsdrang dakischer Stämme.

Unter dem Daker Burebista (82–28 vor Christus) formierte sich erstmals im Schutze dichter Wälder ein dakisches Reich, dessen Kerngebiet Siebenbürgen um das Orăştie-Gebirge mit der wichtigen Burg von Costeşti war und das sein Herrschaftsgebiet fast bis an die Grenzen Italiens ausdehnen konnte. Die Geto-Daker beherrschten die Kunst der Eisengewinnung und lebten vom Handel mit Salz, das im Tagebau abgetragen wurde. Ihr wichtigster Handelspartner waren die Griechen, deren Tetradrachme auch gängiges Zahlungsmittel wurde. Mit dem Tod Burebistas (28 vor Christus) zerfiel das dakische Reich in Teilherrschaften.

Darstellung gefangener Geto-Daker, die von einem römischen Soldaten bewacht werden

Unter römischer Herrschaft

Zu Beginn des 1. Jahrhunderts nach Christus geriet die donauländische Region unter römische Kontrolle und wurde als Provinz Moesia (nach dem Stamm der thrakischen Myser) Inferior und Superior ins Reich eingegliedert.

Nördlich der Donau herrschte zu dieser Zeit König Decebal (85–106 nach Christus), dem eine Einigung der Daker nochmals gelungen war. Zum ersten Konflikt mit den Römern kam es 86/87 nach Christus, der zugunsten der Daker ausging. Decebal hatte die Römer über den Roten-Turm-Paß (Turnul Roşu), der die Walachei mit Siebenbürgen verbindet, gelockt. Die Erschöpfung der Kriegsgegner machte einen Friedensvertrag im Jahr 89 nach Christus möglich. Decebal unterwarf sich formell und erhielt römische Mittel zum Ausbau seines Landes. Während des zehnjährigen Friedens wurden die dakischen Festungen verstärkt.◆

Der römische Kaiser Trajan (98–117), geleitet von Geldnöten, die er in Erwartung von Gold, Silber und Eisen aus Dakien lösen wollte, bereitete jedoch erneut eine Offensive vor. In zwei blutigen Kriegen 102 nach Christus und 105 bis 106 nach Christus wurden die Daker besiegt, und der Kaiser schuf klare Verhältnisse an der Donaugrenze. Von seinem Triumph zeugen die szenenreiche bildliche Wiedergabe auf der Trajanssäule in Rom und das ›Tropaeum Traiani‹ in Adamclisi. Zur militärischen Sicherung führten die Römer den Donaulimes am Olt entlang bis zu den Karpaten und zur Dnjestrmündung. Mit den erhofften Goldfunden entstand in Rom nördlich vom Forum Cäsars ein eigenes für Trajan, errichtet von Apollodor von Damaskus.

Am 11. August 106 nach Christus wurde Dakien erstmals als römische Provinz Dacia erwähnt. Sie sollte es 165 Jahre bleiben. Es erfolgten die Romanisierung und Kolonisierung mit aus allen Teilen des Imperiums herbeigerufenen Völkerschaften; ein festes Straßennetz, Monumentalbauten, Tempel, Amphitheater und Bäder entstanden.

Doch die ungezählten Einfälle der Goten, Karpen (daher die Karpaten) und der Kostoboken zwangen Kaiser Aurelian 271, die Grenzen zu begradigen, und die Provinz Dacia aufzugeben. Im Jahr 275 wurde die Walachei geräumt. Trotz der daraufhin einsetzenden Einwanderung gotischer und slawischer Stämme wirkte der Einfluß der Römer weiter, und diese Zeit ist bis heute eng mit dem rumänischen Selbstverständnis als Nation verbunden. Aber keineswegs alle Daker waren mit der Provinz Dacia unter die Herrschaft Roms geraten. Ein Teil ihres Gebietes, die heutige Crişana und die Maramureş, wurden nie von Rom erobert.

Nach dem Rückzug der Römer fielen zahlreiche germanische Stämme in das heutige Rumänien ein. Sie ließen sich für kurze oder längere Zeit dort nieder. Einen nachhaltigen Einfluß hatte das Eindringen der Slawen. Sie eroberten vom 5. bis 7. Jahrhundert fast die gesamte Balkanhalbinsel und siedelten im Donaugebiet ab dem 7. Jahrhundert. Das Gewicht des ersten bulgarischen Reiches war für Rumänien entscheidend: Kirchenordnung und das Slawische als Liturgiesprache wurden übernommen.

Erste Staatsbildung und türkische Herrschaft

Im 11. Jahrhundert war Rumänien von starken Reichen umgeben: dem byzantinischen Reich im Osten, dem ungarischen Reich im Westen, und einem zweiten bulgarischen Reich im Süden. Diese Situation und der ständige Einfall von Petschenegen und Kumanen, einem turksprachigen Nomadenvolk, unterbanden bis zu dem einschneidenden Mongolensturm 1241 jegliche Reichsbildung. Siebenbürgen hatten sich die Ungarn bereits einverleibt.

Südlich und östlich der Karpaten wuchsen schrittweise im Schatten der Osmanen und Ungarns rumänische Fürstentümer: die Walachei und Moldau. Zunächst der ungarischen Oberherrschaft verpflichtet, gelang es zuerst Basarab I. (1324–1352), die ungarische Oberhhoheit für die Walachei abzuschütteln. Ihm folgte in der Moldau nur wenige Jahre später Bogdan I. (1359–1365).

Türkische Teppiche in der evangelischen Kirche in Mediaş

Alle drei bis dahin bestehenden rumänischen Länder haben ihre eigene Geschichte, die im Zeitraum vom 14. bis 17. Jahrhundert eines verband: die Gefahr durch die Türken. Diese hatten schon Bulgarien erobert, dann die Dobrudscha, und dann legten sie an der Donau starke Festungen an.

Bis zum Sieg der Habsburger über die Türken gelang es rumänischen Fürsten immer nur zeitweise, die osmanische Macht abzuschütteln. Die Schlacht von Mohács 1526, in der der junge ungarische König ums Leben kam, kann als Zäsur rumänischer Geschichte betrachtet werden. Es begann die intensive Orientalisierung des Balkans und des Karpatenbogens bis hinein in die ungarische Tiefebene. Während Ungarn für hundertfünfzig Jahre osmanisch wurde, koppelte sich Siebenbürgen als selbständiges Fürstentum osmanischer Gnaden ab. Die Moldau und die Walachei erhielten sich dank hoher Tributzahlungen an die Hohe Pforte in Konstantinopel eine relative Selbstständigkeit. Der osmanische Druck äußerte sich außenpolitisch, in krasser Ausbeutung und in der Heeresfolge rumänischer Kontigente im Dienste des Sultans. Innenpolitisch versuchten die Sultane die Wahl der Woiwoden zu beeinflussen. Diese wiederum waren keine Alleinherrscher, sie mußten die Macht mit den Bojaren (Adel und Großgrundbesitzer) teilen. Dennoch blieben Verwaltung und Kultur in eigener Hand, im Gegensatz zum Balkan, dessen Länder in sogenannte Paschaliks (in denen ein osmanischer Pascha herrschte) umgewandelt wurden.

Erst in Michael dem Tapferen (1592–1601), einem ehemaligen oltenischen Ban, erwuchs den Osmanen ein bedrohlicher Gegenspieler: Er stellte die Tributzahlungen ein, schloß Beistandsverträge mit dem Siebenbürger Stefan Báthory und dem Woiwoden der Moldau und vernichtete die türkische Schutztruppe. Nach seinem Sieg gegen Sinan Pascha 1595 bei Călugăreni befreite er mit Hilfe der Siebenbürger und Moldauer Truppen Târgoviște und Bukarest. Nach der Niederlage der Kaiserlichen gegen die Türken schloß er rasch einen Waffenstillstand mit den Türken. Geschicktes Taktieren verschaffte ihm einen Vasallenvertrag mit Kaiser Rudolf II.; er eroberte mit dessen Wissen Siebenbürgen und zog siegreich in Alba Iulia ein. In der Walachei vertrieb er Jeremia Movilá und vereinte so Siebenbürgen, Moldau und Walachei in seiner Hand.

Sein Aufstieg war den Habsburgern nicht ganz geheuer, er wurde von ihrer Seite durch eine Verschwörung hingerichtet. In der Folgezeit blieb die außenpolitische Situation in Rumänien weiterhin durch die Rivalität Österreichs und der Türkei bestimmt.

Mit Rußlands Sieg über die Schweden trat eine neue Macht auf den Plan. Dimitrie Cantemir in der Moldau und Constantin Brâncoveanu in der Walachei hofften, mit deren Unterstützung ihre Unabhängigkeit von der Türkei zu erlangen. Diese Hoffnung wurde durch die unerwartete Niederlage Peters des Großen im Pruthfeldzug zerstört.

Die Zeit der Fanarioten

Lange schon waren Griechen in die Moldau und die Walachei eingewandert. Während Siebenbürgen in österreichische Hände kam, die Dobrudscha von der schwächer werdenden Türkei besetzt blieb, setzte die Hohe Pforte in der Walachei und der Moldau seit 1711 die Fanarioten ein, Griechen, die führenden Familien entstammten und sich dem Sultan in Diplomatie, Wirtschaft und Verwaltung unentbehrlich gemacht hatten. Nicolae Mavrocordat sollte als erster Fanariot die türkische Herrschaft in der Moldau und Walachei stabilisieren. Mit Zugeständnissen an die Bojaren hatten sich aber die Habsburger deren Unterstützung gesichert, eroberten Bukarest und nahmen Mavrocordat gefangen. Im Frieden von Passarowitz (1718) erhielten die Habsburger Serbien und das Banat von Temeschwar (Timișoara) und Oltenien, aber eine türkische Großoffensive (1739) ließ sie alles wieder verlieren.

Der aufgeklärte Constantin Mavrocordat (1730–1769) führte als einziger Fanariot durchgreifende Reformen durch. Damit wurde der Exodus der Bauern in der ausgezehrten Walachei gestoppt. In beiden rumänischen Fürstentümern hob Mavrocordat die Leibeigenschaft gegen den Widerstand der Bojaren auf. Seine Nachfolger knüpften jedoch an die Ausbeutung seiner Vorgänger an. Die Gräzisierung fand ihren Ausdruck in der Kleidermode, Kunst und Architektur, Griechisch wurde Amtssprache. Die Moldau blieb allerdings aufgrund der Nähe zu Rußland auch kirchenslawischen Traditionen treu.

Mit dem Beginn der türkisch-russischen Kriege 1768 und dem Sieg der Russen bei Hotin gerieten die Fürstentümer unter russischen Einfluß. Die Türken verloren dabei die Schlüsselfestungen an der unteren Donau: Akkerman, Chilia und Ismail (1770). Ein Friedensvertrag sicherte Rußland uneingeschränkte Schiffahrt auf dem Schwarzen Meer und erhob es zum Protektor über die rumänischen Fürstentümer.

Nationale Befreiung und staatliche Einigung

Machtschwund der Türkei und erwachender Nationalismus bestimmten die Geschichte Rumäniens am Anfang des 19. Jahrhunderts. Impulse kamen einerseits aus Frankreich, andererseits hatten sich nebenan die Serben gegen die Türken 1804 erhoben und nach zehnjährigem Kampf ihre Unabhängigkeit erlangt. Steigende Ausbeutung durch die Fanarioten und wachsende Unterdrückung der Bauern durch die Bojaren, dazu die Opfer für den Russisch-Türkischen Krieg führten 1821 zum Bauernaufstand mit Plünderungen der Bojarendomänen und Klostergüter unter der Führung von Vladimirescu in Oltenien. Der Aufstand wurde kurzerhand mit russischer Hilfe bezwungen, Vladimirescu fand den Tod. Die Fürstentümer unterstanden nun formell den Russen. Das Geschehen in den Fürstentümern leiteten russische Generäle, unter ihnen ragt General Kisselev als Gouverneur mit Reformversuchen heraus: er schuf das Schulsystem von Barbu Ştirbei.

Im Jahr 1848 kam es in allen drei Regionen Moldau, Walachei und Siebenbürgen zu revolutionären Erhebungen, die eine Unabhängigkeit zum Ziel hatten. Nationales Gedankengut erhielt Nahrung durch Übersetzungen von Ioan Heliade Rădulescu. Geistiger Führer der Moldau war Michael Kogălniceanu, der sich noch bewähren sollte, während in der Walachei die Hoffnungen auf Fürst Bibescu und seinem revolutionärem Kabinett mit N. Golescu, C. A. Rosetti und N. Bălcescu lagen. Das Scheitern dieser Aufstände hatte eine Verschärfung der russisch-türkischen Fremdherrschaft zur Folge.

Der Krimkrieg im Jahre 1854 brachte den Umschwung. Rußland mußte das Protekorat für die Fürstentümer im Frieden von Paris (1856) an die sogenannten Garantiemächte Preußen, Frankreich und Österreich abgeben. Konstantinopel behielt die Oberhoheit. Eine innenpolitische Unabhängigkeit war nun gewährleistet, es herrschte uneingeschränkte Freiheit in Religion, Gesetzgebung, Handel und Schiffahrt sowie nationaler Verwaltung.

Im Wissen, die Pariser Konvention zu verletzen, ließ sich Ioan Alexander Cuza völlig überraschend zuerst vom moldauischen, anschließend vom walachischen Parlament zum Fürsten wählen. Die Personalunion wurde von den Garantiemächten – beschränkt auf die Amtszeit Cuzas – anerkannt, was er für die Schaffung einer einheitlichen Verwaltung nutzte. In kürzester Zeit wurden so viele Neuerungen eingeführt, wie sonst nie mehr in der rumänischen Geschichte: Eine Verfassung nach französischem Muster entstand, das Wahlrecht (Bauern und Kleinbürger blieben ausgeschlossen) wurde geändert, die Landreform vorangetrieben (Enteignung der Klöster), die autokephale rumänisch-orthodoxe Kirche gegründet, ein einheitliches Post- und Währungssystem geschaffen, die Grundschulpflicht zur Beseitigung des Analphabetentums und das lateinische Alphabet eingeführt.

Am 24. Januar 1862 wurde die Vereinigung des Landes unter dem Namen Rumänien in Bukarest ausgerufen, was der Berliner Kongreß (1878) anerkannte. Wie so häufig in Rumäniens Geschichte scheiterte die Regierung an innenpolitischen Problemen: die Großbojaren fürchteten durch die Landreform um ihre Pfründe und erzwangen 1866 Cuzas Rücktritt.

Rumänien unter den Hohenzollern

Die Interessen von Deutschland, Österreich und Frankreich, die türkischen und russischen Einfluß in der Region zurückdrängen wollten, verhalfen Karl (1839–1914), Prinz von Hohenzollern-Sigmaringen, am 20. April 1866 durch

Volksabstimmung zum Titel des Fürsten von Rumänien. Außenpolitisch von Frankreich und Deutschland unterstützt, bewältigte er den Aufbau des Landes trotz seiner ausländischen Herkunft, seiner fremden Sprache und Konfession. Die 1866 geschaffene Verfassung blieb bis 1923 gültig und verlieh ihm eine starke Stellung: Oberbefehl über die Armee, das Recht der Ministerernennung und -entlassung, die Auflösung des Parlamentes, und die Befugnis, mit ausländischen Staaten Verträge zu schließen. Er schuf eine Armee nach preußischem Vorbild, verbesserte Finanz- und Schulwesen, begann mit dem Bau von Eisenbahnen. Während des erneuten Russisch-Türkischen Krieges öffnete er notgedrungen sein Land den russischen Truppen und leistete durch militärische Unterstützung den entscheidenden Beitrag zum russischen Sieg. Im Vertrag von San Stefano und später von Berlin wurde Rumäniens Unabhängigkeit bestätigt.

Der antijüdische Artikel 7 der Verfassung mußte auf außenpolitischen Druck hin geändert werden, er verbot Nichtchristen (Juden) Einbürgerung und Grundbesitz. Endlich rang man sich zur Änderung durch, und Karl wurde 1881 als Carol I. zum König von Rumänien gekrönt. Er war verheiratet mit Elisabeth, Tochter des Fürsten Hermann zu Wied-Neuwied, die unter dem Namen Carmen Sylva ein umfangreiches schriftstellerisches und dichterisches Werk schuf, mit dem sie in Deutschland rumänisches Brauchtum und Traditionen bekannt machte. Zum Ende des Jahrhunderts wurde Rumänien schrittweise modernisiert und industrialisiert. Es entstand eine kleine Mittelschicht. Die Landbevölkerung verelendete aber weiter, die Agrarreform war nur halbherzig und provozierte 1907 den nächsten Bauernaufstand mit Tausenden von Toten.

Außerdem erhielt das Land das Donaudelta und die Dobrogea von Silistra bis Mangalia. Auf den kinderlosen Carol I. folgte 1914 sein Neffe Ferdinand I.

Die Entstehung Großrumäniens

Die Regierung Rumäniens war seit ihrer Unabhängigkeit einerseits stets um Neutralität bemüht, andererseits wollte sie den Anschluß an die Nachbarn nicht verlieren. Im ersten Balkankrieg neutral, trat Rumänien 1913 an der Seite Serbiens und Griechenlands in den für Bulgarien verlustreichen zweiten Balkankrieg ein. Im Frieden von Bukarest erhielt Rumänien die strategisch wichtige Süddobrudscha. Das innen- und außenpolitische Ansehen König Carols war damit beträchtlich gestiegen. Als Carol am 10. Oktober 1914 starb und damit die stärkste Stütze für die Neutralität wegfiel, erklärte Rumänien, umworben mit Gebietsversprechungen von allen Seiten, 1916 Österreich-Ungarn den Krieg.

In Siebenbürgen beschloß man unter Führung der rumänischen Unabhängigkeitsbewegung und unter Berufung auf das Selbstbestimmungsrecht am

1. Dezember 1918 (Nationalfeiertag) den Anschluß an Rumänien. Auf der Pariser Friedenskonferenz 1919 begünstigten die alliierten Großmächte Rumänien, weil sie es als Pufferzone zwischen Rußland und dem zerschlagenen Österreich fördern wollten: die Städte Arad, Oradea und Satu Mare sowie die Bukowina und Bessarabien wurden dem Territorium Rumäniens zugeschlagen, dessen Fläche sich damit von 130 777 Quadratkilometern im Jahre 1913 auf 295 049 Quadratkilometer mehr als verdoppelt hatte. Ein Vielvölkerstaat mit dreißig Prozent Nicht-Rumänen war entstanden, aber das Verhältnis zu den Nachbarn vergiftet.

Neutralität und bilaterale Freundschafts- und Beistandsverträge wie mit der Tschechoslowakei und Jugoslawien, die sogenannte ›Kleine Entente‹ bestimmten von nun ab die Außenpolitik. Doch mit Rußland bahnte sich der Konflikt um Bessarabien schon an. Innenpolitisch stand die Rumänisierung an erster Stelle, die mit der Agrarreform, die die Enteignung aller Ausländer bedeutete, einherging. Unterschiedliche Bestimmungen im Altreich und in gewonnenen Gebieten begünstigten die Rumänen und die orthodoxe Kirche. Das eingeführte allgemeine Wahlrecht schuf eine neue Parteienlandschaft. Die nationalliberale Partei führte das Land von 1918 bis 1938, zweitstärkste Kraft wurde die nationale Bauernpartei.

Rumänien und der Zweite Weltkrieg

Am Rande der Weltwirtschaftskrise entwickelten sich zwei Kräfte im Land: die faschistische Eiserne Garde, hervorgegangen aus der Bewegung des ›Erzengel Michael‹ unter Führung von Codreanu, und Carol II., Sohn Ferdinands. Die desolate wirtschaftliche Situation und die Zerstrittenheit der Parteien trieben kommunistischen wie faschistischen Parteien die Wähler in die Arme. Als auch antisemitischer Straßenterror überhand nahm, rief Carol per Staatsstreich 1938 seine Diktatur aus. Er stellte das Land unter Kriegsrecht, die von ihm berufene Regierung der nationalen Einheit hatte lediglich beratende Funktion. Die liberale Verfassung von 1923 wurde aufgehoben, polizeistaatliche Mittel zur Unterdrückung der Opposition eingesetzt, Codreanu ermordet und damit Gegenterror provoziert. Außenpolitisch umklammert von Hitlerdeutschland und stalinistischer Sowjetunion, bemühte sich Carol um Neutralität. Die Kleine Entente war mit der Zerschlagung der Tschechoslowakei praktisch hinfällig geworden. Auf den deutschsowjetischen Nichtangriffspakt von 1939 folgte das Ultimatum der Sowjets zur Räumung Bessarabiens und der Verlust der Nordbukowina. Der für Rumänien ungünstige ›Öl-Waffen-Pakt‹ von 1940 mit Nazideutschland signalisierte einen Kurswechsel Carols.

Innenpolitisch wurde die Eiserne Garde unter Horia Sima in die Regierung eingebunden. Die Anbiederung an Hitler hielt diesen dennoch nicht ab, im Wiener

Schiedsspruch von Rumänien die Abtretung Nordsiebenbürgens an das Horthy-Regime Ungarns sowie der Süddobrudscha an Bulgarien zu fordern. Carol, für die Verluste des Staatgebietes verantwortlich gemacht, setzte Marschall Antonescu (1882–1946) als Ministerpräsidenten ein. Dieser errichtete nach der Niederschlagung der Garde eine Militärdiktatur, proklamierte sich selbst zum Führer (Conducator) und schloß sich dem Angriff auf die Sowjetunion an. Er konnte einen kurzfristigen Rückgewinn von Bessarabien und Bukowina verbuchen, doch Stalingrad leitete in jeder Hinsicht die Wende ein. Carols Nachfolger Michael stürzte 1944 Antonescu und entschied sich im Einvernehmen mit einer Vierparteienkoalition für den Bruch mit dem Deutschen Reich, die Teilnahme am Krieg gegen Deutschland und damit für den endgültigen Verlust von Bessarabien und Bukowina an Rußland.

Die Republik Rumänien

Die 1921 gegründete Kommunistische Partei (PCR) konnte dank der Anwesenheit sowjetischer Truppen ihre Macht in Rumänien ausweiten und regierte formal unter dem parteilosen Ministerpräsidenten Petru Groza (1884–1958). Ihre Mitglieder besetzten innerhalb eines Jahres die Schlüsselpositionen im Land. Auf Druck der Westalliierten erfolgten zum Schein freie Wahlen, in deren Folge im Februar 1947 der Friedensvertrag mit Rumänien unterzeichnet und die Alliierte Kontrollkommission aufgelöst wurde.

Das Land war nun völlig auf sich gestellt, was die Kommunisten mit Unterstützung der Sowjets zum Machtausbau nutzten. Am 30. Dezember erzwang die Groza-Regierung mit dem Generalsekretär der Kommunistischen Partei Gheorghe Gheorghiu-Dej König Michaels Abdankung, um am gleichen Tag die Volksrepublik Rumänien (Republica Populară Română) auszurufen.

Gheoghiu-Dej, der sich gegen die Moskauer Gruppe durchgesetzt hatte, stand Stalin in nichts nach. Eines der prominentesten Opfer seiner Säuberungen war Lucrețiu Pătrășcanu, ein Kommunist der ersten Stunde. Unter zweifelhaften Anklagen wurden Kriegsverbrecher, Politiker, Deutsche, Andersdenkende verhaftet und erschossen oder zur Zwangsarbeit in die Sowjetunion geschickt. Um

Volksfeinde auszumerzen, gründete man 1948 die Securitate (Staatssicherheit). Unter dem Namen ›Experiment Pitești‹ leitete diese das beispiellose Umerziehungsprogramm ein, bei dem sich Gefangene gegenseitig zu foltern hatten. Paul Goma, einst ein Gefangener, hat diese Erfahrung in seinem Roman ›Ostinato‹ verarbeitet.

Auf wirtschaftlichem Sektor zog die vollständige Enteignung die Kollektivierung nach sich, die zur Basis der Planwirtschaft wurde. Eine Umwandlung vom Agrar- zum Industriestaat begann. Mit Stalins Tod (1953) und Chruschtschows ›Tauwetter‹-Politik erwachte auch in Rumänien die Hoffnung auf Reformen. Die bereits zu Stalins Zeiten eingeleitete Distanz zu Moskau fand ihren Höhepunkt mit dem Abzug der sowjetischen Besatzungstruppen im Jahre 1958, welcher der Sowjetunion auch deswegen leicht fiel, weil Rumänien als loyal galt. Gheorghius-Dej stellte noch die Weichen für eine Öffnung nach Westen, bevor er 1965 starb.

Unter dem ›Conducator‹

Nicolae Ceaușescu (1918–1989) trat mit 48 Jahren als jüngster Parteichef Osteuropas die Nachfolge von Gheorgiu-Dej an. Sein Aufstieg vom Schusterlehrling aus Scornicești zum unumschränkten Diktator vollzog sich ebenso kometenhaft wie sein Sturz 1989. Zunächst blieb er auf den Spuren seines Vorgängers Gheorgiu-Dej, pflegte die Freundschaft zu Gegnern der Sowjets wie China und Jugoslawien, knüpfte Beziehungen zum kapitalistischen Westen und nahm als erster Regierungschef des Ostblocks diplomatische Beziehungen zur Bundesrepublik Deutschland und Israel auf. Er riskierte die Intervention der Sowjets, als er den Einmarsch der Warschauer-Pakt-Staaten in Prag, an dem Rumänien nicht beteiligt war, öffentlich verurteilte und der Welt vermittelte, ein Rebell gegen Moskau zu sein. Sein Image vom großen Vermittler förderte er auch durch seine Friedensbemühungen zwischen Israel und Ägypten. Innenpolitisch minderte er den Einfluß der Stalinisten, rehabilitierte deren Opfer und unterstützte den rumänisch-ausgerichteten Nationalismus, dessen Opfer schon bald die Minderheiten wurden.

Mit dem Amt als Staatsratsvorsitzender, das er ab 1967 innehatte und das bald schon zur Präsidentschaft aufgewertet wurde, begann der beispiellose Personenkult. Als ›Conducator‹ (Führer) baute er mit Unterstützung seiner ehrgeizigen Frau Elena Petrescu seine Macht als Alleinherrscher aus. Alle wichtigen Positionen wurden mit Familienmitgliedern und guten Freunden besetzt.

Sein Machtinstrument, die Securitate, unterstand dem Innenministerium und war nichts anderes als eine paramilitärische Einheit. Zuletzt betrug die Zahl ihrer Mitglieder 100 000. Seine gigantomanischen Projekte, darunter der Plan das

In Bukarest steht vor dem Königspalast ein Denkmal für die Opfer von 1989

Donaudelta zu zerstören, was nur durch seinen Tod vereitelt wurde, der Abriß von Alt-Bukarest, die Planierung unzähliger Dörfer und die Anlage einer Geheimstadt unter dem Untergrundnetz der Hauptstadt, zeugten von Größenwahn. Sprichwörtlich war die Brutalität seines mißratenen, doch mächtigen Sohnes Nicu.

Miß- und Planwirtschaft führten zu großen Versorgungsproblemen, denen man mit gravierenden Einschränkungen für die Bevölkerung begegnete: Strom-, Gas-, Wasser- und Heizungssperren, Einführung von Lebensmittelkarten. Ceauşescus menschenverachtende Politik nahm der Bevölkerung jegliche Freiheit und Privatsphäre und gipfelte in der Vernachlässigung der Generation über sechzig. Widerstände im Land wurden, vom Ausland unbeachtet, stets von der Securitate gewaltsam unterdrückt.

Mit Gorbatschows Aufstieg in der Sowjetunion wurde der Abstieg Ceauşescus eingeleitet, der hartnäckig alle Reformen ablehnte. Auslöser der Revolte war der Protest des ungarisch-reformierten Pfarrers László Tökés in Timişoara. Seine gegen Ceauşescu gerichteten Predigten brachten ihm die Zwangsversetzung, worauf er sich in seiner Kirche verbarrikadierte und deportiert werden sollte. Demonstrationen in anderen Städten folgten. Die Menschen stürmten das Zentralkomitee der Partei in Bukarest, wohin sich die Ceauşescus geflüchtet hatten. Sie flohen mit dem Hubschrauber, wurden bei Târgovişte festgenommen, von einem Militärgericht angeklagt, verurteilt und hingerichtet.

Die Wende – ›Erwache Rumänien‹

Das Geschehen vom Dezember 1989 war sehr undurchsichtig und wurde bis heute nicht vollständig geklärt. Die ›Front zur Nationalen Rettung‹ (Frontul Salvării Naţionale, FSN) unter dem Kommunisten Ion Iliescu ergriff zunächst die Macht. Anfang Februar 1990 entstand aus verschiedenen Parteien und der FSN ein ›Provisorischer Rat der Nationalen Einheit‹ (CPUN). Aus der Sozialistischen Republik Rumänien wurde die Republik Rumänien. Das alte Wappen trat wieder an die Stelle der aufgehenden Sonne mit einem Ährenkranz und dem Sowjetstern. Als Nationalhymne erklingt seitdem ein Volkslied des 19. Jahrhunderts ›Deşteaptă-te Române‹ (Erwache, Rumäne, von Andrei Mureşanu), und der Nationalfeiertag fiel wieder auf den 1. Dezember, den Tag des Anschlusses von Siebenbürgen an Rumänien 1918. Die Umbenennung der Straßen begann.

Im neuen Wahlgesetz wurde das Mehrparteiensystem festgelegt, die traditionellen Parteien wie die ›Nationalliberale Partei‹, die ›Nationale Bauernpartei‹ und die ›Sozialdemokratische Partei‹ reorganisierten sich. Der Senat als zweite Kammer wurde wiederhergestellt, und bei den Wahlen vom 2. Mai 1990 ging die regierende Front im Senat und in der Abgeordnetenkammer mit 67 Prozent als Sieger hervor. Die Wahl des Staatspräsidenten entschied Iliescu mit 87 Prozent für sich. Ministerpräsident Petre Roman bildete eine neue Regierung. Als Staatspräsident gab Iliescu die Führung der FSN an Roman ab.

Die Lage war gespannt, weil viele nicht verstehen konnten, daß die alten Machthaber geblieben waren. Aufstände sowie Demonstrationen vor der Bukarester Uni waren die Folge. Schon bald zeigte die FSN ihr wahres Gesicht, als der Einsatz von Sicherheitskräften und Bergarbeitern aus dem Schiltal gegen die Demonstranten Tote forderte. Proteste aus dem Ausland und eine Sperre der Finanzhilfe waren die außenpolitische Folge. Petre Roman, weltoffen und reformfreudiger als Iliescu, trat nach Auseinandersetzungen mit diesem zurück.

Am 8. Dezember 1991 wurde die neue Verfassung angenommen. Der Staatspräsident nahm in Cotroceni in Bukarest Residenz, das Parlament ließ sich in der ›Casa poporului‹, dem berüchtigten Ceauşescu-Palast, nieder. Der Apparat der Securitate wurde weitgehend aufgelöst, ein verbleibender Teil in einen Sicherheitsdienst ›Serciciul Român de Informaţii‹ übernommen. Rumänien ist das einzige Land, in dem sich die kommunistische Partei in ›nichts‹ auflöste, sie wurde bereits 1990 verboten. Die Außenpolitik war bestimmt vom Interesse an der Aufnahme in die NATO und dem Wunsch nach Zusammenführung mit Moldawien, was jedoch nach einer dortigen Volksabstimmung abgelehnt wurde.

Die erste Legislaturperiode nach 1989 war von vornherein auf zwei Jahre festgelegt worden. Der erneute Sieg der Iliescu-Partei 1992 (sie hatte sich inzwischen geteilt) wurde mit großer Skepsis vom In- und Ausland aufgenommen. Eine wichtige Befreiung brachten die Wahlen von 1996, aus denen die Oppositionsparteien und ihr gemeinsamer Präsidentschaftskandidat Emil Constantinescu als stärkste Kraft hervorgingen. Ministerpräsident wurde Victor Ciorbea, der sich schon als Bürgermeister von Bukarest Verdienste erworben hatte. Die neue Regierung konnte das Ansehen des Landes im Ausland stärken. Mit großem Reformwillen betrieb sie ein Wirtschaftsprogramm, den Kampf gegen die Korruption, Erneuerungen im Sicherheitsapparat und eine Normalisierung der Beziehungen zu den Nachbarländern.

Doch viele Bemühungen boykottierte der eigene Staatsapparat. Die Bevölkerung blickte mit zu hohen Erwartungen auf die neue Regierung; als die umgehenden wirtschaftlichen Erfolge ausblieben und immer mehr Kritik an der Regierung laut wurde, verzichtete Constantinescu zum Bedauern vieler auf eine erneute Kandidatur.

Bei den jüngsten Wahlen im Dezember 2000 gelang es Ion Iliescu, noch einmal Staatsoberhaupt zu werden. Der Demokratisch-Soziale Pol Rumäniens (PDSR) übernahm mit Ministerpräsident Adrian Năstase eine Minderheitsregierung. Năstase war bereits im Jahr 2001 zu einem Besuch in Deutschland. Die Regierung versichert ihr Bestreben, den Reformkurs beizubehalten. Nach wie vor sind wichtige Ziele die Aufnahme in die NATO und die EU.

Verfassung und Verwaltung

Die gegenwärtige Verfassung wurde in Anlehnung an die Verfassung Frankreichs vom Parlament ausgearbeitet und 1991 vom Volk gebilligt und garantiert die Menschen- und Minderheitenrechte. Das Parlament setzt sich aus dem Senat (140 Sitze) und der Abgeordnetenkammer (345 Sitze) zusammen. Es gilt das Verhältniswahlrecht und die Fünfprozenthürde. Der Präsident Rumäniens wird für maximal zwei Amtsperioden vom Volk gewählt. In seiner Stellung kann er den Premierminister ernennen oder entlassen und auch das Parlament auflösen. Parlament und Staatsoberhaupt haben eine Amtszeit von jeweils vier Jahren. Der Premierminister wählt seinerseits die Mitglieder des Ministerrates aus.

Besonders betont wird in der Verfassung die Gleichberechtigung der nationalen Minderheiten, je ein Sitz in der Kammer ist ihnen garantiert. Die Deutschen sind zum Beispiel mit dem Demokratischen Forum der Deutschen Rumäniens (DFDR) vertreten. In Abkehr vom zentralistischen Staat sollen Kommunen und Kreise weitgehendes Selbstverwaltungsrecht erhalten. Rumänien ist Mitglied in zahlreichen internationalen Organisationen: IWF, Weltbank, KSZE, UNO mit Nebenorganisationen, Europarat, NATO-Kooperationsrat, NATO-Partnerschaft für den Frieden, Schwarzmeer-Kooperationsrat.

Wirtschaft

Nach dem Sturz Ceauşescus und der politischen Neuordnung des Landes war die desolate Wirtschaftssituation die schwierigste Hürde für den Umbau Rumäniens. Der Kommunismus hatte aus dem einstigen Agrarland einen Industriestaat geformt, dessen Industriebetriebe aber wegen unterbliebener Investitionen völlig marode waren und es teilweise bis heute noch sind. Am 28. Juni 1991 war der Rat für gegenseitige Wirtschaftshilfe (RGW oder COMECON) aufgelöst worden. Der Golfkrieg und die Balkankonflikte, die eine Blockade Serbiens nach sich zogen und der rumänischen Wirtschaft wichtige Absatzmärkte nahmen, verschärften die wirtschaftlich instabile Lage. Die Grundlage für den wirtschaftlichen Wandel von der Planwirtschaft in eine freie Marktwirtschaft war die Schaffung eines modernen Banken- und Börsenwesens, die Einführung der Mehrwert- und Lohnsteuer und die Freigabe der Preise, die mit einer hohen Inflationsrate einherging (40,7 Prozent 2000).

Die Privatisierung lief im Vergleich mit anderen Ostblockländern ausgesprochen langsam an und hatte 1999 erst 69 Prozent der Staatsbetriebe erreicht. Die

Landwirtschaft wird häufig noch mit einfachsten Mitteln betrieben

verbliebenen Staatsbetriebe wirtschaften mit geringer Kapazitätsauslastung und hoher Personalbesetzung. Viele werden durch Kredite am Leben gehalten, die den Staatshaushalt belasten. Dennoch steigt die Arbeitslosigkeit.

Die gesetzlichen Grundlagen zur Rückgabe von Grund und Boden an frühere Eigentümer wurden geschaffen. Die Ausstellung der Eigentumsurkunden erfolgt aber nur schleppend. Die Reprivatisierung von Land hat ein unterschiedliches Echo hervorgerufen: einerseits sorgte sie für eine grundlegend verbesserte Versorgung der Bevölkerung, andererseits waren die von der Rückgabe betroffenen LPG-Bauern verärgert. Seit langem hatten sie das Land bewirtschaftet, die ehemaligen Eigentümer aber eine Tätigkeit in der Industrie angenommen. Die Tatsache, daß auch diejenigen Land bekamen, die vorher nie welches besessen hatten, sorgte für weiteren Unmut. Neue Landbesitzer verpachten nun ihr Land gegen einen Anteil am Ertrag an Funktionäre der alten Produktionsgenossenschaften. Leider liegen viele Äcker aus bisher ungeklärten Eigentumsverhältnissen, Mangel an Landmaschinen, Treibstoff und Dünger darnieder, so daß die Kornkammer Europas, ein fruchtbares und vom Klima begünstigtes Agrarland, Weizen importieren muß.

Die auf dem Industriesektor bisher geleisteten Umstrukturierungsmaßnahmen übten nicht den gewünschten Anreiz auf ausländische Investoren aus. Gerade ihnen bot man deshalb Erleichterungen an: Transfer von Gewinnen, lediglich belegt mit einer Transferabgabe von 10 Prozent, Steuerbefreiung von Gewinnen, zollfreier Import von Maschinen, Ersatzteilen und Rohstoffen. Über 30 000 Unternehmen haben in der Zwischenzeit eine ausländische Beteiligung. Viele Firmen schreckt es aber nach wie vor ab, daß sie keinen Grund und Boden erwerben dürfen, sondern nur eine Pachtmöglichkeit für 90 Jahre erhalten.

Das Engagement Deutschlands steht in Rumänien derzeit an erster Stelle, gefolgt von den Niederlanden. Am 21. April 1992 schlossen Rumänien und Deutschland einen Vertrag über Zusammenarbeit und Partnerschaft ab, der in 32 Artikeln eine Kooperation auf zahlreichen Gebieten vorsieht; seit dem 1. Februar 1993 ist Rumänien als assoziierter Partnerstaat in die Europäische Gemeinschaft aufgenommen. Es folgten Abkommen über kulturelle (1995) und schulische (1996) Zusammenarbeit.

Leider verschlechtert sich die wirtschaftliche Lage seit Jahren stetig. Das Bruttoinlandsprodukt sank zunächst von 5,8 Prozent Zuwachs im Jahre 1989 auf −13,6 im Jahre 1992 und konnte erstmals 1993 eine Erholung mit Wachstum verzeichnen.

Wer durch das Land fährt, erkennt die Armut, die in Rumänien höher ist als in vergleichbaren Ostblockländern. Eine ihrer Ursachen liegt in dem Zerfall in zwei Stände: kleine und mittlere Privatbetriebe, die korrekt Steuern zahlen, und ›sozialistische‹ Giganten, die ihre Steuerschulden völlig mißachten. Im Februar 1998 entfielen 73 Prozent aller Steuerschulden auf drei nationale Gesellschaften: rumänische Eisenbahn SNCFR, fünf autonome Energiebetriebe, darunter die Energiebetriebe Romgaz und RENEL, sowie zwölf staatliche Handelsgesellschaften. Steuerschulden und staatliche Subentionen summierten sich zu einer Finanzblockade. Keiner Regierung gelang eine Lösung des Problems. So wurde die Gesellschaft in zwei Klassen gespalten: eine große Zahl von Menschen, die unter der Armutsgrenze leben, und eine Minderheit von Aktien-Milliardären. Der Mittelstand kann sich nicht entwickeln. Viele hochqalifizierte Rumänen suchen angesichts der Unfähigkeit des Staates jede Möglichkeit, das Land zu verlassen, das beliebteste Ziel ist Kanada. Dieser Exodus fähiger Leute wird der Wirtschaft nachhaltig Schaden zufügen.

Rumänien setzt viel Hoffnung in die Zukunft des Tourismus. Wurde schon in den fünfziger Jahren der Badeurlaub am Schwarzen Meer verbracht, so wird derzeit einiges getan, um auch Zonen, die einst vom Bergbau lebten, mit staatlicher Hilfe dem Tourismus zu erschließen. Dies könnte ein Unruhepotential entschärfen, vor allem, was die Bergarbeiter des Schiltales betrifft, die durch ihren gewalttätigen Einsatz gegen die Bevölkerung eher negativ von sich reden machten. Die 1999 gegründete Stiftung ›Rumänien, die nächste Generation‹ nimmt sich derzeit dieser Aufgabe an. Das landschaftlich wunderschöne Schiltal, immer schon Bergbauregion, soll sich als Ausgangspunkt für Bergtouren in die Gebirgsmassive Retezat, Parâng, Vulcan, und Şureanu etablieren. Das Tal liegt zwischen den Städten Târgu Jiu und Craivoa. Der 331 Kilometer lange Jiu (dt. Schil) entspringt unterhalb des Retezat und mündet in die Donau. Auf 30 Kilometern kämpft sich der Fluß durch die Südkarpaten, wo sich ein Engpaß gebildet hat, der das Parâng-Massiv vom Vulcan-Massiv trennt. Bergwandern, Klettern, Höhlenforschung und Jagd sind die Angebote, mit denen man Touristen ansprechen möchte.

Umwelt

Wie viele Länder Osteuropas, bewegte sich auch Rumänien zwischen Fortschritt und unwirtschaftlicher Ausbeutung seiner Rohstoffe. Umweltschutz spielte praktisch keine Rolle. Gleich nach dem Sturz der Diktatur wurde im Land erstmals ein Umweltministerium geschaffen.

Zu den großen Problemen des Landes gehören die Altlasten, für deren Beseitigung in der jetzigen schwierigen Situation das Geld fehlt. Häufig wird der Reisende erschreckt sein über die Rauchschwaden, die aus unübersehbar verrottenden Industrieanlagen quellen. Einerseits hatten die Stillegungen der Kombinate die Reduzierung der Schadstoffe in Wasser, Luft und Erde zur Folge, andererseits birgt der unkontrollierte Verfall zusätzliche große Gefahren: Fässer werden undicht, die Anlagen verkommen zu Spielplätzen. Aber nicht nur die Industrie sollte als Verursacher für Verschmutzung gesehen werden; die Landwirtschaft hat mit ihrem hemmungslosen Einsatz von Pestiziden und Kunstdünger das ihre dazu beigetragen.

Doch es fehlt Rumänien auch an verantwortungsvollen Investoren, die nicht nur ihren maximalen Profit und die damit verbundene Ausbeutung der Ressourcen verfolgen, sondern auch an die umweltgerechte Förderung denken. Ein Aufschrei ging durch die Anrainerstaaten der Donau, als sie am 30. Januar

Industrielandschaft in Hunedoara

2000 eines Giftmüllskandals gewahr wurden. Aus der Goldmine ›Aurul, aus dem Werk Sasar bei Baia Mare, das zu fünfzig Prozent einer australischen Firma gehört, war das Auffangbecken für Zyanid aufgrund heftiger Regenfälle übergelaufen, gelangte in den Fluß Someş, anschließend in die Theiß und nachfolgend in die Donau. Die augenblickliche Wirkung des Zyanid zerstörte die Nahrungskette von Pflanzen und Tierwelt. Die Experten gehen von zehn Jahren aus, die zur Erholung des Naturraumes benötigt werden. Das hochgiftige Salz wird für das Verfahren der Goldgewinnung seit dem 19. Jahrhundert großräumig angewandt. Das fein gemahlene Erz wird mit einer Lösung aus Natriumzyanid und Salz der Blausäure besprüht, die das Gold auswäscht und in einen Komplex bindet, aus dem es dann leicht extrahiert werden kann. Unfassbare Mengen Lösungsmittel gelangen dabei in anliegende Gewässer. Natriumzyanid wirkt in geringsten Mengen tödlich, die Blausäure hemmt die Zellatmung, egal, ob sie über die Lunge oder die Haut aufgenommen wird. Ähnlich toxisch verhält sich Zyanid, wenn es über das Trinkwasser in Magen und Darm gelangt. Das Betreiberunternehmen ›Esmeralda Exploration Ltd‹ fand die Klagen natürlich stark übertrieben. Sie trösteten sich und die Umgebung damit, daß das Gold mit Silberanteilen von 15 bis 30 Prozent in Siebenbürgen bereits seit der Antike ohne Schonung der Umwelt gefördert wurde.

Nicht genug damit, knapp sechs Wochen später kam es im Norden zu einer weiteren Katastrophe: In der Region, die in Sachen Umweltverschmutzung einen traurigen Europarekord hält, gelangte aus einer Blei- und Zinkmine in Baia Borsa nahe der ukrainischen Grenze nach einem Dammbruch schwermetallhaltiger Schlamm in den Fluß Vaser, von da aus in die Theiß und wieder einmal in die Donau.

Religion und Kirche

Einhergehend mit der Vielfalt seiner Völker war und ist auch das religiöse Leben von verschiedenen Glaubensbekenntnissen geprägt. Im Land leben die vorwiegend katholischen Szekler, die kalvinistischen Ungarn, die Unitarier, Armenier, Juden, die lutherischen Sachsen, Muslime (Sunniten), altgläubige (russisch-orthodoxe) Lipowaner, unitarisch-katholische und die mit Abstand größte religiöse Gemeinschaft der rumänisch-orthodoxen Kirche. Daneben besteht die Pfingstkirche mit immerhin 450 000 Mitgliedern sowie adventistische Gemeinden.

Heute, nach den Jahren des atheistisch geprägten Kommunismus, ist die vollständige Glaubensfreiheit ins Land zurückgekehrt. Interessant ist in diesem Zusammenhang, daß fast 100 Prozent der Einwohner Rumäniens sich zu einem Glauben bekennen.

Beginn der Christianisierung – die rumänisch-orthodoxe Kirche

Eine Volkszählung nach der Wende bestätigte die rumänisch-orthodoxe Kirche mit 87 Prozent als größte religiöse Gemeinschaft des Landes.

Auch wenn das Christentum im römischen Reich erst 313 Anerkennung fand, drangen bereits lateinisch geprägte christliche Einflüsse mit den Römern vor allem ins Dakerland. Die Dobrudscha stand stärker unter griechischem Einfluß. Seit Kaiser Justinian (535) wurden die Gebiete nördlich der Donau von Byzanz betreut. In den folgenden Jahrhunderten gerieten die Rumänen aber zunehmend in den Einflußbereich ihrer südlichen Nachbarländer Serbien und Bulgarien. Hier hatte sich nicht nur die byzantinische Hierarchie, sondern seit dem 9. Jahrhundert

Im Kloster Hurezu

auch die slawische Sprache durchgesetzt, die von den rumänischen Christen übernommen wurde. Nach dem Schisma, der Kirchenspaltung von 1054, verblieben die Rumänen aufgrund der Ausstrahlung der kulturellen Zentren Preslav und Ochrid bei der Ostkirche.

Mit der Christianisierung der Ungarn (1000) und der Inbesitznahme von Siebenbürgen drangen von Westen wieder lateinische Einflüsse ins Land. Mit dem Untergang des bulgarischen Reiches war das orthodoxe Christentum jedoch schon sehr gefestigt.

In den rumänischen Fürstentümern Walachei und Moldau schuf das ökumenische Patriarchat in Konstantinopel Metropolitansitze: für die Walachei zunächst in Curtea de Argeş, seit 1517 in Târgovişte. In der Moldau gründete man 1401 in Suceava die erste Metropolie, die im 17. Jahrhundert nach Iaşi verlegt wurde. Eine dritte Metropolie entstand in Oltenien in Hurezu. Eine mystische Bewegung des Mönchwesens wurde stark von dem aus Serbien kommenden Athosmönch Nikodemus von Tismana geprägt; durch ihn fanden die Einflüsse des Athos auch in der Kirchenarchitektur Verbreitung. Der Gründer des Klosters Vodiţa in der Walachei floh vor den Hunnen nach Tismana und ließ dort im 14. Jahrhundert eine Dreikonchenanlage errichten. Beide Kirchen erinnern im Grundriß an die Athosklosterkirchen. Dank der Fürsten wurde zu Ehren Gottes eine rege Bautätigkeit entfaltet. Auf der Synode von Iaşi 1642 fand die griechische Fassung des Glaubensbekenntnisses verbindliche Anerkennung. Ihr Wortführer war der Kiewer Metropolit Peter Mogila (rumän. Petru Movilă). Im 16. Jahrhundert schuf der Diakon Coresi die Grundlage für die bald das Kirchenslawische ablösende rumänische Gottesdienstsprache.

Mit der Vereinigung von Moldau und Walachei erhielt der Bukarester Metropolit den Titel ›Primas von Rumänien‹, und 1872 wurde als zentrales Leitorgan der rumänisch-orthodoxen Kirche die ›Heilige Synode‹ geschaffen, die die Kirche steuert. Der Drang nach mehr Selbständigkeit führte zunächst zu Spannungen mit Konstantinopel und schließlich 1892 zur Anerkennung der Autokephalie der rumänischen Kirche. 1925 beschloß das Parlament die Einführung des Patriarchats. Der derzeitige Ersthierarch Seine Seligkeit, Patriarch der rumänisch-orthodoxen Kirche, Metropolit der Walachei, Erzbischof von Bukarest, Teoctist Arăpaşu residiert in Bukarest. Im Land bestehen fünf Metropolien, weitere beispielsweise in den USA und Frankreich.

Die rumänisch-orthodoxe Kirche ist eine der großen orientalischen Kirchen. Ihre Priester werden in Seminaren der einzelnen Metropolien und in theologischen Instituten mit Universtitätsstatus in Bukarest und Sibiu ausgebildet. Mit der Berufung auf Paulus (1 Tim, 2,3) dürfen ihre Priester heiraten, aber eine Wiederverheiratung ist nicht gestattet. Engste untergeordnete Mitarbeiter des Pfarrers sind der Kantor und der Sakristan, sie erhalten die untere Weihe, jeder kann Mönch werden, die Äbte werden gewählt.

Das Verhältnis zwischen der kommunistischen Regierung und der rumänisch-orthodoxen Kirche war zwiespältig und von einer Mischung aus Verboten und Privilegien getragen. Zunächst fanden im großen Stil Enteignungen der konfessionellen Schulen statt. Ein neues Kultusgesetz legte den Kirchen und Glaubensgemeinschaften eine Reihe von Beschränkungen auf. Ihre Existenz hing von einer staatlichen Genehmigung ab, die unter der Voraussetzung erteilt wurde, daß Praxis und Ritus nicht gegen die Verfassung, gegen die öffentliche Sicherung und Ordnung oder gegen die guten Sitten verstoße. Die Orthodoxie, als dem rumänischen Volk sehr verbunden, erfuhr wohlwollende Duldung bei gleichzeitiger wirksamer Kontrolle. Die Ämter wurden vom Staat besetzt. Nach dem Zweiten Weltkrieg entstanden mehr als 450 Kirchen, 15 allein in Bukarest.

In den sechziger Jahren wurden vor allem die Bukowina-Klöster renoviert, Nonnen und Mönche zugelassen, die Klöster finanziell unterstützt und die Erhaltung der Bauwerke als Touristenanziehungspunkte gefördert. Viele Geistliche, darunter auch hochrangige, waren Mitglied des Geheimdienstes Securitate. Noch 1988 und 1989 lehnte der Weltkirchenrat die Verurteilung des Ceauşescu-Regimes ab. Seit dem Ende der Diktatur stehen die Zeichen auf Versöhnung zwischen den großen christlichen Kirchen. Mit diesem Ziel stattete Papst Johannes Paul II. Rumäniens Hauptstadt im Mai 1999 einen Besuch ab. Mit Daniel Ciobotea trat in der Moldau und Bukowina ein junger, reformfreudiger Geistlicher sein Amt als Metropolit an.

Die katholische Kirche in Rumänien

Die katholische Kirche in Rumänien untergliedert sich in Gläubige des byzantinischen, des lateinischen und des armenischen Ritus. Ihre Mitglieder unterscheiden sich auch ethnisch: finden sich Gläubige des lateinischen Ritus vor allem unter

Ungarn und Deutschen (Banater und Sathmarer Schwaben), so sind solche des byzantinischen Ritus vorwiegend Rumänen.

Seit dem abendländischen Schisma 1054 waren die orthodoxe und die römisch-katholische Kirche getrennt. Doch seit dem 16. Jahrhundert begannen Unionsbestrebungen. So auch am Ende des 17. Jahrhunderts in Siebenbürgen unter dem orthodoxen Bischof Teofil Sereni von Alba Iulia. Dieser schloß sich mit Priestern und Gläubigen der römisch-katholischen Kirche an. Unter seinem Nachfolger Athanasius Anghel wurde der Anschluß am 7. Oktober 1698 in Alba Iulia unterzeichnet und von Priestern, Gläubigen und Erzpriestern bestätigt. Diese Union rumänisch-orthodoxer Gläubiger mit der römisch-katholischen Kirche und damit der Unterstellung unter den Papst war von nationaler Bedeutung. Die Christen der Moldau und der Walachei schlossen sich ihr nicht an. Die Union entstand zu einem Zeitpunkt, als in Siebenbürgen vier anerkannte Konfessionen nebeneinander existierten: die katholische, lutherische, reformierte und unitarische. Vom katholischen Kaiser wurde Anghel 1701 zum ersten Bischof der unierten Kirche ernannt. Diese wird auch als uniert-katholisch (uniert-rumänisch und auch griechisch-katholische) bezeichnet. Im Konkordat von 1929 zwischen rumänischer Regierung und Heiligem Stuhl wurden beide Glaubensrichtungen als gleichberechtigt anerkannt.

Unter den Kommunisten wurde die unierte Kirche 1948 per Dekret offiziell aufgelöst und mit der Orthodoxie zusammengeschlossen, ihre Bischöfe und zahlreiche Geistliche ihres Amtes enthoben und ins Gefängnis verbracht. Insgeheim wirkte sie jedoch in Siebenbürgen und im Banat weiter: Taufen und Bischofswahlen wurden durchgeführt. Am 24. April 1990 wurde sie per Gesetz wieder zugelassen. Auch die Gesetzesgrundlagen für die Rückerstattung der enteigneten Güter aller Kirchen wurde geschaffen. 1990 mußten Ostergottesdienste im Freien abgehalten werden, weil die Kirchen noch nicht zurückgegeben waren. Die Rückgabe der Kirchengüter ist bis heute noch nicht abgeschlossen.

Begräbnisprozession in der Bukowina

Die Völker Rumäniens

Es wird Zeit, daß es Zeit wird
                Paul Celan

Rumänien war und ist ein Land, in dem über Jahrhunderte hinweg verschiedene Völker zu verschiedenen Zeiten mehr oder weniger eng verbunden miteinander lebten: Rumänen, Magyaren, Deutsche, Juden, Armenier, Serben, Kroaten, Bulgaren, Türken, Ukrainer und Russen.

Mit der Entstehung von Rumänien wurden schwelende Probleme unterschiedlich gelöst. 1944 erlassene Gesetze gewährten fast allen Minderheiten im Land Erleichterungen. Die Verfassung von 1965 garantierte den freien Gebrauch der eigenen Sprachen im Schulwesen sowie in Publikationen, der Begriff ›Minderheiten‹ wurde ersetzt durch ›mitwohnende Nationalitäten‹ (naţionalităţi conlocuitoare). Muttersprachliche Zweige in rumänischen Schulen sowie Zeitungen, Theater und Buchproduktionen vermittelten zunächst eine positive Stimmung. ›Trăiască România‹ (Es lebe Rumänien) konnte man in seiner Sprache ausrufen, Hauptsache, man rief es. 1968 wurden Nationalitätenverbände geschaffen, um einen guten Eindruck nach außen zu vermitteln.

In den siebziger und mehr noch in den achtziger Jahren verschlechterte sich jedoch die Lage der Minderheiten. Im Jahr 1971 verdrängten die rumänischen Ortsnamen die der Ungarn, Serben und Deutschen, nur für kleinere Orte durften sie bleiben. Privates Übernachten wurde verboten, was zu erschwerten Bedingungen für Besuche von Verwandten aus dem Ausland führte, und Auswanderungen wurden nur in Fällen der Familienzusammenführung gebilligt. Während bis Mitte 1988 nahezu 20 000 Magyaren aus Siebenbürgen in das noch kommunistische Ungarn flohen und die Deutschen dank großzügiger Zahlungen aus Bonn jede Chance zur Emigration wahrnahmen, litten besonders die Roma unter einer steten Verschlechterung ihrer Situation.

Seit dem Ende der Dikatatur bemüht man sich mit unterschiedlichem Erfolg, das Verhältnis des Staates zu den nationalen und ethnischen Minderheiten zu entkrampfen. Das 1994 vorbereitete Minderheitengesetz wurde verabschiedet, und man garantierte auch kleinen Minderheiten wie Deutschen, Serben und Roma per Gesetz je einen Sitz in den Kammern des Parlaments. Gegenwärtig sitzen Vertreter von 15 Minderheiten im rumänischen Parlament.

Die Magyaren

Die Magyaren, worunter ethnisch Ungarn, Szekler und Csángó zu verstehen sind, stellen nach den Roma den zahlenmäßig größten Anteil an nichtrumänischer Bevölkerung. Sie gehören der römisch-katholischen und verschiedenen protestantischen Glaubensrichtungen (Kalvinisten, Lutheraner, Unitarier) an.

Die Ungarn stellen 7,1 Prozent der rumänischen Gesamtbevölkerung. Dies beruht auf der fast tausendjährigen Zugehörigkeit Siebenbürgens zum Königreich Ungarn. Das konfliktreiche 19. Jahrhundert brachte eine tiefgreifende Wandlung im Zusammenleben, die bis heute ihre Auswirkungen hat. Nach dem Zweiten Weltkrieg und der Festigung Rumäniens in seinen heutigen Grenzen wurde für die Ungarn eine ungarisch-autonome Region geschaffen. Doch unter dem Einfluß des von den Sowjets niedergeschlagenen Aufstandes im Mutterland 1956 nahm man die begünstigenden Maßnahmen schrittweise wieder zurück, später verschwand diese autonome Region ganz. Zwischen beiden Siebenbürgen zutiefst verbundenen Völkern schwelen bis heute Konflikte. Ein solcher eskalierte 1990 in Tǎrgu Mureş, als die Ungarn ihren Nationalfeiertag, den 15. März 1848, den Beginn der Revolution, öffentlich begingen.Traurigerweise gab es Tote und Verletzte, und nur ein Armeeeinsatz beruhigte den Aufstand. 1993 machte Cluj unliebsam von sich reden, als das Denkmal des Matthias Corvinus und die Frage, in welcher Sprache die Inschrift zu sein habe, Anlaß zum Streiten gab.

Die von den Magyaren abstammenden Tschango (ungar. Csángó, rum. Ceangǎu) sind in der nördlichen Moldau angesiedelt. Sie bewahrten eine archaische Volkskultur und unterscheiden sich von den Moldauern durch ihren katholischen Glauben und ihre Sprache, ein altertümliches Magyarisch, das nur Umgangssprache blieb und sich nicht zur Schriftsprache weiterentwickelte. Die Bezeichnung warf viele Fragen auf: vielleicht bedeutet sie ›Abgetretene‹, in dem Sinne, daß man sich von den Szeklern absonderte, oder ›unschöner Klang‹, von Csang/Csáng, da ihre Sprache kein reines Ungarisch ist. Die Tschango selbst bezeichnen sich als Unguri, Ungarn. Kurzfristig genossen sie 1944 das Wohlwollen des Staates, der gezielt ihre Sprache förderte. Die zahlenmäßige Größe schwankt zwischen 20 000 bis 30 000 Angehörigen nach der Sprache, 100 000 nach der Konfession.

Die Szekler, deren Herkunft nicht ganz geklärt ist, sind vermutlich eine magyarischstämmige Minderheit. Sie wurden, wie einst die Sachsen, zwischen dem 10. und 11. Jahrhundert in den Ostkarpaten auf sogenanntem Königsboden zur Landeserschließung und -sicherung angesiedelt. Dafür erhielten sie das Recht auf Selbstverwaltung und durften ihre persönliche Freiheit gegenüber den Großgrundbesitzern bewahren. Mit dem ungarischen Adel (Magyaren) und den Sachsen gehörten sie zu den drei regierenden Nationen Siebenbürgens, die sich religiös den Unitariern anschlossen. Ihr Zentrum ist Nordostsiebenbürgen mit dem Hauptort Târgu Mureş (Tîrgu alte Schreibweise). Wer auf alte Karten schaut, wird zahlreiche mit Székely beginnende ungarischsprachige Ortsnamen finden. Der Wiener Schiedsspruch brachte mit Nordsiebenbürgen das Szeklergebiet von 1940 bis 1944 zu Ungarn. Während der Jahre 1952 bis 1968 hatten sie am Autonomiestatus der Ungarn teil.

Die Deutschen

Unter den Begriff ›Deutsche in Rumänien‹ fallen häufig nur die Siebenbürger Sachsen und die Banater Schwaben. Deutsche Siedlungen bestanden aber auch in Bessarabien und in der Dobrudscha. Bereits ab 1841, die Dobrudscha stand noch unter türkischer Herrschaft, wanderten Deutsche aus Bessarabien und anderen Provinzen

Sächsischer Kirchenvater in Sonntagstracht

des russischen Reiches hier ein. Weitere Zuwanderungsbewegungen erfolgten, als Rumänien Bessarabien zurückerhielt. Einst als Musterdorf der Dobrudscha-Deutschen gepriesen, wechselte das heutige Mihail Kogălniceanu zwischen den beiden Weltkriegen seinen Namen von Karamurat in Ferdinand I. Es liegt zwischen Constanţa und Cernavodă und setzte sich einst aus einem rumänischen, einem deutschen und einem tatarischen Dorf zusammen. Die Bessarabien-Deutschen holte Zar Alexander I. ab 1814 in das damals zum Russischen Reich gehörende Bessarabien. Zahlreiche Dörfer im südlichen Landesteil mit Namen wie Gnadental, Hoffnungstal, Wittenberg und Leipzig wurden gegründet.

Die Banater Schwaben folgten einer großangelegten habsburgischen Anwerbung seit dem Frieden von Passarowitz 1718. In drei großen Schwabenzügen verteilten sie sich über das ganze Banat, ihr Mittelpunkt wurde Temeschwar. Obwohl nicht nur echte Schwaben, nannte man die überwiegend katholischen Siedler ›Donauschwaben‹. Im 19. Jahrhundert zogen weitere Deutsche nach und ließen sich am Übergang zwischen Flach- und Bergland nieder, wofür man ihnen die

Bezeichnung ›Bergler‹ gab. Ihren Lebensunterhalt bestritten sie als Arbeiter in den Industrieanlagen von Reschitza, wo es noch heute eine deutsche Schule gibt, und Steierdorf (Anina).

Auch die Bukowina-Deutschen gehen auf die Zeit der Zugehörigkeit zur Habsburger Monarchie zurück. Joseph II. hatte vor allem Lehrer, Beamte und Handwerker in die Region geholt. Auch sie mußten ihre neue Heimat nach dem Wiener Schiedsspruch verlassen.

Die Sathmarer Deutschen wurden im 18. Jahrhundert durch ungarische Magnaten wie Graf von Karolyi angeworben. Als Opfer der ungarischen Magyarisierungspolitik des 19. Jahrhunderts wurden sie vollständig assimiliert.

Die bekannteste deutsche Volksgruppe in Rumänien sind die Siebenbürger Sachsen (Saşii), die auf eine 800jährige Vergangenheit in Siebenbürgen zurückblicken. Sie zeigten das ausgeprägteste Profil unter den Deutschen Rumäniens. Sie verstanden sich nicht nur als Bewohner ihrer Landschaft, sondern unter ihnen bildete sich ein übergreifendes Zusammengehörigkeitsgefühl heraus. 1921 war schon der lockere Dachverband der ›Deutschen in Rumänien‹ entstanden, der alle lokalen Verbände zusammenfaßte. Wirtschaftlich ging es den Deutschen trotz Agrarreformen und Enteignungen nicht schlecht. Ihre Stellung war nicht so angreifbar wie jene der Russen in Bessarabien oder der Magyaren in Nordsiebenbürgen, an deren Loyalität zum rumänischen Staat man zweifelte. Im Jahr 1932 wurde Fritz Fabritius der Wortführer der Siebenbürger Sachsen, aus dessen deutsch-sächsischem Selbsthilfe-Verein von 1922 dann 1932 die politische Organisation der ›Nationalsozialistischen Selbsthilfebewegung der Deutschen in Rumänien‹ hervorging und der sich auch die Jugendorganisation ›Südostdeutscher Wandervogel‹ anschloß.

Der Hitler-Stalin-Pakt betraf die Deutschen insofern, als die Nordbukowina und Bessarabien an Rußland abgetreten wurden und Nordsiebenbürgen mit Sathmar in Folge des Wiener Schiedsspruches 1940 wieder an Ungarn zurückfiel. Eine großangelegte Umsiedelungsaktion war die Folge. Die verbliebenen Deutschen organisierten sich unter Andreas Schmidt, einem überzeugten Hitleranhänger, in der NSDAP und erhielten auf Druck Berlins eine Sonderstellung. Ihr Sitz wurde von Hermannstadt nach Kronstadt verlegt. Die Wehrpflichtigen unterstanden direkt der deutschen Kriegsführung und wurden in der Division ›Prinz Eugen‹ in Jugoslawien eingesetzt.

Der Frontwechsel Rumäniens zog die Deutschen in schwere Mitleidenschaft. Nahezu 70 000 Menschen wurden in die Sowjetunion deportiert. Das Agrarreformgesetz von 1945 tat ein übriges: Es sorgte für die völlige Enteignung. Obowhl das Minderheitenstatut von 1945 auf die Deutschen keine Anwendung fand, ihnen damit praktisch keine Rechte gegeben wurden, muß man sagen, daß jedoch keine Vertreibung stattfand. Nach der Volkszählung von 1948 lebten noch

350 000 Deutsche in Rumänien. Bis zum Beginn der Ära Ceauşescu besserte sich die Situation der Deutschen langsam. Aber viele Intellektuelle waren Schikanen und Prozessen ausgesetzt. Nur ein Beispiel sei genannt: Hans Bergel, der seinen Aufenthalt in Jilava in seinem Roman ›Tanz in Ketten‹ verarbeitete.

Leider ist die Tendenz zum Auswandern nicht aufzuhalten:»Deutsch wird in Rumänien zur Sprache der Grabsteine werden« (Wolf Oschlies).

Die Juden

Im 18. und 19. Jahrhundert wanderten Juden hauptsächlich aus Bessarabien und der Bukowina in die Donaufürstentümer und nach Bukarest ein. Besonders in der Moldau (Suceava) kannte man sogenannte Schtetl (Judenviertel). Mihai Eminescu ist eine Beschreibung der ehemaligen Judengasse in Suceava zu verdanken. Umgangssprache war das Jiddische. Ihren Lebensunterhalt verdienten die Juden vor allem im Handel mit landwirtschaftlichen Produkten und als Zwischenpächter, sogenannten ›arendaşi‹: Sie pachteten landwirtschaftliche Güter und verpachteten sie gewinnbringend an Kleinbauern weiter. Wie vielerorts, wurden sie mit steigendem Erfolg zur Zielscheibe von Anfeindungen gemacht. Man begrenzte ihre Entfaltungsmöglichkeit, indem man ihnen rechtliche Gleichstellung und damit die Staatsbürgerschaft verweigerte. Damit war ihnen verwehrt, Grund und Boden zu erwerben. Der Druck aus dem Ausland bewirkte eine Veränderung, und der sogenannte Berliner Vertrag von 1878 regelte das Recht der Juden zur Erlangung der rumänischen Staatsbürgerschaft. Im Zeitraum von 1880 bis 1913 erhielten es aber nur 552 Juden, obwohl damals bereits etwa 300 000 Juden in Rumäniens Altreich lebten.

Die Vergrößerung des Landes nach dem Ersten Weltkrieg um Siebenbürgen, die Bukowina und Bessarabien brachte einen Zuwachs an jüdischer Bevölkerung vor allem aus der Bukowina mit sich. Insgesamt bekannten sich in dieser Zeit in Rumänien mehr als eine halbe Million Menschen zum Judentum, womit das Land nach Polen und der Sowjetunion die drittgrößte jüdische Minderheit aufwies. Seit 1918 war der Aufstieg der Juden in höhere Berufe nachweisbar. Ihre Interessen wurden im Dachverband ›Uniunea Evreilor din România‹ vertreten, während es auf politischer Ebene eine jüdische Partei gab.

Immer wieder brachen sich jedoch antijüdische Ressentiments Bahn: 1907 nach der großen Bauernrevolution, nach dem Ersten Weltkrieg und in Folge der Wirtschaftskrise. Unter Antonescu wurden die Juden für staatenlos erklärt. Nach furchtbaren Pogromen in Dorohoi (1940), Bukarest (1941) und Iaşi (1941) wurde der Dachverband verboten, Ehen mit Nichtjuden waren untersagt. Während Synagogen und Gemeinden weiterhin existierten und einer Deportation nach

Auschwitz seitens der Rumänen Widerstand entgegengesetzt wurde, erlitten die Juden der Nordbukowina, Bessarabiens und Transnistriens eine rumänische ›shoa‹ (Holocaust). Die Eiserne Garde veranlasste die Aktion ›Transnistrien‹, deren Höhepunkt die Massaker im besetzten Odessa waren und denen 60 000 Juden zum Opfer fielen. 1942 endete der Terror, die Internierten rettete die ›Transnistrien-Hilfe‹ des Auslands. Zuverlässige Zahlen über die Todesopfer gibt es nicht mehr. Im an Ungarn abgetretenen Nordsiebenbürgen widerfuhr den Juden ein ebenso furchtbares Schicksal.

Nach der Ära Ceauşescu wurden diese Vorgänge aus der Tabuisierung herausgeholt, Akten freigegeben. Ein herausragendes filmisches Denkmal setzte der rumänische Regisseur Radu Mihaileanu diesen Geschehnissen mit seinem vor einigen Jahren entstandenen Film ›Zug des Lebens‹. Mihaileanu gibt die Zeit der ›shoa‹ mit viel Heiterkeit wieder, indem er den fast vergessenen jüdischen Humor wiederbelebt. 1944 kamen die Juden aus Transnistrien und der sowjetischen Nordbukowina, schätzungsweise 350 000, wieder nach Rumänien zurück, ihr Dachverband wurde wieder zugelassen, doch eine Wiedergutmachung erfolgte nicht.

In Czernowitz, einst Hauptstadt der Bukowina (heute Ukraine), gab es einen fruchtbaren Austausch zwischen deutscher und jüdischer Kultur, vor allem auf dem Gebiet der Lyrik: Rose Ausländer, Paul Celan, Alfred Margul-Sperber, Moses Rosenkranz, Immanuel Weißglas, Alfred Kittner sind nur einige bekannte Namen. Viele hatten die Jahre von 1941 bis 1944 überlebt. Gemeinsam war den Dichtern das Trauma der Verfolgung.

Die Kommunisten hatten ein zwiespältiges Verhältnis zu den Juden. Die Haltung zur Partei war natürlich maßgebend, dennoch wurden sie auch Opfer wie Ana Pauker, die Stalinvertraute. War die jüdische Bevölkerung 1944 auf die Hälfte der Vorkriegszeit zurückgegangen, setzte sich der Schwund durch Auswanderung bis 1951 fort. Dorohoi galt 1982 als letztes ›Schtechtl‹ der Welt. 1992 bekannten sich bei der Volkszählung etwa 9100 Personen als Juden, die Dunkelziffer mag höher liegen. Dennoch wird vermutlich eintreffen, was der 1994 verstorbene rumänische Oberrabbiner Dr. Moses Rosen während eines Interviews im Mai 1991 in München folgendermaßen beschrieb: »Eine Kerze, die in diesem Land langsam erlischt«.

Die Roma

Drei Zigeuner fand ich einmal
liegen an einer Weide,
als mein Fuhrwerk mit müder Qual
schlich durch sandige Heide.

Hielt der eine für sich allein
in den Händen die Fiedel,
spielte, umglüht vom Abendschein
sich ein feuriges Liedel

Hielt der zweite die Pfeif' im Mund
blickte nach seinem Rauche,
froh, als ob er vom Erdenrund
nichts zum Glücke mehr brauche

Und der dritte behaglich schlief,
und sein Simbal am Baum hing
Über die Saiten der Windhauch lief,
über sein Herz ein Traum ging.

An den Kleidern trugen die drei
Löcher und bunte Flicken,
aber sie boten trotzig frei
Spott den Erdengeschicken.

Dreifach haben sie mir gezeigt,
wenn das Leben uns nachtet,
wie man's verraucht, verschläft, vergeigt
und es dreimal verachtet.

Nikolaus Lenau aus seinem ›Mischka Zyklus‹

Die Roma (die Bezeichnung Zigeuner gilt als abwertend) gelten vor den Ungarn als zahlenmäßig größte Minderheit des Landes, was Rumänien zu einer der großen Roma-Gemeinden macht. Seit Jahrhunderten waren die aus Indien in verschiedenen Zügen eingewanderten Roma im Donau- und Karpatenraum von der Dobrudscha bis Siebenbürgen beheimatet. Die Siebenbürger Roma unterschieden sich von den Unfreien der rumänischen Fürstentümer (Moldau, Walachei). Maria Theresia und ihr Sohn Kaiser Joseph II. begannen mit der mehr oder weniger erfolgreichen Seßhaftmachung und nannten seßhaft gewordenen Roma Neubauern. Sie lebten am Rande der Dörfer und Städte ihr eigenes Leben und waren dennoch deren Bewohnern durch vielfältige Berufstätigkeiten verbunden. Gerne wurden sie auch als ›Kladera‹, Kesselschmiede, und ›Lovara‹, Pferdehändler, bezeichnet, was eher auf ihre Arbeit zurückzuführen ist.

Roma-Familie in der Maramureş

In den rumänischen Fürstentümern des Mittelalters waren die Roma vorwiegend Leibeigene und Unfreie. Letztere standen gesellschaftlich höher als Sklaven, aber niedriger als Leibeigene und besaßen eine eigene Hauswirtschaft. Sie lebten in Großfamilien, in sogenannten ›Salas‹, und waren Unfreie der Krone, Unfreie der Klöster oder Unfreie der Bojaren. Im 18. Jahrhundert wurde die Entlassung in die Freiheit möglich. Einige wurden seßhaft, einige wanderten nach Ungarn aus, wo sie geschützt waren. Lieder wie ›Lustig ist das Zigeunerleben, braucht dem Kaiser kein Zins zu geben, lustig ist es im grünen Wald, wo des Zigeuners Aufenthalt…‹ sind weit entfernt von der weniger lustigen Realität. Nach ihrer Entlassung in die Freiheit mußten die Roma in der Moldau eine Kopfsteuer zahlen, die bei ihrem Kinderreichtum besonders gewinnbringend für die Staatskassen war.

Konfessionell paßten sich die Roma bei Weiterleben des eigenen Volksglaubens der jeweiligen Bevölkerungsmehrheit an, ob orthodox, evangelisch, reformiert oder katholisch. Ihr Zusammenhalt drückte sich in Sippenverbänden aus, die von einem ›Bulibassa‹ (türkisches Wort. das ›großer Anführer einer Schar‹ bedeutet) geleitet wurde. Das Oberhaupt der Sippen ist der Baro Bulibassa, in Rumänien seit 1964 Ioan Cioabă, der sich am 8. September 1992 in der orthodoxen Klosterkirche zu Bistrica Vîlcea (bei Costeşti) medienwirksam zum König ausrufen ließ.

Obwohl sie nie gesellschaftliche Anerkennung genossen hatten, konnten die Roma bis zum Zweiten Weltkrieg für ihren Lebensunterhalt selbst aufkommen.

Mit Beginn des Krieges traf viele das Schicksal der Juden: die todbringende Deportation nach Bessarabien und Transnistrien. Zuverlässige Zahlen darüber fehlen auch hier.

Mit der Etablierung der Kommunisten wurden nicht nur der Verband und die Zeitung der Roma verboten, sondern man forcierte, wie einst die Habsburger, ihre gezielte Seßhaftmachung: Man nahm ihnen Zelte und Wägen weg und wies ihnen stattdessen enteignete Bauernhöfe zu. Erst als Ceauşescu das Gewicht der Rumänen stärken wollte, waren ihm die Roma als kinderreiche Gesellschaftsträger willkommen. Die Statistik konnte so zugunsten der Rumänen verändert werden, ohne populär zu machen, daß sie den Roma zu verdanken war.

Auch wenn sich viele der Roma an die Lebensart der Umgebung, der sogenannten Gadsche (Nichtzigeuner, singular Gadscho), in Kleidung, Schulbesuch und anderen Gewohnheiten anpaßten, zeichnete sich ihre bis heute andauernde Verelendung ab, da sie keinerlei berufs- und bildungsmäßige Unterstützung erhielten. Mit dem allgemeinen wirtschaftlichen Niedergang nach der Revolution verloren gerade die Roma ihre Erwerbsmöglichkeiten. Ihre Andersartigkeit und zahlenmäßige Überlegenheit riefen den Unmut der Anwohner hervor. 1987 endete dies in Sebeş (Mühlbach) in Siebenbürgen mit einer offenen Rebellion, weil man ihnen das Betreten von Gaststätten verbot. An- und Übergriffe fanden gerade in den Krisenjahren 1990/91 mehrfach statt.

Obwohl häufig untereinander zerstritten, sind sie locker in einem Dachverband ›Demokratische Union der Roma aus Rumänien‹ organisiert. Ortsnamen der Walachei wie Ţiganeşti weisen auf die Zigeuner. Auch der berühmte Mircea Eliade hat dieser Volksgruppe mit ›La ţiganci‹ (Bei den Zigeunerinnen) ein Denkmal gesetzt. Im Jahr 1990 nutzten auch die Roma die neugewonnene politische Möglichkeit und wanderten in großer Zahl nach Zentraleuropa aus.

Die Slawen

Hierunter sind die Bulgaren, Serben, Kroaten, Slowaken, Tschechen, Ukrainer und Russen zu verstehen. Viele von ihnen leben im Banat, wo allein 46 000 Serben ansässig sind, die in Timoşoara eine große serbische Gemeinde haben. Auch wenn im Zuge der Assimilierungsbestrebungen der Regierung bis 1989 viele ethnische Minderheiten als Gruppe eher in den Hintergrund traten, sind sich die Menschen ihrer Zugehörigkeit sehr wohl bewußt. Schon früh wurde das Banat ›Kleineuropa‹ genannt, und während sich die Völker in Zeiten des Balkankrieges zerrieben, war ein tolerantes Miteinander hier möglich. Allein neun Ethnien leben noch heute im Dorf Caraşova im Banat. Bei der Volkszählung von 1992 bekannten sich 1940 Menschen als Kroaten, 1260 als Serben.

Die Ukrainer leben vor allem im Grenzgebiet zur ehemaligen Sowjetunion, vor allem im Donaudelta und der Dobrogea. Die Siedlung Jurilovca am Rande des Razelm-Sees ist eines der Siedlungsschwerpunkte der russischen Lipowaner, die vor zweihundert Jahren während des Schismas in der russisch-orthodoxen Kirche als sogenannte Altgläubige verfolgt wurden und zwischen Slava Rusa und Uspenia bis Periprava eine neue Heimat fanden.

Die Türken

Die kleine türkische Minderheit meist islamischen Glaubens ist vor allem an der Schwarzmeerküste von Constanţa bis Tulcea anzutreffen. Die Umsiedlungspolitik im Zuge der Grenzziehung in der Dobrogea hat ihre Spuren sehr verwischt. Etwa 30 000 Menschen bekennen sich heute noch zum Islam.

Küche und Wein

Das Brot sei möglichst frisch, der Wein möglichst alt
und das Eheweib möglichst jung

(altes rumänisches Sprichwort)

Die Küche Rumäniens war immer das Spiegelbild seiner Geographie und Geschichte. Vielfältig wie seine Menschen waren die Speisekarten, auch wenn sie dem Westbesucher dank kommunistischem Einheitsbrei verborgen blieben. Vieles konnte sich hinüberretten und tritt mehr oder weniger wieder zu Tage. Die üppige Natur hat das Land reich gesegnet. Die Bewohner der Kornkammer Europas waren Meister im Brotbacken, das mit Hilfe des ›Ţǎst‹, einer Backglocke aus Lehm, Stein oder Gußstahl, über offenem Herd gebacken wurde. Zur Festzeit gehören auch die von der Hausfrau gebackenen zahllosen Gebildbrote, Striezel und andere Kuchen, besonders um vorbeigekommene Sänger zu belohnen, die der Sitte gemäß Gottes Segen, Wohlstand und Heil ins Haus bringen. An Weihnachten und Neujahr ißt man in Rumänien gerne Krautrouladen: das in Kohl- oder Weinblätter gehüllte Hackfleisch wird ›Sarmale‹ genannt. Die mit Abstand wichtigste Beilage im ganzen Land ist ›Mǎmǎliga‹, der Maisbrei. Beliebt im ganzen Land ist die ›Ciorbǎ‹, eine deftige Suppe.

Die Moldau wirbt mit deftiger Hausmannskost wie zum Beispiel der mit Ei und Käse in der Pfanne brutzelnden ›Tochiturǎ‹ (eine Art Ragout), Pastetchen und anläßlich von Festtagen Gebäcken und Gebildbroten, die auch außer Haus verteilt werden. Das Schweineschlachten ist ein festlicher Anlaß, die Tafel biegt sich unter der kulinarischen Vielfalt: Sülze, Würste, Braten und Weißwurst, darunter die berühmte ›Chişcă‹. Deftige Eintöpfe mit Pilzen, Bohnen und Puffbohnen runden die Palette ab.

In der Walachei sind als Besonderheit die Sauerbrühen aus Sauerampfer und Brennessel, weißen oder grünen Bohnen, außerdem Dörrpilze, Donauheringe, Pflaumengerichte und Kürbispalatschinken zu finden. Auch Pasteten, Bohneneintöpfe und das zur altväterlichen Küche gehörende Huhn mit Quitten oder Aprikose, Ente mit Oliven oder Gänsefleisch sind hier zu Hause. Auch eine rumäni-

Wassermelonenverkauf im Banat

sche Variante von Spiegeleiern wird man antreffen: in siedendes, mit Salz versetztes Essigwasser geschlagene rohe Eier sind zu heißem Maisbrei äußerst schmackhaft.

Das Banat erhielt sich trotz serbischer Einflüsse eine sehr eigenständige Küche. Endlos ist die Liste der Vorspeisen vom Auberginensalat bis zu den Pastetchen. Die nach alten Rezepten hergestellten Konfitüren nehmen einen besonderen Rang ein. Eine große Auswahl an Palatschinken erinnern an Habsburg und Serbien.

In Transsilvanien liebt man es ebenfalls deftig: Hausbrot, Räucherspeck, transsilvanische Suppe aus grünen Bohnenschoten und natürlich Pflaumenschnaps. Gerne verwendet man hier statt Speiseöl das Schweineschmalz, statt Tomaten-

Schafherde im Banat

mark das Rosenpaprika. Das Schwein nimmt den Ehrenplatz der Speisekarte ein, der Fisch wird weniger geschätzt. Häufig ißt man Kohl: der Krauttopf ą la Clui wird aus abwechselnden Schichten Wirsing und Hackfleisch zubereitet.

In der Dobrogea werden die Palatschinken traditionsgemäß in runden Kupferformen gebacken. Mehlspeisen mit kalten Schafjoghurts waren einst die Speise der Hirten. Hier sammelt sich eine Mischung von Düften griechischer, türkischer, bulgarischer und armenischer Herkunft. Fette Schafe, Rinder, Fisch und Wildbret stehen auf der Karte, dazu ein frischer Wein. Getreide, Obst und Gemüse finden sich allerorts. Pilaw mit Rosinen, türkischer Honig ›Rachat loküm‹, aber auch Kuttelsuppe und Karpfen am Spieß sind zu haben.

Im Donaudelta herrscht der Fisch: Wels, Zander, Barsch, Karpfen, Hecht, Schlei und an der Donaumündung der Riesenhausen, Störarten wie Scherg und Sterlet bereichern das Angebot. Der Kaviar gehört so selbstverständlich zur Tafel wie die saure Fischsuppe.

Die Bewohner der Maramureş gelten als feierfreudig und sehr trinkfest. Ihr typisches Getränk ist die ›horinca‹, aus Obst, Pflaumen, Äpfeln und Birnen gewonnen, die mit einem Alkoholgehalt von 65 Prozent sowohl Wodka als auch Whisky Konkurrenz macht. Nahrhafte Speisen, deren Grundlage meist das Schweinefleisch ist, werden ergänzt durch große runde Brote, sogenannte ›Pită‹, die man mit Schafs- oder Weißkäse serviert oder im Sommer bei großer Hitze mit einer erfrischenden Schüssel voll Joghurt verspeist. Auch der Maisbrei darf nicht fehlen. Man bereitet daraus ›Balmoş‹: ein Gericht aus in Milch gekochtem Maisbrei, der mit saurer Sahne, geräucherten Wurststücken, Butter und weichgekochten Eiern zubereitet wird.

Kleine Speisen- und Getränkekarte

ciorbă	Suppe, meist mit saurer Sahne und Peperoni serviert
ciorba burţa	Kuttelsuppe
cabana	gegrillte Würstel
cartofi cu ceapa	Bratkartoffeln mit Zwiebeln
fasole bătută cu cabanos	Bohneneintopf mit Würstchen
frgiârtis	Schaschlik
mămăliguţă cu brănzăş c smântânâ	Maisbrei mit Käse und Rahm
plăcinte	Quarkklößchen
sărmăluße	Krautwickel
tochitură ţărănească	Schweinebraten mit Maisbrei
salată de varză	Krautsalat
dovleac	Kürbis
brînza	Schafskäse
roşii	Tomaten
ardei	Paprika

apă necarbon/ apă plată	Wasser ohne Kohlensäure
apă minerale	Wasser mit Kohlensäure
bere blonda	helles Bier
bere neagra	dunkles Bier
vin roşu	Rotwein
vin rose	Roséwein
vin alb	Weißwein
vie	Rebe
strugure	Traube
recolta	Jahrgang
vin superioare	Qualitätswein
vin de masă	Tischwein
vin uşoare	leichter Wein
imbuteliat	abgefüllt
sec	trocken
dulce	süß
spumos	schäumend
pivniţa	Kellerei
Tuică	als Aperitif getrunkener Feigenschnaps
Horinca	Obstler
Pofta bună!	Guten Appetit!

Gänse auf dem Land

Rumänischer Wein

Weinbaugebiete säumen wie ein Gürtel ganz Rumänien und rechtfertigen seinen Ruf als Weinland. Die größten rumänischen Weinbaugebiete liegen in der Donauebene, an den südlichen und östlichen Karpaten-Ausläufern.

Die Weinhügel von Cotnari im Norden der Moldau, eine der bekanntesten Weinregionen Rumäniens, sind als einziges Weinanbaugebiet noch mit alten einheimischen Reben bepflanzt: Rumänischer Muskateller, Frâncuşa (übersetzt frische Trauben) und Weiße Mädchentraube. Die großen Güter sind Copou und Bucium. In Bucium kennt man so anspruchsvolle Weine wie Aligote, Riesling und Muscat Ottonel; hier wird sogar der nach dem Asti-Spumante-Verfahren aus Muscat-Ottonel der Bucium-Sekt hergestellt. Aus dieser Gegend kam einst der in Pariser Restaurants als ›Perle de la Moldavie‹ gepriesene Dessertwein der Traube Grasa ›Cotnari‹. Er erinnert im weitesten an einen ungarischen Tokaier.

Nahe des Prut, südlich von Iaşi, liegt das Weinbaugebiet Huşi mit seinen Spitzenreben Busuioaca de Bohotin und Zghihara, beide aus einheimischen Reben gezogen. Der als Băbeasca Neagră bezeichnete Rotwein der Güter von Nicoreşti und Panciu hat den Reblaus-Befall im 19. Jahrhundert überlebt. Die Weingärten von Odobeşti bringen liebliche Weißweine hervor.

In Muntenien wurden Reben aus anderen Ländern erfolgreich eingesetzt: Cabernet Sauvignon, Merlot, und Schwarze Mädchentraube. Hier stehen die Rotweine, vor allem in Valea Călugăreasca oder Urlaţi, im Vordergrund. In der Region werden aber auch als Weißweine Weiße Mädchentraube, Königsast, Riesling und Muskateller auf den den Gütern Tohani, Pietroasele und Ştefăneşti-Argeş gewonnen. Oltenien pflegt noch ein paar einheimische Sorten zum Beispiel Gordanul und Braghina, neben den eingeführten Sauvignon, Merlot, Cabernet Sauvignon, Pinot Noir und Muscat Ottonel.

Kleinere Weinlagen befinden sich im Banat um Arad: Weine von Teremia Mare, Tomnatec, Recaş, Şiria, Miniş oder Baraţca liebte einst schon der Wiener Hof. Die Reben tragen so unbekannte Namen wie Majarcă, Mustoasă de Măderat, Creaşă, Steinschiller und Cadarcă. Gerade der rubinrote Cadarcă sei dem Liebhaber fruchtiger Weine empfohlen.

Die Weine aus Transsilvanien genießen im Land einen besonders hohen Stellenwert. Der Weinort im Kokeltal, Târnave, hat mit seinem Fetească Regalâ schon manchen Preis gewonnen. Im 19. Jahrhundert war hier wie andernorts die Reblaus eingeschleppt worden. Eine Weinbaukommission initiierte den Wiederaufbau der Kokeltaler Weinberge. Die Weingebiete Judvei, Crăciunel, Apoldu, Alba Iulia, Lechinţa, Dumitra, Băgaciu oder Şimleu Silvaniei locken mit ihrer malerischen Landschaft und den Reben wie Mädchentraube, Königsast, Italienischer Riesling, Furmint, Sauvignon, Muscat Ottonel, Pinot gris und Neuburger.

Fährt man über die Donau in die Dobrogea, so trifft man auf die Weingüter Olltina, Medgidia, Niculițel und das bekannte Murfatlar, wo Weine der Sorten Cabernet Sauvignon, Merlot, Pinot noir, italienischer Riesling, Pinot gris, Aligote, Muscat Ottonel und Chardonnay produziert werden. Berühmt sind auch die hiesigen Spirituosen: Branntwein aus Weinhefe oder -pulpe und die aus Pflaumen- und anderen Obstsorten destillierten Schnäpse: ›Tuică‹, ›Horincă‹ oder ›Palincă‹.

So gut der Wein nach einem ausgiebigen Besichtigungstag auch schmecken mag, so sei doch nicht verschwiegen, daß der Ruf des rumänischen Weines derzeit auf dem Spiel steht. Gerüchte von Verunreinigungen und unerlaubten Zusätzen machen die Runde.

Die rumänische Sprache

Das Rumänische, die östlichste der romanischen Sprachen, ist aus dem Latein hervorgegangen, das infolge der Romanisierung der Provinzen Moesien und Dakien auf dem gesamten Balkan gesprochen wurde. Mit dem Zusammenbruch des römischen Imperiums und den damit verbundenen Zerstörungen der Verbindungen zwischen den Provinzen und der Hauptstadt kam es hier zu einer Sonderentwicklung. Die isolierte geographische Lage führte einerseits zur Konservierung alter Sprachzustände des Lateinischen, andererseits zur Begünstigung einer originellen Weiterentwicklung. So konnten sich bestimmte lateinische Wörter, die in anderen romanischsprachigen Gebieten untergegangen sind, hier erhalten.

Im 6. Jahrhundert drangen die Slawen zunächst in die Walachei und die Moldau, Anfang des 7. Jahrhunderts auch nach Siebenbürgen und ins Banat vor. Das gemeinsame Zusammenleben brachte, auch dank dem Wirken der Slawenapostel Kyrill und Method, alt- und kirchenslawische Sprachelemente ins Rumänische. Das Kirchenslawische wurde bis zum 16. Jahrhundert von den Rumänen als Schriftsprache benutzt. So wurden liturgische Schriften, Annalen, Korrespondenzen, Kanzleiurkunden der Fürstentümer Moldau und Walachei bis ins 16. Jahrhundert in Kirchenslawisch verfaßt. Parallel zum Slawischen führte der Kontakt mit den Ungarn, die im 10. Jahrhundert in Siebenbürgen eindrangen, zur Aufnahme von ungarischen Lehnwörtern.

Das Vasallenverhältnis von Teilen des heutigen Rumänien zur Türkei im 14. Jahrhundert hinterließ Spuren des Türkischen wie zum Beispiel ›cişmea‹ – ›Brunnen‹. Die in türkischen Diensten stehenden Griechen, die Fanarioten, deren Sprache schon durch die religiöse Bindung Rumäniens an Byzanz und das orthodoxe Christentum lange Zeit eine Zweitsprache gewesen war – der Klerus sprach

Denkmal für den Metropliten Dosoftei in Iaşi

Griechisch – blieb nicht ohne Wirkung aufs Rumänische. Das Wort ›plictis‹ – ›Langeweile‹ ist eines der Relikte. Viele türkische und griechische Spuren wurden im 19. Jahrhundert verdrängt oder fanden sich nur noch in bestimmten sozialen Schichten.

Das Rumänische ist aber auch eine Balkansprache. Im Mittelalter verband die Rumänen mit den Bulgaren, Albanern und Griechen das Halbnomadentum. Aus diesem Zusammenhang haben sich Gemeinsamkeiten in Wortschatz und grammatikalischen Eigenheiten entwickelt.

Der schriftliche Gebrauch des Rumänischen, die Voraussetzung für eine Literatur, eine Standardsprache und eine gemeinsame Identität, begann sich im 15. Jahrhundert zu entwickeln.

Das älteste bekannte Dokument, das vollständig in rumänischer Sprache geschrieben wurde, war ein Brief, den im Jahre 1521 ein Bojar namens Neacşu aus Câmpulung an den Bürgermeister von Kronstadt, Johannes Benkner, richtete, in dem er diesen vor dem drohenden Einfall der Türken warnte. Unter dem Einfluß der Reformation entstanden erste Übersetzungen (1559 in Kronstadt) religiöser Literatur ins Rumänische, allerdings in kyrillischen Buchstaben geschrieben. Auch erste Drucke kamen in Kronstadt heraus. Höhepunkte rumänischer religiöser Schriften waren die Werke der moldauischen Metropoliten Varlaam und Dosoftei, im historischen Bereich die moldauischen Chroniken des Grigore Ureche und Ion Neculce. Ihre Leistungen wurden fortgeführt durch Werke der Historiker, Schriftsteller und Philosophen Miron Costin, Şerban Cantacuzino und Dimitrie Cantemir.

Ende des 18. Jahrhunderts ging von der sogenannten ›Siebenbürgischen Schule‹, einer rumänischen Variante der Aufklärung, die Modernisierung des Rumänischen aus. Im Bestreben nach nationalen Rechten führten Gelehrte wie Samuil Micu, Gheorghe Şincai und Petru Maior den häufig angezweifelten Beweis der römisch-lateinischen Herkunft des Rumänischen und begannen, neue Bereiche des gesellschaftlichen Lebens für die rumänische Sprache zu erschließen. Die lateinische Schriftform begann die kyrillische im Jahr 1859 zu ersetzen. Erste Zeitungen in rumänischer Sprache wurden 1829 in Bukarest und Iaşi verlegt. Unter dem Einfluß französischer Entlehnungen entwickelte sich das Rumänische zur modernen Kultursprache, was sich an der unvergleichlichen Blüte rumänischer Literatur im 19. Jahrhundert zeigt. In Rumänien wird das sogenannte Dakorumänisch gesprochen, das von der Sprache des Nachbarlandes Moldawien nur geringfügig abweicht.

Die Schrift wurde orthographisch vom 19. Jahrhundert bis in die fünfziger Jahre des 20. Jahrhunderts verfeinert und aus politischen Gründen variiert. Zunächst veranlaßte die Literarische Gesellschaft in den Jahren 1867 bis 1869 die erste große Reform, einige Buchstaben verschwanden. Im Unterschied zu unserem Alphabet blieben die Buchstaben ț, ș, ă, î, â, da sie eigene Lautwerte verkörpern. Es folgten weitere Schriftreformen. Am schwierigsten hatte es der Buchstabe ›â‹. Unter der Stalinära (einer Zeit der Überbetonung des Slawischen) 1954 abgeschafft, führte man ihn 1965 wieder ein, aber nur für die Wörter ›România‹ und ›Român‹, die die Verbindung zum Lateinischen betonten. Ansonsten beließ man aus Gründen der Vereinheitlichung das ›î‹. Die jüngste Orthographiereform von 1993 hat dieses ›î‹ wiederum für einige Fälle abgeschafft. Man schreibt stattdessen ›â‹, was für den Reisenden vor allem bei den Ortsnamen (Câmpulung heute, statt einst Cîmpulung) irritierend sein kann.

Das rumänische Alphabet

a	wie in Andreas	i	unbetontes auslautendes i nach Konsonanten, wird nur angedeutet,deshalb Bucureşti – Bukurescht
ă	wie e in Mutter gesprochen		
â	dumpfes ü		
b			
c	k (folgt auf c der Vokal e oder i wird tsch gesprochen, ciorba – tschorba, Ceauşescu – Tschauschescu)	î	entspricht ›â‹, es wurde durch die Orthographiereform von 1993 in einigen Fällen abgeschafft
che	ke	j	stimmhaft sch
chi	ki	k	
g	g (folgt auf g der Vokal e oder i wird tsch gesprochen)	l	
		m	
d		n	
e		o	
f		p	
g		r	
h		s	

ş	stimmloses sch	v	
t		x	
ţ	wird wie z gesprochen	z	wird wie s gesprochen
u			

Kleiner Sprachführer

Begrüßung

Guten Morgen!	Bună dimineaţa!
Guten Tag!	Bună ziua!
Guten Abend!	Bună seara!
Gute Nacht!	Nuapte bună!
Auf Wiedersehen!	La revedere!
Gute Reise!	Drum bun!

Allgemeines

Gerne!	Cu plăcere!
Sehr gerne!	Cu multă plăcere!
Danke!	Mulţumesc!
Bitte!	Vă rog!
Entschuldigung!	Scuzaţi!
Verzeihung!	Iertaţi-mă!
ja	da
nein	nu
nichts	nimic
gut	bine
Wie heißt…?	Cum se numeşte…?
Sagen Sie mir bitte…	Vă rog să-mi spuneţi…
Was ist das?	Ce-i asta?
Ich habe das nicht verstanden.	N-am înţeles.
Was heißt…auf Rumänisch?	Ce înseamnă pe româneşte?
verboten	oprit, interzls,

Im Restaurant

Wann ist geöffnet?	Când e deschis?
Was kostet das?	Cât costă
Ich möchte…	Aş vrea…
Bringen Sie mir bitte…	Vă rog să-mi aduceţi

Herr Ober!	Ospătar!
Ich möchte zahlen!	Plata, vă rog!
Einen Moment bitte!	O clipă, vă rog!
Frau Ober!/Fräulein!	Doamnă!/Domnişoară!

Zeitangaben

Wie spät ist es?	cît e ceasul?
heute	azi
morgen	mâine
übermorgen	poimâine
gestern	ieri
vorgestern	alaltăieri
in einer Stunde	peste o jumătate un ora
Montag	luni
Dienstag	marţi
Mittwoch	miercuri
Donnerstag	joi
Freitag	vineri
Samstag	sîmbătă
Sonntag	dumninică
Januar	ianuarie
Februar	februarie
März	martie
April	aprilie
Mai	mai
Juni	iunie
Juli	iulie
August	august
September	septembrie
Oktober	octombrie
November	noiembrie
Dezember	decembrie
Frühling	primăvară
Sommer	vară
Herbst	toamnă
Winter	iarnă

Ortsangaben

wo ist	unde e
wo sind	unde sunt

nach rechts	la dreapta
nach links	la stânga
geradeaus	drept înainte
hier	aici
dort	acolo

unterwegs

Wo ist die nächste Tankstelle?	Unde-i cea mai apropriaţa staţie de benzină?
Wieviel wollen Sie?	Câtă vreţi?
Geben Sie mir bitte für … Lei!	Daţi-mi, vă rog, de … lei!
Machen Sie den Tank bitte voll!	Faceţi-mi plinul!
Benzin	beznină normală
Super	super
Diesel	motorină
bleifrei	fără plomb
Wo ist die nächste Werkstatt?	Unde este cel mai apropiat service?
Wo ist der Bahnhof/Hauptbahnhof?	Unde e la gara/gara principală?
Fahrkartenausgabe	ghişeul de bilete
Gepäckaufgabe	ghişeul de bagaje
Wann fährt ein Zug?	Când pleacă un tren?
Ist das der Zug nach?	Asta e trenul spre?
Fahrplan	mersul trenurilor
Ankunft	sosire
Abfahrt	plecare
einfache Fahrkarte	bilet simplu
Toiletten	toalete
Frauen	femei
Herren	bărbaţi
Zoll	vamă
Autobus	autobuz
Reiseomnibus	autocar
Fahrrad	bicicletă
Auto	automobil/maşină
Fahrzeug	vehicul
Pferdewagen	trăsură

Zahlen

0	zero
1	unu, una, un,

2	doi, două
3	trei
4	patru
5	cinci
6	şase
7	şapte
8	opt
9	nouă
10	zece
11	unsprezece
12	doisprezece, douaăprezece
13	treisprezece
14	paisprezece
15	cinscisprezece
16	şaisprezece
17	şaptesprezece
18	optsprezece
19	nouăsprezece
20	douăzeci
21	douăzeci şi unu
30	treizeci
40	patruzeci
50	cinzeci
60	şaizeci
70	şaptezeci
80	optzeci
90	nouăzeci
100	o suată
200	două sute
1000	mie

Begrenzt von Ungarn
und Jugoslawien, ist
das Herz der Region die
Stadt Timişoara/
Temeschwar.
Unverkennbar zeigt
sich dort die große
habsburgische Vergan-
genheit

Dreiländereck Banat

Über die Region

Seit jeher ist das Banat (rumän. Banatul) ununterbrochen besiedelt. Sein Name leitet sich von ›Ban‹ ab, der Bezeichnung für einen ungarischen Verwaltungsbeamten. In vorchristlicher Zeit dakisch, geriet es in den römischen Interessenbereich (1. Jahrhundert vor Christus) und wurde Teil der römischen Provinz Dakien. Nach dem Rückzug der Römer war die Region dem Ansturm der Völkerwanderung ausgesetzt. Im Mittelalter herrschten die verschiedenen Woiwoden, unter denen das Gebiet in sogenannte Woiwodate aufgeteilt wurde. Diese verbündeten sich untereinander im Kampf gegen die Ungarn. Einige wenige Woiwodate konnten ihre Unabhängigkeit bis ins 15. Jahrhundert hinein bewahren.

Der Großteil des Gebietes wurde aber schon im Jahr 1054 der ungarischen Krone einverleibt, unter der sich viele Adlige magyarisierten. Unbeugsame Rumänen, so zum Beispiel Gheorghe Doja, wurden Opfer der ungarischen Oberherren. Die Zeit war geprägt von Aufständen der Bauern und Leibeigenen einerseits sowie der Bildung von Zünften und dem Aufbau des Handels, vor allem des Salzhandels, andererseits.

Der gemeinsame Feind waren die vordringenden Türken. Gegen sie wurde 1432 von Sigismund, dem ungarischen König und deutschen Kaiser aus dem Geschlecht der Luxemburger, eine militärische Grenzprovinz eingerichtet. Man schuf einen Verteidigungswall, worunter die Festungen Arad, Timişoara, Oradea und Alba Iulia besondere Bedeutung erlangten. Die Grenzeinheiten bestanden aus Rumänen, Serben und Ungarn. Im Landesinnern siedelten Deutsche, Italiener und Franzosen. Bei Brodfeld konnte unter Führung des Rumänen Paul Chinez (Pavel Chinezu) ein Sieg gegen die Türken errungen werden. Aber mit dem Tod des ungarischen Königs Ludwig II. 1526 in der Schlacht bei Mohács (Südungarn) gegen Süleyman begann ein zweihundertjähriger Abschnitt der Banater Geschichte unter türkischem Einfluß.

Süleyman machte die Region zu einem Paschalyk, also einer türkischen Provinz, mit Sitz des Paschas in Timiş. Der Boden gehörte dem Sultan, die Bauern wurden Leibeigene. Mehrere Aufstände gegen die Türken wurden niedergeschlagen, erst 1716 gelangen entscheidende Siege gegen die Besetzer, die unter Führung des berühmten Feldherrn Eugen von Savoyen bei Peterwardein (Petrovaradin, Jugoslawien) vernichtend geschlagen wurden. Das befreite Banat war nun jedoch verwüstet und ganze Landstriche wurden menschenleer.

Nach ihrem Sieg in der Schlacht von Belgrad wurde den Habsburgern im Frieden von Passarowitz (1718) das Banat zugesprochen, und der Wiederaufbau begann. Banater Schwaben wurden in drei Schüben ins Land geholt, regelmäßig angelegte Dörfer dieser absolutistischen Staatskolonisation prägten das Flurbild.

Nun lebten Serben, die im 15. Jahrhundert nach der Besetzung ganz Serbiens durch die Türken gekommen waren, sowie Rumänen, Juden und die Banater Schwaben nebeneinander. Den Serben war 1690 von Kaiser Leopold I. (1658–1705) eine eigene orthodoxe Kirchenprovinz im Banat gestattet worden. Unter Franz Rákóczi kämpften Ungarn und Rumänen gemeinsam gegen die Habsburger, Bauernaufstände folgten von 1737 bis 1739.

Der ungarische Adel nutzte die Schwierigkeiten des Wiener Hofes mit dem Banat und verleibte es sich 1779 ein. Trotz der Aufstände von 1848 blieb das Banat bis 1918 bei Ungarn. Nach dem Ersten Weltkrieg wurde das Banat im Vertrag von Trianon unter Serbien, Rumänien und Ungarn aufgeteilt. Der kleinere westliche Teil fiel an das Königreich der Serben, Kroaten und Slowenen (ehemaliges Jugoslawien), der Rest wurde Rumänien zugesprochen. Dieses zwischen den Flüssen Theiß (rumän., serb. Tisa, ungar. Tisza,), Donau (rumän. Dunărea, ungar. Duna, serb. Dunav) Mieresch (dt. auch Marosch, rumän. Mureş ungar. Maros) und den Südkarpaten liegende rumänische Banat wurde und wird von Rumänen, Magyaren, Serben und Deutschen bewohnt. Nach dem Zweiten Weltkrieg hat sich die Bevölkerungsstruktur stark verändert. Nur wenige Banater Schwaben blieben in der Region. Auch der Anteil der Serben, die einst mit etwa 50 000 Menschen vertreten waren, ging zurück.

Geographisch handelt es sich beim Banat um die Fortsetzung der weitgestreckten ungarischen Tiefebene, in der seit jeher Landwirtschaft betrieben wurde. Bis heute prägen riesige Getreide-, Mais- und Sonnenblumenfelder sowie Rinder- und Schweinezucht die Region. Gegen Osten, in der Gegend um Lipova und Ineu, steigt diese Ebene zu einem weichen Hügelland an, wo man von Wein bewachsene Hügel sieht. Im Süden wird das Banat vom bis zu 1445 Meter hohen Banater

Auf der Strecke zwischen Lipova und Arad

Gebirge Semenic umschlossen, einem westlichen Ausläufer der Karpaten. In dieser Gebirgsregion führten einst die Kohle- und Eisenerzlager zur Entstehung von Bergbausiedlungen wie Anina, Reşiţa oder Bocşa, wo heute kleine Skigebiete zur Verfügung stehen.

Alle Städte des Banat verfügen über Flughäfen, aber nur Timişoara und Arad bieten internationale Verbindungen. In den Städten hat sich das Bild der Habsburger-Architektur erhalten. Bis 1918 entwickelte sich ein Art-Nouveau-Stil. Die Bäder von Moneasa und das vielleicht bekannteste Heilbad Băile Herculane sowie das 60 000 Hektar umfassende Naturschutzgebiet um den Berg Domoleg bieten viel Abwechslung auf kleinem Gebiet. Klimatisch gehört das Banat zu den niederschlagsarmen Zonen Rumäniens.

Arad

Kurz hinter der ungarisch-rumänischen Grenze bei Nădlac liegt mit Arad die zweitgrößte Stadt des Banat. Wie Oradea und Timişoara wurde es von den Habsburgern und somit barock geprägt. Eingebettet in die Flußschleife des Mureş und dessen im Stadtbereich kanalisiertem Nebenarm Mureşul Mort (Toter Mureş), ging Arads wirtschaftlicher Aufstieg mit der Flößerei von Holzwaren und Salz einher. Im 18. Jahrhundert stieg seine Bedeutung mit der Gründung zahlreicher Manufakturen, darunter großer Textilunternehmen. Die Stadt wurde bereits 1858 an das österreichische Eisenbahnnetz angeschlossen und spielte seitdem eine wichtige Rolle im Handel mit Transsilvanien. Infolgedessen wuchs die Einwohnerzahl von 20 000 Mitte des 19. Jahrhunderts bis auf 100 000 während des Zweiten Weltkrieges an.

Die kommunistische Ära knüpfte an die industrielle Tradition. Zahlreiche Industriekomplexe, vor allem Textilien-, Waggon- und Drehbankfabriken sowie planlose Wohngebiete haben das Stadtbild entstellt. Die fruchtbare Mureşebene wurde durch landwirtschaftliche Großbetriebe genutzt. Nur wenige Brücken führen im

Legende

1 Trajansbrücke
2 evangelische Kirche
3 Neorenaissancehaus (›CENAD‹)
4 Rathaus
5 römisch-katholische Kirche
6 Staatstheater
7 Gymnasium ›Moise Nicoarâ‹
8 Kulturpalast
9 Cetatea (Festung)
10 Altes Theater
11 Casa cu lacât (Haus Stock im Eisen)
12 Synagoge

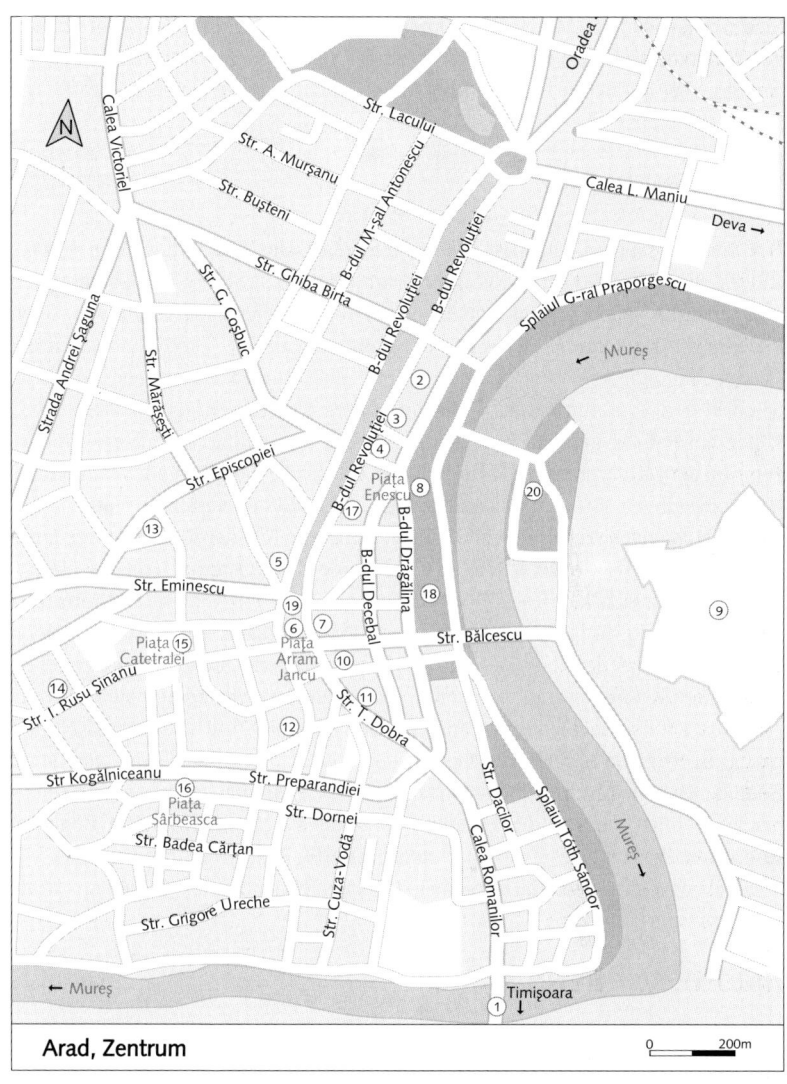

Arad, Zentrum

0   200m

13 Johannes-Nepomuk-Statue
14 Turnul de apă (Wasserturm)
15 orthodoxe Kathedrale
16 Biserica Sfânti Petre şi Pavel
   (serbisch-orthodoxe Kirche)

17 Hotel ›Continental Astoria Arad‹
18 Hotel ›Parc‹
19 Hotel ›Ardealul‹
20 Freizeitanlage ›Neptun‹

Stadtbereich über den Mureş. Die bekannteste ist die Trajansbrücke (Podul Traian), eine Stahlkonstruktion im Sezessionsstil von 1907, die im Zweiten Weltkrieg zwar zerstört, aber mit internationalen Mitteln wieder aufgebaut werden konnte.

Stadtgeschichte

Die Siedlungsspuren der Stadt gehen auf vordakische Zeit zurück. Von 106 bis 271 existierte der Ort unter römischer Herrschaft. Schriftliche Erwähnung fand Arad erstmals 1135. Tataren- und Mongoleneinfälle blieben der Stadt, wie vielen anderen, in den Jahren 1241 und 1242 nicht erspart. Die Türken eroberten die Festung im Jahr 1552 und hielten sie mit einer kurzen Unterbrechung durch Michael den Tapferen bis zur Ablösung durch die Habsburger im Jahre 1687. Unter den Habsburgern entwickelte der Ort sich zum militärischen Verwaltungs-zentrum der Militärgrenze im Mureşgebiet, während die umliegenden mittelalter-lichen Festungen Ineu, Lipova und Nădlac an Bedeutung verloren. Während des Ungarnaufstandes von 1848 war die Stadt zeitweilig Sitz der Revolutionäre unter Führung von Kossuth. Doch der Aufstand wurde durch Österreich niedergeschla-gen. Infolgedessen kam es am 6. Oktober 1849 zur Hinrichtung von dreizehn Generälen, derer bis heute als ›Märtyrer von Arad‹ gedacht wird. Dem nationalen Befreiungskampf der Rumänen schlossen sich so bedeutende Persönlichkeiten wie Avram Iancu, aber auch Vicenţiu Babeş an. Letzerer sprach sich für eine rumänische Gleichberechtigung aus. In einem ersten Schritt wurde 1861 Rumä-nisch als offizielle Sprache der Gemeindeverwaltung der Stadt Arad anerkannt. Bedeutende rumänische Schulen entstanden sowie ein ungarisch- und ein rumä-nischsprachiges Theater. Im Frieden von Trianon fiel Arad mit dem Banat an Rumänien. Während des Zweiten Weltkrieges erlitt Arad große Zerstörungen, vor allem durch die im September 1944 abziehenden Hitler-Horthy-Truppen.

Stadtbesichtigung

Zentrum der Stadt ist der sehr befahrene Bulevardul Revoluţiei (vormals Repu-blici). In seiner Mitte liegt eine Grünanlage, seine Ränder werden von Bauten ver-schiedenster Stile von der Habsburger Zeit bis zum 19. Jahrhundert gesäumt. Wie in vielen Städten Rumäniens wird auch in Arad der Opfer der Revolution von 1989 gedacht: ein schlichtes Holzkreuz vor dem Rathaus, eine Steinsäule in der Mitte des Bulevardul Revoluţiei.

Die evangelische Kirche (Biserica Roşie, Bulevardul Revoluţiei 61) verdankt ihren Namen der ungetünchten, mit rotem Backstein verblendeten Mauer. Sie wurde 1906 im neugotischen Stil errichtet. Das prächtige Neorenaissancehaus (Bulevardul 73), mit seiner reichen Fassadenverzierung war einst der Sitz der Eisenbahndirektion (›CENAD‹). Gleich daneben liegt der imposante Bau des Rathauses mit seinem 45 Meter hohen Turm wiederum im Stil der Renaissance, errichtet von 1872 bis 1876. Unter den historistischen Bauten sieht man immer wieder einzelne Jugendstilfassaden. Auch das 20. Jahrhundert ist mit dem 13 Stockwerke hohen ›Astoria Hotel‹ repräsentiert, das 1969 nach einem Entwurf von Miloş Cristea fertiggestellt wurde. Von der Terrasse aus hat man einen weit-

Das Arader Rathaus

läufigen Blick über den Ceala-Wald bis zu den Pâulis-Hügeln. Dem Astoria gegenüber liegt die prunkvolle römisch-katholische Kirche, die 1904 im Neorenaissancestil erbaut wurde. Über dem Eingang hängt eine Kopie der Pietą Michelangelos. Die Kirche verfügt über eine Orgel von 40 Registern mit 1200 Pfeifen.

Am Avram-Iancu-Platz endet die Allee mit dem klassizistischen Staatstheater aus dem Jahre 1874. Es wurde 1958 grundlegend restauriert und verfügt über einen Saal mit 700 Plätzen. Die Fassade erinnert an eine Tempelfront mit Säulen korinthischer Ordnung und einem Dreiecksgiebel. Das Basrelief ist ein Gemeinschaftswerk der Arader Bildhauer Valeriu Brudaşcu, Ioan Tolan und Emil Vitroel. 1969 wurde ein Theatermuseum angeschlossen.

Hält man sich vom Theater aus in Richtung Fluß, kommt man am Gymnasium ›Moise Nicoarâ‹ vorbei, einem Neorenaissancegebäude von 1869, das zwischenzeitlich nach dem rumänischen Dichter Ioan Slavici benannt war. Ihm gegenüber liegt das ›Hotel Parc‹ direkt am Mureş. Entlang der Flußpromenade werden die Kontraste des Stadtbildes am deutlichsten. Im Wasser tummeln sich Badende und Kanufahrer, am gegenüberliegenden Ufer, der Festungsseite, liegt eine große Freizeitanlage (›Neptun‹) mit Schwimmbädern. Im Hintergrund jedoch sind die Industriekombinatstürme nicht zu übersehen.

Die Promenade führt zur Piaţa Enescu mit dem Kulturpalast (Palatul Cultural) von 1913. Er beherbergt die Philharmonie und die Stadtbibliothek. Der Architekt des Neorenaissancebaus war Ludwig Szántay. Die Hauptfassade erinnert wiederum an einen griechischen Tempel. Musiker wie Gheorghe Enescu, der Tenor Trajan Grozăvescu, der Sänger Tito Schipa, Richard Strauß und Béla Bartók waren hier zu Gast. Zwei Büsten des 1929 jung verstorbenen Bildhauers Gheorghe Groza stellen den Historiker A. D. Xenopol (1847–1920, Stifter der Bibliothek des Kulturpalastes) und den Dichter Gheorghe Cosbuc (1866–1918) dar. Weitere Büsten schmücken die kleine Allee zum Mureşufer, darunter sind der Bildhauer Petru Pipos (1859–1913) und der Pädagoge und Wissenschaftler Marcel Olinescu (1859–1913). Auch das neobarocke Gerichtsgebäude von 1892 liegt an der Promenade.

Am linken Ufer des Mureş liegt die Festung (Cetatea), die wie in Alba Iulia, Timişoara, und Oradea als Bollwerk der Habsburger gegen die Türken nach dem Vaubanschen System (1763–1783) von dem Generalingenieur Ferdinand Hersch erneuert wurde. Ihr Kern war 200 Jahre früher erbaut worden. Die Festungsmau-

Klassizismus in der Innenstadt

ern umschließen das barocke Gebäude der Garnisonskirche mit zwei Türmen. Die Festung diente auch als Gefängnis, so für die Aufständischen unter Horea im 18. Jahrhundert, für revolutionäre Franzosen während der Napoelonischen Ära, für Aufständische von 1848 oder während des Ersten Weltkrieges für die Serben. Heute ist das Areal militärisches Sperrgebiet. Die Zweiturmfassade der Garnisonskirche ist nur von der Brücke auf der linken Flußseite zu sehen.

Hinter dem Theater an der Piața Avram Iancu lag ehemals das älteste Viertel der Stadt. Planloser Abriß, eine kuriose Verkehrsführung und Vernachlässigung der alten Bausubstanz haben davon allerdings kaum etwas übrig gelassen. Die Fragmente des Alten Theaters (Teatrul vechi) von 1817 sind in der Strada Gheorghe Lazăr zu sehen. Es war eines der ersten Barockgebäude seiner Art, in dem Aufführungen in rumänischer, deutscher und ungarischer Sprache stattfanden. Hier spielten die ungarische Schauspielerin Déryné und 1940 der deutsche Schauspieler Treumann. Eminescu verdingte sich hier als Souffleur. Noch Anfang des 20. Jahrhunderts wurde hier eines der ersten Kinos installiert. Heute ist es eine Ruine.

Nur wenige alte Gebäude erinnern an die reiche Vergangenheit, so das Wohnhaus mit dem Stock im Eisen (Casa cu lacăt). Es wurde 1815 erbaut, 1930 aufgestockt und modernisiert. Seinen Namen verdankt es dem Baumstamm aus dem Jahr 1837, um den ein Bandeisen gelegt wurde und das mit einem Schloß befestigt war. Die Nägel mit den verschiedenen Köpfen waren die Hinterlassenschaft der Zunftgesellen vor ihrer Wanderung in eine andere Stadt. Der Nagelkopf war das Wahrzeichen ihres Berufszweiges. Heute ist davon nur noch das Eisenband mit dem Schloß zu sehen.

Unweit befindet sich die Synagoge. Das zweistöckige Gebäude mit der schlichten Fassade wurde von 1828 bis 1834 errichtet.

Ein Spaziergang vom Avram-Iancu-Platz über die Strada Mihai Eminescu führt zum ältesten Denkmal der Stadt. Das Standbild des heiligen Johannes Nepomuk (Sf. Ioan Nepomuk) wurde 1729 von einem unbekannten Künstler aus Stein im Barockstil geschaffen. Mehrfach mußte es seinen Standort wechseln, bis es in der Strada Episcopiei endlich Ruhe fand. In der Strada Miahi Eminescu 44 steht das rumänisch-orthodoxe Bischofsamt (Episcopia Ortodoxă Română). Es stammt aus dem Jahr 1879, wurde später aufgestockt und verändert.

In einem Bogen sieht man den trutzigen ehemaligen Wasserturm (Turnul de apă) und kommt zum Kathedralenplatz (Piața Catedralei) mit der rumänisch orthodoxen Kathedrale (Catedrala Ortodoxă) aus der zweiten Hälfte des 19. Jahrhunderts. Im Laufe der Zeit erfuhr sie wesentliche Veränderungen. Im Inneren kann man eine geschnitzte Altarwand von Mihai Ianici sehen. Die Malereien von Nicolae Alexici und Ioan Zaicu lehnen sich im Stil an westliche Vorbilder an. Die neobyzantinischen Malereien aus den 50er Jahren des 20. Jahrhunderts stammen von A. Damiani. Rechts neben dem Kirchenbau befinden sich die ehemalige Lehrerbildungsanstalt (Preparandia) und das Theologische Institut, zwei bedeutende rumänische Lehranstalten. Vor der Kathedrale stehen die Markthallen. Täglich findet der Gemüse- und Obstmarkt statt.

Hinter dem Markt geht es weiter zur Piaţa Sârbească. Die serbisch-orthodoxe Kirche (Biserica Sfânti Petre şi Pavel) ist ein Relikt der im Banat einst vielzählig ansässigen Serben. In mehreren Bauetappen entstanden die heutige Form und Ausstattung. Man begann 1702, erweiterte 1790 bis 1822 im Barockstil und fügte die goldene Kuppel hinzu. Das Innere schmücken Kuppelfresken von Nicola Alexici (1808–1873) mit biblischen und historischen Szenen. Die ebenfalls von ihm gestaltete Ikonostase wurde 1902 restauriert und von Stefan Alexici (1876–1923) neu bemalt. Besonders stolz ist man auf die ältesten Fahnen der orthodoxen Arader Zünfte. Sava Tekeli (1761–1842), der besonderen Einsatz für die Minderheit der Serben gezeigt hat, ist hier bestattet. An der Südmauer befindet sich eine Gedenktafel mit einem Lobgedicht der serbischen Dichterin Eustachia Arsici.

 ›Continental Astoria Arad‹, 3 Sterne, Bulevardul Revoluţiei 79–81, Tel. 02 57/28 17 00, Fax 281 18 32, EZ 62 Euro, DZ 78 Euro.
›Parc‹, 2 Sterne, Bulevardul Drăgălina 25, Tel. 02 57/28 08 20, schöne ruhige Lage am Mureş, EZ 40 Euro, DZ 50 Euro.
›Ardealul‹ (Crucea Albă), 2 Sterne, Bulevardul Revoluţiei 98, Tel. 02 57/28 08 40, Fax 28 18 45, direkt im Zentrum, EZ 50 Euro, DZ 80 Euro.

Rund um Arad

Nur wenig Denkmäler zeugen von der wechselvollen Geschichte des Banat. Eine Fahrt entlang des Mureş führt nach Lipova. Der Ort ist eine der ältesten Siedlungen der Arader Gegend, zusammengewachsen aus den drei Ortschaften Lipova, Radna und Şoimoş. Mittelpunkt von Lipova, links des Mureş, ist die Piaţa Unirii mit dem türkischen Basar des 17. Jahrhunderts und der unweit davon gelegenen rumänisch-orthodoxen Kirche, die während der zweiten Welle osmanischer Eroberung in drei Bauetappen entstanden ist. Im Inneren befinden sich Malereien der alten rumänischen Schule des 17. Jahrhunderts. Etwa drei Kilometer außerhalb liegt Baîle Lipova, früher ein Kurort mit Mineralquellen.

Lipova gegenüber liegt Radna mit seiner dominierenden Zweiturmfassade des ehemaligen Franziskanerklosters bosnischer Mönche, seit 1992 Päpstliche Basilika ›Maria Mutter der Gnaden‹ (Basilica Papală Maica Harurilor). Die Franziskaner waren seit 1325 in Lipova ansässig. Die heutige Kirche geht auf die Neugründung im 17. Jahrhundert zurück. Verehrt wird in ihr ein wundertätiges Marienbild. Als Wallfahrtskapelle wurde sie im Jahr 1767 geweiht. Auf dem Weg nach Şoimoş liegt rechts der Kriegsgräberfriedhof, wo die Gefallenen der Kämpfe bei Păuliş im September 1944 bestattet wurden. Oben auf dem Berg sieht man die Festungsreste eines ehemaligen Woiwodats. Die Burg wurde im 13. Jahrhundert begonnen und erfuhr im Laufe der Zeit etliche Veränderungen.

Über Păuliş führt eine malerische Strecke zunächst durch eine flache und weite, später hügelige Landschaft nach Şiria. Hoch oben auf dem Berg sind Festungsreste aus dem 13. Jahrhundert zu sehen. Im Ort wurde der Dichter Slavici (1848–1925) geboren. Im Schloß Bohus (Castelul Bohus), einem typischem Gutshaus des 19. Jahrhunderts, ist eine Gedenkstätte des Dichters sowie eine Ausstellung über den Komponisten Emil Monţia (1887–1965) untergebracht. Monţia verbrachte einen Teil seiner Kindheit hier. Eines seiner bekanntesten Werke ist ›Das Mädchen von Cozia‹ (Fata de la Cozia).

Über Seleuş, wo der Schriftsteller N. Horga-Popovici (1796–1811), berühmt durch sein Werk ›Der Spiegel des weisen Menschen‹, und der Musiker Ion Vidu (1863–1931), Sammler rumänischer Musikfolklore, lebten, kommt man nach Ineu, der Name kommt vom türkischen Wort für Burg. Einen Eindruck von der ehemals mittelalterlichen Stadt gewinnt man nur, wenn man von Westen einfährt. Direkt am Fluß Crişul Alb liegt die einst sehenswerte Burg, eine Vierflügelanlage, in der heute Militär stationiert ist. Die Burg Karagheorghevici war im Jahr 1860 der Exilwohnsitz des serbischen Königs Alexander, der zwei Jahre zuvor entthront worden war.

Fährt man weiter nach Osten, gelangt man, vorbei an der Burg Dezna, die angeblich auf den Dakerkönig Dezebal zurückgeht, nach Moneasa. Der Kur- und Badeort mit gründerzeitlichen Villen hat leider wie so viele Kurorte viel vom alten Glanz verloren. Der Bildhauer Gheorghe Groza (1899–1930) wuchs hier auf. Die Mineralquellen sind seit 1597 bekannt. Sie haben eine Temperatur um 30 °C und enthalten Bikarbonat, Magnesium, Kalzium und Natriumsalze. Als Ausgangspunkt für Wanderungen ist Moneasa gut geeignet. Zwei Kilometer entfernt befinden sich Marmorsteinbrüche, in deren Nähe Tropfsteinhöhlen entdeckt wurden.

Über Salonta, das 1630 von 300 Heiducken gegründet worden sein soll, kehrt man zurück nach Arad. Südwestlich von Arad, abseits der Ortschaft Bodrogu Nou bei Felnac, liegt verwunschen das rumänisch-orthodoxe Kloster Hodoş-Bodrog am rechten Mureşufer. Mit liebevoll angelegten Wegen und Gärten und umgeben von einer Mauer, erinnert diese westliche rumänisch-orthodoxe Niederlassung an die Moldauklöster. Es handelt sich um eine der ältesten Klostersiedlungen Rumäniens. Die Gründung knüpft an eine Sage an, wonach ein Auerochse hier eine

Ikone gefunden haben soll, die den Klosterbau veranlaßt hat. Zum Klosterkomplex gehören Amtsgebäude, die Abtwohnung, Mönchszellen, mehrere Gebetsstätten und die kleine Hauptkirche. Im Inneren wird über dem Eingang noch heute der versteinerte Kopf des Auerochsen verwahrt. Die Kirche entstand im 14. Jahrhundert. Sehenswert sind altrumänische Wandmalereien des 16. Jahrhunderts im byzantinischen Stil von unbekannten Meistern. Die Ikonostase wurde vom Banater Bildhauer Busuioc geschaffen. Während der Türkenherrschaft von 1552 bis 1690 diente das Kloster als Residenz von Erzpriestern. Im Jahr 1651 war der Metropolit Sofronie aus Rußland hier zu Gast. Im 19. und 20. Jahrhundert diente die Kirche als Grabstätte der Arader Bischöfe. Im Klostermuseum befindet sich eine mittelalterliche Bibliothek mit kirchenslavischen Handschriften aus dem 16. Jahrhundert und altrumänischen Büchern. Ein Kleinod ist das ›Índreptarea legii‹, ein Gesetzbuch, das 1652 in Govora auf Veranlassung Matei Basarabs gedruckt wurde und eine wichtige Quelle in bezug auf die damaligen Beziehungen beiderseits der Karpaten darstellt. Hier schrieb Sevastian Tabacovici 1835 eines der ersten rumänischen Theaterstücke: ›Ierfta lui Avram‹ (Abrahams Opfer), das Literaturhistorikern erst spät bekannt wurde.

Kurz vor dem Dorf Satu Mare weist ein Abzweig auf Munar, wo ein serbisch-orthodoxes Kloster zu besichtigen ist. Das Kloster ist seit 1539 bezeugt. Die Malereien mit der Ikonostase stammen von Stefan Tenețchi. Die umgebenden Klosterbauten sind im Süden und Westen zweistöckig, im Norden eingeschossig. Die Mönchszellen stammen aus dem 18. Jahrhundert. Im Südflügel befand sich die Abtswohnung. Ein bedeutender Archimandrit war Gherasim Adamovici (1783–1789), der spätere Metropolit von Sibiu. Er unterstützte die im ›Supplex Libellus Valachorum‹ von 1791 enthaltenen Forderungen der Rumänen.

Letzter größerer Ort vor der ungarischen Grenze ist die alte Siedlung Sânnicolau Mare (Sînnicolau in alter Schreibweise, dt. Groß Sankt Nikolaus, ungar. Nagyszentmiklós) am Aranca-Fluß, einem toten Arm des Mureș. Ende des 18. Jahrhunderts wurde hier ein einzigartiger Schatz thrakischen Ursprungs von dreiundzwanzig Goldgefäßen entdeckt, die sich heute in Wien im kunsthistorischen Museum befinden. Viele einander stilistisch ähnliche Kirchen geben Zeugnis für die Vielfalt der Konfessionen. Von Bedeutung ist die unter Denkmalschutz stehende serbische Kirche (1783–1787) mit einer Ikone vom Berge Athos. In diesem Ort wurde der ungarische Musiker Béla Bartók (1881–1945) geboren. Sein Geburtshaus steht nicht mehr, nur eine Büste erinnert an ihn. Von hier stammte auch die Schriftstellerin Emilia Lungu Puhallo (1853–1932). Zur Grenze sind es wenige Kilometer, der Übergang Cenad ist aber nur unregelmäßig geöffnet.

Deutsches Kulturgut im Banat

»Möchte wieder in die Gegend, wo ich einst so selig war, wo ich lebte, wo ich träumte, Meiner Jugend schönstes Jahr. Also sehnt ich in der Ferne nach der Heimat mich zurück. Wähnend in der alten Gegend findet sich das alte Glück«, schrieb einst sehnsüchtig Nikolaus Lenau in seinem Gedicht ›Einst und Jetzt‹ über seine Heimat.

Abseits der Landstraße von Sânnicolau nach Timișoara liegt Lenauheim. Am 13. August 1802 wurde dort der Dichter Nikolaus Franz Niembsch Edler von Strehlenau geboren. Seit 1830 veröffentlichte er unter dem Namen Nikolaus Lenau seine Werke. Zu seinem Andenken wurde sein Heimatdorf Csatád zunächst in Strehlenau, dann in Lenaudorf und ab 1922 in Lenauheim umbenannt. Obwohl Lenau hier nur fünf Monate seines Lebens verbrachte, haben seine heimweherfüllten Verse dem Ort ein ewiges Denkmal gesetzt. In ärmlichen Verhältnissen groß geworden, ermöglichten ihm seine in Wien lebenden Großeltern ein Studium. Er wechselte von der Philosophie zum Recht und zur Medizin. Aufenthalte in Stuttgart brachten ihn mit der Schwäbischen Schule zusammen. Von einer Reise nach Amerika kehrte er enttäuscht wieder zurück. Sein problematisches Verhältnis mit der verheirateten Marie von Löwenthal verhinderte den Weg in eine glückliche Beziehung. Vom Wahnsinn ergriffen, verbrachte er seine letzten Jahre in der Heilanstalt Winnental. Mit seinen in deutscher Sprache geschriebenen Gedichten errang Lenau bereits in den dreißiger Jahren große Berühmtheit. Schade, daß er heute eher in Vergessenheit geraten ist.

Im Dorf Zabrani, dem einstigen Guttenbrunn, begegnet man einem anderen deutschsprachigen Dichter: Adam Müller-Guttenbrunn. Das langgezogene, noch immer typische Banater Dorf unweit von Lipova erhielt seinen deutschen Namen 1734 von den Siedlern wegen des ›Brunnens‹. Die Schwabengemeinde war der einzige Ort im Banat, in dem ein Odenwälder Dialekt gesprochen wurde. Im Zentrum des Dorfes wird seit kurzem in der ›Casa Memorială‹, einem Haus vom Anfang des 20. Jahrhunderts, des umstrittenen Dichters gedacht. Er erblickte hier im Jahr 1852 das Licht der Welt. Nach dem Vater hieß er Müller, nach der Mutter von Guttenbrunn und schrieb unter den Pseudonymen Ignotus, Franz Josef Gerhold und Vetter Michel seine Werke. Seit 1870 lebte er in Wien, wo er als Theaterkritiker und Feuilletonist sowie in den Jahren 1893 bis 1896 als Direktor des Wiener Raimund-Theaters tätig war. Seine literarischen Anfänge liegen in den Theaterstücken ›Gräfin Judith‹ und ›Im Banne der Pflicht‹ von 1882. Thema seiner Erzählungen und Geschichtsbilder war häufig, wie im seinem Werk ›Der große Schwabenzug‹, die banat-schwäbische Heimat, die er gegen die Magyarisierung verteidigte. Antisemitische und nationalsozialistische Tendenzen, die in seinem Werk anklingen, brachten ihm so manche Kritik ein. Über Nikolaus Lenau verfasste er eine Romantrilogie in drei Teilen.

Im Kreis Timiş in Nitzkydorf (Nißchidorf) wurde 1953 Herta Müller geboren, die in Timişoara Germanistik studieren konnte. Für ihr Werk ›Niederungen‹ erhielt sie 1984 den ›aspekte‹-Literaturpreis. Weitere Preise folgten. Herta Müller kann als Stellvertreterin für den Exodus der Dichter und Intellektuellen deutschsprachiger Herkunft aus dem Banat angesehen werden. Waren ihre ersten Werke bestimmt vom dörflichen Leben der deutschsprachigen Gemeinden, so erzählt sie später von Albträumen, Abrichtung, Lüge und Verrat. Angefeindet, bespitzelt und zermürbt, erhielt sie mehr oder weniger freiwillig Gelegenheit zur Auswanderung nach Deutschland, wo sie seit 1987 lebt. Schon der Titel ihres Buches ›Reisende auf einem Bein‹ verrät den inneren Zweispalt, der mit dem Verlassen der Heimat die Seele beschwerte. Mit ihrem neuesten Werk ›Im Haarknoten wohnt eine Dame‹ hat sie erst kürzlich wieder Aufmerksamkeit auf sich gezogen.

Abschied ist ein Apfelwort
kommt so blind und rund
ins Rollen
Nasen ziehn die Koffer fort
haben keinen andern Grund
außer, daß sie leben wollen.

Herta Müller

Einige Lesetips:

Bender, Hans et al.:
Nikolaus Lenau heute gelesen,
Wien: Wilhelm Braumüller Verlag,
2000.

Lenau, Nikolaus:
Liebesgedichte,
Frankfurt: Insel Verlag, 2002.

Müller-Guttenbrunn, Adam:
Lenau – das Dichterherz der Zeit,
Timişoara: Facla-Verlag, 1975.

Müller, Herta:
Im Haarknoten wohnt eine Dame,
Reinbek: Rowohlt Verlag, 2000.

Müller, Herta:
Heute wär ich mir lieber nicht
   begegnet,
Reinbek: Rowohlt Verlag, 1999.

Müller, Herta:
Herztier,
Reinbek: Rowohlt Verlag, 1996.

Timişoara

Die größte Stadt des Banat ist Timişoara (dt. Temeschwar/Temeschburg, ungar. Temesvár). Der heutige Name hat sich aus dem lateinischen ›Castrum Temensiensi‹, die Burg am Timiş, entwickelt. Vor ihren Toren fanden viele Kämpfe statt: Der Adel besiegte 1514 György Dósza, den Anführer der Bauernbewegung, János Hunyadi kämpfte gegen die Türken, Ali Pascha wurde von Prinzen Eugen besiegt, und 1848 belagerten die Österreicher die Stadt. Nachdem die Römer Dakien verlassen hatten, überzog ein Heer von Völkern das Gebiet, die Sarmaten und Awaren besiedelten das Stadtgebiet und errichteten wohl die Stadtbefestigung als Ring. Erstmals urkundlich im Jahre 1266 erwähnt, gilt dies als Gründungsdatum und gab Anlaß zur 700-Jahrfeier. Anstelle der awarischen Siedlung entstand die erste Steinfestung im 14. Jahrhundert.

Eine städtische Entwicklung ist seit dem 18. Jahrhundert zu erkennen. Vorher bestand der Ort nur aus einer Festung, um die sich zwei Stadtviertel, die große und die kleine Palanka, sogenannte Meierhöfe, entwickelt hatten. Obwohl keine türkischen Denkmäler erhalten sind, drückt sich die Wertschätzung der Türken in den Beinamen aus, die die Türken der Stadt gaben: Temesvar i gümüssvar (das silberne Temesvar), Temesvar i cigerköse (Temesvar, Winkel im Paradies).

Im 18. Jahrhundert gab es vier Stadtviertel mit etwa 5000 Einwohnern und zwei Vorstädte, die von Serben und Rumänen bewohnt wurden. Die Stadt wurde zum Mittelpunkt des nach der Türkenzeit neu besiedelten Banat. In drei Etappen kamen die sogenannten Banater Schwaben, etwa 75 000 Siedler aus der Mosel- und Rheingegend, zunächst von Karl VI. und Maria Theresia (1740–1780), dann von Joseph II. (1780–1790) dazu aufgefordert. Das Wiederaufbauwerk durch den Gouverneur Graf Mercy wurde mit der Regulierung des Stadtbaches, der Bega, in den Jahren 1728 bis 1760 und der Trockenlegung der nahen Sümpfe eingeleitet. Die Burg erhielt die Form eines unregelmäßigen Vielecks, das von Wassergräben umgeben war.

Im 19. Jahrhundert erfolgte der wirtschaftliche Aufschwung mit einem Bauboom nach habsburgischem Muster. Die Lage an der großen Eisenbahnstrecke, die Mittel- und Westeuropa verband, trug zum Aufschwung des ›Wien Südungarns‹ bei.

Als eine der ersten Städte Europas erhielt Timişoara eine elektrische Straßenbahn und elektrische Straßenbeleuchtung. Als Vielvölkerstadt war sie bewohnt von Rumänen, Ungarn, Serben, Ukrainern, Bulgaren und Deutschen. Schon der Franzose A. Lancelot spricht von einem internationalen Getümmel auf dem Markt. Erst der Zweite Weltkrieg veränderte das Bild. Die Banater Schwaben wanderten bis in die sechziger Jahre zahlreich aus. Noch 1972 kam es unter der

Markt in Timişoara (Temeschwar)

Regierung Ceauşescus zur offiziellen Verurteilung und Enteignung von Serben und Deutschen.

Die Stadt liegt inmitten der Banater Tiefebene. Trotz der unschönen industriellen Umgebung erinnert sie im Kern an eine Stadt der ehemaligen Habsburger Monarchie, vergleichbar Pressburg oder Linz. Seit 1962 ist Timişoara Universitätsstadt. Die Universität baute auf der Tradition der Technischen Hochschule der Vorkriegszeit auf. In den zwanziger Jahren gab es außerdem die ›Banatia‹, eine Kulturstätte des Banater Schwabentums, deren Tätigkeit aber später von den Kommunisten unterbunden wurde. Die Geburtsstadt von Johnny Weismüller alias ›Tarzan‹ war einst die Stadt der Literatencafés. Der Dichter Franz Xaver Kappus, dessen Briefwechsel mit Rilke bekannt ist, sei stellvertretend genannt. Noch während der Diktatur Ceauşescus wurde die literarische Produktion in allen Sprachen gefördert, allerdings bei gleichzeitig repressiver Über-

Legende

1 Piaţa Uniri (Einheitsplatz)
2 römisch-katholische Kirche
3 Komitatshaus
4 serbisch-orthodoxe Bischofskirche
5 Palast der serbischen Diözese
6 Piaţa Libertăţii (Freiheitsplatz)
7 Primăria Veche (Altes Rathaus)
8 Synagoge

9 Staatstheater
10 Kathedrale der Metropolie
11 Zentralpark
12 Banater Museum
13 Bastionul Cetăţii (Burgbastei)
14 Hotel ›Continental-Cornel‹
15 Hotel ›Timişoara‹
16 Hotel ›International‹

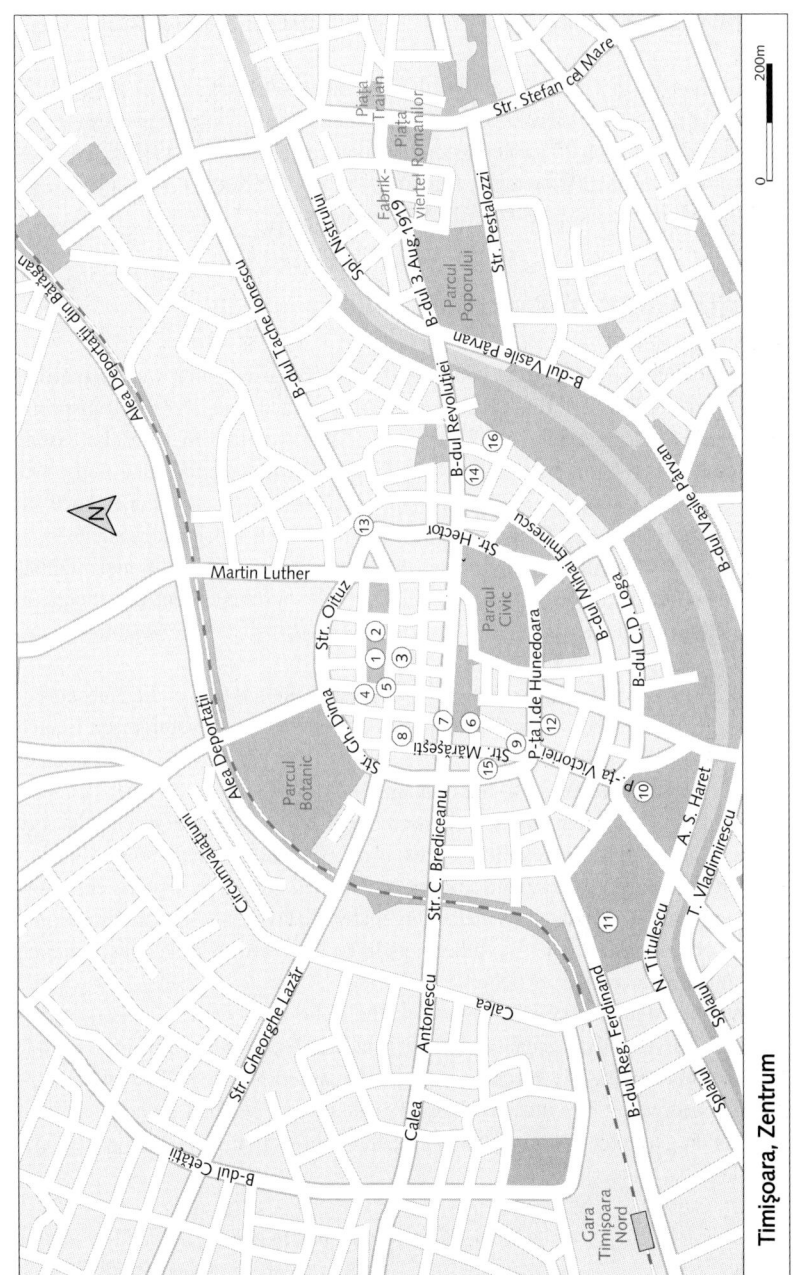

Timişoara, Zentrum

wachung. Die Stadt entwickelte sich neben Bukarest zur bedeutendsten Verlags-stadt.

Einst gab es in Timişoara ein Werk für Straßenbahnwaggons, es wurde 1990 stillgelegt und wartet auf Wiederbelebung. Neben Straßenbahnzügen aus eigener Produktion sind auch 25 ausgemusterte Modelle aus München, 40 Züge aus Bremen und 25 aus der Partnerstadt Karlsruhe in den Straßen der Stadt unterwegs. Den Transport bezahlte die deutsche Bundesregierung.

Stadtbesichtigung

Die Stadt liegt an der Bega, die von vierzehn Brücken überspannt wird, und an der noch zwei alte Wassertürme (Turnul de Apă) zu finden sind. Der Fluß entspringt östlich der Stadt in den Poiana-Ruscă-Bergen in etwa 1000 Meter Höhe. Große Wasserschwankungen machten auch in Timişoara die Kanalisierung nötig. Die Ufer des Flusses werden von einem breiten Grünstreifen eigesäumt. Auch im Stadtzentrum auf der rechten Flußseite wurden auf den Flächen des ehemaligen Glacis viele Grünanlagen eingerichtet. Radialstraßen aus allen Himmelsrichtungen leiten über die Ringstraße ins teilweise verkehrsberuhigte Zentrum. Innerhalb dieses Ringes liegt die eigentliche historische Altstadt mit den drei wichtigen Plätzen Uniri, Libertaţii und Victoriei.

Die Piaţa Uniri (Einheitsplatz oder Domplatz) gibt am besten die Habsburger Vergangenheit wieder. Von allen Seiten wird der Platz von historischen Bauten umschlossen. Die Mitte des Platzes wird von der Dreifaltigkeitssäule (Monumentul Sf. Treimi) eingenommen. Sie erinnert an die Pestsäule des Wiener Grabens. Sie wurde aus Sandstein vom bayerischen Meister Gustav Major geschaffen. Die Heiligen Sebastian, Rochus, Borromäus, Nepomuk und Johannes sowie die Heilige Dreifaltigkeit mit der Gottesmutter schmücken die Säule. Unweit der Säule wurde im Jahr 1894 eine Thermalquelle entdeckt (Izvorul de apă minerală) und zur Erschließung für die Bevölkerung dafür ein vertieft liegender Brunnen (Fântâna din Piaţa Uniri) errichtet.

Im Osten steht die barocke römisch-katholische-Kathedrale (Catedrala romano-catolică), deren Bau Emanuel Fischer von Erlach dem Jüngeren (1693–1742) zugeschrieben wird. Die Kirche wurde in den Jahren 1736 bis 1773 auf ehemaligem Sumpfgebiet errichtet. Nach der Trockenlegung wurden Eichenpfosten in den Boden gerammt und ein Fundament von gebranntem Backstein gelegt. Die

Kleines Mädchen in der Tracht der Maramureş
Schafbesitzer und Hirten in Barşana

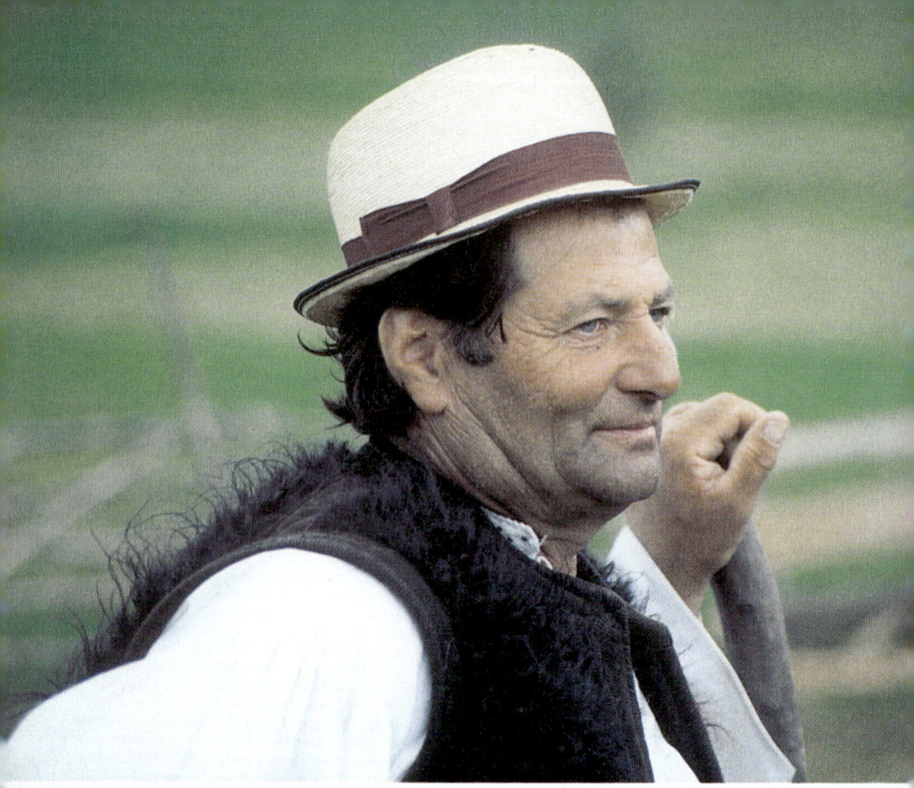

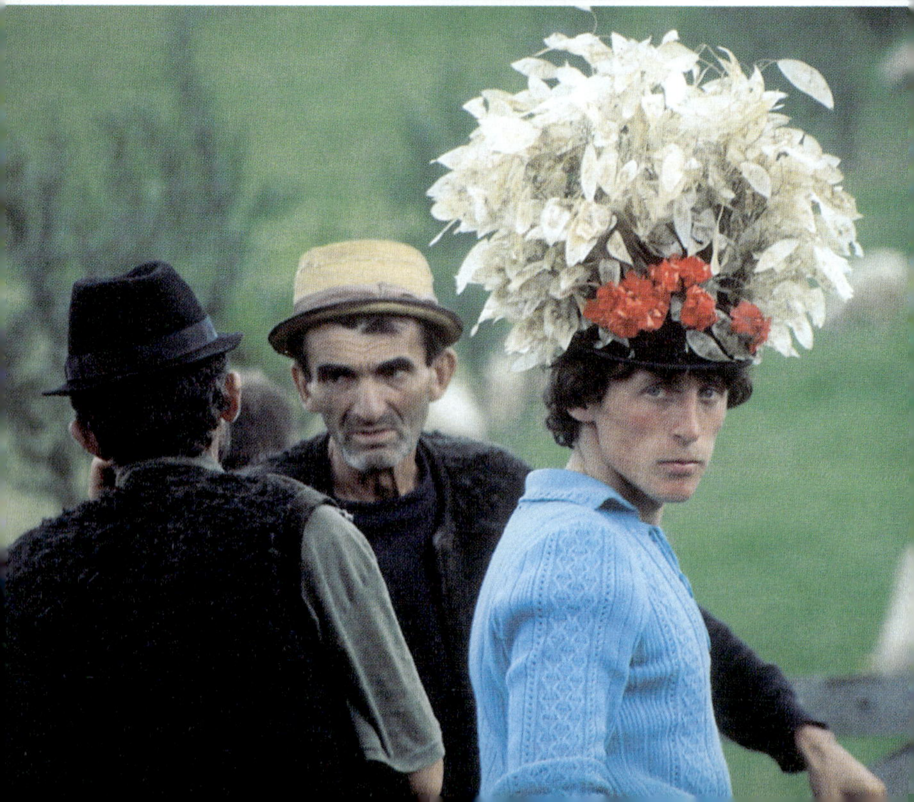

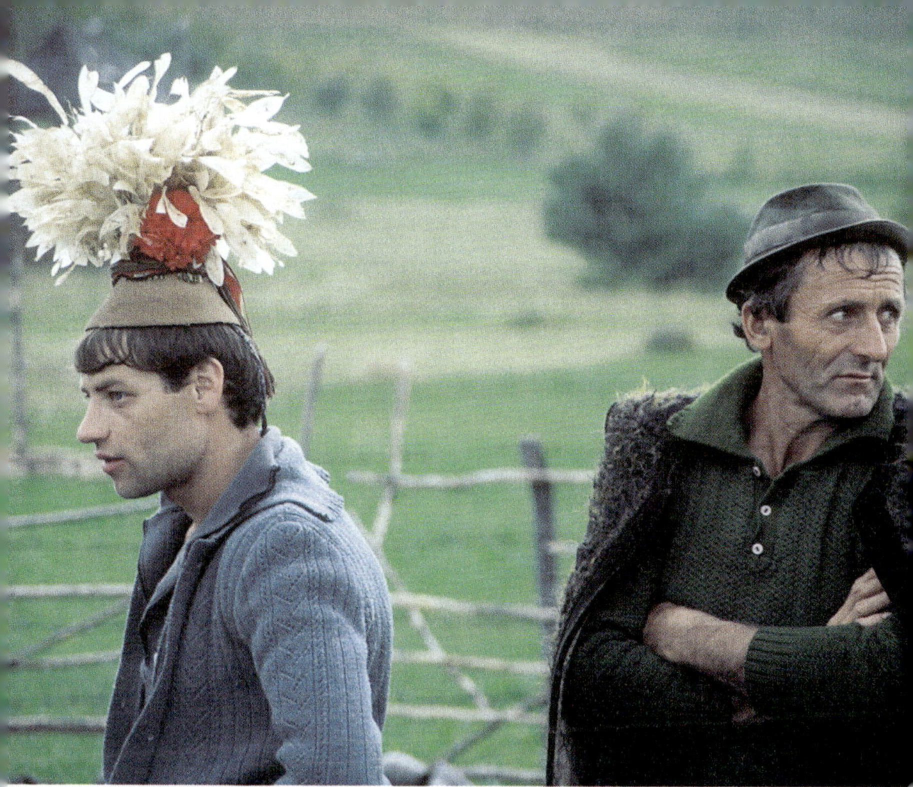

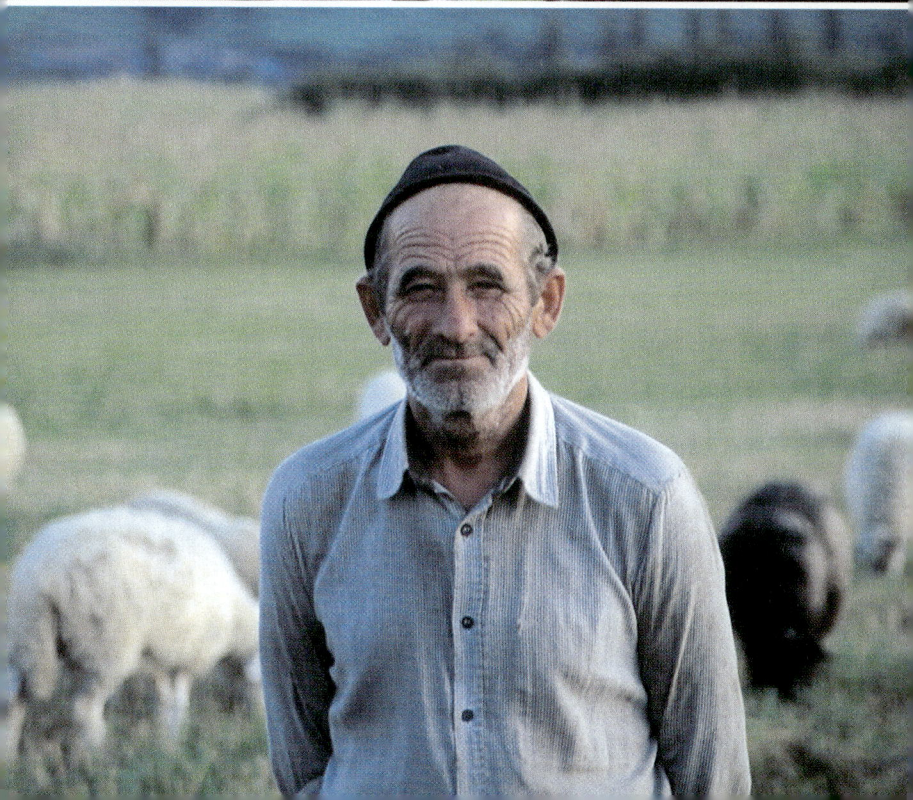

monumentale Zweiturmfassade mit einem Portalvorbau mit ionischen Säulen, ovaler, baldachinartiger Bedachung und Urnen zu ihren Seiten lassen an die Wiener Peterskirche denken. Das Innere besteht aus einem tonnenüberwölbten Schiff mit Seitenkapellen, Querhaus und Chor. Im Westen ist eine Empore eingezogen. Der Hauptaltar mit der Darstellung des heiligen Georg ist ein Werk des Michael Unterberger (Direktor der Wiener Akademie, 1754). Die plastischen Figuren stammen von Josef Rössler. An den Seitenaltären hat auch Johann Nepomuk Schöpf mitgewirkt, der einige Jahre später im Dom von Oradea tätig wurde. Die Orgel von 1906 stammt aus Timişoara selbst.

Die Südseite des Platzes wird von der breiten Flanke des Komitatshauses (Prefectura Veche) gerahmt. Es war 1754 als Sitz des Gouverneurs errichtet worden. Veränderungen haben den ursprünglich barocken Charakter des Gebäudes mit zwei Innenhöfen zerstört. Hervorzuheben sind die zwei Tore des Haupteingangs mit ihren schwanenförmigen Fahnenständern an den Ecken. Dem Dom gegenüber liegt mit ihrem Chor zum Platz die serbisch-orthodoxe Bischofskirche (Biserica episcopiei sârbeşti), die in den Jahren 1745 bis 1748 erbaut wurde. Die aktive Kirche ist mit einer schönen Ikonostase des 19. Jahrhunderts ausgestattet.

Daneben steht der Palast der serbischen Diözese (Palatul eparhiei sârbeşti, Haus 4). Er ist auch unter dem Namen Vicariatul bekannt. Das barocke Gebäude stammt aus dem 18. Jahrhundert und diente zunächst der Ortsverwaltung, danach dem Bistum von Cenad als Bischofssitz. Es wurde 1809 verändert und beherbergt heute ein serbisches Museum mit Gegenständen aus serbischen Klöstern wie den Kirchen von Ciacova, Sânpetru, Ivnda, Foeni, Petrovaselo, dem Kloster Bezdin sowie persönlichen Erinnerungen von Banater Serben. Allmählich lassen sich hier am Platz auch kleine Restaurants nieder, die zur Belebung erheblich beitragen.

Hält man sich links der serbischen Kirche, so kommt man zum Freiheitsplatz (Piaţa Libertăţii), dessen Mitte mit einer Nepomukstatue, wie man sie auch in Arad findet, geschmückt ist. Am Sockel sieht man Szenen aus dem Leben des heiligen Nepomuk. Die Königin von Böhmen verbirgt ein Geheimnis vor ihrem Gemahl, Wenzel verlangt von Nepomuk, ihm dieses zu verraten, Nepomuk weigert sich. Der Meister der Statue war der Wiener Bildhauer Blim. Er schuf das Denkmal 1756. Zunächst direkt vor dem alten Rathaus plaziert, 1852 vor die Transsilvania Kaserne gebracht, nach dem Bau des Hotels ›Continental‹ auf dessen Gelände, fand sie ihren endgültigen Platz im Jahr 1974 auf der Piaţa Libertăţii.

Zwei historische Bauten sind an diesem Platz bemerkenswert. Das Militärkasino (Cazinoul Militär) von 1788 und an der Nordseite des Platzes das Alte Rat-

Schafhirten in Barşana; Hirte bei Bistriţa
Auf dem Almauftriebsfest in Negreşti Oaş in der Maramureş

haus (Primăria Veche). Das Rathaus war ein Entwurf des Italieners Pietro del Bozo aus den Jahren 1731 bis 1734. An ihm sieht man das Wappen von Timişoara. Es besteht aus einem offenen Tor zwischen zwei Türmen, einer starken Festung und einer Befestigung aus Palisaden. Der Bau wurde 1782 von Aigner restauriert und erhielt dabei eine neue Fassade. 1935 fand erneut eine Restaurierung statt, die das Barocke durch den Renaissancestil ersetzte. Rechts des Eingangs ist eine Inschrift in türkischer Sprache zu sehen. Sie war der Grund für die Vermutung, daß sich hier angeblich ein türkisches Bad befand, was umstritten ist.

Nur ein Stück weiter, in der Strada Mărăşeşti 9, ist eine der großen Synagogen von Timişoara zu sehen. Der Wiener Architekt Ignaz Schumann hat sie im maurischen Stil entworfen.

Auf dem dritten Platz, dem langgestreckten Siegesplatz (Piaţa Victoriei), fanden am 16. Dezember 1989 die folgenschweren Ereignisse der jüngsten Geschichte Rumäniens statt. Ein schlichtes Holzkreuz gleich beim Theater erinnert daran. Zwei monumentale Bauten begrenzen die Platzanlage. Im Norden, zur Stadtmitte hin, steht die Staatsoper und Nationaltheater (Opera şi Teatrul Naţional). Das Theater hat in Timişoara eine lange Tradition, es wurde 1753 begründet. Als Spielsaal für die Stücke in rumänischer Sprache diente zunächst der Festsaal des Rathauses. In den Jahren 1872 bis 1874 wurde dann das eigene Haus im Renaissancestil durch die Wiener Architekten Helmer und Fellner entworfen. Ein Brand von 1880 zerstörte es weitgehend. Nur zwei Jahre später wurde es wieder aufgebaut, um 1920 brannte es erneut ab. Der heutige Bau ist ein Wiederaufbau von 1923 bis 1928. Die Dekoration wurde im neobyzantinischen Stil gehalten und geht auf Duiliu Marcu zurück. In der Stadt finden außerdem Aufführungen im ungarischen und deutschen Theater statt. Daneben sorgen das Puppentheater (Teatrul de Păpuşi) und die Philharmonie (Filarmonica de Stat ›Banatul‹) für ein reges kulturelles Leben.

Schräg gegenüber der Staatsoper ist das Rektorat der Polytechnischen Universität in einem Gebäude der Jahrhun-

Die orthodoxe Kathedrale am Domplatz

dertewende untergebracht. In dessen Erdgeschoß befindet sich das legendäre, wiedereröffnete Restaurant ›Lloyd‹.

Auf der gegenüberliegenden Seite steht der mächtige Bau der Kathedrale der Metropolie des Banat (Catedrala Mitropolitană). Vor dem Zweiten Weltkrieg 1936 wurde sie begonnen. Für das Fundament wurden 1186 Betonpfeiler in das Sumpfgebiet gerammt. Ihr Stil ist byzantinisch-moldauisch. Die Stufen, Sockel, Kolonnaden, Türen und Fensterverzierungen wurden aus behauenem Naturstein aus den Brüchen von Banpotok gefertigt. Im Tiefgeschoß befindet sich ein Museum, aus dessen Bestand die Glasikonen besonders hervorzuheben sind.

Die Mitte des langgestreckten Platzes nimmt die fast fünf Meter hohe Säule mit der kapitolinischen Wölfin ein. Die Nachbildung ist ein Geschenk der Stadt Rom von 1926.

Gleich neben der Metropolienkirche liegt der Zentralpark. In ihm findet man Denkmäler von bedeutenden rumänischen Persönlichkeiten, zum Beispiel die 1934 gestiftete Büste von Vincenţiu Babeş (1821–1907), dem Führer der nationalen rumänischen Partei von Transsilvanien und dem Banat. Oder am Ende des Parkes eine Büste Sailers, der die Poliklinik gründete, sich im sozialen Bereich sehr engagierte und die Stiftung zur Errichtung eines Blindenasyls begründete. Er starb im Jahre 1904.

Um die historische Altstadt lag ehemals ein Ring von Bastionen mit einer Burg und einem Glacis. Die Burg des 14. Jahrhunderts wurde im Jahr 1441 von Iancu de Hunedoara (Castelul Huniazilor) befestigt. Im Jahr 1522 eroberten die Türken und 1718 die Österreicher unter dem legendären Prinzen Eugen von Savoyen die Burg. Mit älteren Elementen wurde der Bau 1856 rekonstruiert, und seit 1949 beherbergt er das Banater Museum (Muzeul Banatului) mit Abteilungen für Geschichte, Naturwissenschaft und Anthropologie. Auch Teile der alten Burgbastei (Bastionul Cetăţii) sind erhalten und wurden in das heutige Straßennetz integriert. In einer Seitenstraße, der Martin-Luther-Straße, findet man gegenüber dem Hotel ›Continental‹ solche Reste, in denen gemütliche Restaurants ihren Platz gefunden haben.

Weitere Sehenswürdigkeiten sind die römisch-katholische Katharinenkirche (Biserica Romano Catolica Sf. Ecaterina) in der Innenstadt, Strada Pietrosul 4, die zu Anfang des 18. Jahrhunderts entstand. Wegen Baufälligkeit wurde sie 1896 umgebaut. Innen- und Außenbau barock, enthält sie ein Altarbild des Wiener Ferdinand Schieszl von 1761. Die Orgel mit 30 Registern stammt von Leopold Wegenstein. Die Friedhöfe der Stadt sind wegen ihrer Grabdenkmäler sehenswert.

In Bazoş, etwa fünfzehn Kilometer außerhalb, liegt der zum Naturschutzgebiet erklärte dendrologische Park mit über fünfhundert seltenen Bäumen und Pflanzen.

Das Fabrikviertel

Wer etwas mehr Zeit in Timişoara hat, sollte sich einen Spaziergang in das Fabrikviertel (Cartierul Fabrică) nicht entgehen lassen, das sich parallel zum Burgviertel entwickelt hat. Die noch heute dort ansässige Industrie gab den Namen. Die Hauptstraße des Viertels ist gesäumt von Bauten des Jugendstils und Kirchen all der Konfessionen, die auch in der Innenstadt vertreten sind. Vom Hotel ›Continental‹ folgt man dem Bulevardul Revoluţiei und überquert die nicht allzu breite Bega über die Decebal-Brücke. Von ihr hat man einen malerischen Blick auf das von Trauerweiden gesäumte Ufer, das inmitten der Stadt ein idyllisches Plätzchen bildet. Entlang dem Bulevardul 3. August folgen die Bauten des Neptunbades (Baîle Neptun), der Volksgarten (Parcul Poporului), in einer Seitenstraße die Synagoge und an der Piaţa Romanilor die römisch-katholische Kirche von 1896 im neoromanischen Stil von Josef Kremer. An der Piaţa Trajan befindet sich die unter Denkmalschutz stehende serbische St. Georgskirche (Biserica sârbească Sf. Gheorghe), die 1745 im romanischen Stil erbaut wurde. Eine reiche Ikonostase schmückt das Innere. Am Ende der Straße darf die rumänisch-orthodoxe Kirche im Neobarock mit byzantinischen Elementen von 1906 nicht vergessen werden.

 Timişoara hat ein reichliches Angebot an Hotels.

›Continental‹, 3 Sterne, Bulevardul Revoluţiei 3, Tel. 02 56/19 41 44, Fax 130481, bewachter Parkplatz, nicht weit vom Zentrum, EZ 20 Euro, DZ 40 Euro.

›Euro‹, 3 Sterne, Strada Mehadia 5, Tel. 02 56/20 12 53, Fax 22 14 44, DZ 57 Euro.

›Timişoara‹, 2 Sterne, Strada 1. Mai 2, Tel. 02 56/19 88 51 oder 19 88 58, Fax 19 06 51, unmittelbar im Zentrum neben dem Theater, DZ 50 Euro.

›Central‹, 2 Sterne, Strada Lenau 6, Tel. 02 56/19 00 91, Fax 19 00 96, DZ 75 Euro.

 Restaurant ›Lloyd‹, Piaţa Victoriei 2,

Tel. 02 56/29 49 49, das traditionsreiche Haus hat seit Juli 2000 wieder geöffnet. Die alte Einrichtung wurde restauriert. Das Gebäude war 1911 im sogenannten Sezessionsstil für die Waren und Wertpapierbörse sowie die Handelskammer erbaut worden. Beide Institute gehörten zu der 1865 gegründeten Lloyd-Gesellschaft, die den Ablauf der Banater Wirtschaft und den Schutz der Kaufmannschaft zu überwachen hatte. Im Frdgeschoß etablierte sich das Restaurant, zunächst unter den Namen ›Kaffee Wien‹, heute ist es das ›Lloyd‹ mit guter traditioneller und internationaler Küche.

 Naturhistorisches Museum, (Secţia istorie şi ştiinţe natu-

rale), Piaţa Iancu Huniade 1, täglich außer Montag von 9 bis 17 Uhr.
Kunstmuseum (Muzeul de Artă) Strada Mercy 2, täglich außer Montag von 9 bis 17 Uhr.
Volkskundemuseum (Muzeul de etnografie), Strada Poap Şapccă 4, täglich außer Montag von 9 bis 17 Uhr.
Freilichtmuseum (Muzeul Stului Bănăţean), Aleea Avram Imbroane 2,

von 1. Mai bis 30. September täglich außer Montag von 10 bis 17 Uhr.
Museum der Metropolie für religiöse Kunst (Muzeul Mitropoliei Ortodoxe a Banatului), Piata Victoriei, Öffnung auf Anfrage, Tel. 02 56/19 09 60.
Museum der serbisch-orthodoxen Diözese (Muzeul Diocezei Ortodoxe Sârbeşti), Piaţa Unirii 4, Öffnung auf Anfrage, Tel. 02 56/13 04 26.

Die Banater Bergbauregion

Im Südosten von Timişoara liegen die Bergbausiedlungen Reşiţa (dt. Reschitza, ungar. Resicabánya), Bocşa und Anina, aber lediglich Bocşa hat sich ein wenig vom alten Charme der Habsburger Zeit bewahren können. Reşiţa wurde unter den Habsburgern ein wichtiges Industriezentrum mit banatschwäbischer Tradition. Unmittelbar in der Nähe der Stadt wurden die Steinkohlevorkommen von Anina und das Eisenerz von Dognecea ausgeschöpft. Diese wirtschaftliche Stellung konnte Reşiţa auch nach dem Anschluß an Rumänien behalten und zunächst weiterentwickeln. Heute ist der einst bedeutende deutschstämmige Bevölkerungsanteil fast ausgelöscht. Die einen flohen nach dem Frontwechsel 1944 nach Deutschland, andere wurden nach Rußland verschleppt. Mit 120 000 Einwohnern hat diese Stadt während der kommunistischen Ära einen gewaltigen Bevölkerungszuwachs erlebt. Auch wenn sie ihre wirtschaftliche Vorrangstellung verloren hat, so werden die umliegenden Ressourcen in den Anthrazit- und Braunkohlebergwerken bis heute noch ausgeschöpft. Die Eisenhütte wurde 1991 stillgelegt.

Die völlig zersiedelte Stadt hat nichts mehr von ihrer Vergangenheit bewahren können. Lediglich die Ausstellung der ›Lokschmiede‹ Reşiţa in einer kleinen Freilichtanlage ist sehenswert. Einst war hier die STEG-Fabrik (später in Combinatul Metalurgic umbenannt) ansässig, in der bis 1920 vorwiegend Schmalspurloks für die Forste und Hüttenwerke, seit 1926 auch Normalspurloks im Nachbau österreichischer und deutscher Modelle produziert wurden. Am Anfang des innerrumänischen Bauprogramms stand die auf den Namen des Königs ›Regele Ferdinand‹ getaufte Lik 50.243. Die weitere Produktion von Reşiţa bestand im Nachbau der preußischen Typen P 8 und G 10 als Reihe 230 und 50, die sich bald zu rumänischen Standardtypen entwickelten. Nachdem die Herstellung von Diesel-

Kurhaus in Băile Herkulane

loks die Dampflokomotive auch in Rumänien abgelöst hatte, ist der Lokomotiv-
bau völlig zum Erliegen gekommen.

Von Reşiţa führt eine wunderschöne, bewaldete und bergige Strecke nach
Anina und macht den trostlosen Eindruck der Bergbausiedlung auf 653 Meter
Höhe wieder wett. Man fährt hier durch das Semenic-Gebirge und trifft kilome-
terweit auf kaum einen Menschen. Erst ab Bozovici beginnen wieder die Dörfer,
die Landschaft wird weiter, überschaubarer, und landwirtschaftlich genutzte Flächen prägen das Bild. Von Plugova sind es nur wenige Kilometer bis nach Băile
Herculane. Es ist, neben Buziaş in der Hügellandschaft südöstlich von Timişoara,
das berühmteste Bad im Banat. Schon von den Römern entdeckt, ist es, umgeben
von hohen, bewaldeten Felsen, vor allem ein Kurort für Einheimische. Nur wenige Gebäude erinnern an die glanzvollen Zeiten.

Die Rundreise endet mit der Fahrt über die Poarta Orientala (540 Meter) vorbei an Caransebeş, einer Industriestadt mit Flughafen, und Lugoj wieder in
Timişoara.

Die rumänische Eisenbahn

Schon frühzeitig wurden nicht nur die Banater Städte an das im 19. Jahrhundert gegründete staatliche österreichische Eisenbahnnetz angeschlossen. Auch in der Entwicklung von Lokomotiven und Waggons spielte das Banat eine wichtige Rolle. Doch heute ist die Eisenbahn Rumäniens (C.F.R. – ›Câile Ferate Romane‹) technologisch weit ins Hintertreffen geraten. Nach neuesten Gerüchten soll sie demnächst privatisiert werden. Das Streckennetz wies im Jahr 1998 eine Gesamtlänge von 11 010 Kilometern auf. Doch nur gut 30 Prozent davon sind zweigleisig ausgebaut und nur knapp 4000 Kilometer elektrifiziert. Außerdem arbeitet das Schienennetz mit drei verschiedenen Spurbreiten: vier Prozent entfallen auf Schmalspurbahnen (760 mm), 0,5 Prozent auf Spurbreiten von 1524 mm, der Rest besteht aus Gleisen von 1435 mm Breite.

Gegenwärtig wird das rumänische Eisenbahnnetz mit Hilfe der Weltbank ausgebaut und modernisiert. Drei Neubaustrecken sind geplant. Trotz aller Probleme schlägt so manches Eisenbahnerherz in Rumänien höher: nicht nur, daß auf einigen Strecken noch Dieselloks zum Einsatz kommen, in Vişeu de Sus (Maramureş) und Moldoviţa (Bukowina) fahren zudem noch ›Waldbahnen‹. Als schnurgerade Schmalspurstrecken entstanden diese Bahnen weit vor der Jahrhundertwende, um das aufwendige Flößen von Holz zu ersetzen. Sie waren so konzipiert, daß die beladenen Züge immer bergabwärts rollen konnten. Wurden zu Beginn noch Zugtiere eingesetzt, konnten sie bald durch die Schmalspurdampflok ersetzt werden. In Mitteleuropa schon längst verschwunden, bleibt zu hoffen, daß die beiden noch in Rumänien existierenden Waldbahnen einen rettenden Liebhaber finden.

Eisenbahnausstellung in Reşiţa (Reschitza)

Angeschmiegt an den Karpatenbogen steht Kirchenburg an Kirchenburg. Diese Wehranlagen sind Zeugen einer langen Geschichte und Sinnbild für den Wunsch ihrer Erbauer, die geliebte Heimat gegen Fremde zu verteidigen

Siebenbürgen

Oradea

Oradea (dt. Großwardein, ungar. Nagyvárad) ist das Zentrum des Kreischgebietes (Crişana), einer Landschaft im Westen Rumäniens an der Grenze zu Ungarn. Die Flüsse Criş (dt. Kreisch, ungar. Körös), Crişul Alb und Crişul Repede standen Pate für den Namen der Region. Der Crişul Repede ist östlich von Oradea in zwei Seen aufgestaut. Seine Kraftwerke versorgen die Crişana mit Strom.

Das Randgebiet Siebenbürgens gehörte während der Aufteilung Ungarns nach der Schlacht bei Mohács zum osmanisch besetzten Ungarn, also nicht zum Vasallenstaat Siebenbürgen mit eigenem Fürsten. In der Gegend gibt es eine große ungarische Minderheit, was sich auch an zahlreichen zweisprachigen Ortschildern ablesen läßt. Oradea, einst Oradea Mare, liegt nur sechs Kilometer von der heutigen rumänisch-ungarischen Grenze entfernt und ist die wichtigste Stadt der Crişana. Mittendurch fließt der Crişul Repede, die schnelle Kreisch. Zu seinen beiden Seiten hat sich die Stadt mit heute 250 000 Einwohnern entwickelt.

Links des Flusses liegt der zentrale Einheitsplatz (Piaţa Uniri), einst Victoriei, mit dem Denkmal von Mihai Viteazul (1593–1601). Der langgezogene Platz wird von Gebäuden im barocken und historistischen Stil gesäumt. Hier stehen unter anderem das Rathaus (Primăria) aus dem 19. Jahrhundert, die barocke Nikolauskirche (Biserica Sfantul Nicolae) und die orthodoxe Kathedrale, deren Grundstock 1784 gelegt wurde. Für das katholische Oradea war es keineswegs selbstverständlich, daß die damals noch sehr unterdrückten Rumänen ein eigenes Gotteshaus erhielten. Dies machte erst das Toleranzedikt (1781) Kaiser Josephs II. möglich. Bei dem Bau handelt es sich um eine einfache Saalkirche: Pronaos mit Empore, Naos und einer dreipaßförmigen Altarapsis. An der barock gegliederten Fassade ist am Giebel eine Mondkugel mit Uhrwerk angebracht, das die Mondphasen anzeigt, weswegen die Kirche die Bezeichnung ›Biserica cu lună‹ erhielt.

Die Einkaufspassage (Vulturul Negru) der Jahrhundertwende ist eines der vielen Beispiele für den Jugendstil in Rumänien. Auf der gegenüberliegenden, rechten Seite des Flusses sind Repräsentationsgebäude wie das Theater (Teatrul) und die Philharmonie sowie eine ganze Reihe von Jugendstilgebäuden zu sehen. Der Jugendstil, der sich Ende des 19. und Anfang des 20. Jahrhunderts in einigen Teilen

Legende

1 Primăria (Rathaus)	5 Casa Adorján II
2 Nikolauskirche	6 Casa Fuchsl
3 orthodoxe Kirche ›Biserica cu lună‹	7 Palatul Moskovitz
4 Vulturel Negru (Einkaufspassage)	8 Casa Vágó

Oradea, Zentrum

0 _____ 200m

9 Hotel ›Astoria‹
10 Hotel ›Transilvania‹
11 Hotel ›Parc‹
12 Cetatea (Festung)
13 Hotel ›Dacia Continental Oradea‹

14 Hotel ›Elite‹
15 Palatul Baroc
   (bischöfliches Palais)
16 römisch-katholischer Dom

Jugendstil in Oradea (Großwardein)

Europas durchsetzen konnte, hat über die Ungarn auch im heutigen Rumänien Eingang gefunden. Hier wird diese Stilrichtung wie in Frankreich als ›Art Nouveau‹ bezeichnet. Außer in Oradea sind mehrere Bauten dieser Stilrichtung noch in Targu Mureş zu sehen. In seinen verschiedenen Ausprägungen floraler und organischer Ornamente, über das lineare Zweidimensionale hin zum Konstruktivistischen und Geometrischen sind in Oradea alle Entwicklungsstufen vertreten. Die Stadt ist für Liebhaber dieser Bauten ein echter Geheimtip. Einige Beispiele seien hier aufgeführt, die nur einen kleinen Einblick der erhaltenen Vielfalt geben.

An erster Stelle sei das so häufig abgebildete und schon erwähnte Palatul Vulturel Negru genannt. Es wurde von 1907 bis 1908 von Jakob Dezsö errichtet. In der Strada Moscovei 4, auf der anderen Seite des Flusses, befindet sich vom gleichen Baumeister die Casa Adorján II. Zurück am Palatul Vulturel Negru, sieht man unweit in der Strada Independenţei 11–13 die Casa Fuchsl. Neben Mende Valer waren auch weitere ungarische Baumeister wie László Vágó und József Vágó hier tätig. Ihre Entwürfe sind im Palatul Moskovitz in der Strada Vasile Alecsandri 1 und in der Casa Vágó in der Strada General Moşoiu 14 umgesetzt. Auf der rechten Flußseite wirkten neben Rimanóczy Kálmán junior und Löbl Ferenc die Meister Sztárill Ferenc und Guttman Jószef. Für den Besucher leicht zu finden ist das von Sztárill Ferenc entworfene Hotel ›Astoria‹, ein Bau von 1902. Es ist heute ein wenig heruntergekommen und fällt in die Zweisternekategorie. Unweit davon kann man das ebenfalls renovierungsbedürftige Hotel ›Transilvania‹ von Jószef Guttman bewundern. Es stammt aus den Jahren 1903 bis 1904 und liegt unmittelbar an der Oper. Mit dem Hotel ›Parc‹ von Czoczek Alajos in der Strada Republicii/Ecke Strada Aurel Lazár endet der Rundgang entlang der Jahrhundertwendebauten.

Etwas abseits vom eigentlichen Zentrum, am Bulevardul Daci und neben dem Parcul Petöfi Sándor, befindet sich das ehemalige Bischöfliche Palais (Palatul Baroc), das Berühmtheit wegen seiner 365 Fenster erlangte. In diesem stattlichen Haus ist seit 1971 das Museum der Kreisch (Muzeul Țării Crișurilor) untergebracht. Es handelt sich um einen großangelegten, u-förmigen barocken Bau mit Eck- und Mittelrisaliten. Er wurde nach dem Entwurf des Wiener Architekten Franz Anton Hillebrand in den Jahren 1762 bis 1776 errichtet und kann seine Verwandtschaft mit dem Belvedere des Prinzen Eugen in Wien nicht verleugnen. Vor der Hauptfassade des Schloßes befindet sich ein Denkmal von Szent Laszlo Kiraly. Die Rückseite der Dreiflügelanlage wird von Steinbüsten historischer Persönlichkeiten gesäumt. Im Inneren war der Palast mit Wandmalereien geschmückt, die noch heute neben den Ausstellungsstücken zu sehen sind.

Das Museum verfügt über Abteilungen zur Geschichte, Bildenden Kunst, Volkskunde und Naturwissenschaft. Im Erdgeschoß befinden sich die historische Sammlung mit prähistorischen Fundstücken an Vasen und Scherben und die naturwissenschaftliche Sektion, deren Stolz die Eier von über 700 Vogelarten sind. Hier ist auch das in der Bihor-Gegend gefundene Mammutskelett zu bestaunen.

Im Ersten Obergeschoß warten zunächst die historischen Räume, wie der Festsaal mit erhaltenen Einrichtungsgegenständen, auf den Besucher. Auch die Schloßkapelle mit Gemälden des Malers Schöpf ist dem Publikum zugänglich.

Das Schloß von Oradea

Daneben werden die Säle zur Ausstellung der rumänischen Malerei genutzt. Man gewinnt nicht nur einen Eindruck von den lokalen Künstlern Transsilvaniens und Oradeas, sondern von ganz Rumänien. Die Werke von Dimitrie Paciurea, Gheorghe Petraş, Lucian Grigorescu und des Bildhauers Ion Jalea sind ausgestellt. Das Kunstgewerbe ist mit einer bedeutenden Jugendstilglassammlung vertreten.

Neben dem Schloß ist der Neubau des römisch-katholischen Domes (Catedrala romano-catolică) zu sehen. Der erste Bau befand sich innerhalb der Festung und wurde von den Türken zerstört. Der heutige Bau geht auf den Baumeister Giovanni Battista Ricca zurück, wurde 1752 begonnen und von Franz Anton Hillebrandt 1762 vereinfacht weitergeführt. In der Kuppel ist Maria Himmelfahrt von Johann Nepomuk Schöpf aus Prag zu bewundern.

Auf dem Domplatz steht das Denkmal des heiligen König Ladislaus vom Bildhauer István Toth. Der heilige Ladislaus ist der Nationalheilige der Ungarn, er starb 1035, und seine Reliquien wurden im ehemaligen Dom ebenso verehrt wie die Gebeine des ungarischen Königs und späteren deutschen Kaisers Sigismund aus dem Geschlecht der Luxemburger.

Die Festung (Cetatea) der Stadt ist in ihrer Gesamtanlage nicht so vorbildlich erhalten geblieben wie die von Alba Iulia. Sie war einst nach französischen Vorbildern erneuert worden und diente zur Abwehr der Türken.

 Museum der Kreisch (Muzeul Tării Crişurilor) im Palatul Baroc, täglich 10 bis 18 Uhr, samstags 10 bis 15 Uhr, montags geschlossen, Historische Sammlung, Inneneinrichtung des Schloßes, Rumänische Malerei, Eingang auf der Seite Şirul Canonicilor.

›Continental‹, 3 Sterne, Strada Aleea Strandului, Tel:059/41 86 55, Fax 41 12 80, E-Mail: dacia@rdsor.ro. Parkmöglichkeit, das Haus wurde 1969 gebaut, nach der Wende vollständig renoviert, ist sehr gepflegt und wird auch als Kongreßzentrum genutzt, EZ 62 Euro, DZ 78 Euro. ›Elite‹, 4 Sterne, Strada I.C. Brătianu 26, Tel. 41 49 24, 41 97 59,

E-Mail: elitoradea@hotmail.dom, www.fortunecity.com/oasis/ tuscany/858, EZ 70 Dollar, DZ 100 Dollar, das Haus ist klein, sehr intim und gepflegt. Pension ›Empire, 4 Sterne, außerhalb in Băile 1. Mai, Tel. 31 91 49, 31 91 52, Fax 31 91 53, sehr schöne Zimmer, großer Garten, Parkmöglichkeit, EZ 60 Dollar, DZ zwischen 70 Dollar und 80 Dollar.

Die Umgebung von Oradea

Ein Ausflug in den Süden der Stadt, zunächst in Richtung Sanmartin bis zum Heilbad Băile 1. Mai, lohnt sich vor allem für Naturfreunde. Dort entspringt der im Winter nicht vereisende Pârân Petea (Peta-Bach), der sich in seinem Oberlauf zu einem See ausweitet. In ihm wachsen Seerosen bei steten 28 Grad. Diese Seerosen-Spezies (Nymphaea loitus, var. thermalis) gibt es nur sehr selten in Südosteuropa. Daß sie schon seit dem Tertiär hier heimisch sind, schließt man aus den von Botanikern analysierten versteinerten Resten. Entdeckt wurden die Seerosen von dem Botaniker Paul Kitaibel 1798. Sie leben sechs bis sieben Tage und entwickeln in dieser Zeit 40 000 Samen. Andere Lebewesen wie der Rote Fisch, den Emil Racoviter entdeckte, sowie eine spezifische Schnecke leben hier. Ein paar Kilometer weiter liegt das Heilbad Băile Felix mit seinen Hotelkomplexen.

Die Maramureş und ihre Geschichte

Die Maramureş (dt. Marmarosch, ungar. Máramaros) ist eine waldreiche Berglandschaft, die vom Nordabschnitt der Ostkarpaten und den Waldkarpaten geprägt ist. Diese Region im Nordwesten Siebenbürgens wird, einer natürlichen Burg ähnlich, von Hügeln und Bergen umgeben, die man Rodna, Tibleş, Lăpuş, Gutâi, Igniş und Maramureşului nennt. Im Norden der Stadt Satu Mare liegen die vulkanischen Muntii Oaşului der Waldkarpaten. Die Flußtäler des Vişeu und der Iza, teilweise Grenzflüsse zur Ukraine, sind zwei wichtige Anziehungspunkte dieses Gebietes. Sie münden in die Tisa (dt. Theiß, ungar. Tisza, ukrainisch Tissa), die auf einer Länge von 32 Kilometern die Grenze zwischen der Ukraine und Rumänien bildet. Daneben gibt es andere reizvolle kleine Flüsse und ihre Täler. In den Ortschaften Ocna Şugana, Coştiui, Onceşti, Bârşana und anderen entspringen die für den Tourismus heute noch ungenutzten Mineralquellen. Das Gebiet eignet sich zum Wandern, Angeln und zur Jagd, wofür man allerdings staatliche Genehmigungen benötigt.

Von der römischen Besatzung wurde dieses Gebiet nie erobert und blieb so rein dakische Domäne. Seit dem 13. Jahrhundert drangen ›hospites‹ des ungarischen Reiches ein, und im Jahr 1386 konnte es als ›Komitat‹ Ungarn angeschlossen werden. Die Beharrlichkeit, mit der hier die Menschen an ihren Bräuchen und Traditionen festhielten, brachte ihnen den Beinamen ›Wolfsvolk‹ ein. Nach der Schlacht von Mohács 1526 kam die Region zum Hause Habsburg und

Holzzaun in der Maramureş

wurde 1553 von Kaiser Ferdinand I. mit Siebenbürgen vereinigt. Die Neuordnung nach dem Ersten Weltkrieg sprach es wie Bessarabien, die Bukowina und Siebenbürgen Rumänien zu, womit Großrumänien entstand. Ein Zwischenspiel war dann die Rückgabe der Maramureş mit Nordsiebenbürgen an Ungarn unter Horthy.

Noch 1900 bedeckten die Wälder fast neunzig Prozent des Gebietes. Dies führte zur Entwicklung einer qualitätvollen Handwerkerkunst. Unabhängig von den berühmten Holzbauten fertigte man aus Holz Arbeitsgeräte wie Pflüge und Jagdfallen, Bauteile wie Tore und Zäune, Gebrauchsgegenstände wie Löffel, Schalen und Schüsseln sowie Möbel. Aus Holz gefertigte Stempel dienten zur Verzierung und Kennzeichnung der in Erinnerung an die Toten verschenkten Gebäck-Kringel.

Die Region wurde einerseits bekannt für ihre bäuerliche Kultur, ihre Volkstrachten und Volksfeste und andererseits durch ihre einzigartige Holzarchitektur weltlicher und sakraler Bauten. Vor allem die Kirchen mit ihren wie spitze Pfeile in die Höhe gerichteten Türmen erlangten Berühmtheit.

Obwohl eine Fluganbindung über Baia Mare und Eisenbahnverbindungen von Bukarest–Baia Mare–Satu Mare, über Braşov per Schlafwagen, von Bukarest nach Sighetu Marmiţiei (Schlafwagen) oder von Cluj-Napoca nach Baia Mare zur Verfügung stehen, kann dieser so reizvolle Flecken sehr gut mit dem Auto entdeckt werden. Die Straßenverhältnisse sind zu bewältigen, man kann an landschaftlich schönen Punkten beliebig anhalten, die Versorgung mit Übernachtungsmöglichkeiten ist ab Baia Mare gewährleistet. Vor allem in den kleinen Dörfern bieten die Frauen in ihren Heimen private Unterkünfte an.

Satu Mare und Umgebung

Am Rande der Maramureş im äußersten Nordwesten Rumäniens liegt die Stadt Satu Mare (dt. Sathmar, ungar. Szatmárnémeti) nahe der ungarischen Grenze am Fluß Samoş. Übersetzt bedeutet der Name ›Großes Dorf‹. Urkunden weisen auf eine mittelalterliche Siedlung im Jahr 1213, die 1243 von den Mongolen zerstört wurde.

Im 18. Jahrhundert wurden in der Region die ›Sathmarer Deutschen‹ angesiedelt. Die ungarischen Grafen hatten sie zwischen 1712 und 1815 vor allem aus dem Bodenseegebiet angeworben. Bis zum Zweiten Weltkrieg blieben die Deutschen vorwiegend in der Landwirtschaft beschäftigt. In Satu Mare schlossen am 29. April 1711 der Kaiser und die Führer des ungarischen Aufstandes (1703–1711) unter der Führung des siebenbürgischen Generals Sándor Graf Károlyi den Frieden von Sathmar. Darin wurde den Rebellen mit Ausnahme von Franz II. Rákóczi – er erkannte den Frieden nicht an – die Rückgabe ihrer Güter und eine freie Religionsausübung zugesichert.

Das moderne Zentrum von Satu Mare (Sathmar)

Man erreicht die Stadt von Cluj-Napoca aus über die E 81 vorbei am Industrieort Zaulău. Von Süden einfahrend, kommt man am Flughafen und dem Vorort Vilie Marte mit seinen Sommerhäusern vorbei. Auf der Strecke gibt es keine Übernachtungsmöglichkeiten, aber genügend Tankstellen.

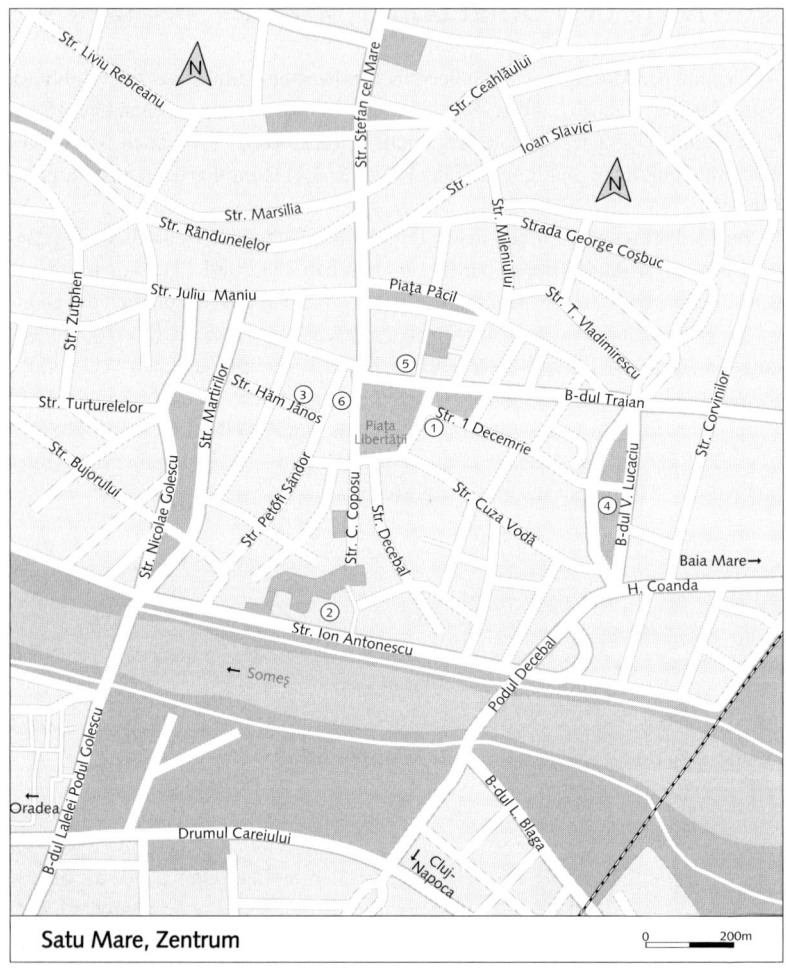

Satu Mare, Zentrum

0 ▬▬▬ 200m

Legende

1 römisch-katholische Kirche
2 Rathaus
3 Synagoge
4 rumänisch-orthodoxe Kathedrale
5 Hotel ›Dacia‹
6 Hotel ›Complexul Aurora‹

Den Kern der Stadt bildet der Freiheitsplatz (Piaţa Libertăţii). In seiner begrünten Mitte steht das Denkmal von Vasile Lucaciu (1852–1922). Um diesen Platz sind Gebäude aus dem 19. Jahrhundert angeordnet. Mit ihren Kuppeln und dem Turm ist die aktive römisch-katholische Kathedrale (Catedrala Romano Catolică) dominant. Der Bau wurde Ende des 18. Jahrhunderts begonnen und mit der Kuppel 1837 von dem Wiener Architekten Jószef Hild beendet. An der Nordseite des Platzes liegt das in reinem Jugendstil erbaute Hotel ›Dacia‹.

Geht man in Richtung Fluß weiter, trifft man auf ein dominierendes Hochhaus, in dem sich heute das Rathaus befindet. Wendet man sich hingegen über die Strada 1. Decembrie 1918 nach Osten, so erreicht man die orthodoxe Kathedrale (Biserica Ortodoxă). Entgegengesetzt in der Strada Ham János befindet sich die Synagoge. Nur noch wenige Bauten zeugen von der einstigen Bedeutung der Stadt als Warenumschlagplatz. Im Jahr 1970 wurde Satu Mare von einer Flutkatastrophe heimgesucht, von der es sehr in Mitleidenschaft gezogen wurde.

 ›Daciā, 2 Sterne, Piaţa Libertăţii 8, Tel. 02 61/71 42 76, Fax 71 57 74, der Charme der Jahrhundertwende ist ein wenig renovierungsbedürftig, DZ 62 Euro. ›Aurora‹, 2 Sterne, Piaţa Libertăţii 11, Tel. 02 61/71 41 99, Fax 71 49 49, EZ 25 Euro, DZ 60 Euro.

Baia Mare

Nicht weit von Satu Mare liegt die alte Bergbaustadt Baia Mare (dt. Frauenbach/Neustadt, ungar. Nagybánya). Auf der Fahrt dorthin stößt man auf manches Zeugnis der heute sehr aktiven rumänisch-orthodoxen Kirche. Unweit von Livada wurde auf Beschluß des Bistums im März 1991 das neue Kloster ›Mănăstirea Maica Domnului Portărita‹ im Rahmen der rumänisch-orthodoxen Gemeinde Prilog errichtet. Die Mönche unterstehen dem Bischof von Maramureş mit Sitz in Baia Mare. Als Bodengeschenk erhielt das Kloster 0,6 Hektar vom Diakon Băbut Gheorghe von Oradea. Die neue Kirche ist dem heiligen Stefan gewidmet und wurde in Anwesenheit hoher Geistlicher geweiht. Das Kloster lebt von der Landwirtschaft und dem Verkauf der Bücher, die im eigenen Verlag ›Pelerinul Român‹ gedruckt werden.

Der Stadt Baia Mare geht ein unrühmlicher Bekanntheitsgrad voraus. Sie gilt als größter Umweltverschmutzer Rumäniens. In den nahegelegenen Bergwerken werden vor allem Blei, Kupfer und Gold abgebaut. Die Messungen ergeben kontinuierlich die schlechtesten Luft- und Wasserwerte Europas. Die alte Bergarbeiterstadt liegt in einer Senke am Fuß des Gutăi-Gebirges, im Tal des Săsar-Flusses. Sie ist als Ausgangspunkt für die Besichtigung der Holzarchitektur der Maramureş sehr geeignet. Man sollte sich nicht abhalten lassen, der Altstadt, die sich nicht gleich auf den ersten Blick erschließt, einen Besuch abzustatten. Man fährt am besten zum Friedensplatz (Piaţa Păcii), hier befindet sich eine kleine orthodoxe Kirche, und geht zu Fuß zu einem interessanten Kirchenensemble mit Resten mehrerer sakraler Bauten, die von der Bedeutung des Ortes im Mittelalter zeugen und beispielgebend für die wechselvolle religionsgeschichtliche Entwicklung dieser Region sind. Während der mittelalterlichen Blüte entstand im 14. Jahrhundert eine dem heiligen Georg geweihte Kirche, eine weitere zur Erinnerung an den heiliggesprochenen König Stefan. Von ihr ist nur noch der im 15. Jahrhundert unter Matthias Corvinus dazugebaute Turm (Turnul Ştefan) oder auch Uhrturm erhalten, das älteste Denkmal der Stadt.

Es folgten zwei weitere Kirchen, eine dem heiligen Nikolaus, eine andere dem heiligen Martin geweiht. Mit Istvan Kopácsi wurde im Jahr 1547 die Reformation in der Stadt eingeleitet. Kopácsi begründete die ›Schola Rivulina‹; die Kirche des heiligen Martin diente seitdem den Lutheranern. Die Nikolauskirche wurde den Calvinisten zur Verfügung gestellt und war zwischenzeitlich dem Stefan geweiht worden.

Mit dem Habsburger Leopold I. griff die Bewegung der Gegenreformation 1687 ins religiöse Leben ein. Jesuiten und Minoriten wurden berufen. Bürgerkriege sorgten für Zerstörungen, die Georgskirche brannte ab und wurde nach dem Frieden von Sathmar 1714 wiederaufgebaut. Der Stifter des Wiederaufbaues war Bischof László Matyasovszky aus Nyitran. Ein erneuter Brand im Jahr 1763 zerstörte auch diesen Bau, an seiner Stelle entstand die Dreifaltigkeitskirche (Biserica Sfânta Treime). Nach der Vertreibung der Jesuiten im Jahr 1773 wurde sie zur Pfarrkirche. Bei dem typischen Jesuitenbau handelt es sich um eine Wandpfeilerkirche mit einem Tonnengewölbe und an jeder Seite drei Nebenkapellen. Die Seitenaltäre stammen von Jószef Melzi, das Hauptaltarbild mit dem Thema der Bergpredigt malte Karoly Kiss.

Weitere sehenswerte Bauten sind das Haus Elisabeta, die Bastei der Münzstätte, das Minoritengebäude und die alte Herberge. Baia Mare war Sitz einer berühmten Malereischule, die 1896 der Münchner Künstler Simion Hollosy Corbul gründete. Nur elf Kilometer entfernt in Richtung Norden liegt der Stausee Firiza und bietet den Anwohnern Erholung.

Baia Sprie, westlich von Baia Mare, ist eine der alten Bergarbeitersiedlungen, die schon im 14. Jahrhundert Erwähnung fand. Eine römisch-katholische Kirche aus dem 14. Jahrhundert ist hier zu sehen. Nur zehn Kilometer entfernt liegt das Wassersportgebiet ›Bodi-See‹. Wintersportler finden auf einer Höhe von 1272 Metern in der Berghütte Mogoşa gute Übernachtungsmöglichkeiten.

›Minerul‹, 1 Stern, Piaţa Libertătii 7, Tel. 02 62/41 60 56, Fax 41 17 28.
›Mara‹, 3 Sterne, Bulevardul Unirii 11, Tel. 02 62/43 66 60, Fax 43 11 00, EZ 48 Euro, DZ 59 Euro.
›Maramureş‹, 3 Sterne, Strada Gh. Şincai 37A, Tel.062/41 65 55, EZ 35 Euro, DZ 43 Euro.
›Carpaţi‹, 3 Sterne, Strada Minerva 16, Tel. 02 62/21 48 12, Fax 215 54 61, älteres Haus, seit zwei Jahren renoviert, neue Badezimmer, EZ 83 Euro, DZ 105 Euro.

Die Holzarchitektur Rumäniens

Zahlreiche Höhepunkte der rumänischen Holzarchitektur, die es im ganzen Land gab, finden sich in der Region Maramureş. Siebenbürgen mit seinen reichen Wäldern ist die Heimat einer uralten Holzbaukunst, die vielfach den Stein-und Backsteinbau beeinflußte. Man findet reich verzierte Wohnhäuser und landwirtschaftliche Anwesen, Kirchen, Tore und Wegekreuze aus Eiche, Tanne, Ulme und Buche. Im Laufe der Jahrhunderte sind hier politische und soziale Einheiten in sogenannten Ţări (Länder) zusammengewachsen. Die mächtigsten unter ihnen waren die Ţara Maramureşului und Ţara Lăpuşului. Hier empfiehlt es sich, eine Holzkirchenrundreise zu machen.

Kleine Holzkirche in Şurdeşti

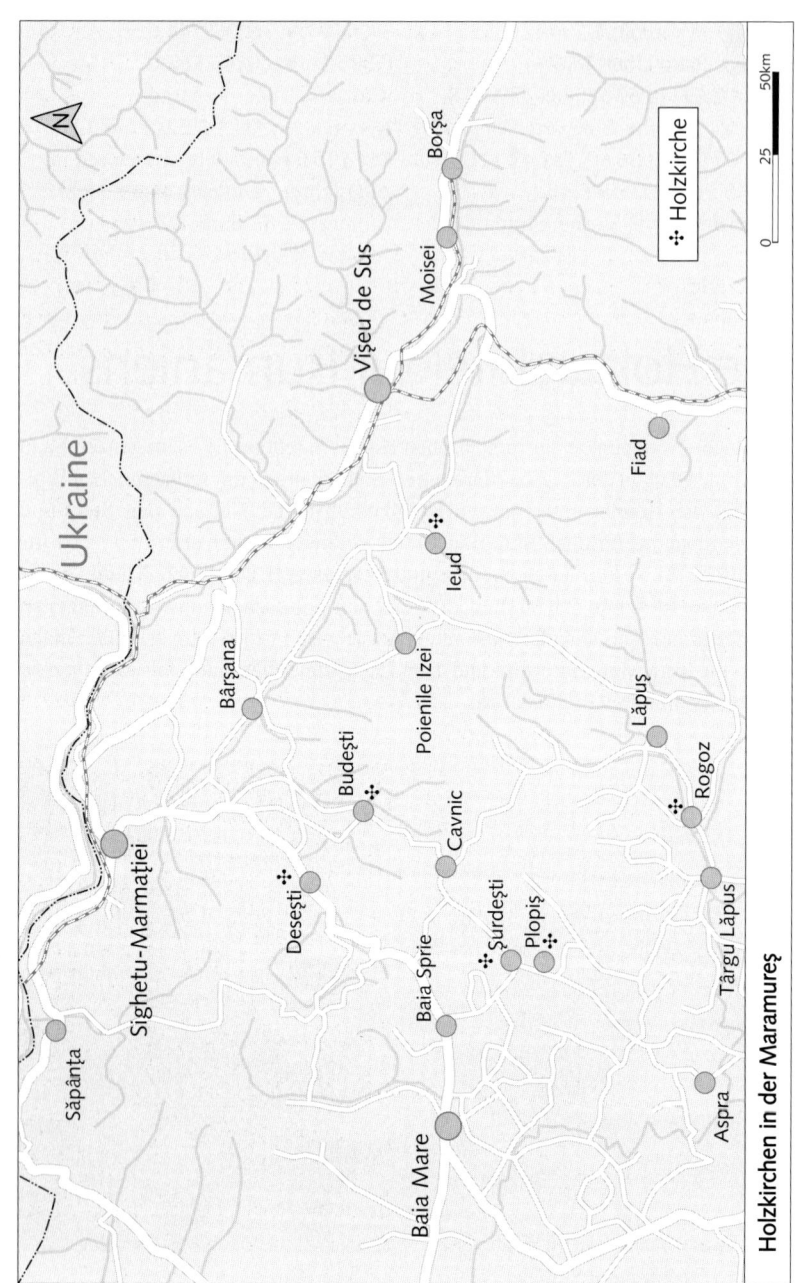

Holzkirchen in der Maramureş

Die Kirchenbauten der Maramureş kann man vereinfachend in zwei zeitliche Etappen untergliedern. Zur ersten gehören die Kirchen, die vor dem letzten verheerenden Tatareneinfall im Jahr 1717 entstanden sind. Sie weisen bereits auf die lange Tradition und die damit verbundenen Erfahrungen in der Holzbauweise hin. Nach diesem letzten Tatareneinfall wurden die Kirchen repariert, erneuert, verschönert und damit monumentaler gestaltet. Bisweilen wurden anstelle der abgebrannten Kirchen neue und viel reicher verzierte Gotteshäuser errichtet. Diese gehören der zweiten Etappe an. Sie erhielten eine zweite Traufe und einen Glockenturm mit spitzem hohen Helm, der den Einfluß der Gotik erkennen läßt, aber auch als Ausdruck des Sieges zu verstehen ist. Eingebettet in die Umgebung vereinigen sich diese Kirchen zu einer Symbiose mit der Natur. Im Inneren der Kirchen dieser zweiten Etappe findet man prächtige Malereien, die den Einfluß byzantinischer Traditionen aber auch die des Abendlandes aufweisen.

Die Kirche zu den heiligen Erzengeln von Şurdeşti

Die wohl berühmteste der Holzkirchen ist die Kirche zu den heiligen Erzengeln von Şurdeşti. Man fährt von Baia Sprie kommend in den Ort hinein, biegt in der Ortsmitte rechts ab und achtet auf den Hinweis ›Monument.‹ Nach 1500 Metern führt auf der linken Seite ein schmaler Weg zur Kirche. Die Holzkirche von Şurdeşti ist mit ihren 54 Metern bis zum Kreuz auf dem Turmhelm und 72 Metern vom Boden gemessen das größte Eichenbauwerk der Welt. Im Jahr 1721 ist die Kirche den Erzengeln Michael und Gabriel geweiht worden.

Der Bau erhebt sich über einem rechteckigen Grundriß mit eingezogenem, fünfseitigem Altarraum und vereinigt von außen alle Merkmale, die den Neubauten nach dem Tatareneinfall eigen sind: eine doppelte Traufe, Fenster in Erd- und Obergeschossebene und viel plastischen Schmuck, worunter das Gurtgesims in der Form des gedrehten Seils hervorzuheben ist. Es tritt auch an den Türrahmen mit Rosetten auf.

Man betritt die Kirche durch einen offenen Vorraum, dem sogenannten

Holztreppe in der Kirche zu den heiligen Erzengeln in Şurdeşti

Pridvor (Narthex) an der Westseite, der später angefügt wurde. Im Inneren findet man Malereien mit Themen aus dem Alten und Neuen Testament. Links vom Eingang ist der Traum Jakobs zu erkennen. Interessant sind die Szenen der Apokalypse, das Jüngste Gericht mit den langen Tischreihen oder das Abendmahl. Die barocke Ikonenwand besteht aus vier Rängen und wurde laut Stiftungsinschrift 1787 unter Kaiser Josef II. von einem Maler Stefan ausgeführt, der auch die Wandmalereien geschaffen hat. Ein typisches regionales Element ist, daß die Ikonen mit Schaltüchern geschmückt werden. Die Sitzbänke sind mit Schafwolle bedeckt. Eine Treppe aus einem Stück führt zu einem Balkon für die Knaben. Die Männer standen beim Gottesdienst vorne, die Frauen hinten. Die Malereien im Vorraum sind von rumänischen Fachleuten restauriert worden, während sie im Hauptraum noch original sind. Man beachte, daß im Original die Holzbalkennähte durch feinen Stoff überdeckt wurden. Diese Technik ist im Vorraum während der Restaurierung leider zerstört worden.

Malerisch liegt vor der Kirche der Friedhof. Auf ihm kann man typische romanische Sarkophage, deren Holznägel noch aus Eiche gefertigt sind, sehen.

Die Kirche zu den heiligen Erzengeln in Rogoz

Über Cavnic erreicht man die Kirche zu den heiligen Erzengeln in Rogoz. Sie wurde 1663 anstelle eines von den Tataren niedergebrannten Baus errichtet. Es handelt sich um den echten rumänischen Typus, der aus rechteckigem Naos mit eingezogenem siebenseitigem Altarraum und einem polygonalen Pronaos im Westen besteht.

Hervorzuheben ist die ornamentale Plastik der Kirche. Die Ausmalung erfolgte 1785 durch die Maler Radu Munteanu und Nicolae Man. Ihr Programm ist nur fragmentarisch erhalten geblieben. Auffällig sind die erklärenden Untertitel mit vermutlich moralisierenden Absichten.

Die Bergkirche Maria Geburt in Ieud

Das nächste Ziel ist die Bergkirche Maria Geburt in Ieud. Eine erste Kirche entstand 1364. Der heutige Bau wurde Mitte des 18. Jahrhunderts unterhalb eines bewaldeten Bergrückens errichtet. Wie bei allen Holzkirchen der Maramureş wurde die umgebende Natur in die Gesamtkonzeption mit einbezogen. Immer wieder kann man einen Punkt finden, von dem aus die Bauten von weitem in ganzer Höhe zu sehen sind. Auch hier liegt ein rechteckiger Grundriß mit eingezogenem Chor vor. Die Wandmalereien im Inneren sind Alexandru Ponehalski zu ver-

danken. Die Ikone der Schutzheiligen ›Maria Geburt‹ weist auf das Entstehungs-
datum von 1782. Bemerkenswert sind die vielen der Umgebung entnommenen
Details. So sieht man auf der Ikone der Schutzheiligen die sich wie auf einem
Teppich ausbreitenden Feldblumen. Die Kleidung der Gestalten auf den Wänden
erinnern an die Trachten der Umgebung. Jede kleinste Fläche wurde ausgenutzt.
Vielfach stehen Darstellungen nebeneinander, die keinerlei Verbindung untereinander haben. Der belehrende Wert einer Bilderbibel wird hier durch Erklärungen
mit sinnbildlichem Charakter unter den Bildlegenden verstärkt. In der umfangrei-
chen Darstellung des Jüngsten Gerichtes wird der Streit um die Seelen ausführlich
wiedergegeben. Im Text eines Teufels, der eine Gruppe von Frauen für sich bean-
sprucht, heißt es:»Diese Menschen haben in der Kirche gestritten, deswegen lasse
ich sie nicht dir«, worauf der Engel antwortet:»Fahr nach unten, Teufel, für diese
Sünden taten sie große Buße und der Herr hat ihnen verziehen«.

Nicht weit von Ieud liegt die Kirche der heiligen Paraschiva in Poienile Izei,
sie weist beide zeitliche Etappen auf. Im Jahr 1604 entstand der untere Teil. Als
1785 die Renovierung erfolgte, wurden dabei die Wände erhöht und der Ansatz
mit einem schindelgedeckten Traufgesims markiert. Im Inneren entstand die reiche Innenausstattung, für die laut Inschrift das ganze Dorf aufkam. Dargestellt ist
das Jüngste Gericht, auf dem die Betrüger, Lügner, Habgierigen verdammt werden. Verschiedene Völker wie Türken, Araber, Tataren und Zigeuner kommen.
An den Wänden werden Szenen aus dem Leben von Jesus Christus sowie Themen
des Alten Testamentes mit dem Abendmahl und Lameh erzählt, der mit dem Pfeil
den von Gott verfluchten Kain tötet. Die Malereien sind nachweislich 1794 durch
Radu Munteanu geschaffen worden.

Ebenfalls nicht weit von Ieud liegt der Ort Moisei am Fuß des Rodna-Gebirges
mit einer Holzkirche aus dem Jahr 1600. An ein weniger schönes Ereignis erinnert
das Denkmal des Bildhauers Vida Geza; hier richteten die Horthy-Truppen im
Oktober 1944 neunundzwanzig rumänische Bauern hin und brannten dann die
Siedlung nieder.

Auch im Historischen Museum der Stadt wird dieses Geschehens gedacht. Das
Museum ist täglich außer Montag von 10 bis 18 Uhr geöffnet.

Borşa

Noch ein Stückchen weiter erreicht man Borşa, den letzten Ort der Maramureş.
Der langgestreckte alte mittelalterliche Ort – erstmals 1356 erwähnt – war einst
eine Bergarbeitersiedlung. Heute ist er ein bedeutender Luftkurort, in dessen
Nähe sich die Borşa-Bäder (Baia Borşa) mit kohlensäure-, natriumchlorid-, kal-
zium- und magnesiumhaltigen Mineralquellen befinden.

Der Tourismuskomplex ist auch Ausgangspunkt für eine Wanderung zum Naturschutzgebiet Pietrosul Rodnei südlich von Borşa. Der Naturpark liegt auf einer Höhe von bis zu 2303 Metern. Naturschönheiten wie die Cascade Cailor, Rumäniens höchster Wasserfall von 90 Meter Fallhöhe, erwarten den Naturfreund. Man folgt der blauen Markierung und benötigt etwa fünf Stunden.

In Richtung Osten erreicht man mit dem Auto über den höchsten Paß des Landes – Pasul Prislop – mit einer Höhe von 1426 Metern die Moldau.

 Centru de Informa de Turistică: Tel. und Fax 02 62/34 43 10 oder 34 45 12. Fundatia Turism in Maramureş Tel. und Fax 02 62/22 66 60 oder 22 65 85.

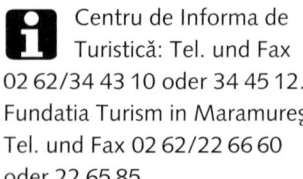 Etwa sieben Kilometer außerhalb der Ortschaft Borşa liegt ein touristischer Gebäudekomplex, der mehrere Übernachtungsmöglichkeiten bietet. Viele Häuser werden derzeit renoviert und sind vor allem auf Wintergäste eingestellt.

›Cerbul‹, 2 Sterne, Strada Brădet 8, Tel. 02 62/34 41 99, DZ 29 Euro.

Weitere Holzkirchen

Wer noch viel Zeit und Muße hat, dem seien weitere Holzkirchen der Maramureş empfohlen.

Die Kirche zu den heiligen Erzengeln in Plopiş wurde 1796 errichtet und erinnert in Architektur, Landschaft und Malereien an diejenige von Şurdeşti. Sie liegt zwischen Şurdeşti und Rogoz. Eine der vielen im Izatal gelegenen Holzkirchen ist die Klosterkirche von Bârşana (alte Schreibweise Bîrşana) Sie ist dem Tempelgang Marias geweiht und wurde 1720 errichtet. In Größe und Innenraumgestaltung unterscheidet sie sich von den anderen Kirchen der Maramureş insofern, als der barocke Einfluß hier am stärksten zum Ausdruck kommt.

Die Nikolauskirche in Budeşti-Josani, einem Dorf im Tal des Cosău-Baches, hebt sich durch ihre vier Türmchen am Fuß des Turmhelms von anderen Kirchen der Region ab. Die Malereien des Naos und Pronaos wurden im 18. Jahrhundert von Alexandru Ponehalski ausgeführt, der barocke Altarraum geht auf Ianoş Opriş zurück.

Die Kirche zur ›Gottesfürchtigen Paraschiva‹ in Deseşti liegt im Tal des Mara-Baches. Im typisch rumänischen Schema mit Pronaos, Naos und Altarraum wurde sie 1770 erbaut.

Sighetu-Marmaţiei

Sighetu-Marmaţiei (ungar. Máramaros-Sziget; ›sziget‹ bedeutet ›Insel‹) ist die alte Hauptstadt der historischen Maramureş. Die nördlichste Stadt Rumäniens am Zusammenfluß von Theiß und Iza wurde bereits im Jahr 1326 urkundlich erwähnt.

»Irgendwo im fernen Siebenbürgen, im Schatten der Karpaten, nahe der launenhaftesten Grenze des östlichen Europas, war einmal eine kleine staubige Stadt: Sighet. Eine Stadt wie viele andere, und doch unterscheidet sie sich von anderen Städten. Friedlich und ergeben scheint sie zur ihrem eigenen Vergessen versteinert zu sein. Sie hat ihre Vergangenheit verleugnet, doch ist sie ihrem Griff ausgesetzt. Verdammt, außerhalb der Zeiten zu leben, atmet sie nur noch im Gedächtnis derer, die sie verlassen haben. Diese Stadt war meine Stadt. Sie hat sich dennoch nicht verändert. Ich habe die niedrigen grauen Häuser wiedergefunden. Noch immer liegen die Kirche und die Metzgerei einander gegenüber. An der Ecke des engen Marktes scheint die verlassene Synagoge auf jemanden zu warten.« So schrieb der hier geborene Élie Wiesel, dem in der ›Casa Memoriale Élie Wiesel‹ an der Straße stadtauswärts Richtung Rona de Jos gedacht wird. Der Dichter wurde 1928 in Sighetu geboren, 1944 ins Konzentrationslager deportiert und lebte nach seiner Befreiung zunächst in Paris und heute in Amerika. In seinem Werk ›Gesang der Toten‹ beschreibt er die Gefühle seines Besuches in seiner Heimatstadt. Im Sommer 2002 weihte er in seinem Geburtshaus ein Museum jüdischer Kultur ein.

Eine Gedenk- und Forschungsstätte zur Aufarbeitung der kommunistischen Vergangenheit wurde in einem ehemaligen Gefängnis eingerichtet (Memorialul Sighet).

Weniger wegen ihrer protestantischen Kirche des 16. Jahrhunderts, die 300 Jahre später neugotisch restauriert wurde, oder wegen ihrer römisch-katholischen Kirche aus dem 17. Jahrhundert ist die Stadt einen Besuch wert, vielmehr machen die vielen Dörfer mit ihren Bauernhäusern aus Holz, den Zäunen und den immer wieder auftauchenden Holzkreuzen die Fahrt dorthin zu einem Erlebnis. Diese Holzkreuze, die sogenannten ›Troiţes‹, wurden als Votivgabe, Grabkreuze oder als Erinnerungsmal an den Straßen aufgestellt. Der Künstler Vasile Pătru Chindriş ist berühmt für seine besonders schönen Kreuze geworden.

Auch die Holztore sind mit viel Liebe zum Detail gestaltet. Man sollte ruhig einmal näher an sie herantreten. Häufig sind die Tore auf vier Säulen gestützt, die mit hunderten von geschnitzten Motiven verziert sind, wobei die Sonne und das Seil am häufigsten vorkommen. Das Seil gilt als Lebensfaden. Die Tore bedeuten den Bewohnern eine Schwelle zu einer neuen Welt. Durch sie treten Neuvermählte, neugeborene Kinder, und nach dem Tod wird der Mensch dadurch hin-

Auf dem ›Fröhlichen Friedhof‹ in Săpânţa

ausgetragen. Um sich einen Überblick über die Holzverarbeitung zu verschaffen, empfiehlt sich der Besuch des Museums des Maramureşgebietes. Es entstand bereits im 19. Jahrhundert, und dank vieler Aktivitäten konnte ihm das 1981 eröffnete ethnographische Freilichtmuseum angeschlossen werden. Für Interessierte der Bauernkultur bietet es einen schönen Überblick.

Nach nur zwölf Kilometern kommt man in den kleinen Ort Săpânţa, der durch den ›Fröhlichen Friedhof‹, wie ihn ein französischer Reisender erstmals genannt hatte, berühmt geworden ist. Wenn man in der Ortsmitte ist, biegt man nach links ab zum ›Cimitero Vesel‹. In farbenfroher Pracht, bei der das Blau dominiert, ist hier Kreuz an Kreuz gereiht, auf denen die Verstorbenen bei ihrer Tätigkeit zu Lebzeiten dargestellt sind. Das ganze Dorfleben breitet sich aus.

Die Darstellungen werden begleitet von Texten mit humoristischen Sprüchen oder spöttischen Hinweisen auf kleine Fehler und Schwächen der Verstorbenen. Seit 1935 hatte der Handwerker und Holzschnitzer Ioan Stan Pătraş diese Grabdenkmäler geschaffen und auch für sich – er ist 1977 verstorben – mit einem Kreuz gesorgt.

Nicht weit vom ›Fröhlichen Friedhof‹, nur weniger beachtet, befindet sich ein jüdischer Friedhof, der daran erinnern läßt, welch großen Anteil am Leben in der Maramureş einst die jüdische Bevölkerung hatte.

 Motel Restaurant ›Perla Sigheteană‹, 3 Sterne, Strada Avram Iancu 65/A, Tel. 02 62/31 06 13, Fax 02 62/31 02 68, E-Mail: imberti@sintec.ro oder perlasigheteana@yahoo.com, am Ortsausgang.

›Marmaţia‹, 2 Sterne, Strada M. Eminescu 1, Tel. 02 62/51 22 41, Fax 02 62/51 15 40.

 Volkskundemuseum (Muzeul Etnografic Al Maramureşului) täglich von 10 bis 18 Uhr geöffnet.

Feste und Brauchtum

Die Volkstracht der Maramureş ist unverkennbarer Ausdruck von Lebensfreude und Optimismus. In der Farbpalette ist Weiß vorherrschend. An der Frauenbluse, aber auch am Männerhemd dominiert diese Farbe. Die Hosen, sogenannte ›gaci‹, sind den Frauenröcken ähnlich, nämlich sehr weit geschnitten. Der kurze Wintermantel ›gubă‹ ist aus Wollstoff und am Kragen und den Taschen mit schwarzem Samt verziert. Einst war dieser Mantel ein Kennzeichen adliger Familien. Die Farben Rot und Schwarz, oft in Streifen, dominieren die Frauenschürze. Die traditionellen Bundschuhe, die ›opinci‹, einst aus Schweineleder, heute aus Kautschuk gefertigt, erfreuen sich auch heute noch großer Beliebtheit. Im Winter wickelt man die Beine bis zum Knie in Lappen, die ›obiele‹, die aus weißem Wolltuch gewebt sind.
Während die Männer Lammfellmützen tragen, findet man bei den Frauen blumengeschmückte Kopftücher. Ein Bewohner der Region ist auch an seinem Hut, dem ›clop‹, zu erkennen, einer Kopfbedeckung, die mit mehrfarbigen Quasten geschmückt ist und mit einem Riemen unter dem Kinn festgebunden wird. Von den Frauen wird das mit vielfarbigen Glasperlen bestickte Halsband ›zgărdan‹ getragen. Jedes Tal und sogar jedes Dorf weist seine Eigenheiten auf.

Die Trachten können am Neujahrsfest in Sighetu Marmaţiei bewundert werden. Zu diesem Fest, aber auch zu Weihnachten werden die ›colind‹-Lieder zum Lobpreis der Geburt Jesu Christi gesungen. Mit Masken verkleidet ziehen die Menschen mit Glöckchen, Peitschen und Trommeln durchs Dorf. Die Ochsen tragen Handtücher und Kringel auf den Hörnern, alles Symbole der Fruchtbarkeit und Hoffnung auf eine reiche Ernte. Ein bedeutendes Frühlingsfest ist das Sankt Georgsfest (Sângeorz) am 23. April, zu dessen Anlaß grüne Zweige an Toren und Stalleingängen aufgehängt werden. Man bespritzt Häuser und Menschen mit Wasser, was an ein Reinigungsritual erinnert. Dieses Wasserspritzen ist auch für das ›Tânjaua‹ (Die Vorderdeichsel) im Frühling üblich. Der Hauptheld des Festes ist derjenige Bauer, der als erster mit dem Ackern begonnen hat. Am ersten Sonntag des Monats Mai findet in der Gemeinde Bogdan Vodă und anderen Dörfern das ›ruptul sterpelor‹ (Hirtenfest) statt. Während des auch ›sâmbra oilor‹ genannten Festes werden in einem symbolischen Akt die Milchschafe von den Unträchtigen getrennt und damit der Beginn eines neuen Zyklus des Hirtenlebens eingeleitet. In Borşa wird Anfang Juni das Blumen- und Heilkräuterfest begangen und auf den Hügeln gezündete Feuer von den Bauern übersprungen. Der August steht dann im Zeichen der Kirmes auf dem Prislop-Berg.

Das historische Siebenbürgen

Sechshundert Jahre nach der Einwanderung der ›Sachsen‹ in dieses reiche Land
dichtete Hans Moltke:

Siebenbürgen, Land des Segens,
Land der Fülle und der Kraft,
Mit dem Gürtel der Karpathen
um das grüne Kleid der Saaten
Land voll Gold und Rebensaft!
Unsern Vätern anvertraut
Die aus fernen deutschen Landen
Hier die neue Heimat fanden
Die sie selber sich erbaut.

Siebenbürgen (dt. auch Transsilvanien, rumän.Transilvania/Ardeal, ungar.
Erdély), das ›Land hinter den Wäldern‹, wie die Übersetzung von ›Transilvanien
lautet‹, ist eine der bekanntesten Regionen Rumäniens. Mitten im Karpatenbogen
gelegen, eingeschlossen von den Ost- und Südkarpaten im Norden, Süden und
Osten sowie im Westen vom siebenbürgischen Erzgebirge, handelt es sich um
eine zwischen 300 und 800 Meter über dem Meeresspiegel gelegene Hochebene.
Das waldreiche Hügelland, die Heimat des im übrigen Europa fast völlig ausge-
storbenen Bären, hat vorwiegend Mittelgebirgscharakter. Es wird durch die Täler
des Mureş (dt. Mieresch/Marosch, ungar. Maros, 776 km), die Tîrnava Mare
(Große Kokel, 221 km) und Tîrnava Mică (dt. Kleine Kokel), den Olt (Alt,
699 km) sowie den Someş (dt. Somesch, ungar. Szamos) gegliedert. Gegen West-
en öffnen sich das Someştal und das Mureştal zur ungarischen Tiefebene hin. Im
weitesten Sinne gehören zu Siebenbürgen die im Westen vorgelagerte Crişana
und die Maramureş im Norden. In Siebenbürgen lebten seit Jahrhunderten die
Volksgruppen der Ungarn, Szekler, Siebenbürger Sachsen und Rumänen. Der
ethnischen Vielfalt stand die religiöse nicht nach. Katholiken, Lutheraner, Kalvinisten, Unitarier und rumänisch-orthodoxe Christen lebten in einer unvergleichlichen religiösen Toleranz nebeneinander.

Für den Reisenden bietet Siebenbürgen nicht nur Wander-, Sport-, Jagd- und
Kurmöglichkeiten, sondern eine auf den ersten Blick stark mittel- und westeuro-
päisch beeinflußte Kulturlandschaft. Von romanischen Bauwerken (Kathedrale
Alba Iulia) über die von der Parler Schule beeinflußten gotischen Bauten
(St. Michael in Cluj, Schwarze Kirche in Braşov) bis hin zu den nach den Türken-
einfällen stark befestigten Kirchenburgen trifft man auf eine Vielzahl mittelalter-

licher Denkmäler. Deren Innenräume sind häufig mit an byzantinischen und serbischen Vorbildern orientierten Wandmalereien geschmückt. Der Einfluß des Islam zeigt sich vor allem im Kunsthandwerk, so sind eine Besonderheit Siebenbürger Kirchen die vorwiegend anatolischen Teppiche, die die Wände schmücken.

Seit dem 18. Jahrhundert prägten die Habsburger die Kulturlandschaft, es entstanden barocke Kirchenbauten und gewaltige Festungsanlagen. Im 19. Jahrhundert kamen ganze Straßenzüge von Repräsentationsbauten dazu, die zur Jahrhundertwende durch Jugendstilfassaden ergänzt wurden.

Verteidigungsanlagen an der Kirchenburg von Cisnădioara (Michelsberg)

Geschichte Siebenbürgens

In dem seit dem Altpaläolithikum besiedelten Gebiet bestand im 2. Jahrhundert vor Christus das Reich der Daker, das zur römischen Provinz Dacia wurde. Während der Völkerwanderung durchzogen es die Sarmaten, Goten und Hunnen. Zeitweise wurde das historische Siebenbürgen dem Reich der Gepiden, der Awaren und sogar der Bulgaren eingegliedert.

Ende des 9. Jahrhunderts und endgültig mit dem Sieg von König Ladislaus (1078–1095) über die Kumanen nahmen die Ungarn das Gebiet in Besitz. Das verwüstete und entvölkerte Gebiet wurde zur Verteidigung der Grenzen mit Szeklern besiedelt und seit dem 12. Jahrhundert zusätzlich durch deutsche Siedler gesichert. Fast 1000 Jahre gehörte Siebenbürgen zur ungarischen Krone. Nach dem Aussterben des Geschlechtes der Árpáden sicherten sich die aus Frankreich kommenden Anjous unter Karl Robert die Thronfolge von Ungarn. Im Untertanenland Siebenbürgen herrschten Woiwoden. Unter Ludwig I. von Anjou erreichte Ungarn einschließlich Siebenbürgen seine größte Ausdehnung. Hermannstadt (Altland), Kronstadt (Burzenland) und Bistritz (Nösnerland) wuchsen zu Wirtschaftsmetropolen.

In den Jahren 1432, 1438 und 1442 drangen die Osmanen erstmals unter Sultan Murad II. in Siebenbürgen ein. Der Bauernaufstand von 1437 trug gleichermaßen zur Schwächung bei, er wurde von den führenden Ständen, dem ungarischen Adel (Adelskomitate), den Szeklern (Universitas Sicolorum) und den Sachsen (Universitas Saxorium) gemeinsam niedergeschlagen.

Über die Ehe der Tochter Ludwigs I., Maria, mit Sigismund, geriet Siebenbürgen in den Besitz der Luxemburger. Albrecht I., Sigismunds Schwiegersohn, trat als erster Habsburger das Erbe an. Es folgte ein Intermezzo unter dem Böhmen Wladislaus, bis János Hunyadi für Albrechts Sohn Ladislaus V. das Land führte. Zunächst verlor er gegen die Türken in der Schlacht bei Varna 1448 und auf dem Amselfeld (Kosovopolje), erkämpfte jedoch schließlich einen Sieg gegen Mehmed II. 1456 bei Belgrad. Sein Mündel Ladislaus starb an der Pest, und so konnte sein Sohn Matthias zum Nachfolger gewählt werden. Matthias Corvinus (›der Rabe‹) war streng, sehr gebildet, schlug die heimischen Aufstände nieder und siegte nicht weniger als fünfzehnmal gegen die Türken. Unter ihm machte sich italienischer Einfluß breit, nicht zuletzt, weil viele bedeutende Siebenbürger in Italien studiert hatten.

Die Türkengefahr wuchs indes bedrohlich an. Konstantinopel war 1453, Belgrad 1521 gefallen, und in der Schlacht von Mohács 1526 mußte der junge ungarische König Ludwig II. sein Leben lassen. Ein zwölf Jahre dauernder Nachfolgestreit zwischen Erzherzog Ferdinand I., einem Bruder Kaiser Karls V., und Johann Zápolya, Woiwode Siebenbürgens, begann. Das Land wurde aufgerieben. Ferdinand pochte auf seine Ansprüche mit den Rechten seiner Gemahlin, einer Schwester des gefallenen Ludwig II. Zápolya ließ sich mit Unterstützung der Türken in Stuhlweißenburg (Székes-Fehérvạr) zum ungarischen König wählen. Die Sachsen schwankten, was zur Folge hatte, daß sich ihre Städte unterschiedlichen Parteien anschlossen.

Als Johann Zápolya 1540 starb, besetzten die Türken unter Suleiman Budapest. Ungarn wurde geteilt: Budapest blieb 150 Jahre osmanisch, das westliche und nördliche Ungarn unterstand den Habsburgern; der östliche Teil, Zápolyas ehemaliges Königreich, wurde vom Mutterland gelöst und autonomes, der Hohen Pforte tributpflichtiges Fürstentum. Ein Landtag der ›Drei Nationen‹, der die Rumänen rechtlos und ausgeschlossen ließ, bestimmte die Politik. Dieser Zusammenschluß des ungarischen Adels mit den Szeklern und Siebenbürger Sachsen wählte seit 1437 den Fürsten.

Unter Stephan IV. Báthory (1571–1586), Gabriel Bethlen von Iktár (1613–1629) und Georg I. Rákóczi (1630–1648) erreichte Siebenbürgen seine wirtschaftliche und kulturelle Blüte. In der Religion folgte der Übertritt zum Protestantismus. Schwache Fürsten, Aufstände der Bauern, der rumänischen Minderheit und die Erfolge der Habsburger gegen die Türken führten zur Anerkennung der habsburgischen Oberhoheit unter Fürst Mihaly I. Apafi 1686 im ›Tractatus Halerianus‹. Der Frieden von Karlowitz 1699 brachte die direkte Unterstellung Siebenbürgens unter Wien. Als autonomem Großfürstentum oblag die

Die Törzburg, eine Gründung des deutschen Ordens

Verwaltung Siebenbürgens einem Gubernium mit Sitz in Hermannstadt und der Siebenbürgischen Hofkanzlei in Wien. Die von den Habsburgern angestrebten gegenreformatorischen Maßnahmen scheiterten am Widerstand der Stände. Unter den ersten Gouverneuren der Habsburger Georg Bánffy und Samuel von Brukenthal erreichten die Städte erneut eine wirtschaftliche Blüte.

Die nicht in der Regierung vertretenen Rumänen begannen Ende des 18. Jahrhunderts ihre Gleichstellung zu fordern. Unter der Regierung Josephs II. (Sohn Maria Theresias) kam es im Jahr 1784 zum Aufstand unter Führung von Horia, Cloşca und Crişan. 1785 wurde die Leibeigenschaft abgeschafft. Die von den Ungarn unter Führung von Lajos Kossuth initiierte Revolution von 1848/49 brachte Siebenbürgen durch Beschluß des Klausenburger Landtags kurzfristig wieder zu Ungarn.

Auch die Rumänen unter Avram Iancu (1824–1872), dessen Denkmal in vielen Städten steht, rebellierten. Reformerische Ideen hatte das Kolleg des Gheorghe Lazăr verbreitet. Ein Bündnis von Ungarn und Rumänen hätte der Sache sicher Erfolg beschieden, doch die Ungarn ignorierten die Forderungen der Rumänen, woraufhin diese auf der Seite der Habsburger kämpften. Mit Unterstützung zaristischer Truppen gelang den Habsburgern schließlich der Sieg.

Infolge des österreich-ungarischen staatsrechtlichen Ausgleichs von 1867 wurden Kaiserin Elisabeth (Sissi) und Kaiser Franz Joseph zu Königen von Ungarn. Siebenbürgen fiel an Habsburg und blieb doch selbständig. Während dieser Zeit der Vereinigung mit Ungarn, die bis zum Ersten Weltkrieg erhalten blieb, wurden die Privilegien der Sachsen beschnitten, das Gebiet in fünfzehn Komitate aufgeteilt, die ungarische Sprache zur Pflicht, mit dem ungarischen Ortsnamengesetz alle Ortsnamen in die ungarische Sprache übertragen.

Seit dieser Komitatsverfassung begann eine Magyarisierungspolitik, gegen die sich Sachsen und Rumänen zur Wehr setzten, und die letztendlich nach dem ersten Weltkrieg zum Anschluß Siebenbürgens an Rumänien führte. Die Ungarn mußten dies im Vertrag von Trianon anerkennen. Im sogenannten ›Wiener Schiedsspruch‹ (November 1940) wurde dieser Anschluß durch Hitlerdeutschland teilweise rückgängig gemacht. Ungarn erhielt das nördliche und südöstliche Siebenbürgen – Nösner- und Szeklerland -zurück. Diese Entscheidung annullierte der Frieden von Paris (1947), so daß Siebenbürgen bis heute zu Rumänien gehört.

Im Wechselspiel der Kriege waren die ungarische und die deutsche Bevölkerung mehr oder weniger starken Diskriminierungen ausgesetzt. In einer Phase des Entgegenkommens schuf Rumänien eine ›Ungarische Autonome Region‹ mit gewissen Rechten hinsichtlich der Pflege des Magyarischen als zweiter Amts- und Unterrichtssprache neben dem Rumänischen, die leider nur bis Anfang der sechziger Jahre bestand.

Die Siebenbürger Sachsen

Die bekannteste Volksgruppe sind die Siebenbürger Sachsen. Sie blicken auf eine 850jährige Vergangenheit zurück und bilden die Nachkommenschaft jener aus dem Rheinland, der Pfalz, Luxemburg, Flandern und dem Elsaß stammenden deutschen Kolonisten, die bereits Mitte des 12. Jahrhunderts vom ungarischen König Geza II. (Geisa, 1141–1162) geholt wurden, um das unerschlossene, versumpfte Land im Karpatenbogen zu kolonisieren. Die Siedler gründeten zunächst sieben Siedlungen: daher der Name Siebenbürgen. Ihr Mittelpunkt war Herrmannstadt (Sibiu). Die Siedlung im Burzenland erfolgte einige Jahrzehnte später mit Hilfe des Deutschen Ordens. Die Mundart dieser Volksgruppe steht dem Moselfränkischen nahe, weist jedoch regionale Unterschiede auf (heute erinnert sie uns an das Kölsche). Die Auswanderungsroute führte über Mitteldeutschland, was fälschlich für ihren Ausgangsort gehalten wurde, so daß sich daher rasch der Name Sachsen für diese Siedler einbürgerte.

Im Mittelalter legten die Siebenbürger Sachsen rund 250 Dörfer und eine Anzahl von Städten an. Ihre Privilegien bestanden in der Selbstverwaltung und dem Eigentum an Grund und Boden; dies bestätigte der ungarische König Andreas II. 1224 in einer Urkunde, dem ›Privilegium Andreanum‹, dem großen Freibrief der Sachsen. Auf eigenem Territorium, genannt Königsboden, entstanden drei rechtlich abgegrenzte Selbstverwaltungsgebiete: im Süden Hermannstadt mit Schäßburg und Mediasch, östlich davon das sogenannte Burzenland um Kronstadt und im Norden das Nösnerland um Bistritz. Auch außerhalb dieses Territoriums siedelte man, aber ohne Sonderrechte.

Im Jahre 1437 schlossen sich die Siebenbürger Sachsen mit den ungarischen Adligen und den Szeklern zu einem Drei-Nationen-Bund zusammen, der über weitgehende Privilegien verfügte. Die Siebenbürger Sachsen wurden von einem Sachsengrafen vertreten, der an der Spitze einer sogenannten ›Nationsuniversität‹ stand. Sie fungierte als Verwaltungsbehörde und war 1486 als ›Universitas Saxonum‹, Gesamtheit der Sachsen, gegründet worden. 1542 bis 1550 beschlossen die Sachsen für sich die Einführung der lutherischen Reformation. Damit bestand der Unterschied zu den anderen Bewohnern Siebenbürgens nicht mehr nur in der Sprache und dem Rechtsstatus, sondern auch in der Konfession, waren doch die Magyaren kalvinisch und katholisch, die Rumänen orthodox und die Szekler katholisch. Die führende Persönlichkeit für die Einführung dieses Bekenntnisses war Johannes Honterus.

Die evangelische Kirche prägte als Volkskirche mit ihrem zunächst in Birthälm, später in Hermannstadt residierenden Sachsenbischof wesentlich das Selbstverständnis der Siebenbürger Sachsen. Unter der Herrschaft Maria Theresias wurde die sächsische Selbstverwaltung weiter ausgebaut, was vornehmlich

*Auf dem Weg zur Oberstadt
in Sighişoara (Schäßburg*

der Tätigkeit des damaligen Sachsengrafen und Gouverneurs Baron Samuel
von Brukenthal (1721–1803) zu verdanken war.

1876 beendete Ungarn die jahrhun-
dertelange Sonderstellung der Siebenbürger Sachsen; ihr Territorium wurde
den Komitaten eingegliedert. Die
Nationsuniversität existierte als Stiftung zur Verwaltung ihres Vermögens
(Gebäude und Grundeigentum) weiter.
Sie diente außerdem der Förderung
kultureller Zwecke, besonders des
Schulwesens. Die dadurch entstandenen Konflikte mit Ungarn führten
dazu, daß die Führung der Sachsen
nach dem Ersten Weltkrieg bereitwil-
lig die in den Karlsburger Verträgen
festgelegte Angliederung Siebenbürgens an Rumänien billigte. Die kurz
darauffolgende Agrarreform traf die
Siebenbürger Sachsen schwer, dennoch waren die Beziehungen zum
rumänischen Staat leidlich. Im Jahr
1933 fand der letzte Sachsentag statt.

Eine weitere Verschlechterung der
Situation erfolgte nach dem Front-
wechsel während des Zweiten Weltkrieges 1944, in dessen Folge es zu vielen
Deportationen kam. Die Entwicklung der Siebenbürger Sachsen war danach vom
Auswanderungswunsch geprägt. Nach dem Zweiten Weltkrieg begann ein regel-
rechter Exodus. Die Regierung enteignete das Land der Siebenbürger Sachsen
und schickte alle Männer und Frauen zwischen 17 und 45 Jahren zu fünf Jahren
Zwangsarbeit in die Sowjetunion. Viele kehrten entweder gar nicht oder direkt in
die Bundesrepublik zurück. Eine gute Einnahmequelle für die Ceauşescu-Dikta-
tur waren die Zahlungen von Bonn für jedes Ausreisevisum (man spricht von
8000 DM pro Kopf). Als sich 1990 die Grenzen öffneten, packten 90 Prozent der
verbliebenen 100 000 Sachsen die Koffer. Die wenigen Gebliebenen sind zumeist
alt oder mit Rumänen verwandt. Dies hat zu nicht mehr rückgängig zu machen-
den Veränderungen geführt. Im Jahre 2002 lebten noch etwa 15 000 Siebenbürger
Sachsen in Rumänien.

Der Deutsche Ritterorden

Bereits unter dem Ungarn Geisa II.
(1142–1161) wurden für den Süden
Siebenbürgens Siedler angeworben.
Sein Nachfolger Andreas, mit Gertrud
aus dem Hause Meran verheiratet,
mußte zunächst seinen Herrschafts-
anspruch gegen den Bruder
Emmerich verteidigen. Für seine
Tochter Elisabeth warb er 1211 um
den Landgrafen Hermann von Salza
auf der Wartburg in Thüringen.
Dessen Bruder, der Landgraf Ludwig,
war wie Hermann Ordensmitglied.
Andreas selbst war mit dem Deutschen Ritterorden dank seiner Betei-
ligung beim Kreuzzug vertraut. Der
Hauptsitz des Ordens lag damals
in Palästina. Sein Ordensmeister
Hermann von Salza hatte sich als
Schlichter zwischen Papst Honorius III.
und Kaiser Friedrich II. sowie als
Berater Friedrichs verdient gemacht.
Friedrich wiederum war mit Konstan-
ze, der älteren Witwe des unga-
rischen Königs Emmerich, also der
Schwägerin von König Andreas II.,
verheiratet.
Andreas suchte Siedler gegen den
Einfall der Kumanen. Er übertrug im
Jahre 1211 dem Orden, der sich die
Verbreitung des Christentums und
die Krankenpflege zur Aufgabe
gemacht hatte, das erste Siedlungs-
gebiet in Europa: das Burzenland.
Das noch unbewohnte Gebiet des
Burzenlandes war gegen die Moldau
und die Walachei, wo die Kumanen

saßen, von Bergen umschlossen. Im
Nordosten umspülte es der Olt, der
später als Wasserweg für die Waren,
vor allem das Salz, genutzt wurde.
Das Burzenland hatte eine Größe von
30 Quadratkilometern. Die Original-
urkunde ist nicht mehr erhalten. Nur
Abschriften geben Aufschluß über
die Bedingungen.
Die Deutschen Ritter erhielten das
Gebiet frei von Abgaben, den Zehnten inbegriffen, um das Tor gegen
die Kumanen zu schließen. Sie hatten
freie Richterwahl und eine eigene
Distriktordnung. Gleichzeitig war
es ihnen gestattet, hölzerne, mit
Pfahlwerk und Türmen befestigte
Schlösser und Städte zu erbauen. Bei
der Entdeckung von Gold und Silber
waren fünfzig Prozent an den König
abzuführen, fünfzig Prozent sollten
dem Orden gehören. Innerhalb des
Burzenlandes besaß der Orden
Markterlaubnis, konnte Maut und
Zoll erheben. Die Mitglieder waren
von der Bewirtung des Woiwoden
freigestellt. Der Papst bestätigte
ihnen im Jahr 1218 die freie Pfarrer-
wahl, der Bischof Siebenbürgens
gestattete den Bau von Kirchen. Der
Orden durfte in seinem Gebiet den
Zehnten erheben.
Hermann von Salzas Anwesenheit im
Burzenland ist nicht nachweisbar. Er
ließ das Gebiet durch einen Komtur
übernehmen. Es ging ein Aufruf an
Freiwillige, auch aus Flandern, den
Niederlanden, dem Rheinland und
anderen Gebieten zur Besiedlung des
Burzenlandes. Man begann mit der

Die Törzburg (Castel Bran)

Errichtung von festen Plätzen. Doch bald überschritten die Ritter ihre Rechte; Sie errichteten nicht nur hölzerne, sondern auch steinerne Burgen, ließen eigene Münzen schlagen und erweiterten eigenmächtig die Grenzen ihres Besitzes. Außerdem pflegte der Orden enge Verbindungen zum Papst, um mit dessen Hilfe einen selbständigen Ordensstaat zu errichten, dessen Gebiet bis an die Donau reichen sollte. Andreas widerrief daraufhin im Jahr 1223 seine Schenkung und zwang die Ordensritter zwei Jahre später mit Waffengewalt, das Land zu verlassen. Diese hatten inzwischen bereits den Ruf nach Masowien bekommen, wo sie ihren Hauptsitz auf der Marienburg bei Danzig errichteten. Das Vakuum der Ritter füllten die Sachsen.

Unter den Ordensrittern war eine stattliche Anzahl von Burgen (Schwarzburg zur Fogarasch, Heldenburg bei Krisbach, Rosenauerburg in Ruinen) entstanden, in deren Schutz bäuerliche Siedlungen gegründet wurden, die sich zu blühenden Ortschaften entwickelten. Daneben schützten Verschanzungen am Olt vor den Kumanen. Die Burgen wurden durch den Mongoleneinfall größtenteils zerstört. Erhalten, wenn auch verändert, blieb nur die Törzburg (Castel Bran), die mit der heute zerstörten Kreuz- (von Gregor IX. als älteste bezeichnet) und Rosenauerburg Schutz zur walachischen Seite bot. Die Hauptburg war die Marienburg (rumän. Feldioara). Sie lag am Olt; Maria, die Schutzheilige des Ordens, gab ihr den Namen. Heute befindet sich dort eine evangelische Kirche.

Brašov

Die mit über 322 000 Einwohnern große Hauptstadt des Burzenlandes, die von 1950 bis 1960 den Namen Orașul Stalin (Stalinstadt) getragen hat, liegt am Fuße der Karpaten, überragt im Süden von der Tâmpa (Hohe Zinne), einem fast 1000 Meter hohen Ausläufer der Südkarpaten, dem Hausberg der Kronstädter. Eine Seilbahn lädt zu Ausflügen ein. Die Stadt Brașov (dt. Kronstadt, ungar. Brassó) lag an einer alten Völkerstraße, die den Raum an der unteren Donau mit dem Karpatenbecken verband. Als wichtiges Handwerks- und Handelszentrum lag sie am Schnittpunkt zwischen Europa und Orient. Auf einer mittelalterlichen Zunft- und Kaufmannstradition aufbauend, entwickelte sich der Ort unter ungarischer Oberhoheit zum Zentrum des historischen Burzenlandes, zu einem bedeutenden Handels- und Industriezentrum Siebenbürgens. Auch heute, nach der Wende, schlägt sich das im Stadtbild nieder. Von zwei Seiten durch Gebirge, die Ost- und Südkarpaten eingefaßt, wird die Stadt vor dem rauhen Klima der Moldau und der Walachei geschützt. Nicht weit entfernt liegen einige Kurgebiete, und auch die unmittelbare Umgebung der Stadt bietet gute Erholungsmöglichkeiten. Mit der Bahn ist die Stadt von Bukarest, Sighișoara, Cluj, Arad, Sibiu oder Arad zu erreichen.

Brașov gehörte zu jenen vierzehn Ortschaften des Burzenlandes, die vom deutschen Ritterorden gleich zu Beginn gegründet wurden. Die mitgebrachten deutschen Kolonisten blieben auch nach der Vertreibung der Ritter im Jahr 1225 und schufen zu Füßen der Ordensburg das zunächst noch Brassovia genannte Kronstadt, das diesen Namen 1251 erhielt.

Im 15. Jahrhundert schützten erste starke Mauern, Bastionen und Türme die Stadt. Davon sind der Weiße Turm (Turnul Alb), der Schwarze Turm (Turnul Negru) und die Schmiedebastei (Bastionul Fierarilor), die das Archiv beherbergt, in der Aleea dupa Ziduri erhalten. Die Türme dienten zur Beobachtung und Verteidigung. Von ihnen führten unterirdische Gänge in die Stadt. Auf der Zinnenseite stehen noch die mächtigen Basteien mit bis zu zwölf Metern Höhe und zwei Metern

In Brașov (Kronstadt)

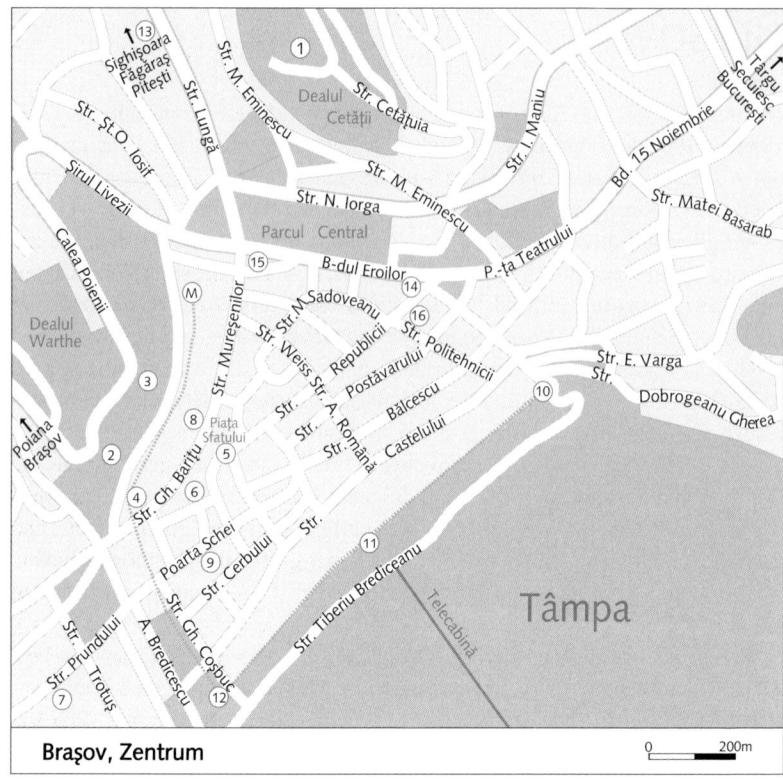

Braşov, Zentrum

0 _____ 200m

Legende

1 Cetatea (Burg)
2 Turnul Negru
   (Schwarzer Turm)
3 Turnul Alb
   (Weißer Turm)
4 Bastionul Fierarilor
   (Schmiedebastei)
5 Hirscherhaus
6 Bisercia Neagră
   (Schwarze Kirche)
   mit Honterusdenkmal
7 Nikolauskirche mit Schule
8 Mureşenilor-Haus
9 Synagoge

10 Bastionul Funarilor
    (Tuchmacherbastei)
11 Bastionul Postăvarilor
    (Seilerbastei)
12 Bastionul Tesătorilor
    (Leinweberbastei)
13 Bartholomäuskirche
14 Hotel ›Capitol‹
15 Hotel ›Aro Palace‹
16 Hotel ›Complex Coroana‹

Stärke. Sie tragen die Namen Tuchmacherbastei (Bastionul Funarilor), Seilerbastei (Bastionul Postăvarilor) und Leinweberbastei (Bastionul Tesătorilor). Im Museum in der Leinweberbastei ist ein schönes Stadtmodell zu sehen. Im Laufe der Jahrhunderte hat Kronstadt durch die Einfälle der Türken besonders gelitten. Im Jahr 1689 wurde die Stadt von österreichischen Truppen unter General Antonio Caraffa eingenommen und in Brand gesteckt; dabei wurde die evangelische Kirche schwer beschädigt. Die Hoffnung, der feindlichen Übermacht gewachsen zu sein, wie einst unter Bürgermeister Michael Weiß gegen den Fürsten Gabriel Báthory (1608–1613), erwies sich als trügerisch. Damals war jedoch der walachische Fürst Radu Şerban Basarab zu Hilfe geeilt.

Stadtbesichtigung

Das historische Zentrum der Stadt ist verkehrsberuhigt und die Hauptstraße, die Strada Republicii, erfreulicherweise autofrei. Hier reihen sich seit der Wende wieder kleine Cafés und Restaurants aneinander. Die Straße führt direkt auf den riesigen Rathaus- oder Marktplatz (Piaţa Sfatului) mit dem schönen Rathaus (Primăria) aus dem Jahr 1420. Von diesem hat der Turmwächter, wie anderswo, vor Feuer, Wasser und Feinden gewarnt. Heute ist hier das historische Museum der Stadt untergebracht. Der Platz ist unbebaut und nur mit Bänken und Brunnenanlage bestellt. Der Uhrturm mit achtundvierzig Metern Höhe entstand im 16. Jahrhundert, und das Rathaus wurde 1777 im Barock erneuert. Hier am wichtigsten Platz befindet sich das alte Kaufhaus oder auch Hirscherhaus. Es gehörte dem Bürgermeister von Kronstadt, Lukas Hirscher, und wurde 1539 bis 1545 errichtet. Heute befindet sich darin das gemütliche Restaurant ›Cerbul Carpatin‹ (Karpatenhirsch).
Wahrzeichen der Stadt ist die Schwarze Kirche. Mit einer Höhe von 87 Metern ist sie das größte gotische Gotteshaus Siebenbürgens und genießt einen besonderen Rang unter den historischen Monumenten. Ihren Namen verdankt sie dem großen Stadtbrand von 1698, der auch ihre Mauern und Wände weitgehend schwärzte, ihrer Monumentalität aber keinen Abbruch tat. Die Kirche ist heute Gotteshaus und Museum und öffnet täglich von 10 bis 17 Uhr.
Auf einem romanischen Vorgängerbau begann man die Hallenkirche mit dem gotischen Chor nach dem Vorbild von Sebeş, jedoch in bedeutend größeren Ausmaßen, im Jahr 1389. Die Kirche war bis 1477 weitgehend vollendet und wurde der Muttergottes geweiht. Von den geplanten beiden Türmen konnte nur der südliche auf einer Höhe von 65 Metern ausgeführt werden. Fünf Portale führten ehemals in die Kirche. Das Westportal ist mit seinem Kielbogen, geschmückt von üppigem Eichenlaub und Fialen, das prächtigste. Hierdurch betritt man die Kirche heute. Im Jahr 1542 wurde unter dem Reformator Johannes Honterus der evange-

Die gotische Bartholomäuskirche

lische Gottesdienst in deutscher Sprache eingeführt. Im Zusammenhang mit der Reformation steht auch das Gemälde an der Stirnseite im südlichen Seitenschiff von Hans Schullerus (1866–1898), auf dem die Vereidigung des Kronstädter Stadtrates auf die neue Lehre dargestellt ist.

Die Hallenkirche mit drei gleich hohen Schiffen erhielt nach dem großen Brand eine neue Innenausstattung. Dabei wurde das gotische Gewölbe durch ein barockes Tonnengewölbe ersetzt. Die evangelische Gemeinde hatte im 18. Jahrhundert regen Zulauf, und um Platz für mehr Gläubige zu schaffen, zog man eine Empore ein. Von der alten Ausstattung hat sich das kostbare Taufbecken von 1472 erhalten. Ein Kleinod, ein Wandgemälde ›al secco‹ ausgeführt, in der südlichen Vorhalle kann nur auf Anfrage besichtigt werden. Darauf ist die Muttergottes mit dem Jesuskind zwischen der heiligen Katharina mit Rad und Schwert und der heiligen Barbara mit Turm dargestellt. In den beiden unteren Ecken des Gemäldes erkennt man das Wappen des ungarischen Königs Matthias Corvinus und seiner Gattin Beatrix von Neapel-Aragon. Mit Unterstützung der UNESCO wurde es 1970 restauriert. Hier in dieser Vorhalle sind auch drei Altartafeln aus dem 15. Jahrhundert ausgestellt. Sie stammen vom spätgotischen Flügelaltar des Marienburger Altars. Auf den Tafeln sieht man die Kreuzigung, Geißelung, Beschneidung, den zwölfjährigen Christus im Tempel und Maria Verlöbnis.

Erwähnenswert sind noch die größte Orgel Siebenbürgens mit 4000 Pfeifen von 1839 und die anatolischen Gebetsteppiche.

Braşov war die Stadt des Buchdrucks. Im Schei-Viertel (auch ›Belgerei‹ oder ›Baldscheroi‹ genannt), das außerhalb der mittelalterlichen Stadtmauern direkt hinter der Poarta Schei liegt, steht die rumänisch-orthodoxe Nikolauskirche (Biserica Sfântul Nicolae). Ihre Ursprünge sind nicht vollständig geklärt. Entscheidend waren enge Verbindungen zwischen Walachei und Burzenland. Der heutige Bau entstand im Verlauf des 18. Jahrhunderts. Relativ gut erhaltene Wandmalereien befinden sich im Inneren. Neben der Kirche stand eine Schule, die erste, an der Rumänisch unterrichtet wurde. Das rege kulturelle Leben zog auch den bedeutenden Übersetzer und Buchdrucker Coresi an. Hier wurden die ersten Bücher in rumänischer und slawischer Sprache gedruckt. Die Schule dient heute als Museum der ehemaligen Ausstattung der Nikolauskirche; neben Ikonen beinhaltet es auch wertvolle Bücher, Urkunden und Handschriften des 16. Jahrhunderts sowie Exponate aus der Geschichte der Druckkunst. Außerdem kann man das Klassenzimmer der ältesten rumänischen Schule besichtigen.

Braşov war Geburtsstadt des Dichters der derzeitigen Nationalhymne, Andrej Mureşanu. Im Mureşenilor-Haus wird der patriotischen Familie gedacht.

Abseits vom Zentrum steht die gotische Bartholomäuskirche (Strada Lungă 251), ältester Sakralbau der Stadt und eines der ältesten Gotteshäuser Siebenbürgens. Der Bau war im 13. Jahrhundert begonnen worden, unter dem Einfluß der Zisterzienser wurden gotische Elemente aufgenommen. Von zwei geplanten Türmen wurde nur einer aufgebaut. In der Südkapelle sind Reste mittelalterlicher Malerei zu sehen. Am Ende der Straße befindet sich ein Heldenfriedhof für im Ersten Weltkrieg gefallene rumänische Soldaten.

Alljährlich zieht die Stadt Braşov viele Gäste zum Internationalen Festival der leichten Musik ›Cerbul de Aur‹ (Goldener Hirsch) an.

 Complex ›Coroana‹, 2 Sterne, Strada Republicii 62, Tel. 02 68/14 43 30, Fax 14 15 05. Das Haus hat eine alte Tradition, es wurde Anfang des 19. Jahrhundert errichtet, es ist heute etwas renovierungsbedürftig, aber sehr zentral unmittelbar an der Fußgängerzone gelegen, DZ 80 Euro. ›Aro Business Hotel‹, 4 Sterne, Bulevardul Eroilor 27, Tel. 02 68/14 28 40, Fax 15 04 27,

EZ 110 Euro, DZ 130 Euro. ›Capitol‹, 3 Sterne, Bulevardul Eroilor 19, Tel. 02 68/11 89 20, DZ 80 Euro. ›Alpin‹, 3 Sterne, außerhalb in Poiana Braşov, Tel. 02 68/26 23 43.

›Taberna‹, Strada Politehnicii, 6, Tel. 02 68/47 46 18, ausgezeichnete landestypische Küche, DZ 133 Euro.

Johannes Honterus – ›Wachet und Betet‹

In Braşov hinter der Schwarzen Kirche steht das Denkmal des Siebenbürger Humanisten und Reformators, Buchdruckers und Gelehrten, Johannes Honterus (1498–1549). Sein Werk und seine Leistungen – nicht nur für Siebenbürgen – können nicht genug gewürdigt werden.

Er wurde 1498 als Johannes Gros geboren, nahm später den Namen seiner Mutter an, einer geborenen Dorothea Honnes, den er, wie zu diesen Zeiten üblich, lateinisierte. Als Einzelkind aus wohlhabendem Hause wurden ihm alle erdenklichen Möglichkeiten zu einer umfassenden Bildung gegeben. Sein erster Studienaufenthalt war Wien, neben Krakau eine der damals einflußreichen Universitäten, deren Gründung bereits auf das Jahr 1356 zurückging. Bahnbrecher für eine neue, humanistische Weltanschauung war in dieser Zeit Ennea Silvio Piccolomini (späterer Papst), der in einer öffentlichen Disputation 1445 in Wien seine Leitgedanken programmatisch verkündete. Honterus begegnete so bedeutenden Humanisten wie Conrad Celtis und dem Siebenbürger Professor Adrian Wolfhard (1491–1544) und traf Aventinus, den großen Regensburger. Er selbst lehrte in Krakau Astronomie und Geographie, war in Basel tätig, wo unter anderem

Das Denkmal für Johannes Honterus hinter der Schwarzen Kirche

seine Siebenbürgen-Karte in Druck ging.

Berühmt wurde er vor allem durch die Einführung der Reformation in Kronstadt und sein ›Reformationsbüchlein‹ von 1542, das unter seinem Humanistennamen Honterus in die Geschichte einging. (Für Interessierte: In Pfaffenhofen an der Ilm wird alljährlich ein Fest zu Ehren des Gelehrten begangen). Das 1898 enthüllte Bronzedenkmal, eine Arbeit des Berliner Bildhauers Harro Magnussen, zeigt ihn mit diesem ›Reformationsbüchlein‹ und der ›Schulordnung‹, mit der Rechten weist er auf das von ihm gegründete Gymnasium. Honterus beeinflußte die Ordnung und Entwicklung der neuen lutherischen Kirche maßgeblich.

Die Umgebung von Braşov

Im Süden der Stadt liegt Poiana Braşov (Schulerau), ein Luft- und Winterkurort auf 1000 Meter Höhe. Die touristische Erschließung der Region erfolgte unter Mitwirkung des Siebenbürgischen Karpatenvereins 1924. 2800 Betten stehen hier für Wander- und Skiurlaube zur Verfügung.

Die ehemalige Bauernburg Râşnov (dt. Burg Rosenau, ungar. Rozsnyó) ist eines der wenigen erhaltenen Beispiele der Deutschordensburgen im Siebenbürgener Burzenland. Man verlässt Kronstadt nach Westen in Richtung Poiana. An einem Sportgelände mit Campingplatz unterhalb der Burg läßt man das Auto stehen und geht zu Fuß etwa 20 Minuten durch den Wald nach oben. Die Burg war zunächst aus Holz gebaut, wie es den Vereinbarungen zwischen dem Deutschen Orden und König Andreas entsprach. Später haben die deutschen Dorfgemeinden Rosenau, Neustadt und Wolkendorf den Bau in Stein ausgeführt und zum Schutz gegen Eindringlinge erweitert. Die Mauern mit den sieben Türmen sind gut erhalten. Die Burg beherbergt ein kleines Keramikmuseum, das täglich von 10 bis 18 Uhr geöffnet ist.

Castel Bran (dt. Törzburg, ungar. Tórcsvár) läßt sich auf den Ordenskomtur Dietrich zurückführen. Die Burg liegt auf einem Kalksteinfelsen, dem Dietrichstein, inmitten der Karpatenlandschaft, dicht am Törzburger Paß. Die prächtig dastehende Anlage war ein Wiederaufbau der Kronstädter Bürger im Jahr 1377, da Ludwig I. von Ungarn (1342–1382) sie zur Verteidigung der südöstlichen

Baldachinbett in der Törzburg (Castel Bran)

Grenze seines Reiches benötigte. Man verwendete ausschließlich Flußsteine. Neben der strategischen Funktion war die Burg auch Zollstelle für den Warenverkehr zwischen der Walachei und dem Burzenland. Die Anhöhe, auf der die Burg steht, heißt auf Rumänisch ›Straja‹, was übersetzt ›die Wacht‹ bedeutet. Die außergewöhnlich gut erhaltene Burg erhielt ihre heutige Gestalt im Jahr 1553. Sie galt einst als uneinnehmbar. Heute ist sie ein beliebter Anziehungspunkt für Touristen. Man hat Zugang über eine monumentale Treppe. Die Räumlichkeiten sind auf vier Stockwerken angelegt. Im Norden liegt der massive Torturm. Weitere Türme dienten allen Himmelsrichtungen. Die Burg wechselte mehrfach den Besitzer: zeitweilig nahm sie der Woiwode Munteniens, Mircea cel Bătrân (1395), ein. Gerne wird sie deswegen mit Vlad Ţepeş, dem legendären Grafen Dracula in Verbindung gebracht, der allerdings nie in der Burg seines Großvaters Mircea war und sie auch nie besaß. 1498 ging sie in den Besitz der Kronstädter, Ende des 17. Jahrhunderts verwalteten sie die Habsburger und im 19. Jahrhundert erhielt sie Königin Maria zum Geschenk. Sie ließ sie zur zweiten Sommerresidenz, nach Schloß Balcic (Bulgarien), ausbauen. Testamentarisch verfügte die Königin, ihr Herz in einer Grotte unweit des Schloßes zu begraben; bis 1968 wurde es dort auch aufbewahrt.

Die Burg ist heute Museum mit regem Zulauf, dem ein Volkskunstmuseum angeschlossen wurde.

Die Kirchenburgen Siebenbürgens

Unter den Bauwerken der Siebenbürger Sachsen sind vor allem die Kirchenburgen hervorzuheben. Es sind freistehende, von einer Schutzmauer umgebene Kirchen, die den Dörfern und Städten ein in diesem Teil des Karpatenbogens ungewöhnliches Gesicht verleihen. Man fährt von Ort zu Ort und erblickt in Mittel- und Westsiebenbürgen häufig auf der Anhöhe oder im Burzenland im ebenen Ortszentrum eine solche wehrhafte Anlage.

Die Entstehung dieser Kirchenburgen ist im sozialen, rechtlichen, historischen Sonderstatus dieser Region begründet. Im Freibrief war verankert, daß dem Adel auf dem Siedlungsgebiet keine Vorrechte eingeräumt werden mußten, gleichwohl mußte aber im Kriegsfall ein Aufgebot zur Verteidigung gestellt werden. Daneben war das Recht, einen Richter und den Pfarrer frei zu wählen gewährleistet, genauso wie Handel zu treiben und ausschließlich über den zugeteilten Boden, den sogenannten Königsboden, zu verfügen.

Die so begründete Hermannstädter Freiheit wurde auf andere Siedlungsverbände wie das Burzen- und das Nösnerland übertragen. Zum ersten Mal mußte diese Freiheit während des Mongolensturmes im Jahr 1241 verteidigt werden. Die Dörfer waren mit Hinblick auf etwaige Feinde so angelegt, daß sich der eigentliche Hof nicht hinter dem Haus, sondern in einem gesonderten Teil der Ortschaft befand. So reihten sich die Häuser in geschlossenen Zeilen eng aneinander und bildeten ein Straßen-, Anger- oder Platzdorf. Noch heute prägen diese Anlagen das Ortsbild (Homorod). Kam der Feind, so gab man das Dorf preis und flüchteten mit der Habe in eine leicht erreichbare Befestigung.

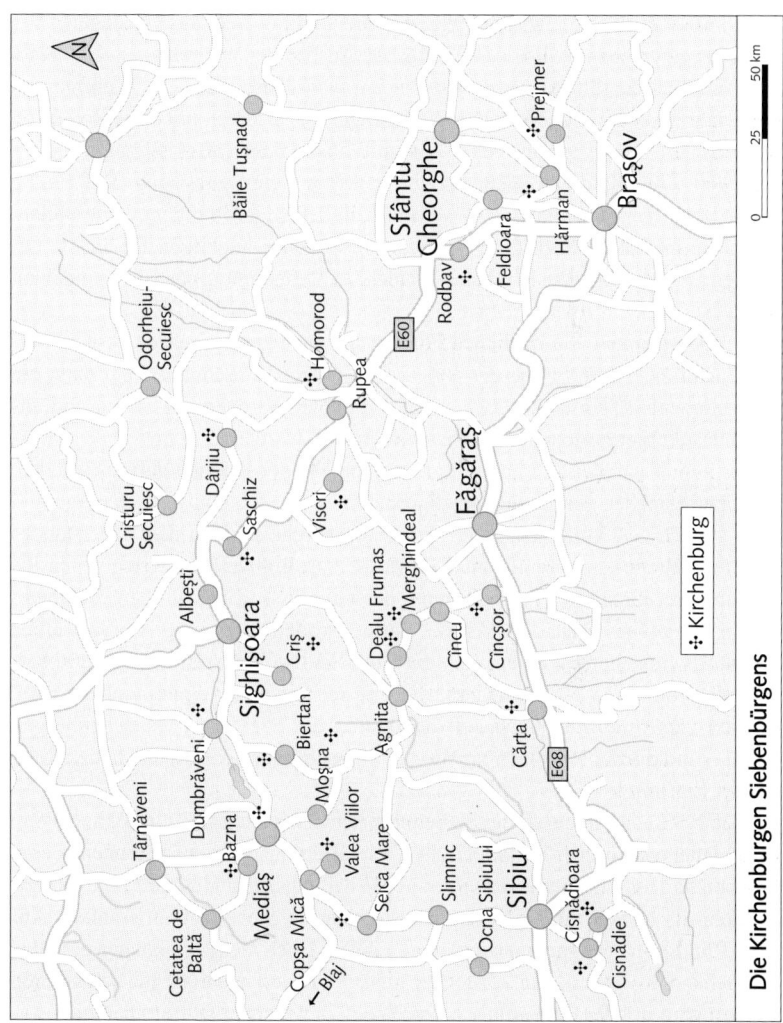

Dieses auffällig enge Zusammenrücken gegen einen eventuellen Feind war der Ausgangspunkt für die Entstehung der Kirchenburgen. Schon vorher hatte es befestigte Kirchen gegeben. Sie waren in basilikaler Form angelegt, besaßen einen massiven Turm über dem Westjoch des Mittelschiffes mit Schießscharten und Wehrgang, während der Kirchhof von einer Mauer umgeben war (Cisnădioara). Daneben gab es auch zur Burg ausgebaute Wohnsitze wie den des Grafen Chyl von Kelling (Călnic).

Mit den ersten Einfällen der Türken in Siebenbürgen 1395 und 1420 und weiteren im Laufe des 15. Jahrhunderts, die ihre schlimmsten Auswirkungen 1491 hatten, begann man mit dem systematischen Ausbau der Wehranlagen. Die Befestigungskunst der Städte wurde auf die Kirchen übertragen. Die Wehrmauern wurden überhöht, mit überdachten Wehrgängen ausgestattet, mit einer Reihe von Wehrtürmen versehen und das Tor mit zusätzlichen Befestigungsanlagen geschützt. Oft folgte ein zweiter oder gar dritter Befestigungsring. Die Kirche selbst blieb jedoch bis auf den Westturm unbefestigt (Prejmer). Eine andere Gestaltung erfuhren Wehrkirchen unter Ausnutzung hügeligen Geländes. Oft wurden hier vor allem die Kirchen besonders zu Verteidigungszwecken umgebaut (Biertan).

Den Variationen und baulichen Formen schienen keine Grenzen gesetzt. Selten gleicht eine Wehrkirche der anderen. In letzter Konsequenz folgt dann ein Wehrkirchenbau, bei dem teilweise auch die alten Kirchen abgerissen und aus einem Baukörper bestehende Neubauten errichtet wurden (Saschiz).

Bis zum Tatareneinfall hatte die Hauptaufgabe der Kirchen darin bestanden, das Glaubensleben der Gemeinde zu gestalten, was auch künstlerisch umgesetzt wurde. Nach den Türkenangriffen wurde die Kirche Symbol des Widerstandes gegen die Bedrohung von außen. Sie wurde zum Bollwerk im Krieg gegen die Heiden. Dies hatte eine Vereinfachung des Grundrisses und billigere Baumaterialien zur Folge. Statt der Basilika wurde seitdem vorrangig die Saalkirche gebaut. Es entstanden Wehranlagen mit Gußscharten, Wehrgängen, Schießscharten, Wehrtürmen und Ringmauern, die mit der Kirche zu einem einheitlichem Ganzen verschmolzen. Auch auf die Bauten der Szekler in Ostsiebenbürgen (Dârjiu) und die der Rumänen im Westen Siebenbürgens (Gurasada) hatten diese Bauten Einfluß.

Seit 1993 wurden durch die Siebenbürgisch-Sächsische-Stiftung München in verschiedenen Kirchen umfangreiche Restaurierungsarbeiten begonnen, deren Ergebnisse deutliche Verbesserungen des Erhaltungszustandes zur Folge hatten.

Mehr als hundertfünfzig Kirchenburgen sind in Siebenbürgen erhalten. Auf einer Rundreise begegnet man vielen von ihnen. Doch nicht alle können ausführlich behandelt werden. Ein Abstecher hier und da auf nicht so gut befahrbaren Straßen wird mit der Großartigkeit der Bauten in winzigen Dörfern belohnt.

Cisnădioara

Fährt man von Hermannstadt in Richtung Süden, so kann man eine schöne Kirchenburgenrundfahrt mit der Kirchenburg von Cisnădioara (dt. Michelsberg, ungar. Kisdisznód) beginnen. An Obstanbaugebieten vorbei kommt man in den kleinen, etwas abgelegenen Ort. Die schlichte, mittelalterliche Kirche liegt auf dem höchsten Punkt des Ortes und ist über einen ziemlich steilen Fußweg zu erreichen. Bei guter Sicht erschließen sich die atemberaubenden Ansichten der Fogarascher Berge mit der Burg im Vordergrund. Viele Kirchen in Siebenbürgen, so auch Michelsberg, sind abgeschlossen. Den Schlüssel besorgt man sich im Dorf, direkt am Haus, an dem der Fußweg beginnt. Obwohl immer mehr Siebenbürger Sachsen die Heimat verlassen und damit die Obhut für die Kirchen aufgeben, findet sich immer eine freundliche Seele, die sich hilfreich bei der Suche nach dem Kirchenschlüssel erweist. Die Kirche von Michelsberg ist vor dem Mongoleneinfall im Jahr 1241 entstanden und damit die einzige erhaltene Wehrkirchenanlage dieser frühen Zeit, der ersten Entstehungsphase solcher Burgen. Laut einer Urkunde wurde sie im Jahr 1223 vom Magister Gozelinus der Zisterzienserabtei in Kerz geschenkt. Typisch für diese Zeit war der Grundriß einer Basilika mit offenem Dachstuhl, der hier in Bruchsteinmauerwerk ausgeführt ist. Auf dem Gelände, das Ende des 13. Jahrhunderts mit einer Mauer umgeben wurde, liegt noch immer ein Vorrat mächtiger Steinblöcke, die auf den Feind hinabgerollt wurden. Das Westportal, nach dem Einfall der Mongolen errichtet, gilt als eine der ältesten Steinmetzarbeiten in Siebenbürgen.

Die Kirchenburg Cisnădioara (Michelsberg)

Cisnădie (Heltau)

Cisnădie

Nach nur wenigen Kilometern kommt man über kleine Straßen nach Cisnădic (dt. Heltau, ungar. Nagydisznód). Das einst reiche Sachsendorf hat seine ursprüngliche Anlage beibehalten. Schmucke, renovierte Häuser flankieren die Hauptstraße. Im Zentrum, mitten in der Ebene, nicht in der Höhe, liegt die einst der heiligen Walpurga geweihte Kirche, die trotz ihres wehrhaften Aussehens nicht gleich auszumachen ist. Nur ihr gotischer Turmhelm ist weithin zu sehen. Die Kirche romanischen Ursprungs wurde im 15. Jahrhundert zur gotischen Kreuzkirche und Kirchenburg mit dreifacher Ringmauer umgebaut. Jeder Ring wurde mit einem Wehrgang ausgerüstet; zwischen dem ersten und zweiten Ring lag der Wassergraben. Zeitgleich entstanden die Verteidigungstürme und die auf Steinbögen ruhenden Wehrgänge. Wohnhäuser sind dem Komplex vorgebaut, so auch die Wohnung des Küsters, von dem man den Schlüssel zur Kirche erhält. Im Westturm der Kirche befand sich einst die Turmuhr. Sein heutiges Aussehen erhielt der Turm 1793. Er wurde jedoch wiederholt durch Blitzeinschlag stark beschädigt, bis der Rat einen Blitzableiter nach der ›von den kompetentesten Richtern Teutschlands allgemein gebilligten neuesten Methode des Dr. Reimarus in Hamburg‹ billigte. Im Inneren zeigt sich eine typische siebenbürgische Kirche mit umklappbaren Holzbänken und einer später hinzugefügten Holzempore. Im eingezogenen gotischen Chor befanden sich einst Wandmalereien. Der Kirchenschatz aus getriebenem vergoldeten Silber befindet sich heute im Brukenthal-Museum in Hermannstadt, ein Schicksal, das er mit vielen Kunstwerken der Kirchenburgen teilt. Heute noch erhalten ist ein Flügelaltar im Chor, das Prunkstück der Kirche. Mit besonderer Freude wurde 1995 der Besuch des damaligen Deutschen Bundespräsidenten Roman Herzog aufgenommen.

Cârţa

Über die E68 kann man die Burgenfahrt in Richtung Făgăraş fortsetzen. Auf dieser Strecke führt ein Abstecher nach Cârţa (alte Schreibweise Cîrţa, dt. Kerz, ungar. Kerc). Das Dorf selbst wirkt ein bißchen ausgestorben. Von einem Zaun und einem schönen Garten umgeben liegen die Reste einer ehemals bedeutenden Klosteranlage der Zisterzienser. Den Schlüssel zur Anlage holt man sich im dahinterliegenden Pfarrhaus, wo es auch Ansichtskarten zu kaufen gibt.

Die Zisterzienser waren an diesem Ort am weitesten nach Südosteuropa vorgedrungen. Die mittelalterliche Anlage wurde als Tochterkloster des Zisterzienserklosters Igriş, (dt. Egresch, ungar. Egres) im Banat, von dem leider nichts mehr erhalten geblieben ist, gegründet. Egresch gehörte seinerseits zum Kloster Pon-

Im Garten der Zistzerzienserabtei
Cârţa (Kerz)

tigny in Frankreich. Die Entstehungszeit von Kerz wird an den Anfang des
13. Jahrhunderts gesetzt. Eine Urkunde
spricht von Schenkungen durch König
Andreas. Während des Mongolenein-
falles 1241 wurde das Kloster zerstört
und danach unter den Schutz von Hermannstadt gestellt. Den Zisterziensern
ist die Urbarmachung der umliegenden
Wildnis zu verdanken. Nach den Ver-
wüstungen durch die Türken im Jahr
1421 wurde das Kloster erneut aufgebaut. Als jedoch unter dem Wiener Abt
Reymund Bärenfuß die Sittenlosigkeit
überhand nahm, löste es König Matthias auf. Als östlichster Vorposten des
Ordens, dessen katholische Mission in
einem Gebiet stattfand, in dem die
Gotik weitgehend unbekannt war,
hatte das Kloster bahnbrechende Wirkung für Siebenbürgen.

Die nur noch in Ruinen erhaltene Kirche der Frühgotik war einst 54 Meter
lang. Ihr Chor wurde für den Einbau der protestantischen Kirche im 16. Jahrhundert genutzt. Im Original sind der Chor, die Vierung, ein Teil des Querschif-
fes, die Außenwände vom Seitenschiff, drei Pfeiler vom Hauptschiff, der Torturm
und die Ruinen der ehemaligen Klostergebäude erhalten. Im ehemaligen Hauptschiff der Kirche befindet sich heute ein Friedhof mit Gräbern von deutschen
Gefallenen des Ersten Weltkrieges. Ihre Gebeine wurden erst im Jahr 1928 hierher verbracht.

In den kleinen Ortschaften abseits der Hauptstraße sind noch viele Kirchen zu
entdecken, teilweise vollständig erhalten, teilweise als Ruine: Cîncşor (dt. Kleinschenk, ungar. Kissink), Dealu Frumos (dt. Schönberg, ungar. Lesses) dessen Kirche im 16. Jahrhundert zur Verteidigung ausgebaut wurde, Merghindeal (dt. Mergeln, ungar. Morgonda) mit seiner im 15. Jahrhundert zur Wehrkirche umgebau-
ten romanischen Pfeilerbasilika, Agnetheln (dt. Agnita, ungar. Szentágota) und
dicht beieinander die Gemeinde Rodbav mit Wehrkirche und das einstige Kurbad
Rodbav (dt. Rohrbach, ungar. Nádpatak) mit jodhaltigen Mineralquellen die bei
Ischias, Rheuma, Nervenkrankheiten Linderung versprachen. Die Wehrkirche im
Ort entstand in drei Bauphasen, zunächst als romanische Basilika, die zu Verteidigungszwecken in der letzten Bauphase in eine Saalkirche verwandelt wurde.

Der Literaturhistoriker Rudolf Hörler schrieb im Siebenbürgisch Deutschen Tageblatt einst eine launige Betrachtung über das weltabgeschiedene Bad »Ich weiß nicht, ist es Zufall, Instinkt oder bewußte Absicht der Badeverwaltung, aber man wird nirgends so nachhaltig, so gründlich in Ruhe gelassen wie in Rohrbach. Ein rumänischer Knecht trägt den Koffer des Ankömmlings in das villenartige, in Eichen halb versteckte Wohnhaus, sperrt wortlos ein leeres Zimmer nach dem anderen auf, alle die noch frei sind, man sucht sich das netteste aus, was sehr schwer ist, denn sie sind so ziemlich alle gleich nett. Dort hinein stellt er den Koffer und verschwindet. Man bleibt allein mit dem winzigen Meldezettel auf dem Tisch, der diskret an die bürgerlichen Pflichten gemahnt, man füllt ihn aus und nun geschieht etwas ganz Wunderbares – kein Stubenmädchen erscheint, kein Zimmerkellner, kein Boy. Endlich geht man hinunter, um nach einem Abendessen zu suchen und siehe, drüben in der Restauration bekommt man alles, was man nur will.«

Făgăraş

Entlang des Olt fährt man weiter in Richtung Făgăraş (dt. Fogarasch, ungar. Fogaras). Während der gesamten Strecke begleitet einen im Süden das Făgăraş-Gebirge, wie dieser Gebirgsabschnitt des Karpatenbogens hier heißt, mit seinen Höhen bis zu 2535 Metern. Im Ort steht eine mittelalterliche Burg, von einem Wassergraben umgeben. Sie wurde im Jahr 1310 vom Ungarnkönig Ludwig dem wala-

Burg Făgăraş (Fogarasch)

chischen Woiwoden Wladislav zum Lehen gegeben und diente oft den muntenischen Herrschern als Zufluchtsort. Gabriel von Bethlen, der Siebenbürger Fürst, ließ sie im Stil der Renaissance umgestalten. Hundert Jahre später schützte man das Schloß mit einer Ziegelmauer. Zwischen 1662 und 1690 fanden hier vier Sitzungen des siebenbürgischen Landtages statt. Nach dem Zweiten Weltkrieg diente die Burg zwölf Jahre als Gefängnis für politische Häftlinge. Heute ist ein Historisches Museum untergebracht. In achtzig Sälen wird man über die Geschichte, Ethnographie und Kunst der Umgebung informiert. Besonders hervorzuheben ist eine wertvolle Hinterglasikonensammlung. Das Museum ist Dienstag bis Freitag von 8 bis 18 Uhr und Samstag und Sonntag von 9 bis 17 Uhr geöffnet, Montag geschlossen.

Im Ort selbst sind noch einige Kirchen zu entdecken. Neben der unierten und der reformierten Kirche ist besonders die rumänisch-orthodoxe Nikolauskirche, die durch eine verglaste Vorhalle geschützt wird, hervorzuheben. In ihr werden kostbare Bücher aufbewahrt. Sie ist täglich von 8 bis 16 Uhr geöffnet.

Prejmer

Als östlichste der siebenbürgisch-sächsischen Siedlungen liegt Prejmer (dt. Tartlau, ungar. Prázsmár) achtzehn Kilometer nordöstlich von Brașov an der Straße nach Buzău. Im Jahr 1240 wurden vier Burzenländer Gemeinden, darunter Prejmer, dem Zisterzienserorden verliehen. Im Jahr 1278 wurde der Ort erstmals von den Tataren geplündert. Ein zweite große Zerstörung erfolgte unter den Moldauer Fürsten 1552, bei der die Kirchenburg jedoch nicht eingenommen werden konnte. Das gesamte 17. Jahrhundert war von Belagerungen und Plünderungen durch Türken, Tataren, Moldauer, Walachen, Kosaken und die Kuruzen (ungarische Aufständische im Habsburger Reich) geprägt.

Schon 1218 wurde der Bau der Heiligkreuzkirche begonnen, man vermutet vom deutschen Ritterorden. Im Grundriß hat die Anlage die Form eines griechischen Kreuzes, bei dem jeder Kreuzarm polygonal abschließt. Der Zentralbaugedanke, der dahinter steht, läßt sich auf byzantinischen Einfluß zurückführen. Die Vertreibung des Ritterordens führte zur Bauunterbrechung. Er wurde nach der Unterstellung des Ortes unter das Kerzer Patronat in der Zisterziensergotik fortgesetzt. Stilistisch kann man das am spätgotischen Netzgewölbe, den Radfenstern, den Bogenfriesen, den Bogenformen und den Spitzbogenfenstern mit Maßwerk, von denen sich zwei genau wie in Kloster Kerz hinter dem Altar befinden, erkennen.

Die Außenmauern an den polygonalen Apsiden wurden durch Strebepfeiler abgestützt. Reste von Wandmalereien der gotischen Zeit wurden an den Innenwänden entdeckt. Über der Vierung erhebt sich ein massiver Glockenturm, der in dieser Form Umbauarbeiten des 15. Jahrhunderts zu verdanken ist. Zeitgleich erfolgte im südöstlichen Vierungspfeiler der Einbau einer Wendeltreppe, die Verlängerung des Westarmes mit dem Einzug der Empore. Auf vier Schlußsteinen im Westteil ist das Wappenschild Tartlaus mit den Buchstaben I.B.P. und der Jahreszahl 1512 zu sehen. Anschließende Umbauten betrafen die nördliche Seitenkapelle; im Laufe der Jahrhunderte waren mehrere Reparaturen nötig.

In den sechziger Jahren des 20. Jahrhunderts restaurierte man die Kirche, wobei Veränderungen späterer Jahrhunderte teilweise rückgängig gemacht wurden. Dabei konnte auch der gotische Flügelaltar aus dem Burzenländer Museum hierher zurückgebracht werden. Er war im 19. Jahrhundert durch einen neuen, modischeren ersetzt worden. Der gotische Flügelaltar besteht aus dem Mittelbild mit dem Kruzifix und acht Tafeln auf denen die Beweinung, Grablegung, Auferstehung, drei Frauen am Grab, Fußwaschung, Abendmahl, Christus vor dem Hohepriester und die Geißelung dargestellt sind. Seit dem 17. Jahrhundert war die Gemeinde im Besitz der Orgel, die im 19. Jahrhundert erneuert wurde.

Die Kreuzkirche ist von einer massiven Ringmauer umgeben, die in zwei Bauphasen errichtet wurde. In einer ersten Phase, vermutlich im 13. Jahrhundert, wurde ein ovaler Schutz von drei Metern Stärke angelegt. In einer zweiten wurde er ummantelt und vier Türme, drei halbrunde und ein polygonaler, errichtet. Die Mauern sind heute zwölf bis 14 Meter hoch und haben eine durchschnittliche Stärke von viereinhalb Metern. Im oberen Bereich verläuft ein ziemlich breiter Wehrgang, von dem aus die Schießscharten und Gußöffnungen bedient wurden.

Im Inneren des Burgringes befinden sich zahlreiche Kammern, in denen die Familien ihr Hab und Gut unterbrachten. Über 270 solcher Kammern wurden in zwei bis vier Geschoßen eingebaut. Sie wurden während der Restaurierungsarbeiten in den neunziger Jahren rekonstruiert. Der Zugang erfolgte über offene Gänge. Im Abstand von drei Metern wurde eine zweite, niedrige Mauer errichet, die die Außenecken der Türme miteinander verband. Im Süden befindet sich eine Torwehr. Ein 32 Meter langer, durch mehrere Fallgitter und Eichtore abgesicherter Gang bildete den Eingang zur Burg.

Davor baute man im 16. Jahrhundert eine Vorburg, die einen hufeisenförmigen Rathaushof umschloß. Die Vorburgmauern erhielten ebenfalls Schießscharten, Pechnasen und Gußerker. Die Außenfassade schmückte man mit Blendarkaden im Renaissancestil. Über dem Eingang entstand ein Türmchen. Zwischen Vorburg und Südwestturm wurde eine Mauer gezogen, die einen Zwinger, auch Bäckerhof genannt, abschließt. In ihm befanden sich Wirtschaftsgebäude und Vorratshäuser sowie eine Bäckerei und eine Pferdemühle.

Die Kirche ist Dienstag bis Freitag von 9 bis 17 Uhr Samstag von 9 bis 15 Uhr und Sonntag von 11 bis 17 Uhr geöffnet, Montag geschlossen.

Hărman

An der Straße nach Sfântul Gheorghe liegt dreizehn Kilometer nordöstlich von
Brașov das Dorf Hărman (dt. Honigberg, ungar. Szászhermány). Im 14. Jahrhundert zählte der Ort zu den dreizehn freien Gemeinden des Burzenlandes, die eine
eigene Gerichtsbarkeit besaßen. Im Laufe von drei Jahrhunderten war Hărman
immer wieder feindlichen Übergriffen ausgesetzt. Zuerst kam der Moldauer
Woiwode Stefan, die Burg hielt zwar stand, aber nur 50 Jahre später brannten Ort
und Burg ab. Im Kampf zwischen Gabriel Bathori und Kronstadt mußten Ort und
Kirche schwere Schäden hinnehmen. Brände und Pest sorgten für weitere Rück-
schläge. Während der Revolution von 1848 standen sich zunächst kaiserliche
(habsburgische) Truppen und Szekler hier gegenüber, danach Russen gegen
Szekler.

An der Kreuzung seiner beiden Hauptstraßen liegt die berühmte Wehrkirche.
Wie Prejmer wurde auch Hărman im Jahr 1240 dem Patronat des Zisterzienseror-
dens unterstellt. Die romanische dreischiffige Basilika mit einem quadratischen
Chor wurde im 13. Jahrhundert errichtet. Nur ein Jahrhundert später erfolgte der
Bau des massiven Glockenturmes im Westteil der Kirche. Sein Erdgeschoß öffnet
sich in Spitzbogenarkaden zum Kirchenschiff. Über das Westportal, flankiert von
Treppentürmchen, betritt man das Gotteshaus. Im zweiten Geschoß des Turmes
befindet sich eine Westempore, darüber zwei Geschosse, die zur Verteidigung mit
Schießscharten ausgerüstet wurden, und ganz oben der Glockenstuhl. Die Lang-
seiten der Kirche im Süden und im Norden weisen ebenfalls Eingänge auf.

In der Kirchenburg von Hărman (Honigberg)

Im Inneren sind Malereireste der vorreformatorischen Ausstattung erhalten: Spruchbänder und Heiligenfiguren. Schwedische Soldaten stifteten 1710 einen Altar, der nur 70 Jahre später durch den barocken heutigen ersetzt wurde. Das Werk des Bildhauers Franz Eberhard und des Malers Mohr aus Kronstadt zeigt die Kreuzigung und im oberen Register Moses und Aaron. Außer dem alten Altar war den Schweden auch die erste Orgel der Kirche zu verdanken, deren Teile bei einer späteren Erneuerung integriert wurden. Karl XII., Gegner des Zaren Peter I., hatte hier zwei Wochen verbracht und mit einem Sack Dukaten gedankt.

Wehrgang in der Kirchenburg

Eine Besonderheit ist das Gestühl für die Frauen. Die jahrhundertealten Sitzbalken sind lehnenlos, weil die Frauen ihre seidenen bestickten Rückenbänder der wertvollen Trachten schonen wollten. Nur drei Kirchen Siebenbürgens weisen solch ein Gestühl auf. Die Frauen saßen immer in der Mitte, damit sie besser geschützt waren. Wie viele Siebenbürger Kirchen besitzt auch Hărman orientalische Teppiche. Sie waren Geschenke der Kaufleute, die mit den Tataren handelten. In der Ortschaft aber gibt es auch eine eigene Teppichmanufaktur, die bis heute produziert.

Die Kirche ist von einer Ringmauer umgeben, in deren östlichen Teil eine Kapelle des 13. Jahrhunderts integriert wurde. Über einem Kellerraum liegt die vollständig ausgemalte Kapelle, darüber ein bewohnbarer Raum mit Rauchfang, was auf seine Verwendung als Speckturm hinweist. Die Wandmalereien zeigen Christus in der Mandorla, das Jüngste Gericht, die Kreuzigung, Geburt Jesu, die klugen und die törichten Jungfrauen, die Ausgießung des Heiligen Geistes, bis hin zu Pelikan, Löwe und Einhorn. Seit 1998 dauert die Restaurierung nun schon an.

Das Bodenniveau um die Kirche herum war 1848 erhöht worden; es erlitt Schäden durch Feuchtigkeit, so daß man es abtrug und dabei Gräber entdeckte. Im Hof steht das Glockendenkmal von 1926, eine Stiftung Wiens, da die alten Glocken während des Ersten Weltkrieges eingeschmolzen worden waren; daneben ein Denkmal von 1973 für Gefallene des Zweiten Weltkrieges und Deportierte der anderen Seite.

Die Wehranlage geht auf das 13. Jahrhundert zurück. Zunächst wurde eine zwölf Meter hohe Mauer, die heutige innere Ringmauer, angelegt. Diese verstärkte man durch sieben viergeschossige Türme: sechs quadratische und ein polygonaler, die alle vor die Mauer gesetzt wurden. Ein weiterer Mauergürtel des 15. Jahrhunderts verband die Türme untereinander und verstärkte somit den inneren Ring. Die Kirchenburg ist von einem Wassergraben umschlossen, dem vermutlich ein dritter Mauerring vorgesetzt war. Reste von Wohn- und Vorratskammern sind an der Südseite vorhanden. Die Ringmauer wurde wie üblich mit Schießscharten und Gußerkern versehen, der zweigeschossige Torturm mit Eichentüren und Fallgittern. Ein zweiter, vorgelagerter Tortum mit Zugbrücke ist nicht mehr erhalten.

Die Gemeinde besteht heute nur noch aus 129 Gläubigen. Bis zum Jahr 1989 waren es noch über 1000. Jeden Sonntag ist Gottesdienst, für drei Gemeinden steht ein Pfarrer zur Verfügung. Die Kirche ist täglich von 10 bis 12 und von 15 bis 17 Uhr geöffnet.

Unweit von Prejmer, in Berndorf, wurde der Sänger Peter Maffay geboren. Sein 1998 über die Heimat gedrehter Film wurde in der ARD gezeigt.

Von Hărman kann man auf einer Nebenstraße Richtung Feldioara (dt. Marienburg, ungar. Földvár) weiterfahren. Hier stand ursprünglich die Marienburg des Deutschen Ritterordens aus dem 13. Jahrhundert, von der nur noch der Westturm erhalten geblieben ist. Nach der Vertreibung des Ordens wurden Marienburg, Tartlau und Petersberg an die Zisterzienserabtei Kerz übereignet. Im Kampf um Siebenbürgen besiegte an dieser Stelle der moldauische Woiwode Petru Rareş 1529 Ferdinand I. von Habsburg.

Um die Verbindungsstraße zwischen Braşov und Sighişoara, die E60/DN13 zu erreichen, fährt man zurück bis Bod und kommt schon bald auf die Hauptstraße. Vorbei an einem Waldgebiet, ein Stück am Olt entlang, liegen links und rechts des Weges immer wieder Wehrkirchen, direkt an der E60 die romanische Saalkirche in Rotbav (dt. Rothbach, ungar. Szászveresmart) im Burzenland.

Homorod

Ein Abstecher nach Homorod (dt. Hamruden, ungar. Homóród) lohnt sich allemal. Nachdem man den Olt überquert hat, führt eine kleine Nebenstraße durch ein Waldgebiet zu dieser Ortschaft, einer von 15 Sachsengemeinden dieser Gegend. Ihr alter Name war St. Petersdorf, Peter und Paul war ihre Kirche geweiht. In den Quellen tauchte später der Name ›Hamrudia‹ auf. Darin steckt das Wort ›Hom(m)‹ von ›gerodet‹.

Die gerodete Erde entwickelte sich zu einer stolzen und reichen Siedlung, in der man nicht nur von der Landwirtschaft lebte. Bekannt waren die Gestüte, in denen die Oldenburger Rosse gezüchtet wurden.

Ein interessanter, wenn auch stark mitgenommener Kirchenbau erwartet den Besucher. Den Schlüssel zur Kirche holt man sich im Haus 374. Die letzten Siebenbürger Sachsen hüten die Kirche wie einen kostbaren Schatz. Dank ihrer Initiative konnte die Unterstützung des deutschen Botschafters in Rumänien gewonnen werden. Erste Sicherungs- und Erhaltungsmaßnahmen wurden seit 1998 eingeleitet. So konnten die verfallenden Wehrgänge erhalten werden. Heute hat sich das Landeskonsistorium der evangelischen Kirche lutherischen Bekenntnisses mit Sitz in Hermannstadt der Kirche angenommen. Die ihrer Bestimmung nach trutzige Kirche, vielleicht die größte Anlage Siebenbürgens dieser Zeit, präsentiert sich heute als Kirche zwischen zwei Türmen, deren Chor nach Süden aus-

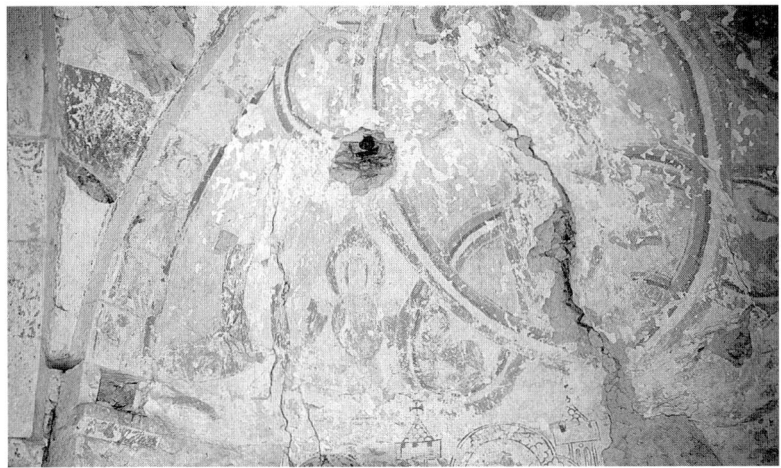

Reste von Wandmalereien in der Kirche von Homorod (Hamruden)

gerichtet ist. Sie war von einer doppelten Ringmauer umgeben, deren äußere abgetragen wurde. Der Kirchenbau selbst stammt aus dem Jahr 1270 und hatte den Chor und Altar zeitgemäß im Osten. Dieser Ostchor des ersten romanischen Baus wurde in späterer Zeit in einen Wehrturm umgewandelt . In ihm befinden sich Reste alter Wandmalereien in mehreren Schichten, die teilweise gut erhalten sind. Dargestellt sind Szenen aus dem Leben Christi: die Gefangennahme, das erste Abendmahl und die Kreuzigung.

Im Inneren der heutigen Kirche sieht man Teppiche, darunter auch solche des ortsansässigen Frauenvereins. Der Glockenturm ist 29 Meter hoch, jede seiner Seiten elf Meter lang und seine Mauern vier Meter dick. In ihn wurden Löcher für die Glockenseile gebrochen, da der Glöckner die Treppen nicht mehr steigen konnte.

Zurück zur E60 liegt rechter Hand Rupea (dt. Reps, ungar. Köhalom). Auf einem Basaltberg erhebt sich eine langsam verfallende Burg, deren Ursprünge auf das 12. Jahrhundert zurückgehen. Nach der Zerstörung durch die Türken wurde sie im 15. Jahrhundert wieder aufgebaut, 200 Jahre später noch einmal mit polygonalen Bastionen verstärkt und gleichzeitig eine Kapelle hinzugefügt. Man erreicht die Burg über einen steilen Fußweg, vor der Burg befindet sich ein Friedhof, der heute noch genutzt wird. Dorfbewohner haben sich am Eingang zur Burg eine Bleibe eingerichtet und hüten die letzten Reste.

Auf der Strecke sieht man immer wieder karstige Flächen. Eine Nebenstraße führt von der E60 nach Meşendorf (dt. Meschendorf, ungar. Mese). Das sächsische Dorf ist sehr gut erhalten; in ihm steht eine Wehrkirche mit einem freistehenden Turm.

Die Unitarierkirche von Dârjiu

Dârjiu (Dîrjiu alte Schreibeweise, dt. Dersch, ungar. Székelyderzs) erreicht man über die E60 beim Abzweig Mureni, entlang der Eisenbahnstrecke oder aber von Süden über Homorod. Der Ort gehörte zum Oberheller Stuhl, dem wichtigsten der sieben Szekler Stühle.

Die Gesamtanlage der Wehrkirche besteht aus einem doppelten Bering mit fünf rechteckigen Wehrtürmen, einem Torturm und dem Kirchhof mit dem nach Osten ausgerichteten Gotteshaus. Die Kirche geht auf das 13. Jahrhundert zurück. Im 15. Jahrhundert wurde der Chorabschluß polygonal verändert, die spätgotischen Fenster eingesetzt und der Ausbau zur Wehranlage vollzogen.

Das lichte Innere ist von einem spätgotischen Netzgewölbe auf Konsolen überzogen und überrascht durch seine Wandmalereien ebenfalls aus dem 15. Jahrhundert. Auf der Südseite des Langhauses sind von Osten nach Westen drei heilige Bischöfe dargestellt. Nur der zweite, Sath, und der dritte, laut Inschrift Kilian, lassen sich identifizieren. Es folgen das Jüngste Gericht und die Bekehrung des Paulus. Auf der Nordwand befinden sich fünf miteinander verwobene Szenen der Legende des heiligen Ladislaus, des ungarischen Nationalheiligen (Verfolgung der Kumanen, Kampf zwischen König und Kumane, Enthauptung des Kumanen, die Rast). Der Zyklus wurde mit dem Einbau der Empore beschädigt. Weitere Malereien im Chor sind schlecht erhalten.

Nur wenige Kilometer entfernt liegt Saschiz (dt. Keisd, ungar. Szászkézd). Der hiesige Kirchenbau ist im 15. Jahrhundert in eine Festung umgewandelt worden, indem man das Langhaus und den Chor durch ein Wehrgeschoß überhöhte. Die Außenwände erhielten Strebepfeiler, die durch Blendbögen zusammengefaßt wurden. Vierzig solcher Blendbögen halten das Bauwerk wie einen Gürtel zusammen. Schießscharten, Gußlöcher und ein Wehrgang vervollständigen die wuchtige Anlage. Bei Albeşti (dt. Weißkirch, Fehéregyház), kurz vor Sighişoara, siegte die habsburgische Arme gegen die transsilvanischen revolutionären Truppen am 31. Juli 1849, dabei fand der ungarische Dichter Sandor Petöfi auf seiten der Revolutionäre den Tod. Mit einer kleinen Gedenkstätte wird hier seiner gedacht. Die Besonderheit der Kirche von Viscri (dt. Deutschweißkirch, ungar. Szászfehéregyháza) liegt darin, daß es sich trotz der frühen Bauetappe um eine Saalkirche mit einem Westturm und nicht um die übliche Basilika handelt. Kurzfristig hatten sich die Szekler hier niedergelassen.

Sighişoara

Bekannt durch die Gestalt des sagenumwobenen Dracula liegt die Stadt Sighişoara (dt. Schäßburg, ungar. Segesvár) im Tal der Târnava-Mare (dt. Grosse Kokel) und besticht durch ihr einzigartiges städtebauliches Gefüge, das sich wie selbstverständlich in die hügelige malerische Umgebung einfügt.

Unter der lateinischen Bezeichnung ›Castrum sex‹ wurde die Stadt als sechste der sieben Burgen der Sachsen gegründet. Unter dem altdeutschen Namen ›Schespurch‹ ging sie in die Annalen ein. Im Jahr 1367 erhielt sie den Rang einer ›Civitas de Seguzwar‹, woraus sich die heutige rumänische Benennung entwickelte. Die unruhigen Zeiten zwischen dem 16. und 18. Jahrhundert waren der Anlaß für die regelmäßige Instandhaltung der Wehranlagen, die bis heute bewahrt blieben. Später entwickelte sich Schäßburg zum Handwerker- und Handelszentrum, das von Szeklern, Rumänen und Sachsen bewohnt war. Da die wirtschaftliche Entwicklung der Neuzeit relativ spät einsetzte, wurden wenig bauliche Veränderungen vorgenommen.

Wie viele Städte Rumäniens veränderte auch Sighişoara durch die Industrialisierung nach dem Zweiten Weltkrieg sein Aussehen. Die Neubauten liegen jedoch alle abseits des historischen Stadtkernes. Gefahr drohte diesem einzigartigen architektonischen Ensemble während der Ceauşescu-Ära. Dem Abrißplan sollte die gesamte Altstadt zum Opfer fallen, was durch die Revolution verhindert wurde. Nur ein würfelförmiger Kaufhausbau erinnert an diese Absichten. Er entstand an einer bereits planierten Schneise.

Wenn man in die Stadt einfährt, wird der Blick von der Brücke über die Târnava zunächst auf eine markante orthodoxe Kirche aus dem 20. Jahrhundert gelenkt. Die gut erhaltene historische Altstadt besteht aus zwei geschickt miteinander verbundenen Stadtteilen: der Unterstadt (Oraşul de Jos) und der Oberstadt auf dem Burgberg (Cetatea). Am besten parkt man sein Auto in der Unterstadt auf

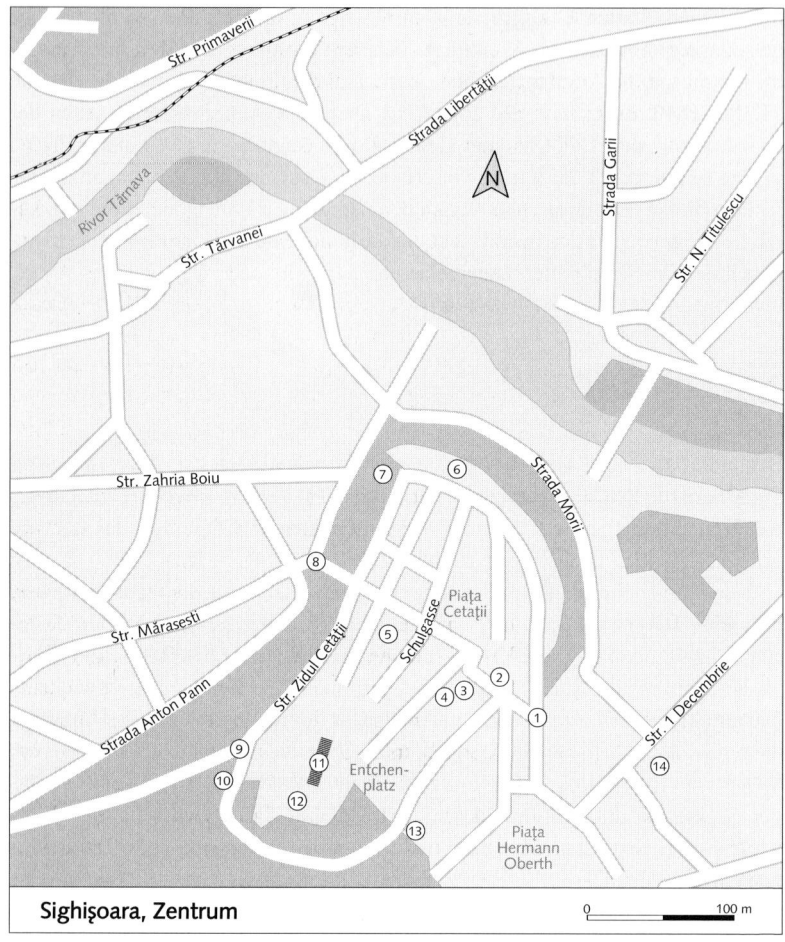

Sighişoara, Zentrum

0   100 m

Legende

1 Turnul Ceasului (Stundenturm)
2 Klosterkirche
3 Venezianisches Haus
4 Vlad-Dracul-Haus
5 Haus mit dem Hirschgeweih
6 katholische Kirche
7 Turnul Cizmarilor (Schusterturm)
8 Turnul Croitorilor (Schneiderturm)
9 Turnul Blănarilor (Kürschnerturm)

10 Turnul Măcelarilor
(Fleischerturm)
11 Scărilor Şcolarilor
(Schülertreppe)
12 Bergkirche
13 Turnul Cositorarilor
(Zinngießerturm)
14   Hotel ›Steaua‹

dem zum bewachten Parkplatz umfunktionierten Marktplatz, der Piaţa Hermann Oberth. Zwei großzügig angelegte Straßen, die Baiergasse (Strada Horia Teculescu) und die Hüllgasse (Strada Ilarie Chendi) führen direkt auf den Marktplatz zu. Alle anderen Gassen sind mittelalterlich klein und dicht bebaut. Mittelalterliche und barocke Häuserzeilen prägen das Bild. Der Burgberg selbst ist von dichten Wäldern umgeben.

Eine Verbindung zum Burgberg stellt der Stundenturm (Turnul Ceasului) dar. Jahrhundertelang war in ihm das Rathaus der Stadt untergebracht. Seine Lage am Rande der Burgterrasse zwischen beiden Stadtvierteln läßt ihn sowohl den Markplatz als auch den Burgplatz gleichermaßen beherrschen. Als ehemaliger Torturm der Stadtbefestigung ist er auch heute noch das Haupttor zur Burg. Die Ursprünge gehen auf das 14. Jahrhundert zurück, doch 1676 zerstörte ein Brand den Turm, der vom Tiroler Veit Grüber und dem Salzburger Philipp Bonge 1677 wieder aufgebaut wurde. Schlicht und ohne jede Dekoration, mit sehr kleinen Öffnungen im Mauerwerk erhebt sich der Baukörper kontrastreich zur offenen Loggia des Obergeschosses. Das Dach ist schwungvoll verziert und wird von einer 64 Meter steil aufragenden Spitze bekrönt. Vier Ecktürmchen, einst das Autonomiesymbol einer mittelalterlichen Stadt, flankieren den Turmabschluß. In den fünf Turmgeschossen befanden sich ehemals die Munitions- und Schatzkammer, das Archiv, Verwaltungsräume und zuletzt das Gefängnis. Seit dem Ende des 19. Jahrhunderts wurde das Historische Museum (Muzeul de Istorie) eingerichtet. Dazu gehört auch eine Hermann-Oberth-Ausstellung. Der Physiker und Raumfahrtpionier wurde 1894 in Hermannstadt geboren. Seine deutschstämmige Familie siedelte bald nach seiner Geburt nach Schäßburg um, wo Hermann von 1902 bis 1912 das Gymnasium besuchte. Nach seinem Studium in Klausenburg, München, Göttingen und Heidelberg lehrte er in Mediasch. Ersten Ruhm erlangte er mit seiner 1917 entworfenen 25 Meter langen Rakete, die mit Alkohol und Sauerstoff betrieben wurde. Von den Behörden zunächst verlacht, erschien 1923 sein Buch ›Die Rakete zu den Planetenräumen‹. Diese und weitere Veröffentlichungen wurden die Grundlagen der internationalen Raumfahrtliteratur. Beratend stand er Fritz Lang für seinen Film ›Die Frau im Mond‹ zur Seite. Als Professor wirkte er in Wien und Dresden, stellte sich in den Dienst Adolf Hitlers, indem er an der Entwicklung der ›Wunderwaffe‹ V2 beteiligt war. Nach dem Krieg bis zu seinem Tod 1989 in Nürnberg war sein berufliches Domizil Amerika. Einer seiner bekanntesten Schüler war Wernher von Braun.

Bei gutem Wetter lohnt sich der Turmaufstieg für den schönen Ausblick auf die Umgebung, aber auch, um die berühmte Turmuhr von Johann Kirchel von 1648 von nahem zu sehen. In den Nischen zweier Turmfassaden stehen Personifikationen des Tages und der Nacht, des Friedens und der Gerechtigkeit. Man betritt die auf einer breiten Terrasse angelegte Oberstadt durch den Stundenturm.

Die Häuser sind dicht aneinandergereiht. Das Zentrum bildet die Klosterkirche (Biserica Mănăstirii), die der evangelisch-lutherischen Gemeinde übergeben wurde. Zur Kirche gehörte einst das danebenliegende Klostergebäude. Die Dominikaner waren vom 13. Jahrhundert bis zur endgültigen Übernahme des lutherischen Bekenntnisses und damit zur Neuordnung des kirchlichen Lebens hier ansässig. Im Jahr 1555 wurde der Orden, der im Laufe von 300 Jahren zu ansehnlichem Reichtum gelangt war, in Siebenbürgen aufgelöst. Die Güter wurden säkularisiert, die Räume vom Stadtrat übernommen und das Gebetshaus zur Hauptkirche der evangelischen Bevölkerung. Bis ins 19. Jahrhundert nutzte man die Klostergebäude als Schulen. In der Kirche ist von der alten Ausstattung nur der Teil eines Nebenaltares und das 1460 gegossene kelchförmige Taufbecken erhalten. Ein Brand zerstörte die Kirche 1676 völlig. Ihr Wiederaufbau wurde barock gestaltet. Eines der wenigen Beispiele eines siebenbürgischen barocken Altars slowakischer Meister ist zu sehen. Der Zeit des Wiederaufbaues entstammte auch die erste Orgel. Sehenswert ist die große Anzahl der anatolischen Teppiche, Spenden der Kaufleute, die mit den Tataren gehandelt hatten. Die lutherische Gemeinde Sighişoaras hat heute etwa 500 Gemeindemitglieder.

Schräg gegenüber liegt das Venezianische Haus (Casa Veneţiana) aus dem 16. Jahrhundert. Erst im 19. Jahrhundert wurde es mit gotischem Zwillingsfenster und Erker ausgestattet.

Im Vlad-Dracul-Haus (Casa lui Vlad Dracul) soll Vlad Ţepeş 1431 geboren worden sein, was aber historisch nicht belegt ist; hier befindet sich heute ein gemütliches Restaurant mit traditioneller Küche. Das Haus besteht aus drei Stockwerken, im Erdgeschoß ist eine Gedenktafel angebracht. Links und rechts davon schließen sich die gut erhaltenen weinfarbenen, laubgrünen und ockergelben Häuser des 16. und 17. Jahrhunderts an.

Auf dem Burgplatz (Piaţa Cetăţii) ist man beeindruckt von den Häusern der Adligen und Patrizier, die im 17. und 18. Jahrhundert errichtet wurden. Hervorzuheben ist das Haus mit dem Hirschgeweih (Casa cu Cerb). Der Platz war das städtische Zentrum mit Schandmal und Schafott. Die katholische Kirche (Biserica Catolică) stammt in ihrer heutigen Gestalt aus dem 19. Jahrhundert. In der kleinen Gemeinde sind vorwiegend die ungarischstämmigen Bürger der Stadt zu Hause.

An der Burgmauergasse (Strada Zidul Cetăţii) kann man Reste der ehemaligen Burgbefestigung entdecken. Von vierzehn Wehrtürmen sind neun erhalten geblieben. Entlang der Mauer sind in nordöstlicher Richtung anzuschauen: Schusterturm (Turnul Cizmarilor), erkennbar an seinem roten Spitzdach; Schneiderturm (Turnul Croitorilor), einfach und massiv, ehemals durch Eisengitter verschließbar; Kürschnerturm (Turnul Blănarilor) auf achteckigem Grundriß und der Fleischerturm (Turnul Măcelarilor).

Der Stundenturm bildet das Tor zur Oberstadt

Über die überdachte Schülertreppe (Scărilor Şcolarilor), sie sollte den Schülern seit 1642 über 175 Stufen den Anstieg zur Bergschule erleichtern, erreicht man das ehemalige Schulgebäude von 1612, das Mitte des 18. Jahrhunderts umgebaut wurde. Seinerzeit wurden hierin nicht nur Sächsisch, sondern auch Rumänisch, Ungarisch, Armenisch und Hebräisch sprechende Kinder unterrichtet. Daneben steht das erst hundert Jahre alte Joseph-Haltrich-Gymnasium. In seinem Festsaal befanden sich Bilder mit sächsischen Persönlichkeiten, darunter Josef Haltrich und Bischof G.D. Teutsch. Im Zuge der Verstaatlichung wurden die Bilder 1948 abgehängt, doch 1993 konnte der ursprüngliche Zustand mit Spenden ausgewanderter Schäßburger wiederhergestellt werden.

Das Venezianische Haus

Die Bergkirche (Biserica din Deal) ist ein Kleinod der mittelalterlichen Stadt. Über einem romanischen Vorgängerbau entstand 1345 der gotische Chor mit Kapitellen, die denen der Michaelskirche von Cluj ähneln. Ältester Teil des Gotteshauses ist die Krypta des 13.Jahrhunderts, die einzige erhalten gebliebene Siebenbürgens. Der Westturm, ebenfalls aus dem 13. Jahrhundert, wurde 1429 während des Ausbaus in die dreischiffige spätgotische Halle einbezogen. Nach dem Erdbeben von 1838 wurde das Netzgewölbe der Seitenschiffe teilweise erneuert, während das Gewölbe im Chor eine hölzerne Nachbildung ist. Das Areal wurde kürzlich restauriert und kann nun wieder täglich von 10 bis 16 Uhr besichtigt werden.

Das Innere enthält neben der bedeutenden Krypta eine steinerne, mit gotischem Maßwerk verzierte Kanzel, die inschriftlich 1480 datiert ist und ein spätgotisches fialenförmiges Sakramentshaus mit balusterförmiger Basis des 16. Jahrhunderts. Das Chorgestühl ist ein Werk des Tischlermeisters Johannes Reychmuth aus Schäßburg von 1523, seine Rückenlehnen werden Johann Stoß zugeschrieben. Wandmalereireste haben sich im Chor und am Triumphbogen, im nördlichen und südlichen Seitenschiff erhalten. Die Darstellung im Turmeingang: der Seelenwäger Michael, der die Teufel verjagt, war ein Werk des Jakobus Kendlinger 1488. Im nördlichen Seitenschiff hängt an der Ostwand ein Flügelaltar, auf dessen Mitteltafel der heilige Martin mit dem knienden Bettler zu Füßen und der heilige Dominikus, gefolgt von drei Heiligen, dargestellt sind. Der Altar wird dem Meister Johann Stoß, einem Sohn des berühmten Veit, zugeschrieben, der sich aus der Slowakei kommend in Sighişoara niederließ. Um die Kirche liegt der Friedhof.

Man kann nun den Fußweg statt der Treppe nehmen, und am südwestlichen Teil der Burgmauer den fünfundzwanzig Meter hohen Zinngießerturm (Turnul Cositorarilor) am Entchenplatz besichtigen. Besonders die Türme Sighişoaras sind ein gutes Beispiel die verschiedenen Stilphasen zu unterscheiden. Der Zinngießerturm wurde auf quadratischer Basis begonnen, im Obergeschoß über ein Fünfeck erweitert und mit dem Dach abgeschlossen. Einschläge der letzten Belagerung von 1704 sind zu erkennen. Vom Gerberturm sind nur Ruinen zu sehen. Einst verband ein Wehrgang beide Türme. Der letzte der Türme, der Seilerturm (Turnul Frânghierilor), befindet sich unweit des Friedhofes.

Von Sighişoara fährt man in Richtung Süden bis nach Apold (dt. Trappold, ungar. Apold). Riesige, üppige Obstbaumplantagen, alle noch in Staatsbesitz, sieht man rechts und links der Straße. Hier wachsen Kirschen, Äpfel, Pflaumen, Birnen. In Apold angekommen, muß man zunächst nach dem Schlüssel fragen. Der spätgotische Hallenkirchenbau wurde im Laufe der Zeit zur Verteidigung umgebaut. Dabei erhöhte man das Gewölbe, legte über dem Schiff ein Wehrgeschoß mit Schießscharten an und stützte die Wände durch Strebepfeiler am Chor ab. Im 16. Jahrhundert erfolgte der doppelte Mauerring mit Wehrtürmen und Basteien. Nur der äußere Ring ist erhalten, der innere fast vollständig abgetragen. Die Orgel wurde 1821 vom Schäßburger Johann Thoiss gebaut.

 Hotel-Restaurant ›Poeniţa‹, Patron Neagu Aurel, Strada D. Cantemir 24, 3050 Sighişoara, Tel. 02 65/77 27 39, wenn man ins Zentrum fährt, sofort nach links abbiegen, immer den Hinweisschildern ›Hotel‹ nach, der Weg ist teilweise nicht asphaltiert, das Hotel ist ein kleiner Familienbetrieb mit guter traditioneller Küche, die Zimmer sind einfach und sauber.
Motel ›Dracula‹ außerhalb bei Dunnesdorf/Daneş an der Straße nach Mediaş.
›Steaua‹ (Goldener Stern), 1 Stern, Strada 1. Decembrie 1918 12,

Tel. 02 65/77 19 30, zentrale Lage, EZ 20 Euro, DZ 25 Euro.

In der Umgebung von Sighişoara werden derzeit einige Hotels neu errichtet.

›Kokeltal‹ an der E60 Richtung Braşov, es wurde im Jahr 2000 eröffnet, Informationen: Soşeana Naţionala 78, RO-Sighişoara/ Comuna Albeşti, Tel. 02 65/ 77 88 22, Fax 02 65/77 41 87.

🏛 Das Historische Museum im Stundenturm hat Montag von 10 bis 15.30 Uhr, Dienstag bis Freitag von 9 bis 18 Uhr und Samstag/Sonntag von 9 bis 16 Uhr geöffnet. Im ersten Geschoß steht ein schönes Stadtmodell. Der Vor-raum ist Hermann Oberth gewidmet. Daneben sind Keramik und Werkzeuge ausgestellt. Im zweiten Obergeschoß ist eine alte Apotheke mit Gläsern, medizinischen Instrumenten und getrockneten Pflanzen eingerichtet. Im dritten und vierten Obergeschoß sieht man Möbel, Küchengerät und Werkzeuge der einzelnen Zünfte, in der vorletzten Etage nochmals Keramik und Uhren; im sechsten Stock endet der Turm.

Die Kirchenburg Biertan

Zwischen Sighişoara und Mediaş liegen weitere Kirchenburgen in den Orten Criş (dt. Kreisch, ungar. Keresd), Dumbrăveni (dt. Elisabethstadt, ungar. Erzsébetvá-ros) und Biertan (dt. Birthälm, ungar. Berethalom). Biertan gilt als die imposanteste Burg mitten im siebenbürgischen Weinland. Man fährt in den Ort hinein und sieht sie schon von Ferne. Strategisch geschickt liegt sie auf dem höchsten Punkt des Ortes. Die spätgotische dreischiffige Hallenkirche wurde in den Jahren 1500 bis 1516 anstelle eines Vorgängerbaues errichtet, dessen Chor man erhöhte und mit einem Wehrgeschoß versah. Eine bereits bestehende Umwallung wurde verdoppelt, im Laufe des 16. Jahrhunderts mit acht Türmen verstärkt und spiralförmig als dreifacher Mauergürtel um den Hügel gelegt. Über dem Westportal sind die Wappen des Königs Wladislaus (1490–1516) und des Woiwoden Johann Zápolya (1510–1526) zu sehen.

Im Inneren bewahrte die evangelische Kirche ihre spätgotische Ausstattung, deren Prunkstück ein Flügelaltar ist. In dessen oberstem Mittelfeld sieht man eine bemerkenswerte Kreuzigung, deren Kreuzbalken in Weinranken mit Trauben übergehen, während der Fuß wie ein Baumstamm im Boden verwurzelt ist. Auf den Altarflügeln sind Kaiser Augustus und Hesekiel dargestellt.

Im Südturm des inneren Berings sind Malereien des frühen 16. Jahrhunderts erhalten. Im Nordturm, dem sogenannten Mausoleumsturm, wurden 1913 die Grabsteine einiger Bischöfe aufgestellt. Die Ostbastei nannte man das ›Gefängnis‹, worin zerstrittene Eheleute so lange eingesperrt wurden, bis sie gelobten, sich wieder zu vertragen; sie mußten ein Bett, einen Tisch, einen Stuhl, einen Teller, einen Becher, einen Löffel benutzen.

Biertan war von 1572 bis 1867 Residenz der siebenbürgisch-sächsischen Bischöfe. Trotz des dreifachen Mauerringes wurde die Burg 1704 von aufständischen Kuruzen gestürmt und geplündert. Die Kirchenburg mit dem sie umgebenden inneren Ortskern wurde 1993 in die Liste des Weltkulturerbes der UNESCO aufgenommen.

Die Kirche ist Dienstag bis Freitag von 9 bis 12 Uhr und von 13 bis 18 Uhr geöffnet. Samstags von 9 bis 12 Uhr und 13 bis 16 Uhr und sonntags von 9 bis 11 Uhr. Der Kirche ist ein Gästehaus angeschlossen, das 40 Personen Platz bietet. Telefonische Anmeldung ist möglich über Tel. 02 69/21 48 77 und direkt beim Pfarramt in Biertan.

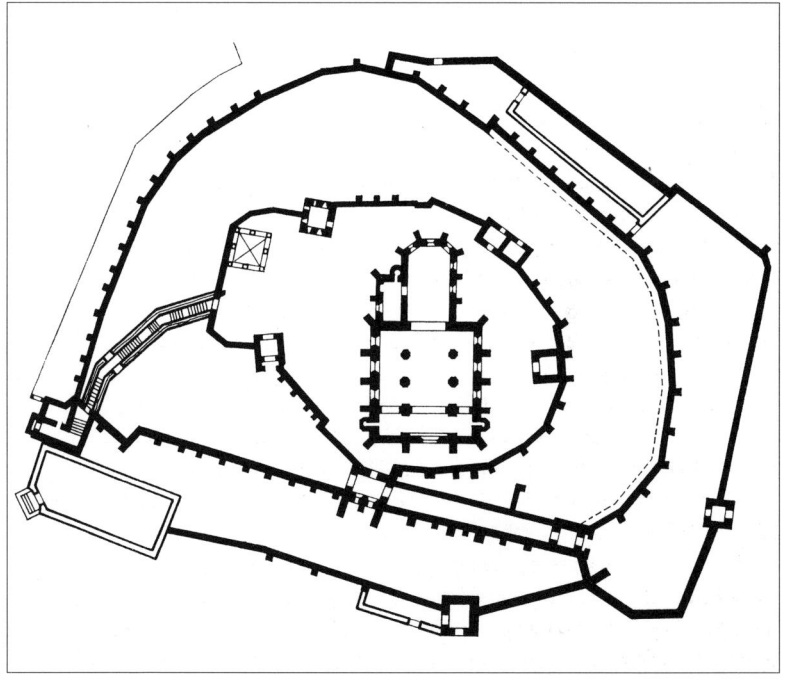

Grundriß der Kirchenburg Biertan (Bierthälm)

Mediaş

Am Unterlauf der Tărnava Mare (dt. Große Kokel) liegt das kleine Städtchen Mediaş (dt. Mediasch, ungar. Medgys) mit 70 000 Einwohnern. Der Ort ging aus einer römischen Siedlung ›beim Kreuzweg‹ (per medias vias) hervor und wurde erst nach 1235 von deutschen Siedlern in Besitz genommen und ausgebaut. Den Charakter einer mittelalterlichen deutschen Stadt mit Schindeldächern, Giebelbalken mit Bibelsprüchen konnte sich der historische Kern bewahren. Das Stadtbild wird geprägt vom Kirchenkastell (der ehemaligen katholischen Margarethenkirche), ihren Umfassungsmauern und den Befestigungstürmen, die die Kirche umschließen. Das Kirchenkastell ist die einzige erhaltene Stadtkirchenburg Siebenbürgens.

Das Wahrzeichen der Stadt ist der Trompeterturm (Tramitertum), der Name ist vom sächsischen Wort ›Tramit‹–Trompete abgeleitet. Er ist fast siebzig Meter hoch, wurde im 15. Jahrhundert begonnen, später erhöht und in die Westfront der Kirche eingegliedert. Wie in Sighişoara, so weisen auch hier die vier Ecktürmchen auf die Hochgerichtsbarkeit, das heißt, die junge Stadt Mediasch konnte Todesurteile aussprechen und vollstrecken. An der Spitze des Trompeterturmes wurde eine Abweichung von der Senkrechten um fast zweieinhalb Meter festgestellt. Durch die Erhöhung senkte sich das Fundament und machte Anfang des 20. Jahrhunderts eine Stabilisierung notwendig.

Blick vom Turm der Kirchenburg über Mediaş (Mediasch)

Bis zum Jahr 1910 entwickelte sich die Stadt nur innerhalb ihrer mittelalterlichen Stadtmauern. Diese Mauern hatten eine Länge von 2,4 Kilometern; davon blieben 1,4 Kilometer erhalten. Mit der Entdeckung von Erdgas in der Umgebung begann die Ausdehnung. Fabriken wurden gebaut, die Arbeitsplätze zogen viele Menschen an. Auch heute noch zieht sich ein Kranz industrieller Anlagen um das kleine Städtchen, so zum Beispiel Glasfabriken für Auto- und Kristallglas, Maschinenbauwerke, Schuh- und Textilienfabriken und Wurstproduktionsstätten. In den Gassen der Altstadt hört man nur noch wenig Sächsisch. Die Wende von 1989 haben viele zur Ausreise genutzt. Der Marktplatz mit schönen alten Patrizierhäusern wird vom Kirchenkastell an der Nordseite überragt. Parallel mit der Kirche wurden die Befestigungsanlagen gebaut, wobei der zum Teil doppelte Mauerring mit den starken Türmen entstand.

Den Kirchhof betritt man unter dem Tor- oder Glockenturm mit seinem hölzernen Wehrgang. Geht man auf der Nordseite weiter, trifft man links auf die 1713 erbaute ›alte Schule‹. Ihr Gebäude schließt den fünften Wehrturm ein, der 1888 bis unter das Schuldach abgetragen wurde.

Weiter nach Osten steht der sogenannte Seiler- oder Speckturm mit regelmäßig angeordneten Gußlöchern. Er wird bis heute zum Trocknen des Schinkens genutzt.

Anschließend folgt das Geburtshaus von Stefan Ludwig Roth (1796–1849). Der Schüler Pestalozzis, Magister, Pfarrer und fortschrittlicher Denker, galt als führende Figur der um Gleichberechtigung kämpfenden Bewegung im 19. Jahrhundert. Er wurde während der Wirren der Revolution von 1848/49 vom Regierungskommissar Ladislaus Csány wegen Landesverrates zum Tode verurteilt und erschossen. In seinem Denken wollte er allen gerecht werden: »Mit meiner Nation habe ich es wohlgemeint, ohne es mit den anderen Nationen übel gemeint zu haben.«

An der Ostseite der Kirche steht das Pfarrhaus aus der ersten Hälfte des 16. Jahrhunderts und unmittelbar daneben der Marienturm. Sein Name ist von der im Erdgeschoß liegenden Marienkapelle abgeleitet. Sie ist mit Malereien geschmückt und diente wohl den Geistlichen, die nicht der Reformation beitreten wollten. Der Rundgang durch die Kirchenburg endet mit dem überdachten Treppenaufgang auf der Südseite, der eine direkte Verbindung zum Markt herstellte. Hier ist der Mauerring doppelt und verstärkt durch den Schneiderturm, in dem ein Heimatmuseum untergebracht wurde.

Die evangelische Kirche

Das heutige Gotteshaus, ehemals Magarethenkirche (Biserica Sfânta Margareta), erhebt sich auf zwei Vorgängerbauten, die für die wachsende Gemeinde im Mittelalter zu klein geworden waren und deshalb abgetragen wurden. Im Jahr 1440

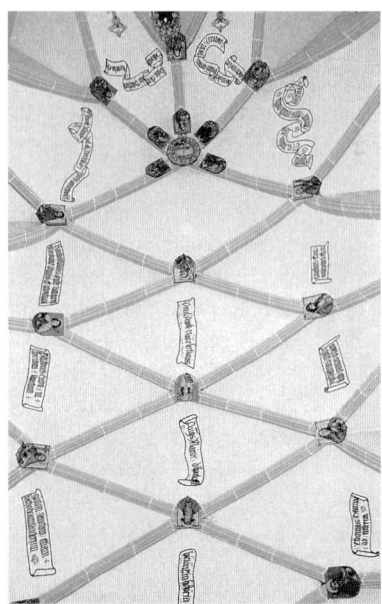

Netzgewölbe mit Wappenschildern
auf den Schlußsteinen

begann man mit dem Bau des heutigen hohen spätgotischen Chores. Im Anschluß folgte das dreischiffige Kirchenschiff, wofür das nördliche Seitenschiff der Vorgängerkirche eingebunden wurde. Dieses war wie der Vorgängerbau basilikal gestaltet und ist das älteste Bauglied der heutigen Kirche. Das südliche, mit dem Neubau errichtete Schiff zog man so hoch wie das Mittelschiff, und es entstand eine Halle. Im 19. Jahrhundert erhielt die Kirche eine Empore. Die zeitlichen Abstände zwischen der Errichtung der einzelnen Bauglieder vermochten die harmonische Innenraumwirkung nicht zu trüben. Im Chor und Mittelschiff findet man ein Netzgewölbe, in den beiden Seitenschiffen hingegen Kreuzgewölbe.

Eine Besonderheit stellen die schön verzierten Schlußsteine an den Kreuzungspunkten der Gewölberippen dar. Im Mittel- und Seitenschiff sieht man auf ihnen Wappenschilder, die auf die Stifter hinweisen, aber auch Wappen von Gebieten, Ortschaften und Zünften. An ihnen kann man die Geschichte der Stadt Mediaş ablesen. Die drei französischen Königslilien stehen für das Haus Anjou. Karl Robert von Anjou hatte der Stadt und dem Mediascher Stuhl die alten Rechte, derer sie der Siebenbürger Woiwode beraubt hatte, wiedergegeben. Das alte Stadtwappen von Mediaş versinnbildlicht eine offene rechte Hand mit Halbmond und Sternen, auf dem neuen Wappen hält die Hand einen Rebstock.

Im ältesten Teil der Kirche, dem nördlichen Seitenschiff, an den Laibungen der Arkaden und im Mittelschiff sind Wandmalereien zu sehen. Sie gehen auf den Vorgängerbau und das Jahr 1420 zurück. Am nördlichen Schiff erkennt man von links nach rechts den ungläubigen Thomas, die Weisen aus dem Morgenland, den heiligen Ludwig (IX.) auf dem Thron, was vielleicht Bezug zu Ludwig von Anjou nehmen könnte, der Siebenbürgen damals regierte; ferner Bartholomäus, Katharina von Alexandria, die heilige Barbara und den gekreuzigten Christus. Erst während der Restaurierung in den siebziger Jahren wurden die Malereien freigelegt.

Im Chorraum hat man ehemalige Grabplatten aufgestellt, sie befanden sich ursprünglich im vorderen Teil der Kirche, die als Grabstätte bedeutender Persönlichkeiten diente. Das älteste Ausstattungsstück ist das kelchförmige aus Glockenmetall gegossene Taufbecken aus der alten Kirche. Das Becken läßt sich auseinandernehmen; im Winter wurde es beheizt.

Der Stolz der Kirche ist der gotische Flügelaltar von 1490. Während des Bildersturmes der Reformation waren die Reliefs der zwei schwenkbaren Schreintüren und die hölzernen gefaßten Vollplastiken entfernt worden. Ein Teil der Skulpturen fand 1992 Ersatz durch die Auferstehungsgruppe des Wiener Künstlers A. Pichler. Die Werktagsseite (geschlossene Flügel) zeigt auf acht Altarbildern die Passion Christi. Auf der Kreuzigungstafel ist im Hintergrund an Stelle von Jerusalem die Stadt Wien dargestellt. Man vermutet als Künstler einen Maler im Umfeld des sogenannten ›Schottenstift- Meisters‹ von Wien.

Im Chor befand sich einst die Orgel. Sie wurde später auf die Empore versetzt. Das alte Werk wurde 1755 vom einheimischen Meister Johannes Hahn erneuert.

Die Kirche war Zeuge wichtiger geschichtlicher Ereignisse. Im Jahr 1572 versammelte sich die Synode der sächsischen Geistlichkeit, um das Augsburger Bekenntnis anzunehmen, mehrere Landtage wurden hier abgehalten; 1848 wurde hier der erste sächsische Jugendbund gegründet.

Die Kirche ist Montag bis Samstag von 10 bis 18 Uhr geöffnet. Am Sonntag nur vormittags. Wie in vielen Kirchen Siebenbürgens, kann man an einer Führung in deutscher Sprache teilnehmen.

Ein Teil des zerleg- und heizbaren Taufbeckens

›Central‹, 2 Sterne, Piaţa Corneliu Coposu 2, Tel. 02 69/84 17 87 und 83 17 22, nicht weit vom Zentrum, EZ 14 Euro, DZ 28 Euro. In der Kirchenburg gibt es zudem 5 Gästezimmer mit insgesamt 9 Betten. Anmeldung ist unter Tel./Fax 02 69/84 19 62 oder E-Mail: kastell@logon.ro möglich.

Die Umgebung von Mediaş

Eines der anschaulichsten Beispiele für eine Kirche, die nachträglich festungs-artig ausgebaut wurde, ist die südwestlich von Mediaş liegende Peterskirche von Valea Viilor (dt. Wurmloch, ungar. Nagybaromlaka). Sie war im 13. Jahrhundert errichtet worden, aber die Umstände der Zeit erzwangen 1520 den Ausbau zur Wehrkirche. Man wölbte den Saal und den Chor ein, und setzte über beide Bau-glieder eine Reihe von Wehrgeschossen mit Schießscharten und Gußlöchern. Diese Wehrgeschosse mußten von Bögen zwischen Strebepfeilern getragen wer-den. Über dem Chor erheben sich turmartig vier solcher Wehrgeschosse, deren Abschluß bildet wie auch am Westturm ein Wehrgang mit Fachwerkbrüstung. Die Seiteneingänge der Kirche wurden durch hochgeführte Vorbauten und Fallgitter geschützt, der Westeingang ganz vermauert. Etwas früher war schon der ovale Bering mit vier quadratischen Wehrtürmen und einem Wehrgang auf Arkadenbö-gen angelegt worden, der im Inneren 36 Fruchthäuschen enthielt.

Zwischen Mediaş und Sibiu liegen noch die Kirchen Axenter Sever (dt. Frauendorf, ungar. Assonyfalva), Agîrbiciu (dt. Arbegen, ungar. Egerbegy), Şeica Mare (dt. Marktschelken, ungar. Nagyselyk), Ruşi (dt. Reußen, ungar. Rusz) Slimnic (dt. Stolzenburg,ungar. Szelindék), Şura Mare (dt. Großscheuern, ungar. Nagycsúr).

Nordwestlich von Mediaş liegt die berühmte Kirchenburg Bazna (dt. Baaßen, ungar. Felsöbajom). Im 19. und 20. Jahrhundert war das Städtchen ein berühmter Kurort. Das Heilbad bot jod- und bromhaltige Quellen. Noch wenige Kilometer weiter erreicht man Cetatea de Baltă (dt. Kokelburg, ungar. Küküllövár) mit dem Kastell Bethlen. Auftraggeber war Stefan Bethlen in den Jahren 1615 bis 1624. Der rechteckige Ziegelbau mit vier runden Basteien an den Ecken erinnert an die französischen Schlösser der Renaissance. Er wurde mehrfach umgebaut und erhielt ein barockes Tor. Der Hof war von einer bescheidenen Ringmauer umgeben.

In Sânmiclaus (alte Schreibweise Sînmiclaus) westlich von Cetatea de Baltă steht ein weiteres Landschloß der Familie Bethlen. Im Eingangsportal hat sich Nikolaus Bethlen als Baumeister verewigt.

Blaj

Weniger wegen der architektonischen Denkmäler, beispielsweise das Schloß von Georgiu Badi von 1535, als wegen seiner historischen Bedeutung ist Blaj (dt. Blasendorf, ungar. Balázsfalva) erwähnenswert. Als geistige Hochburg des siebenbürgischen Rumänentums ist der kleine Ort mit 10 000 Einwohnern, die größtenteils vom Holzkombinat leben, in die Geschichte eingegangen. Bis zum Jahr 1948 war hier der Sitz der rumänischen griechisch-katholischen Kirche, deren Klerus und Gläubige dem Zwang ausgesetzt waren, zur Orthodoxie überzutreten.

Erstmals fand der kleine Ort unter der Bezeichnung ›Villa Herbordi‹ im 13. Jahrhundert Erwähnung. Ein Sohn des um 1266 regierenden Siebenbürger Fürsten Ost namens Herbord gab ihr den Namen. Im Jahre 1395 ging die winzige Siedlung als Geschenk des Kaisers an Blasius Cserei, wovon sich vielleicht der Name Blaj ableitet. Nachweislich war dieser Ort von Beginn an von Rumänen bewohnt, was einzigartig in Siebenbürgen ist. Er sollte zum Ausgangspunkt der Freiheitsbewegung der Rumänen werden. Zwischenzeitlich im Besitz der Familie Apafi, gelangte er mit deren Aussterben 1754 in staatliche Hand. Der Bischof und Gelehrte Inocenţiu Micu (Klein) (1692–1768) nutzte die Gunst der Stunde und verlegte den Sitz der griechisch-katholischen Kirche von Făgăraş nach Blaj. Er begann mit dem Bau von Schulen, die sich in den folgenden Jahren zum Mittelpunkt des kulturellen Rumänentums entwickelten. Sein Nachfolger Bischof Aaron setzte sein Werk fort. Es entstanden eine Grundschule, zwei ihr angeschlossene Gymnasien, ein Priesterseminar und bald darauf ein theologisches Seminar.

Am 1784 eröffneten Vollgymnasium studierten und lehrten einige bedeutende rumänische Schriftsteller und Gelehrte des 18. und 19. Jahrhunderts, die als Begründer der sogenannten ›Siebenbürgischen Schule‹ gelten: der Historiker, Theologe, Philosoph und Mathematiker Samuel Micu (1745–1806), der Schriftsteller und Philologe Gheorghe Sincai (1755–1816), der Historiker und Philologe Petru Maior (1761–1821), der Romanist Timotei Cipariu (1805–1887), der die rumänische Herkunft anhand der Sprache analysierte, ferner der Publizist Gheorghe Bariţiu (1812–1893), dessen Schriften zum nationalen Freiheitskampf anspornten.

Wichtige historische Ereignisse sind unmittelbar mit Blaj verbunden. Am 27. Oktober 1687 unterzeichnete hier Kaiser Leopold I. einen Vertrag, in dem zum zweiten Mal in der Geschichte das selbständige Fürstentum Siebenbürgen und seine Unabhängigkeit von Ungarn proklamiert wurde. Hier entstand der Entwurf Avram Iancus (1824–1872) zur Aufhebung der Leibeigenschaft, dem eine große Volksversammlung auf dem Freiheitsfeld bei Blaj vom 15. bis 17. Mai 1848 folgte. Fast 50 000 Siebenbürger Rumänen, fast alles Leibeigene nahmen daran teil.

Eine zweite Versammlung im September des gleichen Jahres erklärte die Vereinigung Siebenbürgens mit Ungarn für nichtig. Obwohl die Bewegung an der Gegengewalt scheiterte, stand sie für den Beginn des nationalen Rumänentums.

Ein Relikt dieser Wirren ist der Bau der orthodoxen Kirche. Als ehemaliger Dom der griechisch-katholischen Metropolie war sie durch Martinelli, einem in Wien tätigen Baumeister errichtet worden. Er ist der erste sakrale Barockbau Rumäniens und läßt deutlich die Verwandtschaft zum Habsburgerreich erkennen. Der Bau ging nur langsam voran und wurde in der ersten Hälfte des 19. Jahrhunderts durch die beiden Türme bereichert.

Sibiu

Auf der Strecke zwischen Sebeş (Mühlbach) und Sibiu (dt. Hermannstadt, ungar. Nagyszeben) sollte man sich Zeit für die Kirchenburgen von Câlnic (alte Schreibweise Cîlnic, dt. Kelling, ungar. Kelnek) und Cristian (dt. Grossau, ungar. Kereszténysziget) nehmen. Gerade Kelling, das man über eine gute hügelige Straße erreicht, ist interessant, weil es sich ursprünglich um einen Wohnturm handelte. Im Jahr 1260 ließ sich der Graf Chyl von Kelling diesen dreigeschossig mit einer kleinen Kapelle bauen. Die Heimstatt wurde von einer Mauer umgeben. Nachdem der Wohnkomplex 1430 an die Gemeinde veräußert wurde, erweiterte man die Befestigung um einen äußeren Mauerring und eine halbrunde Bastion. Im Innenhof entstand ein weiterer Mauerring.

Die Hauptstraße weiter in Richtung Sibiu wird derzeit zur Schnellstraße ausgebaut, doch immer wieder verengt sie sich und führt durch die Dörfer. In diesen stehen die Häuser alle mit der Schmalseite zur Straße. Dicht an dicht schmiegen sie sich, ihre Abdeckungen sind fast ausschließlich sogenannte Krüppelwalmdächer. In Cristian (dt. Grosau) steht in weiter Ebene die als romanische Basilika begonnene und später zur gotischen Halle umgebaute Wehrkirche. Die Chorumgestaltung leitete der berühmte Hermannstädter Baumeister Andreas Lapicida. Vom doppelten Bering ist nur noch der äußere erhalten, der innere wurde abgetragen.

Kurz vor Sibiu bietet sich ein Schlenker nach Ocna Sibiului (dt. Bad Salzburg, ungar. Vizakna) an. Das einst berühmte Bad wurde von der Jugendstilarchitektur des ungarischen Architekten Ödon Lechner geprägt. Zwei Denkmäler sind zu besichtigen: die reformierte Kirche, eine dreischiffige Basilika mit gotischem Chor, und Netzgewölbe aus der Zeit vor dem Tatareneinfall, und die orthodoxe Erzengelkirche, eine Saalkirche, gestiftet von Michael dem Tapferen. Eine Restaurierung veranlaßte Constantin Brâncoveanu, Ende des 19. Jahrhunderts erfolgten Veränderungen.

Eine große Anziehungskraft besonders für die Bewohner Sibius und auch der umliegenden Orte haben die Salzseen. Reiche Salzvorkommen wurden hier seit vorgeschichtlicher Zeit bis ins 20. Jahrhundert gefördert. Als man die Förderung im Jahr 1931 einstellte, ließ man die Gruben offen. Sie stürzten ein, was zur Entstehung von Salzseen führte. Der zwanzig Meter tiefe Tököly-See weist einen Salzgehalt von 310 Gramm pro Liter auf, mit 126 Metern ist der Schwalben- oder Avram-Iancu-See das tiefste Gewässer am Ort. An seiner Oberfläche hat man Temperaturen von 30 Grad, in nur zwei Meter Tiefe 46 Grad gemessen.

Sibiu, die Hauptstadt des gleichnamigen Kreises, liegt auf den Terrassen des Cibinflusses. Mit 180 000 Einwohnern hat die Stadt einen eigenen internationalen Flughafen mit Direktflügen nach München. Mit der Bahn kommt

Häuser mit Krüppelwalmdächern an der Straße nach Sibiu (Hermannstadt)

man von Deva oder Râmnicu Vâlcea, die meisten Landstraßen nach Sibiu sind in gutem Zustand. In den letzten Jahren sind gerade die Straßen in Siebenbürgen in erstaunlicher Geschwindigkeit verbessert worden. Schon immer war Hermannstadt ein Bildungszentrum. Humanistische Gelehrte wie Niclaus Olahus und Konrad Haas, der Erfinder der Stufenrakete, waren große Söhne der Stadt.

Stadtgeschichte

Diese älteste Siedlung der Siebenbürger Sachsen am nördlichen Fuß der Südkarpaten wurde von Hermann von Nürnberg im 12. Jahrhundert gegründet und im Zuge des verheerenden Mongolensturmes 1241 zerstört. Sie erholte sich bald wieder und erhielt Stadtrecht im 14. Jahrhundert. Das mittelalterliche Städtchen war von drei Ringmauern umgeben. Die Befestigungsanlagen hielten lange den Eroberungsversuchen der Türken stand. Hermannstadt entwickelte sich zu einem der wichtigsten Warenumschlagplätze der Region. Im 15. Jahrhundert konnte die Stadt auch eine Führungsstellung auf politischer Ebene erringen. So fand hier die

Blick in die Unterstadt

Versammlung der sächsischen Nationsuniversität, der politischen Vertretung des Sachsenlandes, statt. Der von den Sachsen gewählte Comes (Nationsgraf) hatte hier ebenfalls seinen Sitz. Während der Nachfolgekämpfe zwischen Ferdinand und Johann Zápolya stand die Stadt zum Habsburgerhaus. Erst nach siebenjähriger Belagerung wurde Zápolya anerkannt. Im Jahr 1536 erfolgte der Übertritt zum Augsburger Bekenntnis. Die Lehren Luthers hatten rasche Verbreitung gefunden. Brände und die Pest setzten der Stadt in diesem Jahrhundert arg zu. Nach dem dreißigjährigen Krieg begann ein Bedeutungsverlust.

Zweimal, zwischen 1703 und 1791 und von 1849 bis 1867, war Hermannstadt Hauptstadt des Großfürstentumes Siebenbürgen. Diese Stellung ging erst nach der Vereinigung Siebenbürgens mit Ungarn verloren. Bis zum Ende des 18. Jahrhunderts behielt Hermannstadt den Charakter einer rein siebenbürgisch-sächsischen Stadt. Unter Joseph II. wurde das ausschließliche Bürgerrecht für die Sachsen aufgehoben, und die in den Außenbezirken lebenden Rumänen bekamen ebenfalls das Bürgerrecht. Der Zuzug nichtdeutscher Bewohner begann. Um die Stadt herum entstanden Industrieansiedlungen. Nur wenige Siebenbürger Sachsen sind noch ansässig, etwa 1500. Das ›Deutsche Forum‹ bemüht sich, die Deutschen in Hermannstadt zum Bleiben zu bewegen.

Während des Rückzugs der Deutschen 1918 hielt sich Kurt Tucholsky kurzfristig in Hermannstadt auf und beschrieb es folgendermaßen: »Hermannstadt ist entzückend: bestes, altes, gutes Deutschland. Winklige Gassen, eine wundervolle Bevölkerung, sehr gutes Essen, nicht zu vergessen. Wir sprachen mit den Deutschen, die dort seit langen Jahrhunderten sitzen. Sie sprechen einen Dialekt, der ein wenig an das Alemannische anklingt, und manche Worte waren zu verstehen. … Es waren unvergessliche Tage.«

Hermannstadt hat sich verändert, Hermannstadt hat gelitten, gleichwohl gibt es in der Stadt eine ungeheure Aktivität und viel Engagement zur Rettung des historischen Stadtbildes. Die ›Organisation Sibiu 2000‹ hat sich die Wiederherstellung zur Aufgabe gemacht. Sie wird unterstützt von der Bundesrepublik Deutschland,

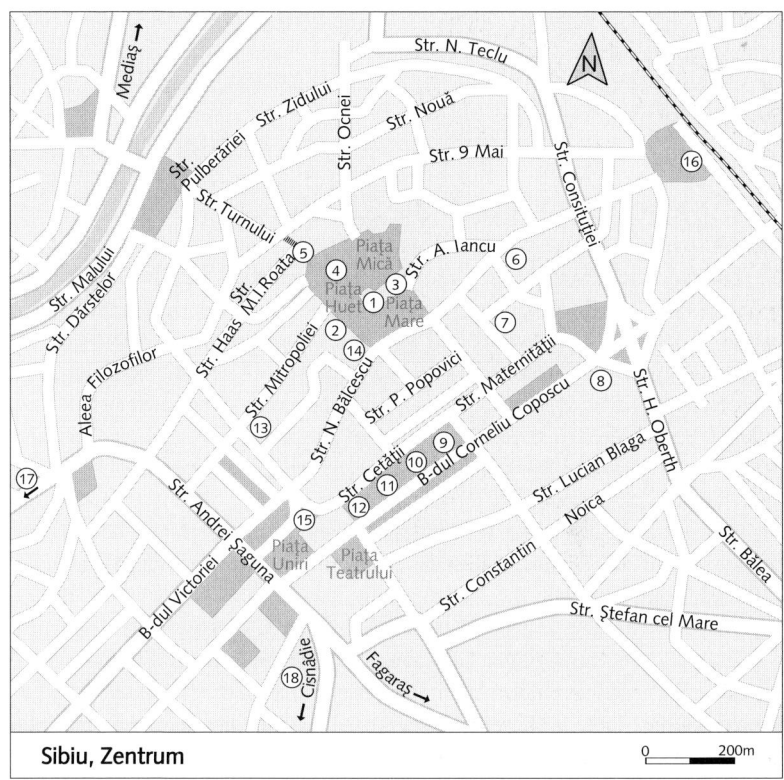

Sibiu, Zentrum

0 _____ 200m

Legende

1 römisch-katholische Kirche
2 Brukenthal-Museum
3 Turnul Sfatului (Ratturm)
4 evangelische Stadtpfarrkirche
   mit Teutschdenkmal
5 Pasajul Scărilor mit
   Turnul Scărilor (Treppenweg)
6 Ursulinenkloster
7 Franziskanerkirche
8 Hallerbastei
   (Historisches Museum)
9 Turnul Gros
10 Turnul Dulgherilor
   (Zimmermannsturm)

11 Turnul Olarilor (Töpferturm)
12 Turnul Archebuzierilor
   (Armbrusterturm)
13 Metropolitankirche
14 Hotel ›Împăratul Romanilor‹
15 Hotel ›Bulevard‹
16 Bahnhof und Kreuzkapelle
17 Flughafen
18 Hotel ›Continental‹

der Weltbank, dem Kulturministerium Luxemburg, dem World Monuments Fund und den Stiftungen der Sachsen in Deutschland. Mehr als achtzig Monumente sind inzwischen unter den Schutz der Organisation gestellt und warten auf die Renovierung.

Ein Spaziergang durch die Stadt

Die mittelalterliche Stadt besteht wie Sighişoara aus Ober- und Unterstadt. Einst waren in der Unterstadt die Handwerker und Soldaten aus dem gesamten Habsburger Reich ansässig. Verächtlich von den ›Vornehmen‹ der Oberstadt als ›Kucheldeutsch‹ (Küchendeutsch) bezeichnet, symbolisierte die Sprache einen Schmelztiegel vieler Zugereister, was sich in Sätzen wie: ›Wart mich an Eck‹ ausdrückte. Von all dem ist heute nicht mehr viel zu spüren. Über mehrere Treppenwege, mit malerischen Blicken auf die Dächerwelt erreicht man die Unterstadt: den Pasăjul Scărilor beim Historischen Museum an der alten Stadtmauer, die Pempflinger Stiege aus dem 19. Jahrhundert, die Sagtreppe hinter der evangelischen Kirche und den Bürgersteig des 13. Jahrhunderts an der Piaţa Mica. In der Unterstadt mit viel alter Bausubstanz liegt der große Stadtmarkt mit seinem üppigen, farbenfrohen Angebot. Für jeden Geschmack ist etwas dabei.

Herz und Zentrum der alten Gründung ist die Oberstadt. Die Fußgängerzone Strada N. Bălcescu verbindet sie mit der neuen, im letzten Jahrhundert erweiterten Stadt. Einst lebte in dieser Oberstadt die gebildete, überlegene Schicht. Im wesentlichen machen drei Plätze den historischen Teil aus: die Piaţa Mică, die Piaţa Mare (vormals Republicii) und die Piaţa Huet.

Im Zentrum der Piaţa Mare (Großer Ring) steht das Denkmal für Gheorghe Lazăr (19. Jahrhundert); darunter wird mit einer Gedenktafel der Opfer von 1989 gedacht. Der Platz vermittelt eine große Geschlossenheit, die Einmündungen der Straßen führen fast unmerklich zu den anderen Plätzen. Im Norden reihen sich das ehemalige Hotel zum römischen Kaiser von 1895, heute das blaue Stadthaus, das Brukenthal-Palais, die Bahnkreditanstalt aus dem Neobarock, die römisch-katholische Kirche (Biserica romano-catolică), das Jesuitenkolleg, in dem sich heute der Bischofssitz mit Landeskonsistorium befindet, und der Ratturm aneinander.

Die römisch-katholische Kirche fügt sich mit ihrer Südflanke vollkommen in die Häuserzeile ein. Ihr mächtiger Westturm korrespondiert mit dem Ratturm

Standbild des Dichters Eminescu vor dem Athäneum in Bukarest
Die Kirchenburg Cisnădioara; Cluj-Napoca: Stadtmauer mit Schneiderbastei
und Micheaelskirche

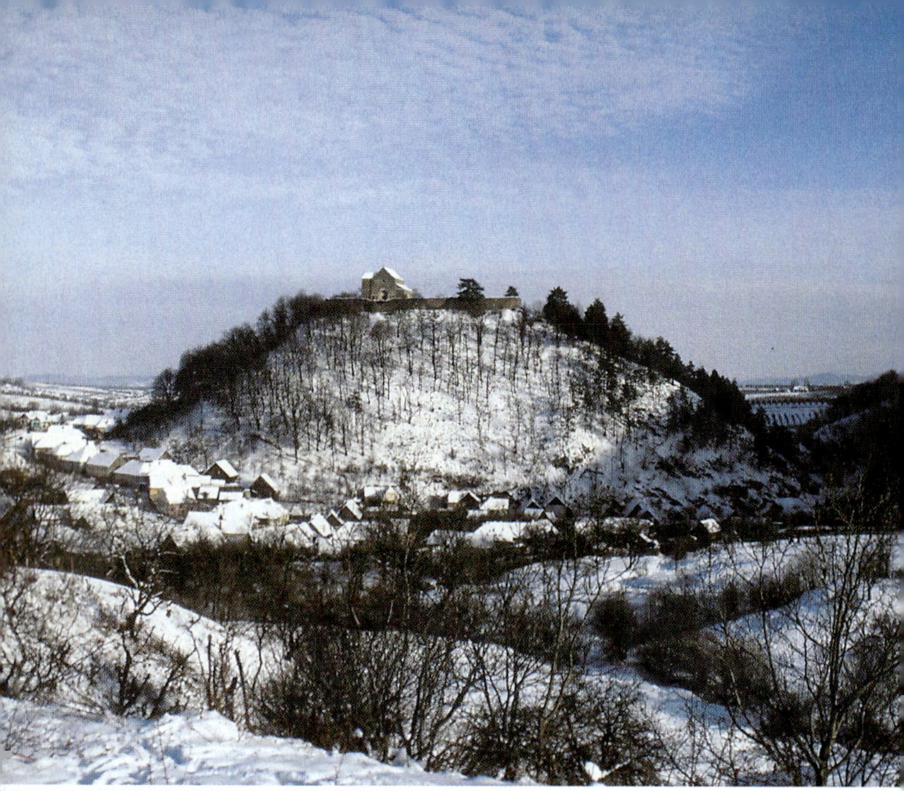

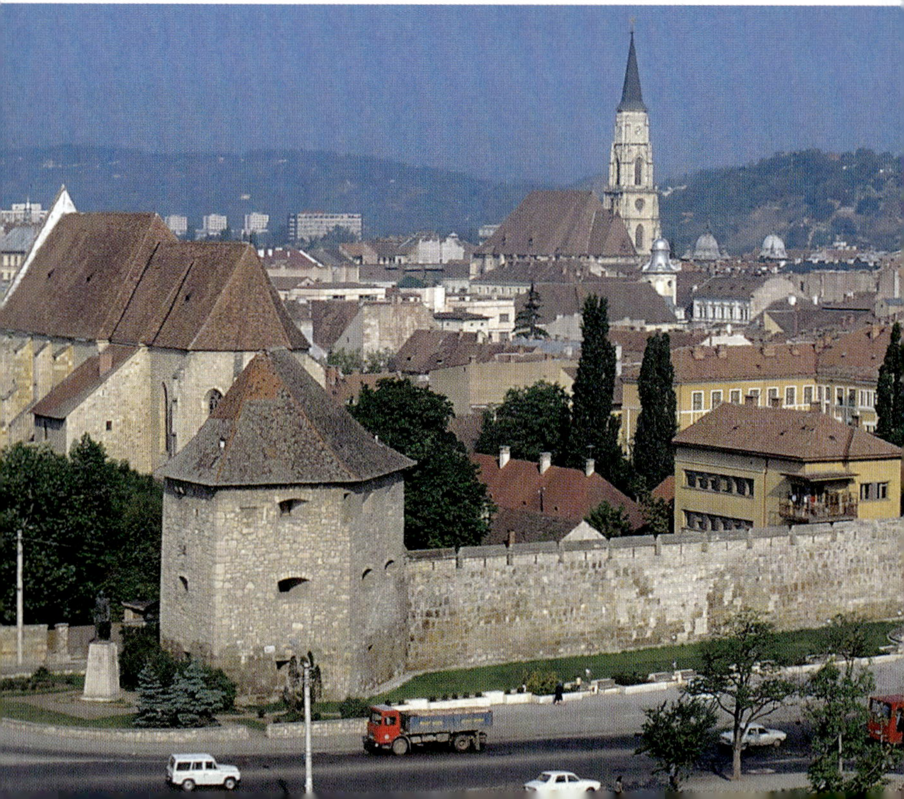

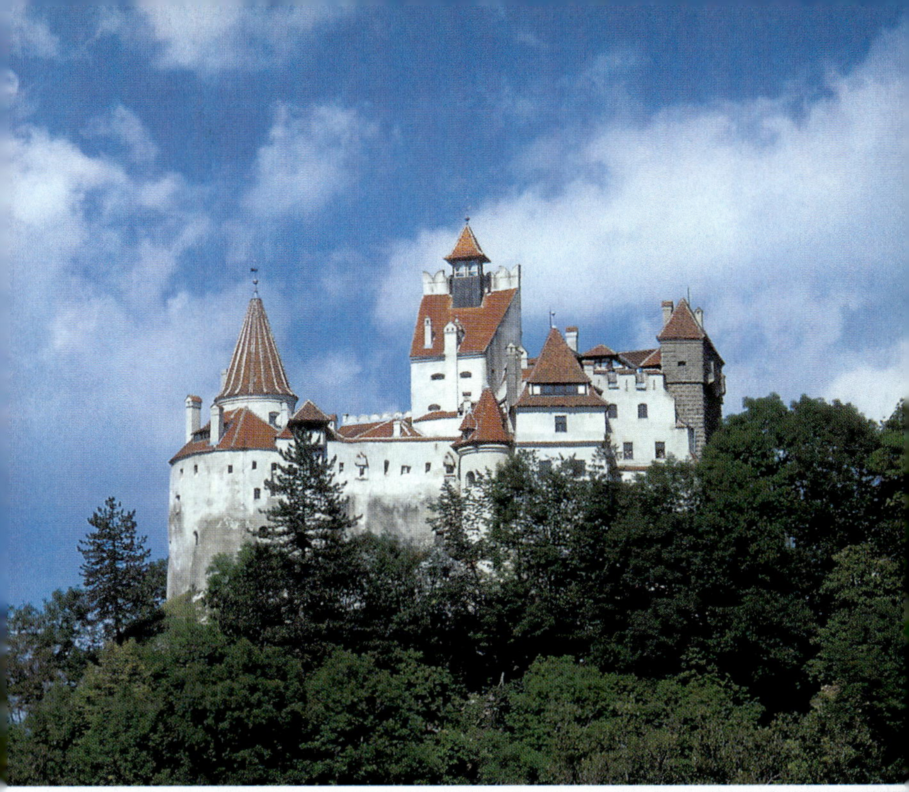

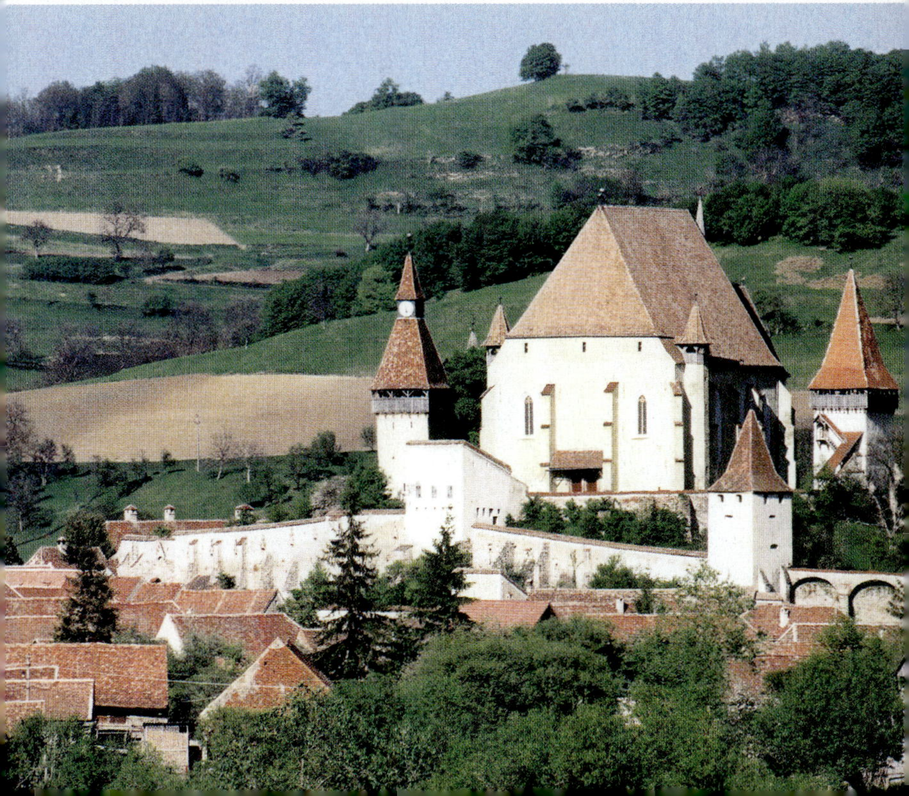

(Turnul Sfatului), dem Wahrzeichen der Stadt. Die Jesuiten legten den Grundstein in den Jahren 1726 bis 1733. Wie viele Jesuitenkirchen ist auch diese eine Wandpfeilerkirche mit drei Jochen, einem eingezogenen Chor und einer Empore. Die Kirche konnte ihr ursprünglich barockes Aussehen bewahren. Im Chor befindet sich das Grabmal für General Otto Ferdinand Graf von Abensperg, ein Werk des Klausenburger Anton Schuchbauer von 1751. Das Hochaltarbild ist ein Werk des Wiener Malers Anton Steinwahl. Die Gottesdienste finden in den drei Sprachen Deutsch, Ungarisch und Rumänisch statt.

Von der Piaţa Mare spaziert man zur Piaţa Huet (vorher Griviţa), benannt nach Albert Huet (von Hutter), dem 1567 verstorbenen Sachsengraf. Drei Monumente bestimmen den Platz: das Brukenthal-Gymnasium gegenüber der Kirche, die evangelische Stadtpfarrkirche (Biserica evanghelică) und das Denkmal von Georg Daniel Teutsch (1817–1893). Teutsch hat als Bischof der siebenbürgisch-sächsischen Kirche die sächsische Nation erfolgreich gegenüber der ungarischen Regierung vertreten. Sein Sohn Friedrich folgte den Spuren seines Vaters und war ebenfalls Bischof.

Die Südflanke dieses mächtigen Kirchenbaus, die mit ihrem Eingang zur Piaţa Huet liegt, wirkt mit ihren steilen Giebeln wie eine mittelalterliche Häuserzeile, wäre da nicht der alles überragende Westturm. Links neben dem Eingang steht als letzte Hinzfügung mit einem Renaissancerahmen der zierliche Wendeltreppenturm. Der Bau wurde im Jahr 1320 als Marienkirche in der Hochgotik begonnen und bis zum 1520 in drei Etappen fertiggestellt. Dem Plan nach ist die Kirche eine dreischiffige Basilika mit Querschiff und polygonalem Chorabschluß. Bei Grabungen hat man einen romanischen Vorgängerbau entdeckt, dessen Reste jedoch nicht in den Neubau integriert wurden. Die Westseite begrenzt ein 1452 angeschlossener Bau, die sogenannte ›Ferula‹. In ihr ist eine große Anzahl bedeutender Grabsteine führender siebenbürgisch-sächsischer Persönlichkeiten, aus dem 16., 17. und 18. Jahrhundert zu sehen: darunter Albert Huet (1567), Petrus Haller von Hallerstein (1569) und angeblich auch das Grabmal des walachischen Fürsten Mihnea des Schlechten (1508–1510), um den sich zahlreiche Legenden ranken.

Man betritt die Kirche durch das Süd- oder Nordportal. An der Südseite ist eine Empore eingezogen, die mit einem wunderschönen Netzgewölbe geschmückt ist. Das nördliche Langhaus zieren prächtige barocke Epitaphien. Höhepunkt der Ausstattung ist zunächst das bronzene Taufbecken von 1438. Becken, Knauf und Fuß tragen 228 kleine Reliefs, teils mit Ornamenten, teils mit allegorischen Figu-

Castel Bran (Törzburg); Die Kirchenburg Biertan (Birthhälm)
Burgtor unter dem Stundturm in Sighişoara

ren und Szenen aus dem Alten und Neuen Testament verziert. Unter den Darstellungen fallen besonders die der orthodoxen Liturgie entnommenen Szenen der Verklärung und Maria Entschlafen auf. Auch die Wandmalerei der nördlichen Chorwand verdient Beachtung: Dargestellt ist die Kreuzigung, eingerahmt von architektonischen Elementen. Unten knien zu Seiten des Schmerzensmannes die Stifter, darüber sind der heilige Stephan und der heilige Ladislaus und oben Christus als Ecce Homo mit Gottvater zu sehen. Die Themen der Bekrönung sind die Geburt, die Taufe und die Himmelfahrt Christi. Die Inschrift in der Oberleiste der Einrahmung weist auf Johannes de Rozenaw (Rosenau) 1445. Die Malerei wurde 1650 übermalt und teilweise sogar ergänzt. Die Reitergruppe im Hintergrund der Kreuzigungsszene beispielsweise fügte man in dieser Zeit hinzu.

In der evangelischen Stadtpfarrkirche

Die evangelische Stadtpfarrkirche ist täglich ab 9 Uhr geöffnet, jeden Mittwoch finden Orgelkonzerte statt. Der Turm kann von 9 bis 16 Uhr bestiegen werden.

Von der Piaţa Huet kommt man über die ›Lügenbrücke‹ (Podul Minciunilor) aus dem 19. Jahrhundert zur Piaţa Mică (Kleiner Ring). Dies war einst der Marktplatz der Handwerker, umrahmt von Wohnhäusern und den prächtigen Häusern der Zünfte. Direkt hinter der Lügenbrücke liegen die ehemaligen Fleischerlauben, heute das Haus der Künste. An der Nordseite kommt man durch die Arkaden des Ratturmes, der Teil der zweiten städtischen Befestigung war, wieder zum Großen Ring. Der Ratturm (Turnul Sfatului) wurde durch ein Erdbeben 1585 zerstört, wiederaufgebaut und erhielt 1826 ein Zwiebeldach. Auf einer Erinnerungstafel ist der Besuch von Prinz Charles von 1998 festgehalten.

Vom großen Ring ist es nicht weit zur Ursulinenkirche mit dem Kloster aus dem 15. bis 18. Jahrhundert und zur Franziskanerkirche. Von hier führt eine schmale Gasse zur Stadtmauer (Strada Cetăţii – dt. Harteneckgasse) mit wiederhergestelltem hölzernem Wehrgang, der Hallerbastei (Bastionul Haller) und den Türmen: Dicker Turm (Turnul Gros) Zimmermannsturm (Turnul Dulgherilor), Töpferturm (Turnul Olarilor) und Armbrusterturm (Turnul Archebuzierilor später

Tuchmacherturm). Die Stadtbefestigung von Sibiu wurde in zwei Etappen angelegt und bestand einst aus 39 Wehrtürmen, vier Bastionen, zwei Plattformen und
vier Stadttoren. Die erste Etappe dauerte vom 13. bis 15. Jahrhundert. Im 16. und
17. Jahrhundert wurden nach Vaubanschen Prinzipien vor die Mauern Wallanla-
gen und Bastionen gesetzt, heute eine begrünte Zone und beliebter Treffpunkt
aller Generationen.

Sibiu ist nicht nur der Sitz des evangelischen Bischofs, sondern auch Metropolie der rumänisch-orthodoxen Kirche. Die Metropolitankirche befindet sich
in der Strada Mitropoliei. Nach dem Entwurf der Architekten Josef Kommer und
Virgil Nagy wurde sie als vereinfachte Replik der Sophienkirche in Konstantinopel errichtet. Vor diesen Zentralbau setzten die Architekten zwei Türme, woraus
eine Kuppelkirche mit einer Turmfassade entstand. In Anlehnung an byzantinische Kirchen sind die Innenmalerei und die Ikonostase weitausholend der Dee-
sisthematik gewidmet. Jeden Sonntagmorgen wird der Gottesdienst von einem
ausgezeichneten Chor begleitet.

Das bedeutendste Museum der siebenbürgischen Kulturmetropole ist das Brukenthal-Museum. Es ist eine Stiftung des Barons Samuel von Brukenthal an das
Hermannstädter Gymnasium. Als Sproß einer im 19. Jahrhundert erloschenen siebenbürgisch-sächsischen Adelsfamilie zählte er zu den größten Staatsmännern des
Siebenbürger Sachsentums. Der Gouverneur und enge Freund Maria Theresias
zeichnete sich als Kunstkenner mit erlesenem Geschmack aus, der während seines
langen Lebens eine berühmt gewordene Gemäldesammlung zusammentrug. Einige
Stücke wurden nach dem Krieg nach Bukarest gebracht. Das Stadtpalais wurde
1778 bis 1785 von einem unbekannten Meister erbaut. Im Obergeschoß befanden
sich einst die Empfangsräume. Brukenthal selbst richtete im Palais die Kunstsammlung ein, die seit 1817 der Öffentlichkeit zugänglich gemacht werden konnte.

Gegenwärtig beherbergt das nach 1944 verstaatlichte Museum neben Gemälden der Schule von Rubens, Bildern von van Dyck, Tizian, Cranach und einigen
anderen flämischen, holländischen, deutschen, französischen und spanischen
Meistern bedeutende Werke rumänischer Künstler des 19. und 20. Jahrhunderts,
darunter von Theodor Aman (1831–1891), Lucian Grigorescu, Stefan Luchian
und Theodor Pallady. Auch die österreichische Malerei des 16. bis 19. Jahrhunderts ist vertreten. Plastiken und Reliefs von Tullio Lombardo und Werke aus der
Schule von Giovanni da Bologna sind ebenso zu sehen wie kunsthandwerkliche
Gegenstände, zum Beispiel Öfen, Möbel, Truhen und Kristalleuchter. Nach dem
letzten Weltkrieg wurden eigene Abteilungen für Volkskunst, Ethnographie,
Geschichte und Naturwissenschaften sowie eine bedeutende Bibliothek angelegt.
Der Rundgang beginnt im ersten Obergeschoß. Gleich im Treppenhaus kann man
das heutige Sibiu mit einer alten Ansicht von Hermannstadt von Franz Neuhaus-
ser vergleichen.

In der Unterstadt

Es gibt noch einige weitere Sehenswürdigkeiten in Sibiu:
- Ursulinnenkirche (Biserica Ursulinelor), Strada General Magheru 34–38, 15. Jahrhundert, später barock umgebaut. In der Kreuzkapelle steht eine Plastik, die aus einem Stein gehauen wurde: Christus umgeben von Maria und Johannes (15. Jahrhundert).
- Franziskanerkirche (Biserica Franciscanilor), Strada Şelarilor 12–14, mit einer Pietà (15. Jahrhundert).

Außerhalb von Sibiu liegt eines der vielen während der kommunistischen Ära ins Leben gerufenen Freilichtmuseen: Man fährt auf der Calea Dumbrăvii Richtung Răşinari und erreicht im Süden von Sibiu das Museum ›ASTRA‹, im sogenannten ›jungen Wald‹ (Dumbrava) mit jahrhundertealten Bäumen. Es ist täglich von 10 bis 18 Uhr geöffnet.

Für eine wohltuende Abwechslung sorgt die Fahrt in den Luftkurort Păltiniş (Hohe Rinne) 34 Kilometer südlich von Sibiu. Man fährt vorbei am Stausee des Cibin und erreicht schon bald den höchstgelegenen Kurort Rumäniens in einer Höhe von 1442 Metern.

 ›Continental‹, 3 Sterne, Calea Dumbrăvii 2–4, Tel. 02 69/21 81 00, Fax 21 01 25, nicht ganz im Zentrum, renoviert, aber viel Straßenlärm, EZ 44 Euro, DZ 56 Euro.
›Bulevard‹, 3 Sterne, Piaţa Unirii 10, Tel. 02 69/21 60 60, Fax 21 51 75, EZ 30 Euro, DZ 50 Euro.
›Împăratul Romanilor S.R.L., 3 Sterne, Strada Bălcescu 4, Tel. 02 69/21 65 00, Fax 21 32 78, E-Mail hir@verena.ro. Das Hotel liegt direkt im Stadtzentrum in einem renovierten Gebäude der Jahrhundertwende. Es gibt einen bewachten Parkplatz, das Hotel hat insgesamt eine sehr schöne Atmosphäre, das Restaurant ist gut, EZ 55 Euro, DZ 80 Euro. Unterkunft können Gäste auch im Altenheim ›Carl Wolff‹ in 13 Gästezimmern finden. Reservierungen können über Heimleiterin Ortrun Rhein erfolgen, Tel. 02 69/22 11 31, Fax 22 36 80, E-Mail: carlwolff@logon.ro.
In einem Gebäude neben der Evangelischen Stadtpfarrkirche, mit Blick auf den Kleinen Ring oder Huetplatz, gibt es ebenfalls ein kleines Gästehaus. Anmeldung bei Stadtpfarrer Kilian Dörr, Piaţa Huet 1, RO-2400 Sibiu, Tel./Fax 02 69/21 12 03, E-Mail: hermannstadt@evang.ro.
 Crama ›Sibiul Vechi‹, Strada Papiu Ilarian 3, Tel. 02 69/21 04 61, ein Kellerrestaurant mit typischer Küche, geöffnet von 12 bis 24 Uhr, man sollte reservieren.

Alba Iulia

Die Stadt Alba Iulia (dt. Karlsburg/Weißenburg, ungar. Gyulafehérvár) am
Mittellauf des Mureş kann auf eine 2000jährige Geschichte zurückblicken, die
sich an der noch bestehenden Burg ablesen läßt. Im Verlauf dieser Geschichte war
die Stadt in jüngerer Zeit eine wichtige siebenbürgische Niederlassung, ein poli-
tisch-religiöses Zentrum und zeitweilig auch Hauptstadt von Siebenbürgen.

Die heutige Stadt gliedert sich in eine Ober- und eine Unterstadt. In der Antike befand sich auf diesem Hochplateau strategisch geschickt eine Siedlung um
einen befestigten Kern, das dakische Tharmis. Als Dakien in eine römische Provinz umgewandelt wurde, errichteten die Römer zunächst ein ›Castrum Cabanae‹.
Es entwickelte sich zum antiken Apulum und beherbergte fast 200 Jahre die
XIII. Legion ›Auditrix Gemina‹. Reste dieses Castrums kann man an der nördlichen und südlichen Ringmauer erkennen.

Mit der Eroberung Siebenbürgens durch die ungarische Krone wurde Weißenburg königliche Festung. Nach dem Tatareneinfall 1241 kam es in den Besitz des
katholischen Bistums, was zum Bau der St. Michaelskirche führte. Die mittelalterliche Festung hat das römische Castrum Apulum überlagert und dessen
Grundriß einschließlich des Straßennetzes beibehalten. Die Türkengefahr machte
bauliche Maßnahmen im 14. und 15. Jahrhundert nötig, die statt in Holz in Stein
ausgeführt wurden. Mit der Erhebung Siebenbürgens zum autonomen Fürstentum
unter türkischer Oberhoheit entstanden 1551 bis 1555 vor den vorhandenen Ringmauern vier Bastionen aus Holz und Erde. Hier fand der für die Rumänen so
bedeutsame Einzug Fürst Michaels des Tapferen am 1. November 1599 als neuer
Herrscher Siebenbürgens und der vereinigten Moldau und Walachei statt. Und
nicht weit von Alba Iulia wurde er im Feldlager bei Cîmpia Turzii 1601 ermordet.

Als der Komplex im 17. Jahrhundert zum Fürstensitz wurde, entstanden einerseits Befestigungsanlagen andererseits Repräsentationsbauten wie der Fürstenpalast und das Akademische Kollegium sowie Wohnbauten. Unter Leitung des
Architekten Giacomo Resti wurden die Bastionen der Südseite ausgeführt, die
Tore im Osten und Westen erhielten schützende Vorwerke, und im Innern der
Festung entstand eine zusätzliche Schutzmauer zur Sicherung des Fürstenpalastes. Ende des 17. Jahrhunderts kam das Fürstentum Siebenbürgen unter österreichische Verwaltung, deren Sitz Karlsburg wurde. Neue Baumaßnahmen verän-
derten die antike und mittelalterliche Topographie der Niederlassung. Die westlich der mittelalterlichen Burg gelegene Altstadt und ein Teil der Burg wurden
niedergerissen, wodurch die Festung von der Stadt isoliert wurde. Das Hochplateau war nun von einer breiten, unbebauten Zone umgeben. Erst im 20. Jahrhundert überbaute man diese Schutzzone.

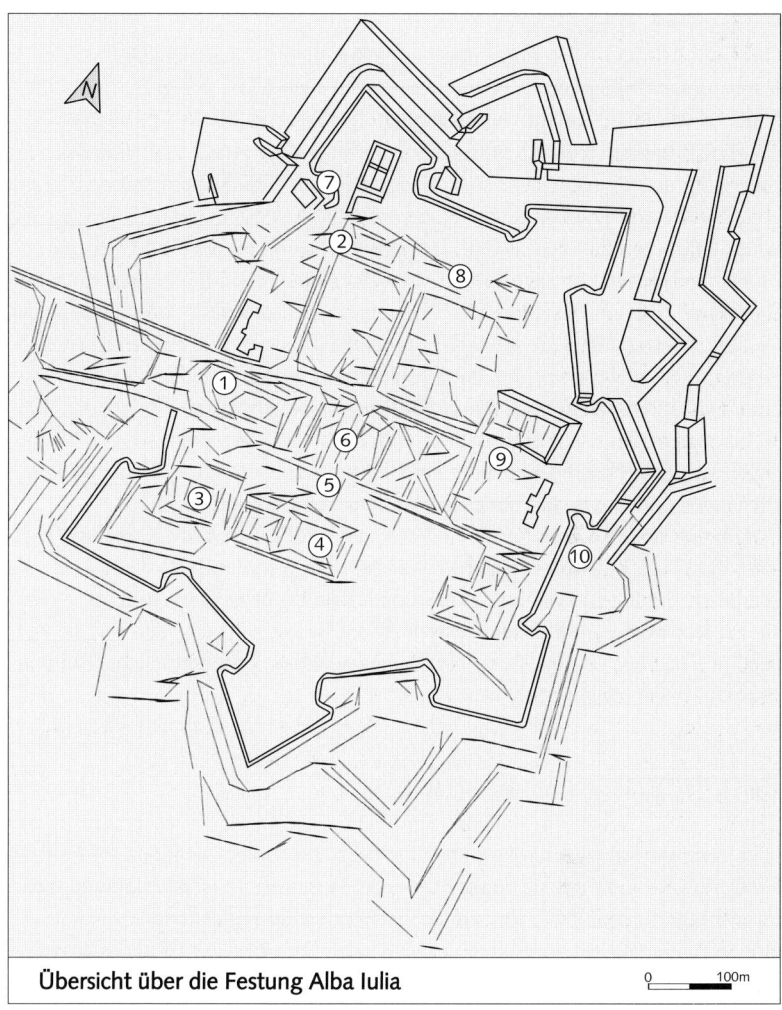

Übersicht über die Festung Alba Iulia

0 ——— 100m

Legende

1 orthodoxe Kathedrale

2 St. Michaelskirche

3 Bischofspalast

4 Fürstenpalast

5 Mihai-Viteazul-Denkmal

6 Einheitsmuseum

7 Batthyaneum

8 Apor-Palast

9 Akademisches Kollegium

10 Karlstor

Das, was man heute von der Festungsanlage sieht, geht auf einen Entwurf von Giovanni Morando Visconti zurück. Die Baumaßnahmen richteten sich nach Vaubanschen Prinzipien und dauerten von 1714 bis 1738, gegen Ende des Jahrhunderts wurde die Anlage vervollständigt. Die Festung überlagerte von vornherein alle vorherigen Verteidigungswerke und schloß sie ein. Sie hat einen siebeneckigen Grundriß mit sechs Toren, eine Länge von 1400 Metern und eine Breite von 950 Metern. Die Länge der Mauern beträgt insgesamt zehn Kilometer, die innere Fläche umfaßt 100 Hektar. Die Mauern aus Stein und Backstein sind mit Ziegeln verblendet, an den Kanten mit Werkstein. Auch die Dimensionen von Bastionen, Erdwall, Ravelins und Contregarts sind gewaltig. Die Zugänge zur Festung waren durch Tore möglich, wovon die Tore eins und drei wie Triumphbögen dreibogig gestaltet sind. Ihre Fassaden wurden mit Reliefs und Statuen verziert. Das dritte und monumentalste Tor ist das Osttor, das von Reiterstatue Karl VI bekrönt wird (derzeit in Restaurierung). In seiner Gesamtheit ist das bildhauerische Werk der Festung Karlsburg unter Leitung des Österreichers Johann König entstanden und einzigartig innerhalb der barocken Plastik Rumäniens.

Die sternförmige Festung erhielt den Namen ›Alba Carolina‹ (Karlsburg) nach Karl VI.(1711–1740), dem Vater Maria Theresias. Von der Reichsverwaltung als Hauptbefestigung Siebenbürgens bestimmt, kam ihr besondere Aufmerksamkeit zu. Sie ist eine der größten und besterhaltenen Befestigungsanlagen im Stil Vaubans in Südosteuropa und kann als das bedeutendste Ensemble einer Militärarchitektur in Rumänien betrachtet werden.

Besichtigung der Festung

Vier Tore, wovon zwei als Triumphbögen gestaltet waren, sicherten die Festung ab. Der Besucher betritt sie von der Ost- oder Westseite. Gleich hinter dem Westtor überragt die orthodoxe Kathedrale, auch Vereinigungskathedrale genannt, die einst dominierende römisch-katholische Kirche. Die orthodoxe Kathedrale wurde erst 1921 im traditionellen rumänischen Stil errichtet. In ihr krönte man Ferdinand I. und Maria zu Königen von Großrumänien. In ihr zelebrierte der Metropolit von Bukarest Miron Cristea den 1948 begangenen Festakt anläßlich der Zusammenlegung der unierten mit der orthodoxen Kirche. Man betritt den Kirchenkomplex durch einen Glockenturm von 58 Metern Höhe. Die Anlage besteht aus der von einer Kuppel bekrönten Kirche und einem rechteckigen Hof, eingefaßt von Rundbogenarkaden. Das Kircheninnere ist ausgeschmückt mit Wandmalereien im neubyzantinischen Stil von Costin Petrescu. Der Innenhof wird als Ausstellungsgelände für antike Funde genutzt. Der mittelalterliche Baubestand wurde größtenteils beim Bau der heutigen Festung zerstört.

Vollständig erhalten geblieben ist die römisch-katholische St. Michaelskirche. Der im südwestlichen Bereich der Festung gelegene Dom wurde im 13. Jahrhundert auf den Mauern von zwei Vorgängerkirchen des 10. und 12. Jahrhunderts errichtet. Ursprünglich als fünfschiffige Basilika geplant, sind nur drei Schiffe, Querschiffe, Halbrundapsis, Nebenapsiden sowie im Westen ein Atrium zwischen den beiden quadratischen Türmen ausgeführt worden. Spätere Eingriffe waren sowohl dem neuen Zeitstil als auch den Instandsetzungen nach Zerstörungen durch wiederholte Brände zu verdanken. Der Dom besitzt sowohl außergewöhnlichen bauplastischen Schmuck aus der Romanik als auch solchen aus der gotischen Zeit, so zum Beispiel ein Fries mit Darstellung des Lasters unterhalb des Traufgesimses auf der Südostseite des Chores. Hervorzuheben ist auch die Grabplastik im Inneren, das derzeit restauriert wird. Eine Reihe von Grabplatten und Sarkophagen hochgestellter Persönlichkeiten aus Kirche und Politik sind zu sehen: Iancu de Hunedoara, Johannes Hunyadi, sein Sohn Ladislaus, Königin Isabella, die siebenbürgischen Fürsten Andreas Báthory, Stefan Bocskay, Michael Apafi und Gabriel Bethlen. Die Lázóykapelle (Lazokapelle) gilt als erstes Renaissancebauwerk Siebenbürgens und weist lombardisch beeinflußte Bauplastik auf.

Die Hauptachse durch die Festung ist nach Mihai Viteazul benannt, dessen Denkmal den Mittelpunkt schmückt. An ihrem Ende befindet sich das dritte Tor, das Karlstor. Entlang dieser Hauptachse liegen die Gedächtniskirche, ehemalige Häuser, die heute als Kaserne genutzt werden, und auch ein kommunistisches Denkmal fehlt nicht.

Geht man am Denkmal für Mihai Viteazul nach links, so trifft man auf eine mit Büsten bedeutender Rumänen geschmückte Allee. Einheitsmuseum und Universität mit Einheitssaal liegen einander gegenüber. Hier wurde am 1. Dezember 1918 als Folge des Ersten Weltkrieges vor einer großen ›Nationalversammlung‹ der Anschluß Siebenbürgens an Moldau und Walachei, d. h. die Einheit aller drei Provinzen Moldau, Walachei und Siebenbürgen, ausgerufen. Daran waren Zugeständnisse an die nichtrumänische Bevölkerung, die sogenannten ›Karlsburger Beschlüsse‹, gebunden.

Es gibt noch eine Reihe weiterer sehenswerter Bauten in der Festung:
• Reste des ehemaligen Fürstenpalastes aus dem 15. bis 17. Jahrhundert.
• Apor-Palast aus der Spätrenaissance zwischen 1670 und 1690, die Bauplastik zeigt den Übergang zum Barock. Das Gebäude wurde 1714 bis 1738 als Sitz für den Oberbefehlshaber erweitert.
• Bischofspalast aus dem 17. bis 19. Jahrhundert.
• Akademisches Kollegium von 1692.
• Batthyaneum-Bibliothek (ehemaliges Trinitarierkloster) aus dem 18. Jahrhundert.
• Alte Präfektur aus dem 17. bis 18. Jahrhundert.

›Parc Hotel Alba Iulia‹,
2 Sterne, Strada Unirii 3,
Tel. 02 58/81 17 23, Fax 81 21 30,
EZ 35 Euro, DZ 43 Euro
›Cetate Hotel‹, 2 Sterne, Strada
Primăverii4, Tel. 02 58/81 17 80,
direkt gegenüber dem Haupttor der
Festung. EZ 28 Euro, DZ 43 Euro.

Motel ›Lutsch 2000‹, außerhalb bei
Vintul de Jos, direkt an der DN 7,
Tel. 02 58/73 32 73, eine der erfolg-
reichen Privatinitiativen mit guter
Küche.

 Das Einheitsmuseum auf
dem Festungsareal ist
von 10 bis 17 Uhr geöffnet.

Sebeş

Das kleine Städtchen Sebeş (dt. Mühlbach, ungar. Szászsebes) am gleichnamigen Fluß im Südwesten Siebenbürgens lag einst an der Kreuzung zweier wichtiger Landstraßen. Erste Erwähnung fand es 1223. Zwischen dem großen (Piaţa Primăriei) und dem kleinen Platz (Piaţa Libertăţii) liegen die evangelische Kirche, die einstige Marienkirche, und die Jakobskapelle.

Die evangelische Kirche ist ein mächtiger, gut erhaltener Bau, den man sich unbedingt anschauen sollte. In romanischer Zeit wurde sie als Basilika mit massiven Pfeilern und einer halbrunden Apsis begonnen. Nach dem Tatareneinfall wurde der Bau fortgeführt. Statt einer zweitürmigen Fassade schuf man einen Westturm mit Portal. Noch vor der Jahrhundertwende wurden Erneuerungen in Angriff genommen. Aus der romanischen Apsis entstand ein polygonaler gotischer Chor; das Mittelschiff erhielt ein Rippengewölbe. Im Zuge des Aufschwungs der Städte wurde der Chor zwischen 1362 und 1382 zu einem mächtigen Hallenchor ausgebaut. Er ist noch einmal so lang wie das Langhaus. Vielleicht kannte der Baumeister den Chor Heinrich Parlers in Schwäbisch Gmünd, denn in seiner reichen Ausschmückung erinnert der Chor von Sebeş an die Prager Parlerschule. Die Türkeneinfälle schwächten die Stadt, das Geld für den weiteren Ausbau mußte in die Befestigungsanlagen gesteckt werden. Prunkstück der Kirche ist der gotische Flügelaltar, er ist mit dreizehn Metern der höchste Siebenbürgens. Seine Reliefs werden Veit Stoß zugeschrieben. Auf Grund des Wappens von Ludwig II. wird er auf 1516 datiert.

Die Kirche ist Dienstag bis Samstag von 10 bis 13 Uhr und von 15 bis 17 Uhr, Sonntag von 15 bis 17 Uhr geöffnet und Montag geschlossen.

An der Platzseite erkennt man die alten Fleischerlauben. Von der Piaţa Libertăţii geht man nach rechts und stößt auf die Reste der alten Wehranlage: Studenten-, Schuster und Schneiderturm (Turnurile Studentului, Cizmarilor şi Croitorilor). Wir finden auch typisch siebenbürgische Wohnhäuser hier, teilweise in die Befestigungsanlage integriert. Das heutige Stadtmuseum wurde im ehemaligen Fürstenhaus des Johann Zápolya untergebracht. In der Klostergasse steht das ehemalige Dominikanerkloster.

Naturfreunde können von hier aus die Rote Schlucht (Râpa Roşie) erlaufen. Vier Kilometer nordöstlich der Stadt hat sich ein zu Regenzeiten wasserführender Wildbach eine tiefe Schlucht gegraben. Die Witterungseinwirkung hat in die weichen Steilwände aus Kies- Quarzsand- und Tonerdeboden im Laufe der Jahrtausende Erdpyramiden und Sandsteinfriese wie ›rote Skulpturen‹ herausgemeißelt.

Wer Zeit hat und des Suchens nicht müde wird, dem sei ein Abstecher von Sebeş nach Vinţu de Jos (dt. Unterwinz, ungar. Alvinc), einst ein großer Salzumschlagplatz, empfohlen. Die Schloßanlage wurde im 14. Jahrhundert

Skulptur an der evangelischen Kirche von Sebeş (Mühlbach)

auf den Resten eines ehemaligen Dominikanerklosters errichtet. Den Auftrag erteilte Kardinal Martinuzzi, der damalige Gouverneur Siebenbürgens. Gabriel Bethlen, 1613 Fürst von Siebenbürgen und kurzfristig auch ungarischer König, ließ das Schloß umbauen, das heute nur noch eine Ruine ist.

Die Dakerfestungen

Wer Spuren des vorrömischen Rumänien sucht, fährt über eine gut ausgebaute Schnellstraße bis Oraştie (dt. Broos, ungar. Szászvaros). Bei schönem Wetter sollte man sich für diesen Abstecher ins Gradişte-Tal unbedingt einen ganzen Tag Zeit nehmen. Das Interessante ist weniger diese Stadt mit ihren Relikten aus glanzvollern Zeiten als vielmehr die wunderschöne Landschaft, durch die eine bequeme kleine Straße bis Costeşti führt. Danach sind die Schönheiten und Sehenswürdgkeiten, sieht man von einem Schotterweg ab, der bis Gradişte reicht, nur noch zu Fuß zu erreichen. Hinter der Ortschaft Costeşti liegen Sportplätze, der Bach lädt zum Baden ein, und man kann von hier aus nach Sarmizegetusa Regia wandern. Etwa viereinhalb Stunden sollte man sich für eine Strecke Zeit nehmen. Das vorrömische Sarmizegetusa Regia war wirtschaftliches, militärisches und kulturelles Zentrum der Daker von Burebista bis Decebal. Es ist nicht ganz leicht zu finden.

Nach dem Zweiten Weltkrieg wurden die Hauptstadt und die Burgen der Umgebung, darunter auch Costeşti, systematisch erforscht. In einer Zeitspanne von mehr als 150 Jahren – vom 1. Jahrhundert vor Christus bis zum 1. Jahrhundert nach Christus – waren etwa 90 Befestigungsanlagen der Daker entstanden. besonders viele davon im Südwesten Siebenbürgens, da alle wichtigen Zugangswege zur Dakerhauptstadt versperrt werden sollten. Im engsten Umkreis der Hauptstadt Stadt Sarmizegetusa Regia, im Westabschnitt des Şurianugebirges, sind dakische Siedlungen und Festungsanlagen bezeugt: Feţele Albe, Ceata, Sarmizegetusa – Grădiştea de Munte. Die Befestigungsanlagen bestanden aus Burgen unweit großer Ansiedelungen.

Sarmizegetusa Regia breitete sich auf einer Länge von ungefähr sechs Kilometern aus. Ihre Bauten standen auf künstlich angelegten Terrassen, die zum Teil von bis zu 14 Meter hohen Mauern gestützt wurden. Die antike Stadt selbst bestand aus drei Teilen: zwei zivilen Bereichen und einer heiligen Zone, zwischen beiden lag die Burg. Die Stadt war mit Wasserleitungen, Entwässerungskanälen, gepflasterten Wegen und Stiegen ausgestattet. Befestigungsanlagen umgaben den Hügel von hundert Meter Höhe. Sie bestanden aus einem Schutzwall, Palisaden und einer in dakischer Technik errichteten Ringmauer. Nach der Teilzerstörung durch die Römer im Jahr 106 nach Christus wurde die Burg von den Römern wiederaufgebaut und erweitert. Sie verwendeten Bauteile von allen Teilen der Stadt. Im Osten der Burg lag die heilige Zone, von der zehn Sanktuarien (sieben waren im Jahr 106 nur in Gebrauch), zwei runde und acht viereckige sowie ein großer Steinaltar, entdeckt wurden. In ihrer Orientierung verweisen sie auf astronomische Beobachtungen. Ungewöhnliche Anstrengungen erforderte die Beschaffung der Baumaterialien, des

Im Gradişte-Tal bei Costeţi

Kalksteins und des Andesit. Die Bauten zeigten dakische als auch hellenistische Stilelemente. Die moderne Archäologie hat das erforschte Gelände und ihre Bauten markiert. Heute ist das gesamte Gelände ins UNESCO-Weltkulturerbe aufgenommen. Man sollte sich unbedingt ausgiebig diesen Ursprüngen Rumäniens in schönster Natur widmen.

Hunedoara

Von Alba Iulia fährt man in Richtung Deva (dt. Diemrich, ungar. Déva), wo sich im ehemaligen Schloß Magna Curia aus dem Jahr 1621 ein interessantes archäologisches Museum befindet, in dem die dakischen und römischen Funde der Umgebung ausgestellt sind. Im Westen der Stadt liegt die Ruine der alten Burg (Cetatea Devei), ehemals eine der stärksten Siebenbürgens aus dem 13. Jahrhundert; unterhalb die Statue Decebals, König der Daker. Nicht weit von Deva liegt Hunedoara (dt. Eisenmarkt, ungar. Vajdahunyad). Inmitten seines riesigen, trostlosen Industriekomplexes mit Eisenverhüttung, Chemiekombinaten und Baustoffindustrie befindet sich einer der bedeutendsten Profanbauten Siebenbürgens: Schloß Corvineşti. Als Castrum im 14. Jahrhundert errichtet, schenkte es Sigismund der Luxemburger 1409 dem Knesen Voicu. Der Vater des späteren Woiwoden Iancu von Hunedoara erhielt es, einschließlich vierzig Dörfern, für seine Verdienste. Der Name der Burg läßt sich vom rumänischen ›corb‹ (der Rabe) ableiten. Das Gebäude kann täglich außer montags von 10 bis 19 Uhr besichtigt werden.

Iancu von Hunedoara hatte den Umbau zu einer großen Festung 1441 vorangetrieben. Da den bereits erfundenen Feuerwaffen aber keine Festung mehr standzuhalten vermochte, ließ er die Anlage nach seiner Wahl zum Reichsverweser in ein Residenzschloß umwandeln. Dabei entstanden eine gotische Kapelle und ein repräsentativer Wohntrakt. In dessen Erdgeschoß befand sich der Empfangsraum, der sogenannte Rittersaal. Durch ein Eingangsportal führt eine Wendeltreppe ins Obergeschoß in den Saal der Reichsversammlung. Zur Hofseite öffnet sich eine Art Loggia des Nordflügels, auch Matthiasflügel genannt. Nach dem Aussterben des Geschlechts wechselte die Burg mehrfach den Besitzer. Fürst Gabriel Bethlen fügte die Munitionsbastei und den burgartigen Vorbau hinzu, der den Zugang zur Eingangsbrücke deckte. Später vorgenommene Einbauten wurden bei Restaurierungsarbeiten im 20. Jahrhundert beseitigt.

Ein Legende erzählt, daß der dreißig Meter tiefe Brunnen einst von gefangenen Türken gegraben wurde. Ihnen hatte man dafür die Freiheit versprochen. Als der Brunnen jedoch nach fünfzehn Jahren fertiggestellt war, hielten die Auftraggeber nicht Wort. Eine Inschrift auf der Brunnenmauer »Wasser habt ihr, aber keine Seele« erinnert an den Wortbruch.

Modell der Burg Corvineşti

Durchs Haţeger Land

Von Hunedoara kann man beruhigt die kleine Straße nach Călan benutzen, sie ist in gutem Zustand. In Călan selbst stören verrottete Industrieanlagen das schöne Landschaftsbild. Im Vorort Strei (ungar. Zeykfalva) steht die von der rumänischen Knesenfamilie Zeyk im 13. Jahrhundert gestiftete orthodoxe Kirche. In ihrem Inneren sind wenige Reste kostbarer Wandmalerei an Wand und Chor zu sehen. An der Altarwand befinden sich ein Selbstbildnis und die Signatur des Malers.

Und weiter geht es durchs Haţeger Land, das Zentrum des alten Dakerreiches. Im gleichnamigen Hauptort Haţeg (dt. Hatzeg, ungar. Hátszeg) verunstalten Erdgasanlagen das Bild; Eisen wird hier verarbeitet und das Haţeger Bier gebraut, beide Firmen sind wichtige Arbeitgeber. Die Straße 66 führt über den Pasul Băniţa-Merişor über das Retezat-Gebirge nach Petroşani (dt. Petroschen, ungar. Petrozseny) und weiter ins Schiltal (rumän. Tal des Jiu). Nach der Entdeckung der reichen Kohlevorkommen hat sich das Gebiet vom Wald- und Weidegebiet zu einer Industrielandschaft entwickelt. Hinter Haţeg vergißt man die häßlichen Eindrücke jedoch schnell und genießt die waldreiche Gegend mit ihren ausgedehnten landwirtschaftlich genutzten Flächen. Südlich des Haţeger Landes, im Retezat-Massiv (Munţii Retezatului) mit dem 2509 Meter hohen Peleaga und mehr als 80 Seen, liegt der größte und bekannteste Naturpark Rumäniens mit 130 Quadratkilometern Fläche, in dem Gemsen, Bären, Luchse und Hirsche leben.

Überall in Rumänien lohnen sich Um- oder Abwege von den Hauptstraßen, weil man sonst zu viele Kunstwerke übersähe. Ein Abstecher führt nach Densuş (dt. Densdorf). Die dem heiligen Nikolaus geweihte orthodoxe Kirche von Densuş gehört mit einer Gruppe von Steinbauten im Hatzeger Land zu den ältesten mittelalterlichen Baudenkmälern Siebenbürgens. Sie ist ein wahres Kleinod, das zur Zeit restauriert wird. In den Quellen wurde sie erst 1360 bezeugt. Die Ortsführer interpretieren die Kirche als Umbau eines heidnischen Tempels. Andere Erklärungen sehen in der Verwendung von Spolien (Bauteilen aus älteren Gebäuden) ihre Herkunft aus Sarmizegetusa-Ulpia Traiana, der Hauptstadt der römischen Provinz Dakien, die nur wenige Kilometer von Densuş entfernt liegt. Ob auf einem antiken Arestempel eine Kirche entstand oder Spolien herangeschafft wurden, sei einmal dahingestellt. Tatsächlich tragen in dem quadratischen Raum vier massive Stützen, ehemalige antike Grabsteine, einen später hinzugefügten Turm. Auf den Grabsteinen sind Inschriften in den Sprachen Griechisch, Kyrillisch und Lateinisch zu lesen. Das Kirchlein ist klein. Ein Altarraum mit verlängerter Apsis wurde dem Hauptschiff angefügt. Die Altarplatte besteht ebenfalls aus einem antiken Grabstein.

Die Malereien im Inneren sind größtenteils ein Werk des Stefan Zugravul (Stefan der Maler), der byzantinischen Traditionen verpflichtet war. Seine Signatur findet man unter dem südöstlichen Fenster der Apsis. Im Naos sind links der

Auf den Landstraßen sollte man vorsichtig fahren

*Die othodoxe Kirche von Densuş
(Densdorf)*

Ikonostase die Heiligen Nikolaus, Prokopios, Cosmas und Damian, rechts
Helena und Konstantin zu sehen. Auf
den Pfeilern prangen König David,
Bartholomäus und Gottvater mit Christus.

An der Außenseite hat der Baumeister antike Elemente varianten- und
einfallsreich eingesetzt. An der Nord-
und Südseite wurden rein dekorativ römische Säulen angeordnet. Von außen
wirkt die Kirche wie ein Würfel, dessen
Oberfläche mit Steinplatten und römischen Steinquadern verkleidet wurde.
Der Glockenturm strebt auf quadrati-
schem Grundriß in die Höhe – wie die
Kirche mit einem steinernen Rauten-
dach und vier Dreiecksgiebeln. Im
Laufe der Zeit wurden Bauglieder auf
der Südseite sowie der Pronaos ange-
fügt. Ein wenig wirkt die Kirche wie ein Konglomerat aus mehreren Epochen. Als
Zentralbau ist sie byzantinisch, während andere Elemente an siebenbürgische
Holzbauten erinnern. Leider fehlen trotz des UNESCO-Schutzes die Gelder, um
die Kirche grundlegend zu sanieren, so daß das Gerüst sicher so schnell nicht wieder abgebaut werden kann. Um die Kirche herum liegt ein idyllischer Friedhof. Im
Eingangsbereich sind Fossilien ausgestellt. Heute noch werden die Gottesdienste
der kleinen Gemeinde hier abgehalten.

Die Ausgrabung Sarmizegetusa-Ulpia Traiana

Bevor man Siebenbürgen über die Poarta de Fier a Transilvaniei (Transsilvanische Pforte) verläßt und die Reise im Banat fortsetzt, lohnt sich noch ein Spaziergang durch das alte Sarmizegetusa-Ulpia Traiana. Direkt an der Straße der gleichnamigen Ortschaft liegt der Eingang zur Ausgrabungsstätte, die bis Sonnenunter-
gang geöffnet ist.

Unter persönlicher Führung leitete Trajan im Jahr 101 nach Christus sein
150 000 Mann starkes Heer über das Banat, gelangte ohne großen Widerstand
nach Caransebeş, wo er auf Decebal traf und diesen besiegte. Decebal entkam,
und Trajan zog über die Paßhöhe ins Haţeger-Land weiter. Hier brach er den Vor-

Ausgrabungen in Sarmizegetusa-Ulpia Traiana

marsch ab und errichtete sein Winterquartier. Um diesen Militärstützpunkt entstand eine Siedlung. Diese wiederum wurde der Ausgangspunkt für eine Veteranenkolonie, die ›Colonia Ulpia Traiana Augusta Dacia‹ (108–110).

Unter Hadrian erhielt die Colonia den Namen der alten dakischen Hauptstadt ›Colonia Ulpia Traiana Sarmizegetusa‹. Dieses dakische Sarmizegetusa lag sechzig Kilometer östlich in den Wäldern. Ulpia Traiana war Sitz des Reichsstatthalters für die drei Provinzen Dakiens. Unter Severus Alexander (222–235) wurde ihr der Titel ›metropolis‹ verliehen. Doch schon bald setzte der Niedergang der Stadt ein, und seit dem Ende des 3. Jahrhunderts war sie nicht mehr bewohnt. Die Benennung des heutigen Ortes nach der alten Stadt ist im Bestreben der vergangenen Jahrzehnte begründet, die romanische Abstammung der Rumänen durch antike Ortsnamen zu dokumentieren.

Hinter dem Eingang sieht man rechter Hand die Reste des Amphitheaters. Es lag außerhalb der Stadtmauer und konnte fünftausend Besucher aufnehmen. Vorbei an Thermen- und Tempelresten sowie landwirtschaftlich genutzten Feldern kommt man zum rechteckigen Zentrum der einstigen Kolonie, die von einer Steinmauer umschlossen war. Einige Bauten davon wurden freigelegt. Eine Basilika, das Forum und das ›Aedes Augustalium‹, ein Gebäude, das einem besonderen Kaiserkult diente. Weitverstreut wurden auch die Reste von römischen Bauernhäusern gefunden. Die Funde der Ausgrabungsstätte sind im Museum am Ort sowie in Deva, Cluj und im Nationalmuseum von Bukarest ausgestellt.

Cluj-Napoca

Cluj-Napoca (dt. Klausenburg, ungar. Kolozsvár), das Wirtschaftzentrum der Region, erreicht man von der Crişana kommend über die Westkarpaten über einen niedrigen Paß von 528 Metern, begleitet vom Crişul Repede, der zu mehreren Seen aufgestaut wird. Oder von Osten kommend über Turda (dt. Thorenburg, ungar. Torda). Als antikes Potaissa war Turda ein Knotenpunkt des römschen Dakien. In diesem Ort ist die älteste einschiffige Hallenkirche Siebenbürgens aus dem 15. Jahrhundert für den Kunstinteressierten sehenswert. Die sie einst umgebenden Verteidigungsbastionen des 16. Jahrhundert sind nicht mehr erhalten. Der Bau war wie Densuş mit Spolien eines römischen Kastells errichtet worden. Das römische Kastell wurde im 19. Jahrhundert ganz abgetragen. Für den Natur-Liebhaber sei auf die Turda-Schlucht unweit der Stadt aufmerksam gemacht. Wenige Kilometer vor Cluj fährt man durch den Ort Feleacu mit einer siebenbürgischen Stiftung des Moldauers Stefan des Großen. Die rumänische Metropolie beherbergte eine Malschule.

Cluj-Napoca ist ebenso wie Alba Iulia eine sehr alte Stadt mit wechselvoller und bewegter rumänischer, ungarisccher und deutscher Vergangenheit. In dako-römischer Zeit hatte sie unter dem Namen Napoca Bedeutung besessen. In Erinnerung daran wurde der heutigen Stadt 1974 der Namenszusatz Napoca angefügt. Auf den Ruinen des antiken römischen Napoca entstand eine neue Siedlung, die wiederum der Völkerwanderung zum Opfer fiel. Aus den Quellen weiß man, daß im 11. und 12. Jahrhundert eine gemischte walachisch-slawische Bevölkerung hier ansässig war. Auch nach der Errichtung eines magyarischen Militärlagers ›Castrum Clus‹ im Jahr 1213 blieb dieses Völkergemisch erhalten. In den folgen-

Legende

1 Michaelskirche	10 Festung
2 Denkmal für Matthias Corvinus	11 Rathaus
3 Bánffy-Palais	12 reformierte Kirche
4 Geburtshaus von	mit Georgsstatue
Matthias Corvinus	13 Franziskanerkloster
5 Dominikanerkloster	14 Botanischer Garten
6 Babeş-Bolyai-Universität	15 Memorandum
7 Schneiderbastei	16 römisch-katholische Kirche/
(Historisches Museum)	Piaristenkirche
8 Nationaltheater und Staatsoper	17 Hotel ›Transilvania‹
9 orthodoxe Kathedrale	

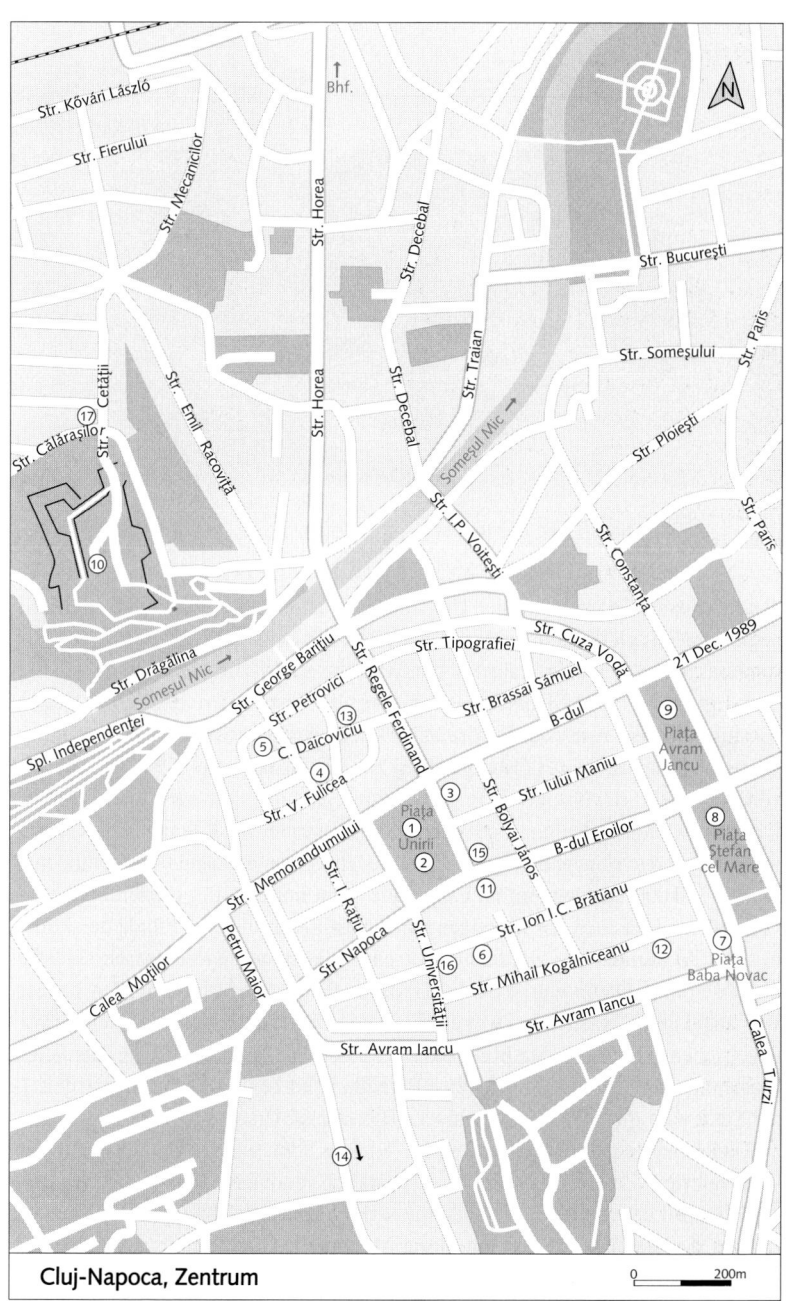

Cluj-Napoca, Zentrum

0   200m

Im Zentrum

den Jahrhunderten wandelte sich Cluj zum bedeutendsten Verwaltungs- und Militärzentrum des gleichnamigen Komitats. Nach der Gründung des autonomen Fürstentums Siebenbürgen im Jahr 1541 entwickelte es sich zur wichtigsten Stadt Siebenbürgens, der durch Michael den Tapferen alle einstigen Privilegien der Ungarn bestätigt wurden. Nach der Reformation blieb sie Hauptsitz des Magyarentums. Zweimal erwählten die Habsburger Cluj zur Hauptstadt: von 1790 bis 1848 und von 1861 bis 1867. Nach dem Ersten Weltkrieg wurde sie wegen ihrer zentralen Lage ein wichtiges Kultur- und Verwaltungszentrum. Im Rahmen des Rumänischen Königreichs hatte eine gezielte Ansiedelung von Rumänen stattgefunden.

Mit 320 000 Einwohnern ist Cluj heute nicht nur eine der großen Städte des Landes, sondern auch ein wichtiges kulturelles Zentrum. Eine Filiale der Rumänischen Akademie, der zahlreiche Forschungsinstitute angeschlossen sind, hat hier ihren Sitz. Damit wurde an die Tradition der seit 1872 bestehenden Universität angeknüpft. Nach dem Zweiten Weltkrieg wurde die Industriealisierung vorangetrieben, welche das Stadtbild stark verändert hat. Betriebe aus den Bereichen Maschinenbau, Lebensmittel, Möbel, Porzellan und Textil wurden angesiedelt. In der Stadt wird die bekannte rumänische Biermarke ›Ursus‹ produziert.

Daneben ist die Stadt am Someş Mic (Kleiner Somesch) ein Handels- und Verkehrszentrum. Zeugnis davon gibt der kürzlich renovierte Bahnhof (Gara Centrală) im Stil der Jahrhundertwende mit seinem neuen Schriftzug ›Cluj Napoca‹. Unweit des Bahnhofes steht ein Horia-Monument, dem Führer des siebenbürgischen Bauernaufstandes von 1784/85 gewidmet.

Derzeit gibt es Spannungen zwischen den ungarisch-magyarischen Bürgern, die etwa ein Drittel der Gesamtbevölkerung ausmachen, und den Rumänen. Die Ungarn fordern seit 1989 kulturelle Autonomie, doch die Weichen wurden anders gestellt. So kam es beispielsweise zum Verbot aller Schilder in ungarischer Sprache.

Die Altstadt

Das heute ›Altstadt‹ genannte Viertel ist gekennzeichnet durch die vermutlich 1316 begonnene Ringmauer. Ihr Bau war ein Privileg, das die Dynastie der Anjou, die über Ungarn im 14. Jahrhundert herrschte, Deutschen und Szeklern in Siebenbürgen im 14. Jahrhundert gewährte. Die erste Ringmauer wurde vermutlich teilweise auf den Grundmauern des römischen Napoca angelegt.

In ihrem Zentrum, auf dem ehemaligen Markplatz, umbenannt in Piaţa Libertaţii und heute der Einheitsplatz (Piaţa Unirii), steht die an deutsche Vorbilder angelehnte römisch katholische St. Michaelskirche (Bisercia Sfântul Mihai). Die Kirche wurde als Basilika begonnen und als gotische dreischiffige Hallenkirche im 14. und 15. Jahrhundert weitergeführt. Ihr Bau erfuhr im Laufe der Zeit noch mehrfach Veränderungen. Letztes Bauglied war der achtzig Meter hohe Glockenturm im Stil der Neogotik an der Nordseite. Das Innere erhebt sich als Sterngewölbe. Die Wandpfeiler werden durch teilweise figurative Kapitelle geziert: Frau mit Gebetbuch, Steinmetz, eine Fiale meißelnd, Lehrer oder Student. Aus der Epoche der Renaissance (1528) stammt das Portal der Sakristei mit dem Stadtwappen und dem Pelikan, vielleicht ein Stifterwappen. Von 1556 bis 1716 wurde die Kirche von den Reformierten genutzt und deshalb die Innenausstattung größtenteils beseitigt. Nach der Rekatholisierung erhielt die Kirche eine barocke Ausstattung. Dem Barock verdankt sie die Kanzel, die vom Namenspatron, Sankt Michael, den Drachen tötend, bekrönt wird. Als Denkmal der Neogotik schmückt dieser auch das Hauptportal des Gotteshauses. Rechts vom Haupteingang, im Südwestjoch, befindet sich die dem Erzengel geweihte Michaelskapelle von 1481. Hier und im Langhaus sind wenige Reste der ehemals die gesamte Kirche schmückenden Wandmalereien erhalten.

Der Einheitsplatz ist umgeben von prächtigen Gebäuden des 18. Jahrhunderts. Stellvertretend sei hier das Bánffy-Palais (Palatul Bánffy) genannt. Das Palais ließ Georg Bánffy in den Jahren 1773 bis 1785 durch Johann Erhard Blaumann errichten. Es handelt sich um eine Vierflügelanlage um einen rechteckigen Ehrenhof. Dahinter lag ein zweiter, heute nicht mehr bestehender Hof, auf dem sich Wirtschaftsgebäude befanden. Den Mittelteil der Front bekrönt das Bánffy-Wappen, das von zwei Greifen gehalten wird. Als Stadthaus der ungarischstämmigen Adli-

Matthias Corvinus

Auf dem geräumigen Einheitsplatz steht das Reiterstandbild (Monumentul lui Matei Corvin) des Matthias Corvinus (1443–1490), das von János Fadrusz in den Jahren 1894 bis 1902 ausgeführt wurde. Der berühmte Hermannstädter, Sohn des ebenso berühmten Iancu de Hunedoara konnte nicht wissen, daß sein Denkmal einmal fast bürgerkriegsähnliche Zustände in seiner Heimatstadt provozieren würde. Matthias erhielt den Beinamen Corvinus vom Raben seines Wappens. Während sich die Großen des Landes am 24. Januar 1458 nicht einigen konnten, weil keiner der Thronanwärter seinen Anspruch auf eine königliche Abstammung zu stützen vermochte, versammelte sich der niedere Adel auf dem Eis der zugefrorenen Donau und rief Matthias zum König aus. Hochbegabt in vieler Hinsicht, war er ein ausgezeichneter Feldherr und erstklassiger Verwaltungsfachmann, ein gelehrter Astronom, Kenner und Mäzen der bildenden Künste; außerdem beherrschte er ein halbes Dutzend Sprachen. Seine Bibliothek, die ›Corvina‹, war in ganz Europa bekannt. Er war ein echter Renaissancefürst auf ungarischem Thron und durch seine zweite Ehe mit Beatrice von Aragon, einer Tochter des Königs von Neapel, kam der Einfluß der italienischen Frührenaissance an seinen Hof. Die Geschichte der Sockelinschrift des Denkmals ist turbulent und zeugt von Rivalitäten zwischen Ungarn und Rumänen: einst trug es den ungarischen Namen »Mátyás Corvin« sowie das Wappen des Habsburgerreiches. Nach dem Anschluß Siebenbürgens an Rumänien 1918 wurde dieser ersetzt durch rumänisch »Matei Corvin« und ein Zitat Nicolae Iorgas »Siegreich in Kriegen, geschlagen nur in Baia von seinem eigenen Volk, als er versuchte, die unbesiegte Moldau niederzuwerfen«. Nach rumänischer Meinung hatte sich der König magyarisiert. Von 1940 bis 1944 gehörte Nordsiebenbürgen wieder zu Ungarn, die alte Inschrift wurde wieder installiert. Unter den Kommunisten lautete sie ›Mathias Rex‹, später wurde im Auftrag des nationalistisch gesonnenen Bürgermeisters Gheorghe Funar die alte rumänische Inschrift wieder angebracht. Unweit des Denkmals ist seit jüngster Zeit ein römisches Ausgrabungsareal offengelegt. Die Nachbildung eines Fragmentes der Trajansäule aus Marmor wurde 1998 vor dem Denkmal aufgestellt – das Ergebnis des hartnäckigen Kampfes von Bürgermeister Funar, der wegen der Ausgrabungen gleich das ganze Denkmal entfernen wolte. Der Widerstand der zahlenmäßig starken Ungarn stoppte das Vorhaben allerdings.

gen errichtet, beherbergt es heute das Kunstmuseum. Im Innenhof lädt ein malerischer Biergarten zum Verweilen und Verschnaufen ein. Daneben liegt das Palais Teleki, das zwischen 1790 und 1795 im klassizistischen Stil errichtet wurde.

Das Geburtshaus von Matthias Corvinus (Casa Natală lui Matei Corvin), des großen Sohnes der Stadt, aus dem frühen 15. Jahrhundert ist zu besichtigen. Hinter dem Parterrefenster zur Linken des Spitzbogen-Eingangs soll der nachmalige Ungarnkönig 1443 das Licht der Welt erblickt haben.

Unweit davon befindet sich das heute als Musikschule genutzte Dominikanerkloster (Mănăstirea şi Biserica Dominicanilor). Anfang des 15. Jahrhunderts im

Das Geburtshaus von Matthias Corvinus

gotischen Stil errichtet, steht es wohl auf den Ruinen eines römischen Tempels. Das ehemalige Refektorium dient heute der Musikschule als Konzertsaal.

Cluj ist Bildungs- und Kulturzentrum. An den vier Hochschulen mit insgesamt 22 Fakultäten sind derzeit etwa 30 000 Studenten eingeschrieben. Schon 1872 wurde die erste Universität gegründet. Sie wurde nach János Bolyai benannt, dem berühmten ungarischen Mathematiker des 19. Jahrhunderts. In den sechziger Jahren verschmolz sie mit der rumänischen Universität von Cluj, nach Victor Babeş benannt, und ist heute die Babeş-Bolyai-Universität, (Universitatea-Babeş-Bolyai) mit ungarisch- und rumänischsprachiger Fakultät. Die zu Zeiten der autonomen ungarischen Region in Târgu Mureş gegründete ungarisch-medizinisch-pharmazeutische Fakultät wurde der von Cluj angeschlossen.

Das Nationaltheater

Daneben versucht heute das Deutsche Kulturzentrum (Centurl Cultural German), trotz Abwanderung vieler Deutscher, die deutsche Kultur und Sprache zu pflegen und zu fördern. Nicht weit davon befindet sich das Denkmal der ›Siebenbürgischen Schule‹ (Monumentul Şcoalei Ardelene); es zeigt drei Hauptvertreter: S. Micu, G. Şincai und P. Maior. Sie hatten im 18. und 19. Jahrhundert Meilensteine in der rumänischen Sprachforschung gelegt und damit maßgeblich das damals entstehende rumänische Nationalbewußtsein gestärkt.

Vorbei an der Strada Mihail Kogălniceanu passiert man ein Fragment der Stadtmauer. Nach der ersten großen Stadterweiterung wurde sie im 15. Jahrhundert errichtet. Ein Turm der Schneiderzunft (Bastionul Croitorilor), 1475 erwähnt, wurde durch Blitzschlag und Pulverexplosion zerstört. Die heutige Bastei wurde 1629 erbaut. Sie ist dreigeschossig und mit Schießscharten für schwere und leichte Feuerwaffen versehen. Eine Abteilung des Historischen Museums hat hier ihren Sitz.

Von hier ist es nicht weit in das zweite Zentrum der Stadt, der einst außerhalb der alten Stadtmauer gelegenen Doppelplatzanlage: Platz Stefan des Großen (Piaţa Ştefan cel Mare einst Victoriei) und Avram-Iancu-Platz. Hier befinden sich Nationaltheater und Staatsoper (Teatrul Naţional şi Opera). Schon im 19. Jahrhundert bestanden in Cluj drei Sprechbühnen, von denen eine in ungarischer Sprache spielte, und zwei Opernhäuser, von denen wiederum eines magyarisch geleitet war. Gegenüber steht die orthodoxe Kathedrale (Catedrală Ortodoxă), die von Constantin Pomponiu und Gheorghe Cristinel 1912 im neobyzantinischen Stil errichtet wurde. Die Avram-Iancu-Statue (Statuia lui A. Iancu) ersetzt das Sowjetdenkmal.

Am Bulevardul Eroilor steht das Rathaus von 1843 im Stil der Neorenaissance mit dem Stadtwappen, der Obelisk wurde zum Gedenken an die Opfer der Kriege errichtet.

Die Festung (Cetatea) auf dem Schloßberg im Norden der Stadt wurde im 18. Jahrhundert nach den Vaubanschen Vorbildern errichtet.

Weitere Sehenswürdigkeiten

Die reformierte Kirche (Biserica Reformată din Centru) steht in der Strada Kogălniceanu, sie wird auch reformierte Matthiaskirche genannt. 1486 wurde sie auf Geheiß des Matthias Corvinus als Minoritenklosterkirche begonnen, später den Jesuiten übergeben, im Streit zwischen Katholiken und Protestanten 1603 schwer beschädigt, Mitte des 17. Jahrhunderts einem kalvinistischen Kollegium zugewiesen und wiederaufgebaut. Hervorzuheben ist die steinerne Kanzel. Eine bedeutende Georgstatue (Statuia Sfântul Gheorghe) steht vor dem Gebäude, eine Kopie des Prager Vorbildes der Klausenburger Bildhauerbrüder Martin (Mártin) und Georg (György). Sie ist etwa 600 Jahre alt und damit ältestes bronzenes Denkmal Siebenbürgens.

Ein Franziskanerkloster aus dem 15. Jahrhundert, dessen Bau durch Iancu de Hunedoara veranlaßt wurde, ist ebenso einen Blick wert.

Der Botanische Garten mit einer Fläche von 13 Hektar ist der größte seiner Art in Rumänien. Er wurde 1920 angelegt. Das Memorandum ist ein Monument zu Ehren der rumänisch-nationalen Bewegung des 19. Jahrhunderts.

Die römisch-katholische Kirche/Piaristenkirche ist der früheste Barockbau Siebenbürgens. Sie steht in der Strada Universității und wurde als Jesuitenkirche 1718 bis 1724 erbaut. Die Schauseite wird von zwei Türmen flankiert. Im Inneren finden sich plastische Details, die an die Wiener Peterskirche denken lassen.

Obstverkauf auf der Straße

Im Norden von Cluj liegt auf dem Weg nach Dej Gherla (dt. Neuschloß, ungar. Szamosujvár). Noch Anfang des 16. Jahrhunderts war der Grund im Besitz des Bischofs von Oradea, Georg Martinuzzi, der sich ein Schloß nach Plänen des Italieners Domenico da Bologna errichten ließ. Den Anbau des sogenannten Rákóczi-Flügels schuf Serena 1553. Das Gebäude diente seit 1781 als Gefängnis und noch vor der jüngsten Revolution war es ein gefürchteter Ort für politische Gefangene des Kommunismus. Interessant ist jedoch die Geschichte des Ortes. Im Jahr 1669 wanderten wegen kriegerischer Auseinandersetzungen in der Moldau viele Armenier in die Region. Sie erhielten mit Erlaubnis der Familie Apafi das Recht, sich niederzulassen, was sie vor allem in Bistritz wahrnahmen. Im Pestjahr 1712 wurden sie aus der Hauptstadt des Nösnergaues vertrieben und gingen nach Gherla, das sie bereits gekauft hatten. Sie bauten die Siedlung aus und bald sprach man anstelle von Gherla von Armenopolis. Heute erinnert die barocke Kirche mit dem Glockenturm und zwei niedrigeren Flankentürmchen an die armenische Gemeinde.

 ›Napoca‹, 2 Sterne, Strada Octavian Goga 1–3, Tel. 02 64/18 07 15, Fax 18 56 27, direkt am Fluß abseits des Zentrums, auffälliges Hochhaus der kommunistischen Zeit, EZ 30 Euro, DZ 56 Euro.
›Continental Hotel‹, 2 Sterne, Strada Napoca 1, Tel. und Fax 02 64/19 14 41, Fax 19 51 75, E-Mail: Conticj@codec.ro, das Hotel befindet sich mitten im Zentrum in einem historischen Gebäude, einfache Ausstattung, EZ 46 Euro, DZ 46 Euro.
›Transilvania‹, 3 Sterne, Strada Călărașilor 1–3, Tel.064/43 20 71, Fax 43 20 76, auf dem Burghügel, EZ 65 Euro, DZ 98 Euro.
›Continental Villa‹, 4 Sterne, Strada Sincai 6, Tel. 02 64/19 55 82, Fax 19 97 89, E-Mail: conticj@codec.ro.

›Victoria‹, 3 Sterne, Bulevardul 21. Decembrie 54–56, Tel. 02 64/19 79 63, Fax 19 75 73, EZ 55 Euro, DZ 65 Euro.

Historisches Museum (Muzeul Național de Istorie a Transilvaniei), Strada D. Dalcoviciu 2, Tel. 02 64/19 56 77, mit reichhaltiger Mosaik-, Terrakotta und Sarkophagsammlung, täglich außer Montag und Dienstag von 10 bis 17 Uhr. Nationales Kunstmuseum im Bánffy-Palais (Muzeul Național de Artă), Piața Unirii (Einheitsplatz) 30, Tel. und Fax 02 64/19 69 52/53, zu sehen sind rumänische Künstler des 19. und 20. Jahrhunderts. Geöffnet täglich außer Montag und Dienstag von 10 bis 17 Uhr.

Târgu Mureş

Wenn man von Norden die Karpaten über den Pasul Borsec (dt. Borsec-Paß) überquert, liegt auf dem Weg nach Târgu Mureş Reghin (dt. Sächsisch-Regen/Säch-
sisch-Reen, ungar. Szászrégen), das im 14. Jahrhundert erstmals als deutsche
Siedlung erwähnt wurde. Die verkehrsgünstig am längsten Fluß Siebenbürgens,
dem Mureş (dt. Mieresch/Marosch, ungar. Maros), liegende Stadt verdankte ihren
einstigen Wohlstand der Flößerei. Die Flöße fuhren flußabwärts in Richtung
Arad. Daneben war und ist auch heute noch die Holzindustrie dominierend.
Berühmt für ihre Originalität und Bildhaftigkeit war einst die Reener Mundart,
von der leider heute nicht mehr viel zu hören ist.

In Târgu Mureş (dt. Neumarkt, ungar. Vásárhely) lohnt sich ein Aufenthalt.
Die Stadt am Mureş ist der Hauptort des Szeklergebietes und seit 1322 als ›Neuer
Marktflecken‹ belegt. Gegen die Bedrohung durch die Türken während vierhun-
dert Jahren schützte man sich mit dem Bau der Burganlage. Die Bastionen der
Zünfte können noch heute besichtigt werden. Die reformierte Kirche (Bisercia
Reformată) ist in die Festungsanlage integriert.

Das repräsentativste Gebäude der Stadt ist der Kulturpalast, der mit dem Rathaus ein geschlossenes Ganzes bildet. Mit ihm läßt sich die in Oradea begonnene
Jugendstilreise durch das heutige Rumänien fortsetzen. Vor dem Rathaus ist eine
Skulptur der römischen Wölfin aufgestellt, die die Zwillinge säugt – das Pendant
zur Skulptur in Rom. Der Entwurf des Kulturpalastes geht auf die ungarischen

Der Kulturpalast in Târgu Mureş (Neumarkt)

Architekten Jakab Dezsó und Komor Marcell zurück. Die Majolica für das Dach wurde in den Zsolnai-Werken in Pécs hergestellt. An Material wurde nicht gespart, wie man an den vergoldeten Mosaiken der Hauptfassade erkennen kann. Um einen Eindruck vom prunkvollen sezessionistischen Inneren zu bekommen, sollte man das Historische Museum, das neben der Philharmonie, einer Bibliothek, einem kleinen Konferenzsaal, dem Theater und dem Kunstmuseum hier untergebracht ist, aufsuchen. Die 45 Meter lange Eingangshalle ist mit Carrara-Marmor ausgelegt. Zwei venezianische Spiegel und zwölf Wandbilder mit Szenen aus dem Szeklerleben schmücken die Wände.

Vom Kulturpalast läuft man in Richtung Zentrum (Centru) entlang dem Fluß Doja. Fassaden verschiedener Epochen vom Barock bis zum 20. Jahrhundert rei-

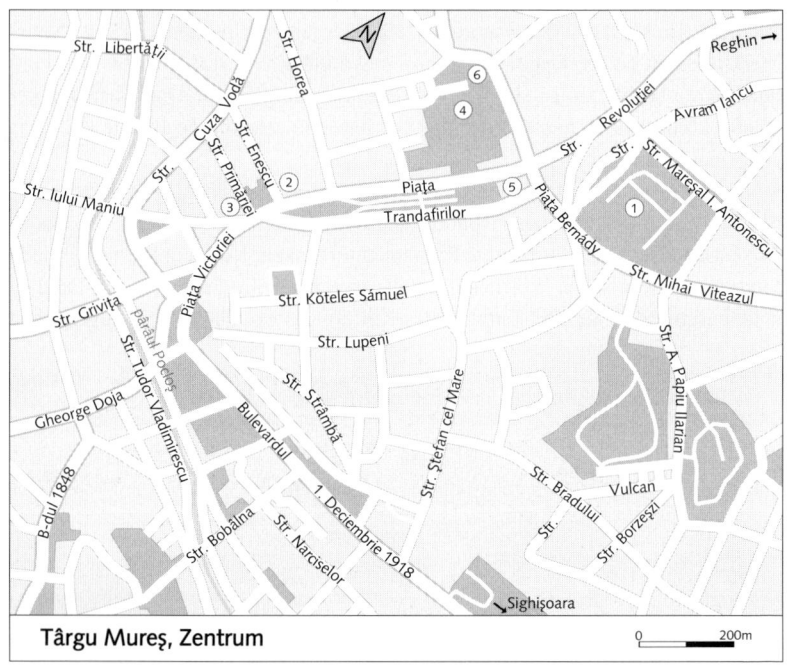

Târgu Mureş, Zentrum

0 ⊢———— 200m

Legende

1 Cetatea (Festung)
   mit reformierter Kirche
2 Kulturpalast
3 Rathaus
4 Theater

5 rumänisch-orthodoxe Kirche
6 Hotel ›Continental‹

hen sich hier aneinander. Linker Hand steht das Theater, davor das Denkmal Avram Iancus (1824–1879). In diesem Theater gibt es eine ungarische und eine rumänische Abteilung. Viele Kirchen flankieren diesen Hauptboulevard, so zum Beispiel die rumänisch-orthodoxe Kirche, die man an ihrer Größe und der Kuppel aus dem 19. Jahrhundert erkennt, unweit stehen die katholische Kirche und die reformierte Kirche mit ihrer Einturmfassade. Die Stadt unterhält eine Universität, die den Namen Petra Maior trägt.

 ›Continental Târgu Mureş‹, 3 Sterne, Piaţa Teatrului, Tel: 02 65/160999 Fax 21 62 47, E-Mail: contims@netsoft.ro, privatisiert und renoviert, DZ 56 Euro. ›Helveţia‹, 3 Sterne, Strada Borsos Tamas 12, Tel. 02 65/21 69 54, kleines Hotel in einem Fachwerkhaus, Fax 21 50 99, DZ 63 Euro.

›Transsilvania‹, 2 Sterne, Piaţa Trandafirilor 46, Tel. 02 65/16 56 16, Fax 16 60 28, EZ 20 Euro, DZ 31 Euro. Das Historische Museum im Kulturpalast ist Dienstag bis Freitag von 9 bis 16 Uhr und Samstag und Sonntag von 9 bis 13 Uhr geöffnet. Montag ist geschlossen.

Bistriţa

Das Nösnerland ist das ehemalige deutsche Siedlungsgebiet im Norden Siebenbürgens. Es liegt zwischen dem Oberlauf des Someşul Mare und dem Tal der Bistriţa. Hügel-und Berglandschaften beherrschen den Kreis, dessen Zentrum die Stadt Bistriţa ist (dt. Bistritz, ungar. Besterce), die als Hauptstadt des ehemaligen Nösnergaues früher Nösen genannt wurde. Die Stadt liegt in der Ebene des gleichnamigen Flusses, dessen Name slawischen Ursprungs ist und übersetzt ›die Reißende‹ bedeutet. Bistriţa hat sich größtenteils rechts des Flusses entwickelt, der allerdings wenig stadtbildbestimmend ist.

Die Stadt ist eine der drei großen alten Sachsenstädte in diesem Gebiet. Noch Anfang des 20. Jahrhunderts waren fünfzig Prozent der Bewohner Sachsen, die mit Ungarn, Juden und Rumänen einträchtig zusammenlebten. Die Sachsen waren zwar nicht die Gründer dieser Siedlung, aber mit ihnen begann der Aufstieg, begünstigt durch die nahegelegenen Silber- und Goldbergwerke.

Als eine wichtige Station an der Handelsstraße des zwischen Kiew und Regensburg abgewickelten deutsch-slawischen Handels zog sie viele ausländische Kaufleute an. So dominierten bereits Anfang des 14. Jahrhunderts die

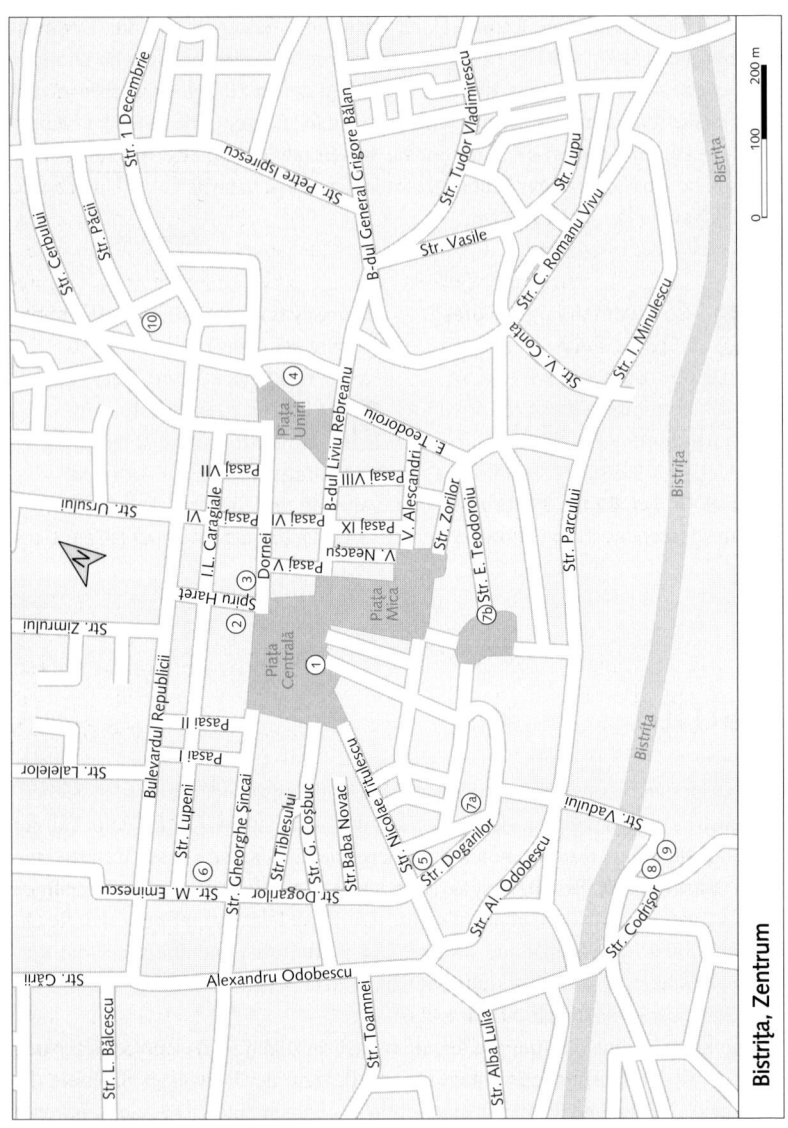

Bistriţa, Zentrum

Legende

1 evangelische Kirche
2 Şugalete (Kornmarktzeile)
3 Goldschmiedehaus
4 orthodoxe Kirche
5 Dominikanerkloster
6 römisch-katholische Kirche

Regensburger und Wiener Kaufleute. Gehandelt wurde vorwiegend mit Eisenwaren und Tuch.

Bistritz erhielt wie Kronstadt Marktrecht und ein städtisches Siegel: den Straußenkopf mit dem Hufeisen im Schnabel, der als Symbol für die kaufmännische Begabung gedacht war. Seit 1325 wurden hier die ersten ungarischen Goldgulden nach florentinischem Muster geprägt. Eine der im ganzen Reich erforderlichen Münzkammern hatte ihren Sitz in Bistritz. Den Münzkammern standen sogenannte Kammergespane vor, ungarische Verwaltungsbeamte, die im Vertragsverhältnis mit dem ungarischen König die Förderung des Edelmetalles im Lande leiteten. In dieser Blütezeit erhielt die Stadt auch die Erlaubnis für den gewinnbringenden, alljährlich im August stattfindenden Bartholomäusmarkt.

Ein Spaziergang durch Bistrița

In der Stadt herrscht das Einbahnstraßensystem. Der Stadtkern ist relativ klein und gut zu Fuß zu erkunden. Im wesentlichen bestimmen die drei Plätze Piața Unirii, Piața Centrală und Piața Mică das Bild.

Vom regelmäßig angelegten Marktplatz (Piata Centrală) nehmen die meisten Straßen ihren Ausgang. Der Platz selbst wird von der evangelischen Kirche mit ihrem 76,5 Meter hohen Turm, dem höchsten Rumäniens, dominiert. Der im gotischen Stil in der zweiten Hälfte des 14. Jahrhunderts errichtete Bau ersetzte eine spätromanische Kirche. Von dem Baumeister Petrus Italus aus Lugano, der auch in Polen und der Slowakei tätig war, wurde das Gebäude im Jahre 1563 teilweise erneuert und modernisiert.

Der Turm mit Sgraffito-Verzierung stammt aus dem Jahr 1487. Im gotischen Oberteil ist er von einer steinernen Galerie umgeben. Von den vier Standbildern im vierten Geschoß sind das der Muttergottes und des heiligen Nikolaus, dem die Kirche einst geweiht war, erkennbar. Das kupfergedeckte Dach ist an vier Ecken mit Türmchen verziert.

Von Bedeutung für die mittelalterliche Kunst Ungarns ist eine im südwestlichen Turmstumpen eingemauerte figürliche Grabplatte. Sie zeigt unter einem blättergeschmückten Wimperg einen frontal dargestellten Ritter mit Schwert und Wappenschild. Die Grabplatte ist von einer Inschrift eingefaßt, die besagt, daß die Platte 1327 geschaffen wurde.

7a/7b Reste der Stadtmauer   10 Jonathan-Harker-Salon
8   Hotel ›Codrişor‹
9   Hotel ›Cora‹

Das Innere der Hallenkirche wird von einer steinernen, mit spätgotischem Maßwerk verzierten Kanzel geschmückt. Das Chorgestühl der Südseite ist noch gotisch; es wurde vom Tischler Anthonius 1508 signiert, während das der Nordseite mit seinen Intarsien bereits den Stil der Renaissance aufweist. Altorientalische Teppiche schmücken auch hier die Wände. Die Reste der Malereien stammen aus dem 19. Jahrhundert.

Drei mittelalterliche Bauten des 15. und 16. Jahrhunderts haben den Zahn der Zeit und die wiederholten Brände überstanden: das Gebäude Piata Centrală 13, das Pfarrhaus (Casa Parohială), das Petershaus (Casa Peterman, Nr. 15) und das Petru Rareş Haus (Nr. 30).

An der Nordseite des Marktplatzes in der Strada Spiru Haret verläuft die Kornmarktzeile (Şugalete), eine Gruppe von dreizehn Arkaden-Häusern aus dem 15. Jahrhundert. Etwa in der gleichen Zeit wurde das Goldschmiedehaus (Casa Argintarului) in der Strada Dornei 5 gebaut.

Im heutigen Rumänien wird jedes historische Monument gehütet, auf jedes Bauwerk, und mag es noch so unscheinbar scheinen, ist man stolz. Sind doch gar zu viele Bauten Opfer der Nachkriegszeit geworden. Man läuft die Strada Dornei weiter bis zum Einheitsplatz (Piaţa Unirii) und erreicht die rumänisch-orthodoxe Kirche aus dem 13. Jahrhundert. Eine weiteres orthodoxes Gotteshaus steht genau am entgegengesetzten Punkt der Altstadt. Diese Gebetsstätten haben eine ganz andere Ausstrahlung als die reformierten. Der niemals erhellte Kirchenraum wird nur durch Kerzen erleuchtet. Man muß sich erst daran gewöhnen und sieht dann Malereien und schöne Ikonostasen.

In der Strada Dogarilor steht das ehemalige Dominikanerkloster (Claustrul Dominican). Der Orden kam im 14. Jahrhundert nach Siebenbürgen; er wurde stark begünstigt und gelangte schnell zu Reichtum und Grundbesitz.

Die Vielfalt der Konfessionen wird auch hier deutlich. In der Strada Gheorghe Şincai 21 erkennt man die römisch-katholische Kirche an ihrer barocken Fassade.

Ehemals besaß die Stadt einen Burgberg. Als König Ladislaus V. von Ungarn 1453 den Bistritzer Distrikt als Erbgrafentum dem Reichsverweser János Hunyadi schenkte, baute dieser zur Sicherung seiner Herrschaft eine Zwingburg gegen die Sachsen des Nösnergaues. Diese waren von König Ludwig I. 1363 in ihren Freiheiten den Bewohnern von Hermannstadt gleichgestellt. Als Unterdrückung und Steuerlasten unter Hunyadis Onkel Michael Szilágy immer härter wurden, begehrten die Bewohner auf und erhielten von König Matthias die alten Rechte zurück, dazu die Erlaubnis, die Burg zu zerstören. Das Material verwendeten sie zum Bau der 1484 vollendeten Ringmauer der Stadt, deren Reste noch heute in den Straßen Kogălniceanu, Ekaterina Theodoroiu und am Petru-Rareş-Platz zu sehen sind.

Von Bistriţa in die Moldau

Entlang des Bistritztales geht es weiter in Richtung Vatra Dornei. Die Gegend ist eingerahmt von sanften, mit Obstbäumen und Weinreben bestandenen Hügeln. Im Hintergrund erheben sich die schützenden Berge der Ostkarpaten: Im Norden die Tibleş- und Rodnei-Berge, im Osten die Bârgău- und Căliman-Berge, und im Süden dehnt sich die Hochebene Siebenbürgens mit einer Auenlandschaft aus. In der waldreichen Umgebung ist Vorsicht geboten, denn hier leben noch Bären. Neben den landwirtschaftlich genutzten Flächen für Getreide, Obst- und Weinanbau gibt es in der Umgebung Erdgaslager, aber auch Salzseen und schwefelhaltige Quellen, die zum Kuren einladen. Viele schmucke Häuser, einige mit Sgraffito-Technik verziert, wie man sie aus der Schweiz und Italien kennen mag, stehen am Wegesrand. Häufig sieht man in den Vorgärten Brunnen, die mit farbigen hölzernen Brunnenhäuschen umbaut sind.

  Bei Prundu Bârgaului geht es rechts ab ins eigentliche Bistritztal. Man quert die Karpaten über den Tihuţa-Paß (1200 Meter) und erreicht Vatra Dornei und dahinter die Moldau. Auch wenn Vatra Dornei nicht mehr den Glanz früherer Jahre ausstrahlt, so kann man alte Chalets entdecken und noch eine der typischen Holzkirchen der Maramureş finden. Der Kurort an der Dorna ist ein geeigneter Ausgangspunkt für Ausflüge ins Bistritztal. Im Stadtpark stehen Büsten der berühmten Dichter Rumäniens: Eminescu, Ion Luca Caragiale, Ciprian Porumbescu, Mihai Sadoveanu und Gheorghe Enescu. Von hier ist es nicht weit ins Wintersportgebiet, zur Schlucht des Zugreni, zur Holzkirche von Gheorghitei und nach Neagră Şaralui, wo Mineralwasser abgefüllt wird.

ℹ Touristenagentur Coroana S.A., Piaţa Petru Rareş 7A, Tel. 02 63/23 18 03, Fax 21 62 60.

 In Bistriţa:
›Codrişor‹, 3 Sterne, Strada Codrişor 28, Tel. 02 63/23 38 14, Fax 23 64 76, DZ 27 Euro.
›Cora‹, 3 Sterne, Strada Codrişor 27, Tel. und Fax 02 63/22 12 31, oder Tel. 23 35 97, EZ 13 Euro, DZ 20 Euro.
Außerhalb:
›Dracula‹, an der E578 oben auf der Höhe, 3 Sterne, 4445 Piatra Fântânele, Tel. 02 63/26 68 41, Fax 02 63/26 61 19, DZ 58 Euro.
In Vatra Dornei:
›Bucovina‹, 3 Sterne, Strada Republicii 35, Tel. 02 30/37 42 05, Fax 37 42 06, EZ 88 Euro, DZ 126 Euro.
In Câmpulung:
›Zimbrul‹, 2 Sterne, Calea Bucovinei 1–3, Tel. 02 30/31 43 56, Fax 31 43 58, EZ 36 Euro, DZ 42 Euro.

Vlad Țepeș – Dracula noch immer aktuell

Rumänien ist das Land vom Mythos des Vlad III.Țepeș. Die historische Gestalt regierte mit Unterbrechungen als Woiwode der Walachei zwischen 1456 und 1476.

Sein Ruf und Name ›Vlad der Pfähler‹ (›Țepeș‹ vom rumänischen Wort ›Țeapă‹ – ›der Pfahl‹) entstand aus seiner Vorliebe, seine Feinde zu pfählen. Sein Vater Vlad II. stand in Diensten Kaiser Sigismunds dem Luxemburger, wurde von diesem in den Drachenorden aufgenommen und übertrug den daraus gewonnenen Beinamen ›Dracul‹, Drachen oder Teufel, als Familiennamen auf seine Söhne. Der in Schäßburg zweitgeborene Vlad III., alias Dracula, verbrachte seine Kindheit als Geisel am türkischen Hof, sammelte Erfahrungen bei seinem Onkel in der Moldau und am Hof in Budapest. In seinen Regierungszeiten mit Sitz in Târgoviște war er Gegenspieler oder Verbündeter von anderen Großen der rumänischen Geschichte wie Stefan der Große, Matthias Corvinus und Mehmed II. Nach seinem gewaltsamen Tod fand er seine letzte Ruhestätte im Kloster Snagov unweit des von ihm gegründeten Bukarest. Vlads aufregendem Leben und seinen zur Legende gewordenen Strafen setzte Bram Stoker aus Dublin (1847–1912) mit seinem 1897 erschienen Roman ›Dracula‹ ein unsterbliches Denkmal. Stokers Roman spielt in Siebenbürgen, sein Held ist ein Vampir, ein Szeklergraf, in dem Vlad III. Țepeș gesehen wird. Heute werden in Siebenbürgen und der Walachei Rundfahrten zu Vlad-Țepeș-Stätten angeboten; eine eigene ›Societatea Transilvania Dracula‹ mit Sitz in Bukarest hat sich formiert und gibt Auskünfte zum Thema (Bulevardul Primâverii 47, Tel. 021/666 61 95, Fax 312 30 56). Einer Figur aus Stokers Roman, dem Anwalt Jonathan Harper, ist ein Ausstellungsraum am Petru-Rareș-Platz (Salonul Jonathan Harker) gewidmet. Harper stieg auf seiner Reise zu Graf Dracula nämlich in Bistriz ab:

»3. Mai. – Bistriz. Wir waren einigermaßen pünktlich abgefahren und erreichten kurz nach Einbruch der Dunkelheit Klausenburg…. Es war bereits dunkel, als wir in Bistriz einfuhren. Dies ist eine sehr interessante alte Stadt; sie liegt praktisch an der Grenze, denn der Borgopaß führt hinüber in die Bukowina. Graf Dracula hatte mir das Hotel ›Zur Goldenen Krone‹ empfohlen, und zu meiner großen Freude fand ich, daß dies ein durchaus im alten Stil eingerichtetes Haus war. Ein Schreiben empfing mich dort. Mein Freund, willkommen in den Karpaten. Ihr Freund Dracula.«

An einer anderen Textstelle findet sich eine Beschreibung der merkwürdigen Gewohnheiten des Grafen:

»… Ich sah hinaus in die wundervolle Weite, die sanftes, gelbliches Mondlicht taghell überflutete. In dem ungewissen Lichte verschwammen die Umrisse der fernen Hügel, und die Schatten in den Tälern und Schluchten waren von samtartiger Schwärze. Schon der Anblick dieser Schönheit gab mir Mut; mit jedem Atemzuge sog ich Frieden und Trost ein. Als ich mich etwas aus dem Fenster lehnte, wurde mein Blick durch etwas gefesselt, das sich ein Stockwerk tiefer links von mir bewegte; nach der Lage der Zimmer mußten sich hier die Fenster des Grafen befinden. Das Fenster, an dem ich stand, war hoch und tief mit einem steinernen Mittelkreuz, das, obgleich verwittert, dennoch ganz gut erhalten war. Es mochte eine stattliche Reihe von Jahren her sein, daß jemand hier hinausgeschaut. Ich versteckte mich hinter dem Fensterpfeiler und sah gespannt hinaus. Das erste, was sich sah, war der Kopf des Grafen, der aus dem Fenster auftauchte. Ich sah das Gesicht nicht, aber ich kannte den Nacken und die Bewegung des Rückens und der Arme. Am wenigsten konnte ich über die Hände im Zweifel sein, die zu studieren ich ja schon reichlich Gelegenheit gehabt hatte. Zuerst war ich voll Interesse, fast belustigt, denn es ist eigenartig, welche Kleinigkeiten einen Gefangenen interessieren und belustigen können. Aber diese Gefühle verwandelten sich in Abscheu und Entsetzen. Ich sah, wie sich der ganze Mann langsam aus dem Fenster schiebt und, Kopf

voraus, anfängt, über dem schauerlichen Abgrund an der Schloßmauer hinunterzukriechen; sein Mantel breitet sich um ihn wie ein Paar großer Flügel. Erst traute ich meinen Augen nicht. Ich dachte, es wäre eine Täuschung durch das Mondlicht, irgendein toller Schatteneffekt; ich sah genau hin – es war kein Irrtum möglich. Ich sah die Finger und die Zehen in die Mauerritzen greifen, die der Zahn der Zeit des Mörtels beraubt hatte; er klettert so mit beträchtlicher Geschwindigkeit abwärts, indem er sich die kleinste Unebenheit zu Nutze macht, wie eine Eidechse, die an einer Mauer entlangläuft.

Was ist das für ein Mensch, oder vielmehr, was ist das für eine Kreatur, die hier in Menschengestalt sich verbirgt? Das Entsetzen vor diesem schreckensvollen Ort überwältigt mich, ich fühle es; ich bin in Angst, in schrecklicher Angst und sehe keinen Ausweg; ich bin von Gefahren umgeben, an die ich gar nicht denken darf.«

aus: Bram Stoker, Dracula. Ein Vampirroman, München 1967.

Neben weiten Sonnen-
blumen- und Korn-
feldern birgt diese
Region auch die Haupt-
stadt Bukarest. In der
noch jungen Stadt
werden die Geschicke
des Landes gelenkt.
Hier orientiert man sich
stärker als anderswo in
Rumänien nach West-
europa.

Die Walachei

Geschichte der Region

Die Walachei (Ţară Românească) entstand zunächst durch die Vereinigung einiger Knesate und Woiwodate. Während die umliegenden Reiche Bulgarien, Ungarn und das im Osten liegende Tatarenreich durch Nachfolgestreitigkeiten geschwächt waren, gelang es dem Woiwoden Basarab I. (ca. 1310–1352), sein Land von der ungarischen Oberhoheit zu lösen. Der als Sieger aus den ungarischen Thronwirren hervorgegangene Karl Robert von Anjou forderte ihn im Jahr 1330 bei Argeş zum Kampf und mußte in der Schlacht bei Posada eine Niederlage hinnehmen. Die herausragende Bedeutung des Gründers der Basarabiden-Dynastie lag in der erstmaligen Schaffung einer Zentralgewalt für dieses Territorium. Basarab dehnte mit seinem Sohn und Nachfolger, Nicolae Alexandru, seinen Herrschaftsbereich bis in die Ebene von Brăila und Ialomiţa sowie in die Gebiete nördlich der Donaumündung aus.

Immer wieder dem Druck Ungarns ausgesetzt, wurde die Walachei schließlich zum Verbündeten der Ungarn gegen die Tataren. Das neue Staatswesen gewann mit der von Konstantinopel gebilligten ersten Metropolie auf rumänischem Boden – in Argeş – innere Stabilität und Ansehen. Unter dem Fürsten Mircea dem Alten (1386–1418) erreichte das Fürstentum der Walachei seine größte Ausdehnung. Mircea kämpfte weiterhin gemeinsam mit den Ungarn gegen die Türken. Die Osmanen siegten bei Amselfeld, Mircea bei Rovine im Jahr 1394.

Während Bulgarien und Serbien bereits in türkische Hände gefallen waren, setzte die Walachei den Widerstand fort. Es folgten entscheidende Siege der Osmanen gegen Kreuzritter und Ungarn in Nikopolis (Bulgarien). Obwohl der Feind durch den kriegerischen Timur Leng im Osten noch einmal gebunden war, zwang er die Walachei seit dem 15. Jahrhundert zu Tributzahlungen. Die Dobrudscha und Gebiete an der Donau gingen verloren. Auch Vlad III. Ţepeş mußte trotz militärischer Erfolge Mitte des 15. Jahrhunderts die osmanische Oberherrschaft anerkennen. Der Widerstand gegen die Türken erlahmte. Das Land wurde ausgepreßt, die Bauern sanken zu Leibeigenen herab, während die Bojaren ihre Pfründe sicherten. Mit Michael dem Tapferen (1592–1601) sollte sich das Blatt kurzfristig wenden, bevor er einer Verschwörung zum Opfer fiel. Die Restauration der Türken erfolgte zugunsten der Bojaren und einer stetig wachsenden Zahl griechischer Beamten. Aufstände gegen die Griechen waren die Folge. Mit Şerban Cantacuzino und seinem Neffen Constantin Brâncoveanu erlebte die Walachei trotz fremder Einflüsse eine kulturelle Blüte.

Seit 1714 wurden zu Hospodaren der Walachei nur noch Fanarioten eingesetzt. Sie kamen vor allem aus den Familien der Mavrocordato, Ghica, Caradja, Soutzo, Hypsilanti. Der Beiname ›Fanar‹ bedeutet übersetzt ›Leuchtturm‹. So hieß ein vornehmes Viertel in Konstantinopel, in dem sich einflußreiche Griechen nach dem Fall Konstantinopels (1453) niederließen und nach ihm ›Fanarioten‹ genannt wurden. Mit ihnen nahm die Gräzisierung in Politik und Kultur ihren Lauf. Die Zeit bis zur Vereinigung mit der Moldau unter Cuza war von Verelendung und Aufständen geprägt.

Bukarest

Die Region Muntenien (dt. Große Walachei), in deren Zentrum die Hauptstadt des Landes liegt, reicht im Süden zur Donau, im Westen bis zum Olt, im Norden bis zu den Karpaten und wird im Osten vom Bărăgan begrenzt. Um Bukarest herum sind große industrielle Zentren wie Pitești, Ploiești, Buzău und kleinere wie Tărgoviște, Campulung, Roșior de Vede und Alexandria plaziert. Dazwischen liegen weite riesige Felder, häufig mit Mais, einer Gabe der Türken, aber auch mit Getreide bewachsen sowie Weinanbaugebiete um Câlărești. București (ausgesprochen ›Bukurescht‹, dt. Bukarest) liegt inmitten der walachischen Ebene (Câmpia Română), fünfzig Kilometer von der Donau und hundert von den Karpaten entfernt. Von hier sind dank der kurzen Entfernungen Wochenendausflüge in ein traumhaftes, erholsames Umland möglich.

Gebäude im sogenannten Handelsviertel von Alt-Bukarest

Die schönste Einfahrt nach Bukarest ist die von Norden. Außerhalb der Stadtgrenze liegen die beiden internationalen Flughäfen Baneasa und Otopeni sowie
Industriegebiete. Hat man aber die Stadtgrenze überfahren, so präsentiert sich die

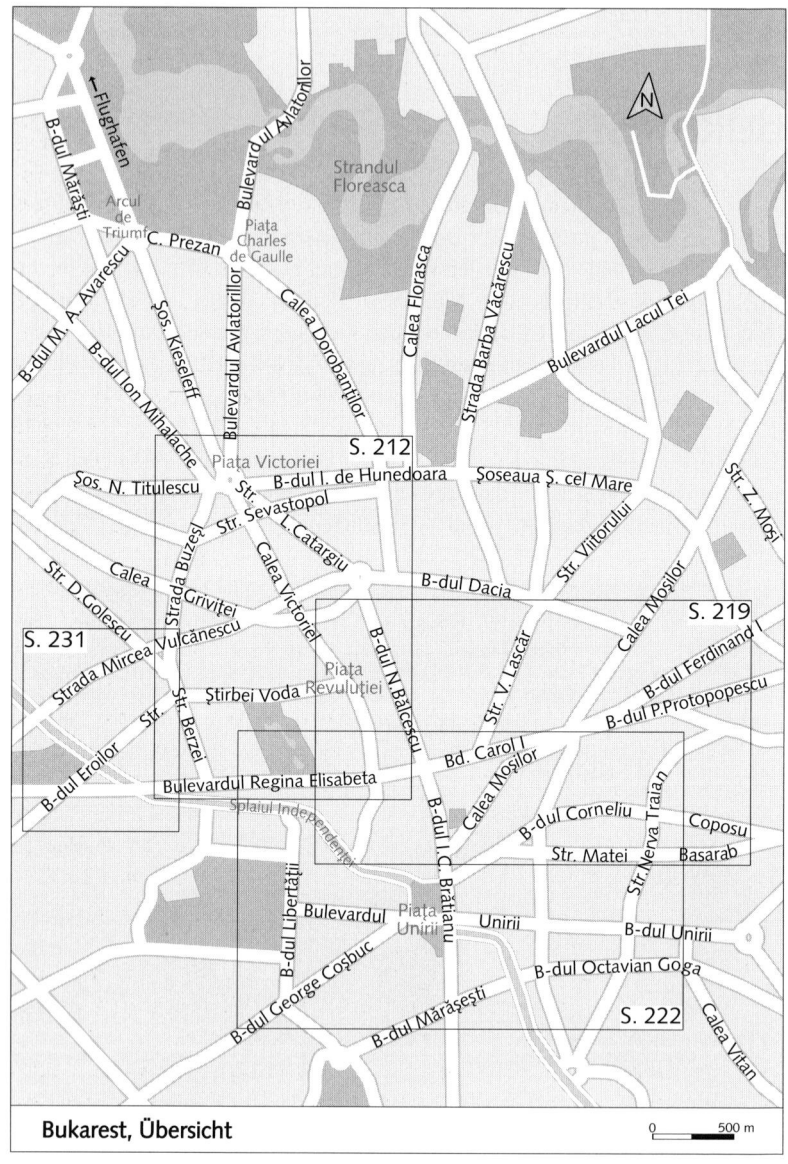

Bukarest, Übersicht

Zweimillionen-Metropole von ihrer großzügigsten Seite. Mitten in einem Seen-
und Grünanlagenkranz, der die Stadt an dieser Seite wie eine grüne Lunge umgibt,
trifft man auf riesige, breit angelegte, lange Boulevards, die dem Ruf vom ›Paris
des Ostens‹ alle Ehre machen. Mit der Eisenbahn kommt man in Bukarest auf dem
Nordbahnhof (Gara de Nord) an. Von hier aus stehen gute nationale und internationale Zugverbindungen zur Verfügung. Der Bahnhof wurde zeitgleich mit der
Eisenbahnstrecke Bukarest–Ploieşti im Jahr 1872 eingeweiht.

Die Hauptstadt ist mit der Universität, die über fünfundfünfzig Fakultäten verfügt, dem Sitz der Rumänischen Akademie, elf dramatischen Theatern, drei
Musik- und zwei Puppentheatern, dem philharmonischen Orchester mit Sitz im
›Rumänischen Atheneum‹ und ihren vierzig Museen Bildungs- und Kulturhaupt-
stadt des Landes.

Das ›Tor zum Orient‹, wie der berühmte Dichter Caragiale einst Bukarest
beschrieb, ist eine Stadt, die entdeckt werden will. Sieht man von der Einfahrt von
Norden her einmal ab, so kann man sagen, daß sie sich nicht auf den ersten Blick
präsentiert. Versteckt zwischen vielen Siedlungen und Hochhäusern trifft man
immer mal wieder wie zufällig auf eine Kirche. Sei es, daß man sie dorthin versetzt hat, sei es, daß man einfach um einen alten Kirchenbau wahllos ein Wohnviertel angelegt hat. Bukarest ist einerseits eine junge Stadt, deren Ursprung laut
einem Dokument aus der Zeit des walachischen Fürsten Vlad III. Ţepeş
(1456–1462) auf das Jahr 1459 zurückgeht, worin sie erstmals mit dem Namen
Bucureşti erwähnt wurde. Ihre Entwicklung läßt sich seit diesem Zeitpunkt gut
nachvollziehen. Andererseits ist sie viel älter, als sie sich gibt, da sie nachweislich
schon in prähistorischer Zeit besiedelt war. Der Legende nach ist die Stadt von
einem Hirten namens Bucur gegründet worden. Der Name ›Bucureşti‹ wird als
›Nachkomme des Bucar‹ gedeutet.

Unter Vlad III. Ţepeş entstand hier am Schnittpunkt wichtiger europäischer
Handelsstraßen am Dâmboviţa-Fluß (alte Schreibweise Dîmboviţa) eine Burg
und um diese Burg eine Siedlung. Mit dem Fall von Konstantinopel (1453) sahen
sich die walachischen Fürsten als Hüter der christlichen Welt, und von diesem
Zeitpunkt an begann der Aufstieg von Bukarest. Es entwickelte sich zur Hauptstadt der Walachei. Ein Status, den die Stadt auch nach der Vereinigung der Fürstentümer Moldau und Walachei (1862) bis heute als Hauptstadt Rumäniens
ununterbrochen beibehielt.

Unter Fürst Mircea III. Ciobanul (der Hirte) erhielt die Siedlung in den Jahren
1558 bis 1559 eine Ummauerung und wurde als Curtea (Fürstensitz) bezeichnet.
Reste des ›Alten Hofes‹ (Curtea Veche) sind erhalten geblieben. Unter den Fürsten Matei Basarab (1632–1654), Şerban Cantacuzino (1678–1688) und Constantin Brâncoveanu (1688–1714) verwandelte sich die Stadt in ein bedeutendes
Handelszentrum.

Doch immer wieder waren die walachischen Herrscher gezwungen, ihren Hof zu verlassen. Außenpolitisch waren sie von den Osmanen bedroht, innenpolitisch von wütenden Bojarenkämpfen. Noch 1658 wurde Bukarest eingeäschert, um es nicht in die Hände der Tataren fallen zu lassen. Dem Aufstieg konnte all dies jedoch nichts anhaben, im Gegenteil, viele Kirchenbauten entstanden gerade in dieser Zeit. Besonders die Regierungszeit Matei Basarabs war von einer regelrechten Bauwut gekennzeichnet. Seine Stiftungen erkennt man vor allem an den bis dahin nicht üblichen offenen Eingangshallen, die auch als ›Exonarthex‹ oder Atrium bezeichnet werden. Unter Constantin Brâncoveanu etablierte sich der Stil, der seinen Namen trägt, eine Synthese von Renaissance- und Barockelementen. Zahllose, heute noch versteckt erhaltene Gebäude gehen auf ihn zurück: Die Colţea-Kirche, die Stavropoleos Kirche und Schloß Mogoşoaia. Die Stadt wuchs und wuchs. Ende des 18. Jahrhunderts lebten bereits 50 000 Einwohner in etwa 6000 Häusern.

Das Jahr 1821 war das Jahr der Aufstände auf dem Balkan und auch in Rumänien. Walachei und Moldau erkämpften ihre Unabhängigkeit. Mit ihrer Vereinigung wurde Bukarest zur Hauptstadt. In dieser Zeit gewann der französische Einfluß die Oberhand, was besonders in der Architektur zum Ausdruck kam. So veränderte sich die Stadt anhaltend im Sinne des Pariser Stadtbildes. Ein Großbrand im Jahr 1847 zerstörte den größten Teil der Stadt. Daher konnte der Wiederaufbau ganz nach den Prinzipien eines Hausmanns, dem Erbauer der Pariser Boulevards, in Angriff genommen werden. Die erste Verlängerung des großen Boulevards nach Osten und nach Westen entlang des Cişmigiu-Parks und der Universität wurde begonnen und fortgesetzt in der Verbindung zum Nobelviertel Cotroceni. Der Fluß wurde in einen Kanal gezwängt. Moderne Einrichtungen wie Kanalisationssysteme, elektrische Straßenbeleuchtung und Straßenbahnen prägten das Bild um 1900.

Die Architektur vereinigte viele Stile. Im Zuge des erwachenden Nationalbewußtseins entstand zeitgleich eine Mischung aus einheimischem Brâncoveanu-Stil und europäischem Art Nouveau. Die namhaftesten Architekten waren der Leiter der Hochschule für Architektur Ion Mincu und Petre Antonescu. Sie entwickelten den sogenannten neurumänischen Stil.

Nach dem Ersten Weltkrieg erreichte die Stadt 400 000 Einwohner, nach dem Zweiten überschritt sie Millionengrenze. Neue Nobelbezirke wie Dorobanţi im Norden entstanden. In den dreißiger Jahren wurde die Architektur Bukarests deutlich modern. Der Funktionalismus war auf dem Vormarsch. Die Hauptboulevards, allen voran der General Magheru, wurden korrigiert. Auf der alten Calea Victoriei baute eine amerikanische Firma im Jahre 1933 den Telefonpalast, der bis in die siebziger Jahre das höchste Gebäude der Stadt war. Nach dem Zweiten Weltkrieg wuchsen die Wohnsilos um die Stadt. Stellvertretend für diese Zeit sei das Haus der Presse im stalinistischen Stil genannt. Das letzte große Bauvorhaben bis zur Revolution waren das Haus des Parlaments und das umliegende Satellitenviertel ›Civic-Center‹. Bei einem Spaziergang durch dieses Viertel wird der Besucher immer wieder auf Baudenkmäler stoßen, die Meilensteine in der Geschichte der Stadt bedeuten.

Entlang der Calea Victoriei – zwischen Piaţa Victoriei und Piaţa Revoluţiei

In der Innenstadt bewegt man sich am besten zu Fuß oder aber mit der Metro (Metrou). Ihr Streckennetz umfaßt derzeit 63,5 Kilometer. Eingeweiht wurde sie 1979. Die Tickets erhält man in den Stationen. Daneben stehen Busse und Taxis zur Verfügung; man achte auf die Zähler (Metroplan auf S. 393).

Ausgangspunkt für die Stadtbesichtigung ist die Piaţa Victoriei (Siegesplatz), eine verkehrsreiche Platzanlage ohne ein markantes Denkmal in der Mitte. Eine Metrostation und das Gebäude des Siegespalastes von 1937, von D. Marcu erbaut, in dem die rumänische Regierung ihren Sitz hat, sind die einzigen auffälligen Merkmale. Nicht weit von hier befand sich der Wohnsitz Ceauşescus, der heute vom Bukarester Bürgermeister genutzt wird. Von diesem Platz führen wichtige Verkehrsadern stadteinwärts, die schon in den Anfängen der Entwicklung Bukarests festgelegt wurden. Der breite, verkehrsreiche Bulevardul Lascăr Catargiu führt über die Piaţa Romană (Römischer Platz) ins Zentrum. Zwei bemerkens-

Der Siegespalast

Bukarest, zwischen Piaţa Victoriei und Piaţa Revoluţiei   0   500 m

Legende

1 Statue der römischen Wölfin
   und Revolutionskreuz
2 Cantacuzino-Palast
3 Casa Lens-Vernescu
4 Rumänische Akademie
5 Ştirbei-Palast
6 Markt
7 Königspalast
   (Nationalgalerie)

8 Universitätsbibliothek
9 Athénée Palace
   (Hotel ›Hilton‹)
10 Athenäum
11 Senatsgebäude
12 Creţulescu-Kirche
13 Rathaus
14 Creţulescu-Palast

werte Denkmäler schmücken den Römischen Platz: eine Statue der römischen Wölfin (Lupoaica, lat. Lupa Capitolina), das Geschenk der Stadt Rom von 1906 als Zeichen der Latinität, und das Revolutionskreuz (Crucea Revoluţiei) für die Opfer von 1989. Auch die Calea Victoriei (Siegesstraße) nimmt vom Siegesplatz ihren Anfang. Constantin Brâncoveanu ließ sich im Norden der Stadt eine prunkvolle Residenz – Schloß Mogoşoaia – errichten. Vom fürstlichen Hof zu Bukarest führte eine Straße dorthin. Der Teil, der innerhalb der Stadt verlief, wurde ›Mogosaia‹-Brücke (Podul Mogosoaiei) genannt. Der Gehsteig war damals noch mit Eichenplanken belegt. Im Jahr 1878 wurde die ›Brücke‹ im Gedenken an die kurz zuvor errungene Unabhängigkeit vom osmanischen Reich in ›Siegesstraße‹ umgetauft.

Entlang dieses Boulevards liegen die wichtigsten repräsentativen Bauten, in denen teilweise Museen untergebracht sind, Privathäuser und Kirchen und seit der Revolution auch Casinos und Restaurants. Die Gebäude sind innerhalb von 200 Jahren entstanden. Im Zentrum trifft man auf die großen traditionsreichen Hotels – ›Athénée Palace‹, ›Bucureşti‹, ›Continental‹ und ›Capitol‹ – teilweise renoviert, jedoch nicht alle in der Luxusklasse.

Häuser, die Geschichten erzählen, reihen sich aneinander. Im Haus 194 lebte Cleopatra Trubetzkoi, Tochter des Fürsten Ghica, bei der Franz Liszt den Winter 1846/47 als Gast verbrachte. In den Häusern 155 und 151 sind ein Kunstmuseum und eine Münzsammlung untergebracht. Eines der schönsten Gebäude an der Siegesstraße ist der Cantacuzino-Palast (Haus 141) von I. D. Berindey. Er wurde 1898 für den Bojaren Grigore Cantacuzino errichtet. Neben dem Sitz des Komponistenverbandes beherbergt er heute das Gheorghe-Enescu-Museum, in dem die Biographie des Musikers illustriert wird. Das Gebäude ist ein Bau des Eklektizismus. Neobarockes vereint sich mit Elementen des Art-Nouveau, wie die vom muschelförmigen Glasdach überdeckte Treppe. Zu beiden Seiten des Eingangs stehen antikisierende Marmorlöwen.

In der Casa Lens-Vernescu (Haus 133) kann man inmitten prächtiger Innenmalereien von G. D. Mirea dinieren oder das Casino aufsuchen. Auf einem Vorgängerbau entstand dieses Prachthaus 1887 durch den bekannten rumänischen Architekten Ion Mincu.

Im Haus 125 hat die Rumänische Akademie ihren Sitz. Drei Gebäude sind von einer kleinen Grünanlage umgeben. Im Inneren verbirgt sich eine der umfangreichsten Bibliotheken des Landes mit seltenen Manuskripten, Büchern, Miniaturen, Kupferstichen und Holzstichen.

Das Monteoru-Haus (Haus 113) ist ein weiterer Entwurf von Ion Mincu. Gegenwärtig dient es als das Haus der Schriftsteller und Mihai-Sadoveanu-Gedenkstätte.

Der Cantacuzino-Palast beherbergt das Enescu-Museum für Musik

Der Ştirbei-Palast, das Museum für Keramik und Porzellan, entstand 1837 nach Entwurf des Architekten Michel St. Jourrand und wurde 1881 im neoklassizistischen Stil vom deutschen Architekten F. Hartmann rekonstruiert.

Auf halber Strecke zum Zentrum liegt das Museum der Kunstsammlungen (Muzeul Colectilor de Arta), bekannt als Haus Romanit, mit wertvollen Stücken rumänischer und ausländischer Malerei, Glas und Porzellan sowie Hinterglasikonen. Von hier lohnt ein Abstecher zur Piaţa Amzei, wo sich der dem Zentrum am nächsten gelegene Markt der Stadt befindet. Es gab in Bukarest mehrere Formen von Marktplätzen. Um die Jahrhundertwende waren vor allem die ›Bedeckten‹ typisch für die Stadt. Wenn sie auch in ihrer Form nicht mehr erhalten sind, so zeugen die Namen ›Halele Obor‹ Hala Traian‹ davon. Neben dem Nordbahnhof liegt der ›Buzesti‹, der im Volksmund noch immer seinen alten Namen ›Matache Macelaru‹ (›matache‹ – ›Schlächter‹ oder ›Metzger‹) trägt. Der größte und echteste ist jedoch der Obor im Ostteil der Stadt. Schon fast wie in einem kleinen Dorf wird hier alles angeboten, wonach einem der Sinn steht. Außerdem gibt es in der ganzen Stadt wie im großen Vorbild Paris die ›talcioc‹ (Flohmärkte).

Zurück auf der Siegesstraße sieht man im Volkskunstmuseum (Haus 117) eines der wenigen Beispiele des Klassizismus. Der Entwurf wird dem französischen Architekten Sanjouand zugeschrieben und auf das Jahr 1835 datiert. Die Fassade mit Karyatiden und überhöhten Eckflügeln ist ein Umbau, den 1881 wiederum Hartmann durchgeführt hat. Vorbei an der Biserica Albă mit den romantischen Malereien von G. Tăttărescu kommt man zum Revolutionsplatz.

Piaţa Revoluţiei

Der riesige Platz ist durch den starken Verkehr und den Parkplatz leider etwas entstellt. Der u-förmige Königspalast (Palatul Regal) ist dominierend. Er umfaßt einen mittleren Trakt mit zwei Seitenflügeln, die einen Ehrenhof abgrenzen. Die Fassaden sind – wie bei zahlreichen anderen Gebäuden der rumänischen Hauptstadt – in neoklassischem Stil gehalten und erinnerten vor dem Umbau an die königliche Bibliothek in Berlin. Sein jetziges Aussehen erhielt der Palast nach Entwürfen des Rumänen D. Nenciulesuc in den Jahren 1927 bis 1937. Mehrere Institutionen sind hier untergebracht: Die Nationalgalerie (Muzeul national de Artă), die bedeutendste des Landes, und der Präsidentensitz. Früher stand an dieser Stelle ein Bojarenhaus, das dem letzten walachischen Woiwoden und späteren ersten Fürsten der vereinten Donaufürstentümer, Alexander I. Cuza, als Residenz diente. Daraus wurde in der zweiten Hälfte des 19. Jahrhundert ein Schloß, in das der Hohenzollernprinz Carol I. (Karl I.) einzog.

Nach der Abschaffung der Monarchie 1947 (König Mihai wohnte noch hier) bezogen die Kommunisten einen Teil des Palastes und ließen 1960 einen Palast saal anbauen, der als Theater- und Filmhalle (Sala Palatului) genutzt wurde. Er hat Platz für 3500 Zuhörer. Vom Balkon des riesigen Komplexes aus versuchte Ceauşescu 1989, das Ruder noch einmal herumzureißen, mußte aber vom Dach dieses Gebäudes per Hubschrauber fliehen. Der Senat tagt statt seiner heute hier.

Ein anderer Teil wurde als Kunstmuseum eingerichtet und 1950 der Öffentlichkeit zugänglich gemacht. Der Besuch des Museums lohnt allein wegen der eleganten, keineswegs überladenen Präsentationsräume. Es besitzt eine wertvolle Abteilung für alte Kunst. Im linken Trakt sind europäische und rumänische Meister vom Mittelalter bis zum 18. Jahrhundert zu sehen. Der rechte Flügel ist der Moderne vorbehalten. Hier können Werke großer Rumänen wie Th. Aman, N. Grigorescu, I. Andrescu, Şt. Luchian, Gh. Petraşcu, Ion Ţuculescu, Ion Gheorghiu, Sabin Bălaşa, Plastiken von Brâncuşi oder D. Pacurea, C. Medrea und Ion Jalea bewundert werden. Das Erdgeschoß des Mittelteiles mit seinen wunderschönen Räumlichkeiten wird für Sonderausstellungen genutzt, ebenso Säle im rechten Flügel.

Gegenüber des Palastes sieht man die Universitätsbibliothek (Biblioteca Universităţii), die frühere Universitätsstiftung Carols I. Der Bau entstand 1910 durch Ştefan Burcus. Hier brachen die ersten Protestreaktionen aus, die letztlich zum Sturz von Ceauşescu führten. Die Panzer waren hier in Position gebracht; leider fielen dieser Revolution auch Bücher zum Opfer.

Weiterhin sieht man am Platz das traditionsreiche Hotel ›Hilton‹, einst ›Athénée-Palace‹, das 1912 von Theophile Bradeau gebaut wurde. Unter der Leitung von Duilju Marcu wurde das Gebäude dreißig Jahre rekonstruiert und seitdem

Das Athenäum in Bukarest

wiederholt restauriert. Es ist das erste Haus am Platz. Dahinter liegt das rumänische Athenäum (Ateneuel Român). Der imposante Rundbau ist ein wichtiger Beitrag des sogenannten Eklektizismus und wurde vom Franzosen Albert Galleron (Erbauer der rumänischen Nationalbank B.N.R. in Zusammenarbeit mit Cassien Bernard) als Zirkus geplant und zu Beginn auch als solcher genutzt. Mit Spenden der Bukarester Bevölkerung konnte das Gebäude in den Jahren 1886 bis 1888 zur Konzerthalle umgestaltet werden und erhielt den Namen des rumänischen Komponisten George Enescu (1881–1955). Der Eingang zum Konzerthaus ist in Form einer ionischen Säulenvorhalle mit Dreiecksgiebel gestaltet. Im Erdgeschoß führen von einer großzügigen Empfangshalle spiralförmige marmorne Treppenaufgänge zum Kuppelsaal. Den beeindruckenden Konzertsaal schmückt ein Wandfries mit Szenen zur Geschichte des rumänischen Volkes. An der Decke sind Porträts berühmter Rumänen angebracht. Die Malereien entstanden unter der Leitung des Malers Costin Petrescu (1871–1954). Trotz rücksichtsloser Eingriffe in die Infrastruktur der Anlage während der Ceaușescu-Ära gilt das Athenäum als einer der bedeutendsten europäischen Konzertsäle. Die Bukarester Philharmonie hat hier ihren Sitz. Sie wird derzeit von Cristian Mandeal geleitet. Alle vier Jahre findet das Enescu-Festival mit internationaler Besetzung statt, das nächstemal im Jahr 2005. In der Grünanlage steht die Statue Mihai Eminescus (Statuia lui M. Eminescu) von Gheorghe Anghel.

Folgt man weiter der Siegesstraße, sieht man ein unverkennbares Gebäude der kommunistischen Ära. Hier hat der Senat seinen Sitz. Davor stehen Skulpturen zum Gedenken der Revolution. Gegenüber auf etwas tieferem Niveau befindet sich der schlichte Backsteinbau der Crețulescu-Kirche. Wie alle Kirchen in der Altstadt ist sie aktiv und für die Gottesdienste geöffnet. Sie war eine Stiftung des wohlhabenden Bojaren Crețulescu, der mit Safta, einer Brâncoveanu-Tochter, verheiratet war. Dem Steinbau von 1720/1722 ging eine Holzkirche voraus. Der markante Ziegelbau ist ein Dreikonchentypus mit Naos, Pronaos und einer offenen Vorhalle (Atrium oder Exonarthex). Der Glockenturm im Westen ahmt die Tambourkuppel über dem Naos nach, so daß zwei gleiche Türme das Bild bestimmen. Die Außenwände sind in zwei Zonen untergliedert. In der unteren sieht man rechteckige Felder, während die obere mit sich kreuzenden dreipaßförmigen Blendarkaden verziert ist. Das umlaufende Gurtgesims war ursprünglich auch aus Ziegeln gefertigt, wurde aber bei der Restaurierung durch Stein ersetzt. Das Innere ist vollständig ausgemalt.

Cişmigiu-Park

Mitten im Zentrum liegt eine Oase der Ruhe, ein Treffpunkt für Alte, Kinder und Liebespaare. Erholung vom Großstadttreiben bietet der Cişmigiu-Park (Grădina Cişmigiu) nicht weit von der Siegesstraße. Er wurde 1860 als erster Garten Bukarests angelegt und nach Plänen des deutschen Gartenbaumeisters Carl R. Mayer unter Barbu Știrbei verändert. Der Eingang liegt am Bulevardul Regina Elisabeta. Die Grünanlage umschließt einen See, den einst eine feuchte, mit Schilf bestandene Niederung umgab, in der Wildenten ihre Nester pflegten. Das sumpfige Terrain legte man trocken, als Relikt davon blieb der Teich erhalten. Der Gartenbaumeister Mayer stammte aus Schwerin und hatte sich in Wien einen Namen gemacht. Viele Bäume wurden extra herangeschafft, teilweise aus Wien. 1910 wurde der Garten dem Zeitgeschmack angepaßt, indem man Pappeln und andere Bäume zu Pyramiden- oder Kegelformen zurechtstutzte und Rosen in geometrische Beete pflanzen

Schachecke im Cişmigiu-Park

ließ, wie man es von französischen Schloßgärten kannte. Auch ein kleiner Zoo wurde eingerichtet. Auf dem Rondell stehen Büsten berühmter Dichter, unter ihnen darf Mihai Eminescu nicht fehlen, aber auch dem Bühnendichter Ion Luca Caragiale wurde hier die Ehre zuteil. Zwei Bauten von Petre Antonescu sind im bzw. nahe des Parks zu sehen: an der Südseite gegenüber steht das Rathaus im neurumänischen Stil aus den Jahren 1906 bis 1910 und an der Nordseite des Parks der Crețulescu-Palast von 1914, heute Hauptsitz der UNESCO-Vertretung.

Zwischen Calea Victoriei und Bulevardul Bălcescu

An der Fortsetzung der Calea Victoriei liegen weitere schöne Gebäude: das Hotel ›Continental‹ und ein Stück weiter das etwas verstaubte Hotel ›Capitol‹, beide vom Ende des 19. Jahrhunderts. Neben dem ›Capitol‹ beeindruckt das prunkvolle Gebäude des Nationalen Militärclubs (Cercul Militar Național), das 1912 von den Architekten Dimitrie Maimarolu und Ernest Doneaud errichtet wurde. Gegenüber steht frisch renoviert das sogenannte ›Casa Capșa‹ (›Haus Capsa‹), ehemals eine Mischung aus Hotel, Café, Restaurant und Bierlokal. Es wurde 1868 gegründet und war lange ein privilegierter Treffpunkt: Führende rumänische und ausländische Persönlichkeiten zählten zu seinen Stammkunden. Aber auch Literaten und Künstler wie Mircea Eliade trafen sich hier. Es ist bereits restauriert, und im Erdgeschoß lädt ein Restaurant ins historische Ambiente ein. Ein wenig rückversetzt steht unauffällig und schlicht das Odeon, das für kulturelle Veranstaltungen genutzt wird; in der Grünanlage wird dem Erneuerer der Türkei, Kemal Atatürk, mit einer Büste gedacht.

Mehrere Passagen, eine davon ist die Pasajul Victoria, die noch auf eine Restaurierung warten, führen zur Academiestraße. Und wieder kann man ein Kirchlein entdecken. Zwischen hohen Stadthäusern eingepfercht liegt die Kirche ›Dintr-o zi‹ (›Von einem bestimmten Tag‹, auch als Enei-Kirche aufgeführt). Die dem heiligen Nikolaus geweihte Kirche war eine Stiftung der Gemahlin Constantin Brâncoveanus im Jahr 1702. Wie viele Kirchen Bukarests ist auch diese zierlich, sehr filigran und durch zarten Bauschmuck in Form von Rundbögen an der Außenseite geschmückt.

An den Hochhäusern vorbei kommt man zum Gebäude der Mincu-Hochschule für Architektur im neurumänischen Stil, die von Grigore Cerchez 1912 bis 1927 erbaut wurde. Hier wird mit Ikonen, Kreuzen und Kerzen der Opfer von 1995 und weiter vorne an der naheliegenden Brunnenanlage der Opfer von 1989 gedacht. Gegenüber steht das hochaufragende Hotel ›Intercontinental‹ von 1970, ein Werk der Architektengemeinschaft D. Hariton, Gh. Nadrag, I. Moscu und R. Belea. Es ist mit seinen zwanzig Stockwerken bis heute das höchste Gebäude der Stadt.

Bukarest zwischen Calea Victoriei und Bulevardul Bălcescu

Legende

1 Hotel ›Continental‹

2 Hotel ›Capitol‹

3 Nationaler Militärclub

4 ›Casa Capşa‹

5 Enei-Kirche

6 Mincu-Hochschule für Architektur

7 Hotel ›Intercontinental‹

8 Nationaltheater

9 armenische Kirche

10 Feuerwehr-Museum

11 Universität

Vom gleichen Architektenteam wurde das benachbarte Gebäude des National-
theaters entworfen, das mehrere Funktionen hat: Schau- und Ausstellungsräume,
ein Jazz-Club und andere Jugendtreffpunkte sind hier untergebracht. Jährlich findet hier eine internationale Buchmesse statt.

Ein Abstecher führt zur Piaţa Rosetti mit dem Standbild des Politikers und
Schriftstellers C. A. Rosetti. Das Denkmal schuf W. C. Hegel im Jahr 1903. Von
hier ist es nicht weit zur armenischen Kirche, die nach dem Vorbild von Etsch-
miadsin gebaut worden sein soll. Ihre Ursprünge gehen auf das 17. Jahrhundert
zurück. 1911 wurde sie nach Plänen von Dimitrie Maimaroulu wiederaufgebaut.
Ein Museum ist ihr angeschlossen.

Das Gebäude des Nationalen Militärclubs

Fährt man bis zum Bulevardul Ferdinand I., sieht man das einst höchste
Gebäude, den Foişorul de Foc. Die ehemalige Brandwache wird heute als
Museum der Feuerwehr genutzt.

Zurück im Zentrum kommt man zum Universitätsplatz (Piaţa Universitaţii),
der eigentlich mehr einer Straße oder bestenfalls einem ovalen Platz gleicht; hier
steht das langgestreckte Universitätsgebäude mit einer Reihe von Standbildern:
das Denkmal des Dichters Eliade Radulescu (1802–1872), die Reiterstatue
Michael des Tapferen (Mihai Viteazul 1593–1601), der Pädagoge Gheorghe
Lazăr (1779–1823) und der Mathematiker Spiru Haret. Die bronzene Reiterfigur
besteht in ihrer Dynamik im Kontrast zu den klassizistischen Formen des Mar-
morsockels. Der Sockel trägt die bronzenen Wappen der drei Fürstentümer; die

von Lorbeerkränzen eingerahmten Felder verewigen die Schlachten und die dem Fürsten ergebenen Heerführer und Staatsmänner. Der Kern der Universität selbst wurde zwischen 1857 und 1869 von Alexandru Orascu entworfen, anschließend wurde das Gebäude nach Plänen von N. Gika-Budesti erweitert. Im 20. Jahrhundert wurden die Bauarbeiten an diesem Boulevard immer dann fortgesetzt, wenn eine neue Fakultät erforderlich war. Der Eckbau der Rumänischen Handelsbank (Banca Comerciala Romană) am Universitätsplatzes zum Bulevardul Bălcescu entstand 1906 als Sitz der allgemeinen Versicherung.

Im letzten Abschnitt der Siegesstraße trifft man noch auf zwei weitere historistische Bauten: das Prachtgebäude der Sparkasse (C. E. C., Haus 13), anstelle einer mittelalterlichen Kirche zwischen 1895 und 1900 im Stil der Belle Epoque von Paul Gotereau errichtet, und gegenüber das fast zu gleicher Zeit entstandene ehemalige Zentral-Postamt (Palatul Poştei). Bezeichnenderweise wurde es auch ›Post-Palais‹ genannt und dient der Stadt als Geschichtsmuseum (Muzeul de Istorie al României). Im Außenbau tritt der französisch beeinflußte Eklektizismus von A. Savulescu deutlich in der Fassade hervor. Ein Besuch des Museums ist sehr zu empfehlen. Hier befindet sich die Kopie der weltberühmten Trajanssäule. Eine gute Möglichkeit, die Reliefs einmal aus der Nähe zu studieren, bei denen es um Kriege der Römer gegen die Daker geht. Das Original befindet sich in Rom auf dem Trajansforum. Auf einer der Platten ist die letzte Szene des dakischen Dramas bildlich festgehalten. Decebal, von römischen Reitern umringt, gibt sich am Fuß einer Eiche sitzend, mit einem kurzen krummen Dolch den Tod. Er wollte damit der Schande entgehen, in Ketten gelegt nach Rom gebracht und dort hingerichtet zu werden. Besonders wertvoll ist die kostbare Schatzkammer. Goldene Idole, Schalen, Becher, Waffen, Kronen und kostbarer Schmuck werden in ihren Vitrinen gezeigt. Die ältesten Exponate stammen aus dem dritten vorchristlichen Jahrtausend. Darunter ist der Schatz von Pietroasa (Vitrine 12), den die Rumänen wegen der vogelähnlichen Fibeln, ›Henne mit den goldenen Küken‹ nennen, besonders kostbar. Im 19. Jahrhundert wurde er wiederholt gestohlen und wiedergefunden. Einmal hatte der Dieb die entwendeten Preziosen sogar auf der verschneiten Straße verloren. Ein Glück, daß es nur ein Abenteuer blieb.

Das alte Handelsviertel

Bei der Zlătari-Kirche, der Kirche der Goldschmiede, biegt man in das alte Handelsviertel Bukarests ein. Noch ist der alte Glanz nicht wiederhergestellt. Aber die schmalen Gassen mit der alten Bausubstanz vermitteln die prächtige Vergangenheit und lassen hoffen, daß dieser Teil des alten Bukarest wieder neu entsteht. Seit

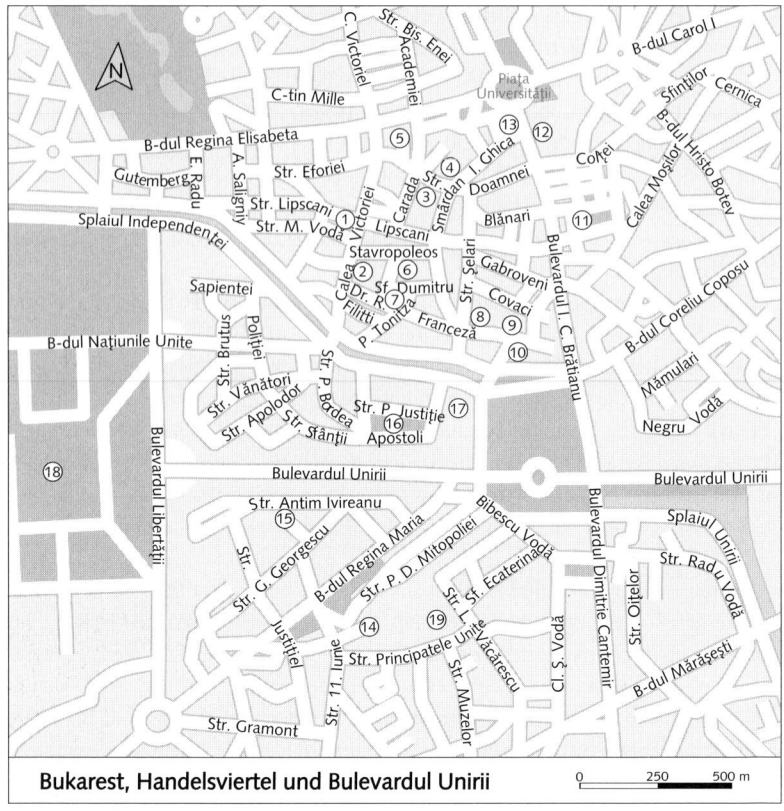

Bukarest, Handelsviertel und Bulevardul Unirii

0   250   500 m

Legende

1 Sparkassen-Gebäude
2 Post-Palais
   (Geschichtsmuseum)
3 Rumänische Nationalbank
4 Handelskammer
   (Nationalbibliothek)
5 Doamnei-Kirche
6 Stavropoleos-Kirche
7 Sfantul-Dimitru-Kirche
8 Curtea Veche
9 Verkündigungskirche
10 Hanul lui Manuc
11 St. Gheorghe-Nou-Kirche

12 Colţea-Architektur-Komplex
13 Şuţu-Palast
    (Museum der Stadt Bukarest)
14 Hügel der rumänischen
    Patriarchie
15 Antim-Kloster
16 Justizpalast
17 Domniţa-Balasa-Kirche
18 Haus des Parlaments
    (›Ceauşescu-Palast‹)
19 Bucur-Kirche

dem Mittelalter wohnten in diesem Viertel Handwerker und Händler. Die Namen der Straßen tragen noch heute die Namen der alten Zünfte: Blănari (Kürschner), Covaci (Schmiede), Gabroveni (Name der Händler, die aus der bulgarischen Stadt Gabrovo anreisten), Şelari (Sattler) und Şepcari (Hutmacher). Eine Vielzahl kleiner, eng aneinandergefügter Geschäfte schmiegt sich hier in die Straßenzeilen. Das Viertel wurde stufenweise und kontinuierlich um den fürstlichen Hof herum auf einem sanften, kaum spürbaren Hügel als ständiges Handelsgebiet ausgebaut.

Die große Gasse war die Strada Lipscani (Leipziger Straße). Seit dem 18. Jahrhundert wurde sie so genannt, weil die Siebenbürger hier Waren verkauften, die sie aus Leipzig bezogen. Zur Leipziger Messe fuhren sie zweimal im Jahr. An der Strada Lipscani lag auch der umgebaute ›Hanul cu Tei‹ (Lindengasthaus von 1833), heute ein Großraum für Kunstausstellungen und Antiquitäten. Mit dem Handel unmittelbar verbunden war damals wie heute das Bankwesen; die Banken sicherten sich hier in der prächtigsten Straße des Viertels die prächtigsten Bauten. Das Gebäude der Rumänischen Nationalbank stammt von 1888. Die Wertpapierbörse oder Handelskammer (heute Sitz der Nationalbibliothek) wurde 1910 errichtet. Beide Gebäude wurden im Stil der französischen Neoklassik vom Architekten St. Burcus 1910 entworfen. Das Gebäude der Marmarosch-Bank von 1915 bis 1923 greift auf den neurumänischen Stil zurück und ist ein Werk von Petre Antonescu. Das ganze Viertel war ehemals ein einziger Basar, und so nannte man es auch ›Targ invelit‹ (bedeckter Markt).

Von den in diesem Viertel gelegenen Passagen ist die ›Pasajul Villacros‹ (einst Bijuterie – Schmuckpassage) die bekannteste. Noch ist sie weit weg vom alten Glanz, sie könnte zwar wieder ganz schön werden, aber als erstes müßten die Autos beseitigt werden.

In diesem Viertel sind von den hundert Kirchen Bukarests einige zu finden. In einer der Seitenstraße, von Hochhäusern fast erdrückt liegt die Doamnei-Kirche, (in Renovierung) eine Stiftung der Fürstin Maria Cantacuzino und eines der wenigen Beispiele aus dem 17. Jahrhundert.

Die Stavropelos-Kirche

Die Biserica Sf. Antonie auf dem Gelände der Curtea Veche

Die schönste und prächtigste Kirche in diesem Viertel ist die Stavropoleos-Kirche (Biserica Stavropoleos) in der gleichnamigen Straße, ein eindrucksvolles Beispiel des Brâncoveanu-Stiles. Der griechische Mönch und spätere Metropolit von Stavropolis, Joanikie, ließ sie um 1730 als Kapelle eines Gasthofes errichten. Aus der einstigen schlichten Saalkirche wurde ein Dreikonchentypus mit Pronaos und einer offenen Vorhalle im Westen, wie sie für die Walachei im 18. Jahrhundert typisch war. Der gesamte Bau ist in der unteren Zone von Arkaden und Blendarkaden umzogen, die aus Dreipässen bestehen, wovon der mittlere die Form eines Kielbogens hat und ebenso wie die schlanken Säulen an Venedig erinnert. Über dem plastisch geschmückten Gesims folgt ein gemalter Medaillonfries. Diese Außenmalerei unterscheidet das Gebäude von anderen Bukarester Kirchen. Säulen und Türumrahmungen des Vorraumes sind mit plastischem Schmuck in Stein von Blumen und Blattranken verziert. Ebenso die hölzernen Türflügel, die zusätzlich zwei Erzengelfiguren als Hinweis auf das Patronat ›der heiligen Erzengel‹ aufweisen. Im Gegensatz zu den Moldauklöstern wird hier das Zusammenspiel von Steinkunst, Innen- und Außenmalerei und Architektur zu einem harmonischen Ganzen als stilbestimmendes Element der Walachei des 18. Jahrhunderts deutlich. Dem Leiter der Hochschule für Architektur, Ion Mincu, ist die vorbildliche Restaurierung Anfang des 20. Jahrhunderts zu verdanken. Dabei ließ er Grundmauern der ehemaligen, gleichzeitig mit der Kirche angelegten Herberge freigelegen und mit Arkaden überbauen. Sie dienen heute als Lapidarium. Gegenüber wurden Reste eines Hanul freigelegt. Um sich ein wenig zu erholen, täte vielleicht ein Bier in der atmosphärischen ›Carul cu Bere‹ (Bierhalle) gut. Das Traditionshaus ist hervorragend renoviert und bietet großen wie kleinen Gruppen Platz.

Über die Strada Poştei kommt man zur Kirche Sfântul Dimitru aus dem 18. Jahrhundert.

Alt-Bukarest – Curtea Veche

Noch im Handelszentrum ist eine der romantischsten und reizvollsten Ecken Bukarest zu finden. Unweit des Dâmboviţa-Flusses, einst zwischen dessen beiden Armen gelegen, befinden sich die Ruinen des Fürstenhofes, des sogenannten ›Alten Hofes‹ oder ›Curtea Veche Domnească‹. In diesem hat Constantin Brâncoveanu die Macht 1678 übernommen. Bei der kirchlichen Zeremonie war auch der Patriarch aus Konstantinopel anwesend. Das Gelände stellt den Kern der mittelalterlichen Siedlung dar und bewahrt Überreste der frühreren woiwodalen Paläste, die vormals hier standen. Die Anfänge gehen auf Vlad Ţepeş zurück. Unter Constantin Brâncoveanu (1689–1714) wurde der Komplex im italienischen Stil erweitert und verschönert. Sein italienischer Sekretär Anton Maria del Chiaro erzählte von großen überwölbten Sälen, dem Garten im italienischen Stil, der das Gebäude umgab, und von den Festen. Mit der Zeit verfiel das Gebäude, Brände und Erdbeben taten ein übriges. Die fürstlichen Residenzen wurden mehrfach verlegt, zuletzt im Jahr 1776 auf den Zentralhügel der Stadt, wo später der gegenwärtige Palast des Parlaments errichtet wurde.

Die von Archäologen freigelegten Überreste des Empfangssaales für die Botschafter und der Saal der Wachmannschaft vermitteln einen Eindruck vom alten Glanz. Seit dem Sommer 1995 findet hier regelmäßig ein Volksfest zur Wiederbelebung der Bukarester Atmosphäre der Jahrhundertwende statt.

Daneben befindet sich das älteste erhaltene Gebäude der Stadt, die gegen Ende des 16. Jahrhunderts (1558/1559) errichtete Verkündigungskirche, die ehemalige Hofkapelle. Sie ist eine Stiftung des Fürsten Mircea Ciobanul (1545–1554). Hier wurden die Fürsten der Walachei gesalbt. Das Mauerwerk aus Ziegeln im Wechsel mit Mörtelschichten, die Steinquader nachahmen, ist typisch für die Zeit und auch an der Nikolauskirche in Curtea zu sehen. Dies gilt auch für die mit Gesims gestalteten Sockel, die aufwendige Bearbeitung des Dachgesimses und die zarten Arkaden. Das Hauptportal, ein bezeichnendes Beispiel für den Brâncoveanu-Stil, ist mit Blattwerk und Ranken reich geschmückt. Die Malereien im Inneren gehören mehreren Epochen an. In der Kirche werden sehr stimmungsvolle Gottesdienste abgehalten.

Gegenüber liegt der ›Hanul lui Manuc‹. Im alten Bukarest gab es viele Gasthöfe in der Art von Karawansereien. Als Anfang des 18. Jahrhunderts die türkischen Sultane aus Angst vor Unabhängigkeitsbestrebungen die Fürsten durch Ausländer, vor allem durch reiche Griechen ersetzten, kamen griechische Einflüsse nach Rumänien. Aus dieser Zeit stammt auch der Hanul Manuc. Im 19. Jahrhundert verschwanden diese Gasthöfe aufgrund der verbesserten Transportmöglichkeiten (Einführung der Eisenbahn 1869). Erhalten blieb dennoch der 1808 erbaute Hanul lui Manuc, der Han des Manuc, des armenischen Händlers Manuc-Bey; ›han‹ bedeutet auf Türkisch ›Herberge‹. Mit ihm wurde an die Tradition der früheren Hane angeknüpft. Er befindet sich auf dem Gebiet des ehemaligen Fürstenhofes und wurde teilweise wieder instand gesetzt. Das Gebäude umschließt einen rechteckigen Hof mit Laufgängen im Erd- und Obergeschoß. Die architektonischen Details wie Holzpfosten, Holzarchitrave und Bogen weisen auf die enge Verbindung von Klosterbaukunst, Stadtarchitektur und Volkskunst hin. Heute bieten mehrere Gastronomiebetriebe, ein Restaurant, eine Brasserie und ein Sommerlokal, dem Besucher ein wenig Alt-Bukarester Flair. Wer mehr Wert auf Atmosphäre denn auf Komfort legt, dem sei das dort ansässige Zweisterne-Hotel wärmstens empfohlen. Ein historisches Ereignis fand hier statt: Im Jahr 1812 wurde der Friedensschluß zwischen Rußland und der Türkei hier besiegelt, womit Napoleon die Türkei als Bündnispartner gegen den Zaren verlor.

Über die Blănarigasse verläßt man das alte Handelszentrum. Am Bulevardul Brătianu liegen noch zwei sehenswerte Kirchen. In einer Grünanlage steht die Biserica St. Gheorghe Nou aus dem späten 17. Jahrhundert mit dem Grabmal des Fürsten Constantin Brâncoveanu. Sein Standbild wurde 1939 vom Bildhauer Oscar Han geschaffen. In Richtung zur Piața Universitații folgt der Colțea-Architektur-Komplex (I. C. Brătianu Bulevard 1). Die Stiftung von Mihai Cantacuzino, einem Onkel von Brâncoveanu, umfaßt mehrere Wohltätigkeitseinrichtungen: das älteste Krankenhaus der Stadt, ein Altersheim, eine Schule und die gleichnamige Kirche (in Restaurierung). Wieder handelt es sich um einen Dreikonchenbau mit einer Tambourkuppel als Glockenturm. Besonders schön ist der Eingang zum Pronaos geschmückt. Hier sieht man die vier Evangelisten und Greife, die eine Inschrift tragen. Die Kapitelle der Vorhallensäulen sind reich mit Pflanzenornamenten und Tieren verziert. Ein Pelikan, der sich selbst zerfleischt, erinnert an romanische Vorbilder. Ein Brand von 1739 und ein Erdbeben haben das alte Krankenhaus völlig zerstört. Es wurde wiederaufgebaut und ist heute nach wie vor in Betrieb.

Neben der Kirche in Richtung Revolutionsplatz steht wieder ein Holzkreuz für die Opfer von 1989.

Den Südwinkel der Kreuzung bilden zwei Gebäude aus dem 19. Jahrhundert: das Landwirtschaftsministerium, des späten 19. Jahrhunderts und das Museum der Stadt Bukarest im Șuțu-Palast (I.C. Brătianu Bulevardul). Letzterer ist ein typischer Bau aus der ersten Hälfte des 19. Jahrhunderts, eigentlich ein prachtvolles Bojarenhaus, das Hofmarschall Costache Şuţu um 1833 bis 1835 im neogotischen Stil durch Conrad Schwing errichten ließ. Unter seinem Sohn Grigore wurden die Fassaden im Stile der Neogotik umgebaut. Der Eingang erhielt ein kunstschmiedeeisernes Vordach, was typisch für die Bauten Bukarests um die Jahrhundertwende wurde. Berühmtheit erlangten die hier gegebenen Bälle. An einem war Leo Tolstoi als junger Offizier während des Krimkrieges zu Gast. Heute ist das 1959 eröffnete Museum der Stadtgeschichte untergebracht. Ausgestellt sind archäologische Funde, Dokumentationen, Münzen, historische Kostüme, Fotos und Möbel.

Im Hof des ›Hanul lui Manuc‹

Die Ära Ceauşescu

Das Erdbeben von 1977 gab Ceauşescu den Vorwand seinen gigantomanischen Zielen ein Fünftel der historischen Altstadt Bukarests zu opfern. 70 000 Menschen mußten Anfang der achtziger Jahre von heute auf morgen umziehen und das ihnen vertraute Viertel ›Dealul Spirii‹ verlassen. Eine der Folgen dieser Zeit war der sprunghafte Anstieg der wilden Hunde, Spuren, die bis heute Bukarest prägen. Viele Menschen konnten gerade sich selbst versorgen. Die Tiere blieben im wahrsten Sinne des Wortes auf der Strecke und stromern herrenlos noch in den Gassen Bukarests herum. Unter den abgerissenen Stadtteilen befand sich auch das jüdische Viertel. Jüdische Gebäude blieben nur in anderen Stadtebieten erhalten: der ›Templul coral‹ von 1867 (Chor-Synagoge) und die ›Synagoge Mare‹ der ehemaligen Herrnscheiderschule; Beide beherbergen heute ein jüdisches Museum.

Unter den Opfern des Abrißwahnes war auch die Spiridon-Kirche die der Fanariot Constantin Mavrocordat vor zweihundert Jahren gestiftet hatte. 1987 abgerissen, konnte sie 1995 dank der Unterstützung der Patriarchie nach alten Plänen wiederaufgebaut worden.

Die Kirche Mihai Vodă (Strada Sapienţei) entging der Zerstörung durch ihre Verschiebung. Sie ist Teil eines der ersten Klöster Bukarests; ihr Stifter Michael der Tapfere versprach sich durch den Bau göttlichen Beistand für seinen Kampf gegen Sinan Pascha. Die Schlacht fand 1595 in Călugăreni, 25 Kilometer südlich von Bukarest statt und brachte den Türken eine verlustreiche Niederlage. Dieser entscheidende Sieg wurde in der Literatur vielfach verewigt. Im Volksepos von Stavrino wird vom ›sehr ehrfürchtigen und sehr tapferen Fürsten Michael‹ gesprochen. G. Palamidis verfaßte eine Chronik in homerischem Stil. Beide Schriften waren in griechischer und rumänischer Sprache erschienen. Zwischen den Wohnblocks kann man den Bau an den alternierend wechselnden Reihen von Ziegeln und verputzten Flächen erkennen. Der Baumeister folgte darin den byzantinischen Traditionen. Auch das pittoreske Antim-Kloster (Strada Antim 29) überlebte dank seiner Versetzung. Das Geschenk des Großmetropoliten Antim Ivireanul befindet sich nicht weit vom Hügel der Patriarchie. Sein Gründer zeichnete sich als Gelehrter aus, der im Kloster eine Druckerei unterhielt, in der rumänische und griechische Bücher vervielfältigt wurden. Im dazugehörigen Synodal-Palast erkennt man den neurumänischen Stil.

Im betroffenen Viertel sind das Gebäude des Staatsarchivs und vierzig Kirchen, darunter das Kloster Vacareşti, für immer verlorengegangen. Der erhaltene Justizpalast (1890–1895, Splaiul Unirii 6) von Albert Ballu gibt mit seinem französisch geprägten Eklektizismus einen Eindruck vom einstigen Stadtbild. Der Warteraum war ein Entwurf vom bekannten rumänischen Architekten Ion Mincu. Auf der Suche nach dem alten Bukarest kann man nicht weit vom Palast noch die 1751 erbaute Domniţa-Balasa-Kirche entdecken. Die Stifterin, Balasa, eine Tochter Constantin Brâncoveanus wurde hier beigesetzt. Ihr Standbild schuf der Bildhauer Karl Storck. Ende des 19. Jahrhunderts erfuhr das Baudenkmal eine Erneuerung von Alexandru Orascu und Carol Benis.

Das letzte große Bauprojekt vor der Revolution war das Haus des Parlaments (Palatul Parlamentului/Casa Republicii, unter dem Conducator ›Casa poporului‹) mit seinen Zufahrtsstraßen und dem ›Civic-Center‹ (Wohnviertel) der Umgebung. Dem unvollendeten Parlamentsgebäude in seiner unvorstellbaren Größenordnung drohten nach dem Sturz des Diktators Schmutz und Verfall den Garaus zu machen. Auf der Suche nach neuen Bestimmungen nahmen das rumänische Parlament und ein Kongreßzentrum hier seinen Sitz. Trotz dieser Nutzungslösungen ist die Wirtschaftlichkeit in Frage gestellt, da allein die Heizkosten unermeßlich sind. Als Nicolae Ceauşescu einst (1984) aus Korea zurückkehrte, war es sein Ziel, den dortigen Palast des Volkes zu übertreffen. Es ist ihm gelungen. Seine Straße der Einheit ist mit 3,2 Kilometern länger als die Champs Elysées. Als bebautes Gelände ist das Haus des Parlaments nach dem Pentagon in den USA das zweitgrößte Gebäude der Welt.

Eigentlich sollte es das ›Haus des Volkes‹ werden, doch die bis zum Sturz des Diktators bereits aufgebrauchten Summen, standen in keinerlei Verhältnis zu den wirtschaftlichen Möglichkeiten des Landes. Allein vierhundert Architekten, zwanzigtausend Arbeiter und Soldaten konzentrierten sich auf den Bau von einer Fläche von 265 000 Quadratmetern. Dreigeschossig konzipiert, wurde eine Höhe von vierundachtzig Metern erreicht, womit es wahrlich als pyramidal angesehen werden kann. Die Vorstellungskraft eines Menschen ist überfordert, um die Fluchten von Sälen zu ermessen. Allein der zweite Stock beinhaltete vierhundertfünfzig Riesenräume. Der Ausdruck von den ›verlorenen Schritten‹ gibt treffend die Umstände wieder. Viele Materialien kamen aus Rumänien, dabei wurde an nichts gespart: Marmor aus Reşiţa, Moneasa und Gura Văii, Kirsch- und Nußholzbäume für die Vertäfelungen der zwei monumentalen Galerien von hundertfünfzig Meter Länge und achtzehn Meter Breite aus Siebenbürgen.

Südlich der Einheitsstraße liegt auf einer hügeligen Erhebung der Gebäudekomplex der sogenannten Patriarchie (Dealul Patriarhiei), Sitz des rumänischen Patriarchen. Seine Kirche war 1656 im Auftrag des Woiwoden Constantin Şerban entstanden und sollte die Bischofskirche von Curtea de Argeş übertreffen. Hier werden die Reliquien des Bukarester Stadtheiligen Dumitru aufbewahrt.

Im benachbarten Gebäude der ›Nationalversammlung‹ fand am 9. Mai 1859 die Abstimmung über die Vereinigung von Moldau und Walachei statt und hier wurde am 9. Mai 1877 die Unabhängigkeit des rumänischen Staates proklamiert.

Das Haus des Parlaments, ein Zeugnis des Größenwahns

Das Gebäude von unschätzbarem historischen Wert wurde in dieser Ausführung anstelle des Divanul Domnesc (Fürstendivan) 1907 im französisch-eklektischen Stil von D. Maimarolu entworfen. Zum Komplex der Patriarchie gehört noch der ehemalige Metropolitenpalast mit einer Kapelle. Im Gebäude von 1709, in das man nur mit einer Sondererlaubnis Zutritt erhält, sind großformatige Stifterbilder des ersten Fanarioten-Fürsten Nicolae Mavrocordato und seiner Familie zu sehen.

Die Bucur-Kirche nicht weit von der Patriarchenkirche wird gerne im Zusammenhang mit der Bucurlegende betrachtet. Nach Bucur Ciobanul (Bucur der Hirte) benannt, entstand sie Anfang des 18. Jahrhunderts als Friedhofskapelle.

Auf der Piaţa Constituţiei (Platz der Verfassung) vor dem Parlamentsgebäude gab Luciano Pavarotti am 11. August 1999 ein Open-Air-Konzert. Für die großen Besucherzahlen bot sich diese Umgebung förmlich an. Südlich der sogenannten ›Ceauşescu-Stadt‹ schließt der Parcul Carol mit dem Denkmal des unbekannten Soldaten an.

Das Cotroceni-Viertel

Anfang des 20. Jahrhunderts entstand westlich vom Zentrum das Villenviertel ›Cotroceni‹. Heute ist es bei Künstlern und Akademikern beliebt. Auf dem Cotroceni-Hügel wurde auf Initiative von Prof. Dimitrie Brandza der Botanische Garten eingerichtet. In diesem vornehmen Viertel liegen die Militärakademie von Duiliu Marcu (1939) und der Cotroceni-Palast (Bulevardul Geniului 1). Seit dem 17. Jahrhundert befand sich hier ein zweiter fürstlicher Wohnsitz mit einem Klosterkomplex. Nach seiner Umgestaltung weilte Cuza einige Zeit darin. Ende des 19. Jahrhunderts wurden alle Gebäude bis auf die Kirche abgerissen. Der heutige Cotroceni-Palast entstand für Prinzessin Maria, die zukünftige Gattin König Ferdinands, dem Neffen und Nachfolger Carols I. Der Entwurf ging auf den Franzosen Paul Gottereau zurück. Wiederaufbauarbeiten wurden vom Rumänen Grigore Cerchez geleitet. Er fügte zwei Türme hinzu. Zwei Erdbeben schädigten den Bau nachhaltig. Seine Bestimmungen wechselten vom Pionierpalast zum Gästehaus und 1991 zum Sitz des rumänischen Präsidenten. Derzeit beherbergt das Gebäude das Museum Cotroceni mit der mittelalterlichen Sammlung und dient musikalischen und anderen künstlerischen Veranstaltungen.

In diesem Viertel trifft man auch auf die älteste Hochschuleinrichtung Bukarests. Die Medizinische Fakultät ist ein Werk von Louis Blanc (1902).

Der Weg an der trostlos in Beton eingezwängten Dâmboviţa zurück ins Zentrum führt am Opernplatz mit der Staatsoper (Opera Română) vorbei. Der Arkadenbau von 1953 geht auf den Entwurf von Octav Doicescu zurück. Weitere Universitätsgebäude sind in dieser Gegend plaziert.

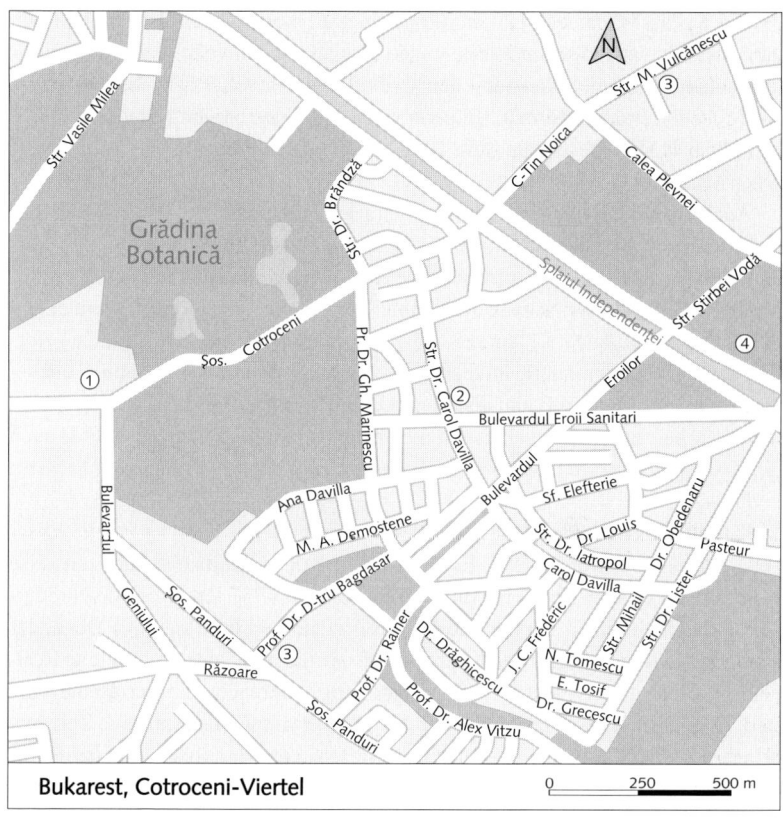

Bukarest, Cotroceni-Viertel

0 — 250 — 500 m

Legende

1 Cotroceni-Palast
2 Medizinische Fakultät

3 Militärakademie
4 Oper

Der Norden

Über den Bulevardul General Margheru und seine Verlängerung, die wichtigste Nord-Süd-Achse Bukarests, erreicht man am günstigsten den Norden. Die Straße wurde bereits im 19. Jahrhundert begonnen. Dicht besiedelt säumen sie Hotels wie ›Lido‹ und ›Ambasador‹ aus den dreißiger Jahren. Östlich vom Margheru liegt das Dorobanți-Gebiet, ein Nobelviertel. Über den Bulevardul Aviatorilor und die Kiseleff-Chaussee (Șoseaua Kiseleff) erreicht man die nördlichen Ausfallstraßen.

Die Kiseleff-Chaussee läßt an die Champs Elysées denken. Hier reihen sich zunächst die ausländischen Vertretungen aneinander. In einem Palast im neurumänischen Stil an der Kreuzung der Kiseleff-Chaussee und dem Siegesplatz ist das Muzeul Ţăranului Român (Bauernmuseum) untergebracht. Mitte Juni finden hier jährlich Musikfestspiele statt. 1996 erhielt es den Preis als ›Bestes Europäisches Museum‹.

Auch am Triumphbogen fühlt man sich nach Paris versetzt. Als Einheitsdenkmal Rumäniens war es von Antonescu nach dem Ersten Weltkrieg entworfen worden. Zunächst entstand ein provisorischer Holz- und Stuckbau. Erst in den dreißiger Jahren erfolgte der Neubau aus Granit. Die symbolischen Reliefs wurden von den Bildhauern I. Jalea, C. Baraschi, Mac Constantinescu und A. Călinescu gefertigt. Ganz Rumänien feierte an dieser Stelle am 8. November 1941 den Namenstag von König Michael I. und den Sieg der rumänischen Armee, die Bessarabien zurückerobert und Odessa eingenommen hatte. Im Jahr des Neubaus wurde auch die Kiseleff-Chaussee jenseits des Bogens bis zum heutigen Flughafen Baneasa verlängert.

Unmittelbar in der Nachbarschaft des Bauernmuseums liegt der Palatul Elisabeta. Er wurde von Prinzessin Elena, Tochter König Ferdinands und zeitweise Königin von Griechenland, in Auftrag gegeben und 1937 fertiggestellt. Nur einheimische Materialien wurden hierfür verwendet: Der Tuff kam aus Deva, der Marmor aus Reşiţa. Unter den Kommunisten wurde das Gebäude offizielle Residenz für Staatsgäste: Sukarno, Nixon, Juan Carlos übernachteten hier. Heute kann auch der Normalbürger im staatlichen Luxushotel mit Restaurant seine Zeit verbringen. An der Chaussee liegt auch das ›Buffett‹ genannte Restaurant im neurumänischen Stil von Ion Mincu aus den Jahren 1889 bis 1892. Die nach dem General der russischen Protektoratszeit im 19. Jahrhundert benannte Chaussee endet an der Piaţa Presei Libere.

Das von weither sichtbare Pressezentrum (Casa Scînteia), vom Architekten H. Maicu 1956 nach dem Vorbild der Moskauer Lomonossov-Universität entworfen, war ein Geschenk Stalins. Die Bauweise wird gerne mit dem Begriff ›Zuckerbäckerstil‹ umschrieben. Gleich beim World Trade Center, dem Symbol für die neue wirtschaftliche Öffnung Rumäniens, steht das Hotel ›Sofitel‹, eines der besten Häuser der Stadt. Das World Trade Center entstand vor zehn Jahren unter Leitung von V. Vion und N. Taralunga.

Ein Kranz von Parkanlagen mit Seen zieht sich im Norden um die Stadt. Im Parcul Herăstrău befindet sich das sehr sehenswerte Dorfmuseum (Muzeul Satului). Es wurde auf Initiative des Soziologen Domitrie Gusti geplant, 1936 eingeweiht und seitdem kontinuierlich erweitert. Heute stehen auf einer Fläche von zehn Hektar dreihundert originale Bauernhöfe aus verschiedenen Regionen Rumäniens.

Gehöft im Dorfmuseum

Auch über den Bulevardul Avilatorilor erreicht man den Norden. Am gleichnamigen Platz steht das Fliegerdenkmal (Statuia Aviatorilor). Bald schon ist das Fernsehzentrum (Centrul Televiziunii Romǎna) zu sehen, wo sich 1989 die Machtkämpfe abspielten.

Ein eigenes Viertel ist um den Palast Ghica-Tei (Strada Doamna Ghica Tei 5) im Nordosten der Stadt entstanden. Die Bezeichnung verbindet den Namen eines Fürsten Ghica mit dem rumänischen Wort ›tei‹ – ›Lindenbäume‹, die sich hier in diesem alten Bukarester Viertel gehäuft befanden. Als Sommerresidenz wurde der Palast für den Fürsten Grigorie IV. Dimitrie Ghica im Jahr seiner Ernennung zum Fürsten der Walachei (1822) errichtet. Der einstöckige Palais ist ein bedeutendes klassizistisches Denkmal, dessen ursprüngliche Form bewahrt werden konnte. Gepflegt kann man das alte Ambiente im Restaurant genießen. Das Erdgeschoß ist in Rustika gekleidet und hat rechteckige Fenster, während das Obergeschoß mit schlanken, halbkreisförmig abschließenden Fenstern versehen ist. Leichte Risalite betonen die Seitenflügel und die Mitte. Das Eingangstor wurde ehemals von liegenden Löwen flankiert. Im Obergeschoß verrät der Balkon römischen Einfluß.

Am Ufer des Tei-Sees, noch innerhalb der Stadtgrenze, liegt das Kloster Plumbuiţa. Das Klosterensemble geht auf den walachischen Fürsten Peter den Großen und seine Mutter, Doamna Chiajna, zurück. Hier war die Wiege der ersten Bukarester Buchdrucker-Werkstatt.

Wenn man schon einmal in dieser Ecke ist, sollte man es nicht versäumen, die Kirche Fundenii Domnei, (Şoseaua Fundeni) aufzusuchen. Der Dreikonchenbau auf dem ehemaligen Gutsgelände Mihai Cantacuzinos ist besonders sehenswert wegen der seltenen Stuckarbeiten an den Außenwänden. Den Auftrag für die Kirche gab General Mihai Cantacuzino 1699. Trotz Umbau, behielt diese Kirche ihre Einzigartigkeit. Es gibt wohl kein auch nur annähernd an diese Kirche erinnerndes Bauwerk in Rumänien. Die Stuckornamente, mit denen die Außenwände verziert sind, weisen auf deutlich persischen Einfluß hin.

 Die Metropole Bukarest bietet eine Vielzahl von Hotels, hier soll nur eine Auswahl getroffen werden, die meisten sind allerdings unverhältnismäßig teuer.

›Athenée Place Bukarest Hilton‹, 5 Sterne, Luxusklasse, Strada Episcopiei 1–3, Tel. 021/303 37 77, Fax 315 21 21 EZ 410 Euro, DZ 450 Euro.

›Sofitel‹, 4 Sterne, Luxusklasse, Bulevardul Exppozitiei 2, Tel. 021/224 30 00, oder 224 26 83, Fax 211 56 88, zur ACCOR Gruppe gehörig, im Norden der Stadt unweit des Kongresszentrums, seit 1994 ansässig, ausgezeichnet geführt, EZ 415 Euro, DZ 449 Euro.

›Inter-Continental‹, 5 Sterne, Luxusklasse, Bulevardul N. Bălcescu 4, Tel. 021/310 20 20, Fax 312 04 86, EZ 325 Euro, DZ 352 Euro.

›Helveţia‹, 3 Sterne, Piaţa Charles de Gaulle 13, Tel. 021/223 05 66, Fax 223 05 67, erstes Privathotel Bukarests, seit 1993 Joint-venture zwischen Schweiz und Rumänien, nicht zu groß, sehr zu empfehlen, EZ ab 130 Euro, DZ ab 164 Euro.

›Continental‹, 4 Sterne, Calea Vicitoriei 56, Tel. 01/638 50 22 oder 312 01 32, Fax 312 01 34, historisches Gebäude in eklektischem Stil aus dem Jahre 1886, EZ 146 Euro, DZ 165 Euro.

›Capitol‹, 3 Sterne, Calea Victoriei 29, Tel. 021/615 80 30, Fax 312 41 69, Telex 114 03. Historisches Gebäude von 1901, zentral gelegen, ehemals Café und berühmter Treffpunkt von Literaten und Künstlern. 1976 renoviert, heute privat betrieben, DZ 125 Euro.

›Palat Elisabeta‹, 4 Sterne, Şos. Kiseleff 28, Tel. 021/224 27 05, Fax 224 27 63, historisches Gebäude im Grünen, staatlich betrieben.

›Central‹, 2 Sterne, Strada Brezoianu 13, Tel. und Fax 021/315 56 34, DZ 110 Euro.

›Astoria‹, 2 Sterne, Bulevardul Dinicu Golescu 27, Tel. 021/63 76 40, EZ 50 Euro, DZ 83 Euro.

›Hanul Manuc‹, 2 Sterne, Strada Franceză 62–64, Tel. 021/ 313 14 11, Fax 312 28 11, sehr pittoresk mitten in Alt-Bukarest gelegen, EZ 23 Euro, DZ 44 Euro.

In Bukarest gibt es jede nationalen Küche, aber auch Landestypisches; empfohlen werden hier gehobene, getestete Restaurants.

Im Sommer geht man in den ›Gradina de vara‹ (Sommergarten), der aus dem Stadtbild Bukarests nicht wegzudenken ist, Calea Victoriei 63–69, Tel. 021/312 70 70, 12.30 bis 17.30 Uhr und 19.30 bis 1 Uhr.

›Casa Vernescu‹, Calaea Victoriei 133, Tel. 021/231 02 20, 12 bis 24.30 Uhr durchgehend, historisches Gebäude, daneben liegt das Casino.

›Mc Moni's‹, Restaurant-Club, Bulevardul Mărăşti 28, in Aleea im Norden der Stadt, Tel. 021/ 659 29 84, 12 bis 24 Uhr, fünf Minuten vom Hotel ›Sofitel‹, auch rumänische Küche, gehobene Preise.

›Restaurantul Burebista‹, Calea Moşilor 195, Tel. 021/210 97 04, ausgezeichnete rumänische Küche, inmitten eines Wohnviertels und am besten per Taxi zu erreichen.

›Velvet Club‹, Strada Stirbei Voda 4, Tel. 021/315 92 41, Fax 312 70 04, zentral gelegen, ausgezeichnete Küche, Restaurant im Keller, draußen ein paar Tische, gute Preise, akzeptiert Kreditkarten.

Bierlokal ›Carul cu Bere‹, gegenüber der Stavropoleos-Kirche im alten Handelsviertel, im eklektischen neugotischen Stil 1875 vom Architekt Zigfri Kofzinsky errichtet.

 Muzeul Naţional de Artă – Nationalmuseum der Kunst, Calea Victoriei 49–53, Mittwoch bis Sonntag 11 bis 19 Uhr, nach zehnjähriger Renovierung dem Publikum wieder zugänglich gemacht, umfaßt topographisch die europäischen Schulen von Italien bis Holland, Frankreich, Deutschland und Österreich, zeitlich die Epochen von der Renaissance bis zum 20. Jahrhundert. Daneben ist das Museum im Besitz einer reichen graphischen Sammlung.

Muzeul Naţional de Istorie al României – Historisches Museum Rumäniens, Calea Victoriei 12, Mittwoch bis Sonntag 10 bis 18 Uhr, besonders wertvoll ist der westgotische Goldschatz der bei Pietroasa, unweit Ploieşti, gefunden wurde.

Muzeul Colecţiilor de Artă – Museum der Kunstsammlung, Calea Victoriei 111, Mittwoch bis Sonntag 10 bis 17 Uhr.

Muzeul Militar Naţional – Nationales Militärmuseum, Strada Mircea Vulcănescu 125–127, Dienstag bis Sonntag 9 bis 17 Uhr.

Muzeul Naţional de Istorie Naturală ›Grigore Antipa‹ – Nationales Naturhistorisches Museum ›Grigore Antipa‹, Şos. Kiseleff 1, Dienstag bis Sonntag 10 bis 18 Uhr.

Muzeul Naţional Cotronceni, Geniului Bulevardul 1, Dienstag bis Sonntag 10 bis 18 Uhr, Anmeldung erforderlich, Tel. 021/638 38 22.

Muzeul de Istorie a Comunității Evreiești din România – Jüdisches Museum, Strada Mămulari 3, Mittwoch bis Sonntag 9 Uhr 30 bis 13 Uhr.

Muzeul Satului – Dorfmuseum, Șoseaua Kiseleff 28–30, täglich von 10 bis 19 Uhr, das Museum wurde 1936 eröffnet, in den Park eingebettet sind mehr als 165 traditionelle Holzbauten zu bewundern.

Muzeul Țăranului Român – Bauernmuseum, Șoseaua Kiseleff 3, Dienstag bis Sonntag 10 bis 18 Uhr.

Muzeul de Istorie Și Artă al Municipiului București – Museum der Stadt Bukarest im Șuțu-Palast, Bulevardul I. C. Brătianu, Mittwoch bis Sonntag 9 bis 17 Uhr.

›Theodor Aman‹ Muzeul (im 19. Jahrhundert schaffender Maler, historisches Gebäude von 1869), Strada C.A. Rosetti 8, Mittwoch bis Sonntag 9 bis 17 Uhr.

›Theodor Pallady‹ Muzeul, Strada Spătarului 22, Mittwoch bis Sonntag 10 bis 18 Uhr.

Muzeul Național de Geologie – Geologisches Nationalmuseum, Șoseaua Kiseleff 2, Tel. 021/ 650 50 94, Montag bis Freitag 10 bis 15 Uhr, Voranmeldung 48 Stunden vorher erforderlich.

Curtea Veche – Palatul Domnesc, Strada Franceză 23–31, Tel. 021/3140375, Montag bis Freitag 8 bis 17 Uhr, Samstag 9 bis 14 Uhr, nur Gruppen mit Voranmeldung.

Muzeul Literaturii Române – Rumänisches Literaturmuseum, Bulevardul Dacia 12, Montag bis Freitag 10 bis 18 Uhr, Samstag und Sonntag 10 bis 16 Uhr.

Muzeul Pompierilor (Foișorul de Foc), Bulevardul Ferdinand 33, Montag bis Freitag 10 bis 16 Uhr, Samstag und Sonntag nur nach Vereinbarung.

›George Enescu‹ Muzeul, Calea Victoriei 141, Dienstag bis Sonntag 10 bis 17 Uhr.

›Casa Melik‹ von 1760, Strada Spătarului 3, ältestes Profanhaus der Stadt, das seine ursprüngliche Form beibehielt und heute ein Ausstellungsgebäude für Graphik und Ölgemälde des Malers Theodor Pallady (1871–1956) ist.

Privatkollektionen:

Sammlung D. Minvici für mittelalterliche Kunst, Strada Minvici 3.

Sammlung Cecilia und Frederic Storck, Strada V. Alecsandri 16, Werke des Bildhauers Storck und seiner Frau Cecilia Cutescu, Gebäude von A. Clavel aus dem Jahre 1916.

Sammlung Ion Minulescu, Bd. Gh. Marinescu 19, Wohnung des Dichters Minulescu, hier sind vor allem Hinterglas-Ikonen und polychrome mittelalterliche Holzfiguren interessant.

Die Umgebung von Bukarest

Weniger als eine Autostunde von der Hauptstadt entfernt, findet man um Bukarest herum malerische Dörfer, Klöster, Paläste und viel Natur. Im Norden liegt ein wunderschöner Kranz von Seen, der teilweise aus den Flüsschen Dâmboviţa und Colentina gespeist wird. Die Parkanlagen um den Lacul Herăstrău, Lacul Floreasca

Die Umgebung von Bukarest

0   10   20 km

Legende

1 Kloster Pasărea
2 Kloster Cernica
3 Kloster Comana
4 Schloß Mogoşoaia

5 Schloß Buftea
6 Kloster Snagov
7 Kloster Căldăruşani
8 Kloster Tigăneşti

und Lacul Tei sind die grünen Lungen der Stadt. In einem Radius von etwa 35 Kilometern befinden sich mehrere Klosteranlagen aus dem 16. und 17. Jahrhundert, die teilweise in ausgezeichnetem Zustand sind, teilweise augenblicklich tüchtig renoviert werden.

Nur wenige Kilometer östlich von Bukarest spiegeln sich in gleichnamigen Seen die Klöster Pasărea (Gemeinde Brănești) und Cernica. Das Nonnenkloster Pasărea wurde vom Archimandrit Timotei aus Cernica im Jahr 1813 gegründet. Die Kirche (1847) geht auf den Nachfolger Calinic zurück. Der Bildhauer Gheorghe Anghel, der lange in Pasărea gelebt hatte, fand hier seine letzte Ruhestätte; von ihm stammt die Eminescu-Statue vor dem Athenäum in Bukarest. Die Nonnen bieten den Reisenden Unterkünfte.

Kloster Cernica liegt auf einer Halbinsel mitten in der Ebene. Als wenn sie sich verstecken wollten, ducken sich die Zellen der Mönche aus strategischen Gründen niedrig ins Gelände. Das Kloster geht auf eine alte Einsiedelei zurück, an deren Stelle Radu Voda Şerban das Kloster gründete. In das während einer Pestepidemie verlassene Kloster kehrten die ersten Mönche 1781 zurück. Starke Wiederbelebung verdankte es der bedeutenden Persönlichkeit des später heiliggesprochenen Abtes Calinic. Während seiner Leitung wurde die Hauptkirche Sf. Gheorghe Anfang des 19. Jahrhunderts wiederaufgebaut. Daneben sind die Lazaruskirche, ein Brunnen der Türken, ein malerischer Friedhof und das Refektorium mit Malereien von 1969 zum Leben des heiligen Calinic vom Maler Traian Bilţiu Dăncusi zu sehen.

Zum Kloster gehörten ein Waisen- und Krankenhaus, eine bedeutende Bibliothek, eine Schule für Kirchenmalerei und das heute noch aktive Priesterseminar. Der heutige Patriarch Rumäniens, Pater Teoctist, hat hier acht Jahre studiert. Ein kleines Museum präsentiert religiöse Kunst und antike Literatur. Im Kloster sind grundlegende Renovierungsarbeiten im Gange. Vierundachtzig Mönche sind derzeit ansässig. Nicht weit vom Kloster steht ein Campingplatz zur Verfügung.

Weiter südlich liegt ebenfalls malerisch am See das Kloster Comana. Das Männerkloster wurde von Vlad Ţepeş im 15. Jahrhundert gestiftet und von Radu Şerban hundert Jahre später erneuert. Weniger eine Sehenswürdigkeit als ein Denkmal trauriger Vergangenheit ist Jilava mit seiner Festung. Sie wurde 1916 zu einem Gefängnis umgebaut und war unter dem Diktator Ceauşescu einer der gefürchtesten Orte des Landes.

Auf der Fahrt durch Muntenien erwarten den Gast in nördlicher Richtung noch eine Reihe weiterer Sehenswürdigkeiten. Man trifft auf die Klöster Căldărușani, Snagov und Tigănești sowie das im reinen Brâncoveanu-Stil errichtete Schloß Mogoșoaia. Wer Geduld und Zeit aufbringt, kann gleich auch noch das Schloß von Buftea ansehen.

Schloß Mogoşoaia

In Richtung Flughafen Otopeni liegt inmitten einer Parkanlage mit See das einzigartige Beispiel profaner Baukunst Rumäniens im Brâncoveanu-Stil.

Wie die Inschrift oberhalb der Terrasse ›Ich errichte diesen schönen Palast für meinen Sohn Ştefan‹ belegt, hatte es Constantin Brâncoveanu anstelle eines älteren Gebäudes für seinen Sohn 1702 in Auftrag gegeben. Mit der Ermordung Constantins und seiner Söhne in Konstantinopel war das tragische Ende der Familie besiegelt. So konnte das Schloß seine Bestimmung nicht mehr erfüllen. Zunächst als Herberge benutzt, erwarb den Besitz im Jahr 1860 das Fürstenhaus Bibescu. Seit 1957 ist hier ein Museum des Brâncoveanu-Stils untergebracht. Außerdem diente es dem Schriftstellerverband als Gästehaus. Der bedeutende Prosaschriftsteller Marin Preda starb 1980 in einem der Zimmer.

Gleich zu Beginn der Erwerbung des Gutes durch die Familie Brâncoveanu entstand die Kapelle vor dem Schloß in Form einer Saalkirche. Um einen rechteckigen Hof gruppieren sich einige Wirtschaftsgebäude. In der Achse des Eingangstores liegt das Schloß, ein Ziegelbau mit plastischem Dekor in Stein und Marmor. Die üppigen Details der spiralenförmig kannelierten Säulenschäfte, die korinthischen Kapitelle, die Balustraden mit vegetabilen Ornamenten und eingeflochtenen Tierformen wie Delphinen verweisen auf Einflüsse aus Siebenbürgen, Italien und Konstantinopel. Sie verschmolzen hier zu einem eigenen Ganzen. Die Innenräume schmückten ehemals Wandmalereien, deren Thema die Adrianopel-

Schloß Mogoşoaia, ein beeindruckendes Beispiel für den Brâncoveanu-Stil

Reise des Fürsten und sein Zusammentreffen mit dem Sultan im Jahr 1703 war. Im Verlauf der Zeit wurden Veränderungen vorgenommen. An der Nordseite wurde der zweite Stock hinzugefügt, das Dachgesims erhöht und ein Treppenaufgang an der Ostfront angefügt.

Das Schloß von Buftea

Auf dem Weg nach Ploieşti führt ein Abstecher nach Buftea mit dem ehemaligen Palast des Fürsten Barbu Ştirbei. Er hatte zweimal den Thron der Walachei inne (1849–1853 und 1854–1856). Im liebevoll hergerichteten Gebäude inmitten einer großen öffentlichen Parkanlage, in der Ziegen und Schafe weiden, ist heute ein staatliches Hotel eingerichtet. Es eignet sich besonders für Gäste, die mehr Wert auf das historische Ambiente als auf moderne Ausstattung legen. Das Gebäude stammt ebenso wie die leider etwas baufällige Backsteinkirche aus dem 19. Jahrhundert. Im Schloß wurde nach dem Ersten Weltkrieg der Friedensvertrag unterzeichnet. Unweit befinden sich die größten Filmstudios Rumäniens.

Die Klosteranlagen im Norden Bukarests

Nicht weit von Bukarest, abseits der nach Norden führenden E 60 in Richtung Ploieşti, liegen in verwunschenen Winkeln in oder am Wasser drei Klosteranlagen.

Das Kloster Snagov liegt auf einer kleinen Insel mitten im gleichnamigen See innerhalb eines Naturparkareals mit Campingplatz, Hotel und Freizeitanlagen. Am Wochenende wird das Gelände von den Bukarestern zur Erholung aufgesucht. Die Insel ist mit einem kleinen Ruderboot (nur mit Führer zu mieten) zu erreichen. Vom Ufer ist das Kloster nicht sichtbar. Von der Anlage sind nur noch die Hauptkirche und der Glockenturm aus dem 16. Jahrhundert erhalten. Berühmt wurde das Kloster als Grabstätte des Woiwoden Vlad Ţepeş Dracul. Eine Legende besagt, man müsse das Grab überschreiten, um die Sünden des Vlad Ţepeş abzutragen. Ende des 19. Jahrhunderts war die Insel eine Gefängnisinsel. Urkundlich ist eine Klosteranlage als Stiftung Mirceas des Alten (1386–1418) belegt. Von der Maria Verkündigung geweihten hölzernen Kapelle aus dieser Zeit sind nur die Flügel der Königstüre, der Ikonostase, erhalten. Sie befinden sich in Bukarest. Der heutige Ziegelbau geht auf den Fürsten Neagoe Basarab (1512–1521) zurück. Im Typus einer Kreuzkuppelkirche errichtet, wurden nach dem Vorbild der Athoskirchen Seitenapsisden angefügt. Im Westen ahmte man mit der Errichtung eines Atriums mit Tambourkuppel die Metropolenkirche in Târgovişte nach.

Die Arkaden dieses Atriums wurden später unter Fürst Mircea Ciobanul 1559 vermauert und somit in einen Pronaos verwandelt. Die Malereien stammen ursprünglich von 1563, wurden mehrfach restauriert und übermalt. Bemerkenswert sind die Stifterbildnisse des Fürsten Neagoe Basarab, seines Sohnes Teodosie und des Fürsten Mircea Ciobanul auf der Westwand des Naos. Unweit dieses Klosters befanden sich einst Dörfer, die dem Erdboden gleichgemacht wurden.

Von Snagov fährt man in Richtung Gruiu und weiter nach Căldărușani. Wiederum am Ufer eines kleinen Sees liegt die Stiftung des Matei Basarab aus dem 17. Jahrhundert. Sie wurde mehrfach umgebaut. Alle Klostergebäude öffnen sich zum rechteckigen umschlossenen Klosterhof. Hinter den Arkadenhallen befinden sich die Mönchszellen. Die Portalseite ist in rein rumänischem Stil in Anlehnung an die oltenischen Culen (befestigte Wohngebäude) erneuert worden. Das Kloster wird von Mönchen bewirtschaftet und derzeit eifrig renoviert.

Zurück auf der Hauptstraße E 60 fährt man weiter in Richtung Ploieşti bis Ciolpani. Von hier führt eine Abzweigung zum Kloster Tigăneşti. Auch während der harten kommunistischen Ära blieb das nicht ummauerte Kloster aktiv. Weniger wegen der Kirche als wegen der malerischen, reich mit Blumen geschmückten Anlage ist das Kloster einen Besuch wert. Die derzeit hundertfünfzig Nonnen haben ihre Häuser in äußerst schmuckem Zustand um die der Himmelfahrt Marias geweihte Kirche von 1812 angeordnet. Eine Besonderheit dieses Klosters ist die riesige Weberei, in der Brokate, Borten, sakrale Stoffe und Andachtsbilder aus Stoff gefertigt werden. Gerne zeigen die Nonnen dem Besucher diese Werkstatt.

 ›Complexul Turistic Snagov‹, 2 Sterne, Tel. 021/ 614 83 20, Tel. und Fax 021/ 794 04 60, staatliches Hotel, das zum Komplex ›Astoria‹ in Bukarest gehört. Es liegt mitten im Grünen mit Blick auf die Insel von Snagov.

Ploieşti und Umgebung

Das Industriezentrum Ploieşti ist die Hauptstadt des Kreises Prahova im Vorland der Südkarpaten und Mittelpunkt des nördlich von Bukarest liegenden Erdölfördergebietes. Daneben wird bei Craiova, in Ticleni in der Kleinen Walachei, unweit der Stadt Buzău, in der Nähe des Karpatenbogens und in der Moldau in Zemeş bei Băcau Öl gefördert. Das Gebiet um Ploieşti gehört jedoch zu den größten und ältesten Fördergebieten. Der Rohstoff und seine Verarbeitung waren Ursache für die Entstehung des größten chemischen Industriekomplexes des Landes, wo Kunstgummi hergestellt wurde. Vor allem in den sechziger Jahren wurde die Stadt von der Erdölförderung, Erdölverarbeitung und vom Maschinenbau beherrscht. Dank der Lage unweit der Karpaten entwickelte sich hier zusätzlich die Holzverarbeitung. Trotz des großen Ölreichtums mußte während der Ceauşescu-Ära der Treibstoff aus dem Iran eingeführt werden.

Der Ort ist seit dem 15. Jahrhundert bekannt und entwickelte sich zunächst zur Handwerkerstadt. Erst mit dem Bau der ersten Erdölraffinerie 1856 erfuhr er einen enormen Aufschwung. Die daraus entstehenden Industrieanlagen haben mit allen negativen Erscheinungen das gesamte Umland geprägt. Während des Zweiten Weltkrieges war die Stadt aufgrund des Rohstoffes von den Deutschen sehr begehrt und mußte im Anschluß die alliierten Luftangriffe in Kauf nehmen, die der Altstadt sehr zusetzten.

Im Jahr 1870 probte die Stadt mit der Proklamation zur selbständigen Republik den Aufstand. Auch wenn das nicht sehr ernst genommen wurde, diente das Thema Ion Luca Caragiale (1852–1912) als Stoff für eines seiner Theaterstücke. Die Stadt ehrte den Dichter mit einer Gedenkstätte.

Sehenswert sind zwei Stiftungen walachischer Fürsten: die Biserica Domnească (fürstliche Kirche) von Matei Basarab (1632–1654) und die Nikolauskirche von Mihai Vodă (1543–1601), die reiche Wandmalereien erhielt.

Prahova-Tal

Hinter dem Industriegebiet Ploieşti beginnt das nur 120 Kilometer von Bukarest entfernt liegende Prahova-Tal. Wie so häufig liegen in Rumänien Industrie- und Erholungszentren dicht beieinander. Auf einer dicht bewaldeten Strecke erreicht man die Wintersportgebiete der Südkarpaten. Die zweitausend Meter hohen Bucegi-Berge rahmen das Tal und bilden sozusagen die Grenze zwischen Süd- und Ostkarpaten. An ihrem Fuß zwischen siebenhundert und neunhundertsechzig Metern liegt das auch als Luftkurort bekannte Sinaia. Der Ort wurde 1874 gegründet und nach dem auf das 17. Jahrhundert zurückgehenden Kloster Mănăstirea Sinaia benannt. Auch das rumänische Königshaus entdeckte die Schönheit dieses Ortes und ließ sich hier die Sommerresidenz Schloß Peleş errichten. Wirtschaftliche Basis sind die Holzverarbeitung, der Wintertourismus und die Kurbetriebe. Daneben hat sich eine Nahrungsmittelindustrie entwickelt.

Schloß Peleş (Castelul Regal)

Die 1883 eingeweihte königliche Sommerresidenz ist von einem wunderschönen Park im englischen Stil umgeben. Es wurde der Lieblingsaufenthalt für Königin Elisabeth von Rumänien, die auch unter ihrem Künstlernamen Carmen Sylva bekannt war. In einer ersten Etappe wurde das Schloß im Auftrag des Prinzen Carl von Hohenzollern (aus der schwäbischen Linie) von dem Wiener Architekten Wilhelm von Doderer in den Jahren zwischen 1872 und 1883 gebaut und dann in einem zweiten Abschnitt von Carol Liman von 1896 bis 1914 erweitert. Die Bauarbeiten mußten während des Uanbhängigkeitskrieges Rumäniens von 1877 bis 1878 unterbrochen werden. Das Schloß ist ein malerisches Beispiel der deutschen romantischen Architektur, das Formen des Stein- und Fachwerkbaues verbindet. Es verfügt über hundertsechzig Räume und eine großzügige Empfangshalle. Die Räume sind außergewöhnlich abwechslungsreich gestaltet. Wer Kunsthandwerk liebt, sollte nicht versäumen, das Schloß zu besichtigen. Maurisches, Türkisches, Venezianisches, Deutsches und andere Stile sind hier vertreten. An Material wurde dabei nicht gespart. Muranoglaslüster, eine Lederdecke aus Cordoba im Speisesaal, raffinierte Holzintarsien in der Empfangshalle, Teakholzmöbel, bunte Glasfenster und vieles mehr vermitteln jedoch den Eindruck von Überladenheit.

Im Schloßtheater fand im Jahr 1906 die erste Kinovorstellung Rumäniens statt. Der Wegbereiter des modernen Rumänien, Carol I., starb hier im Jahr 1914, ebenso wie später König Ferdinand und Maria. Bis 1989 hielt hier auch gerne der ›Conducator‹ Hof. Das Schloß wurde der Öffentlichkeit als Museum zugänglich gemacht, es ist täglich außer montags und dienstags von 9 bis 15 Uhr geöffnet.

Kloster Sinaia

Es wurde 1695 von General Mihai Cantacuzino gestiftet, der während einer Wallfahrt ins Heilige Land das Gelübde ablegte, in seiner Heimat ein gleiches Kloster wie auf dem Berge Sinai zu errichten. Aus diesem Grunde entstand die gleichnamige Stadt. Auf dem Stifterbild in der Kirche sind Mihai und seine Familie von Pîrvu Mutu (dem Stummen), dem Hofmaler der Cantacuzenen porträtiert.

Die Chronik der Cantacuzenen beginnt mit Postelnic Constantin Cantacuzino, der aus einer byzantinischen Familie stammte, die seit dem 16. Jahrhundert in der Moldau und der Walachei zu Macht und Ansehen gekommen war. Er heiratete Helene, die Tochter des einheimischen Fürsten Radu Şerban. Mit ihrem Sohn Michael und der Tochter Stanca unternahmen sie eine Pilgerfahrt nach Jerusalem und zum Katharinenkloster auf dem Sinaigebirge. Stanca wurde später Mutter des Constantin Brâncoveanu, der der Tradition der Cantacuzenen gemäß auf den Namen Constantin nach dem ersten byzantinischen Kaiser getauft wurde.

Die Walachei ist mit Siebenbürgen durch zwei wichtige Paßstrassen verbunden. Eine führt über Sinaia an Buşteni vorbei nach Predeal, dem höchstgelegenen Wintersportort Rumäniens, der auf einer Höhe von 1075 Metern liegt. Hier quert man die Karpaten und erreicht Braşov in Siebenbürgen. In Predeal befindet sich ein Nonnenkloster aus der ersten Hälfte des 18. Jahrhunderts. Die Holzkirche wurde 1817 durch einen Steinbau ersetzt.

Târgovişte

Die Stadt am Râul Ialomiţa, die durch die Flucht des Diktators Ceauşescu in jüngerer Vergangenheit in die Medien gekommen war, hat eine alte Geschichte. Sie wurde erstmals bei Johannes Schiltberger beschrieben, der die Schlacht von Nikopolis 1396 gegen die Osmanen miterlebte.

Târgovişte (alte Schreibweise Tîrgovişte) liegt 60 Kilometer von Bukarest entfernt im vorkarpatischen Hügelland und verdient trotz der einschneidenden Entwicklung zur Industriestadt mehr Aufmerksamkeit, als es zunächst den Anschein haben mag. Târgovişte löste Curtea de Argeş als Fürstensitz der Walachei vom 14. bis 17. Jahrhundert ab. Dieser wichtigen Rolle sind viele Bauwerke, von denen einige noch gut erhalten sind, zu verdanken. Zwei Hotels bieten hinreichend Übernachtungsgelegenheiten, und so läßt sich durchaus ein Tag gemütlich hier verbringen. Allein achtzehn Kirchen in mehr oder weniger gutem Zustand erwarten den Besucher. Neben dem Kunst- und Ethnographischen Museum ist besonders das Museum für den rumänischen Buchdruck zu empfehlen.

Im Zentrum liegt der Stadtpark. Er ist Treffpunkt für Alt und Jung. In ihm wurden Ruinen der alten Stadt ausgegraben, rekonstruiert und anschaulich gemacht. Beherrscht wird die Grünanlage von der Kirche der Metropolie. Sie ersetzte Ende des 19. Jahrhunderts den Bau von 1520.

Auf dem Areal des Klosters Stelea befinden sich mehrere profane Gebäude, von denen nur noch das Bischofshaus (1637) sein ursprüngliches Aussehen bewahren konnte. Als Nikon II. von Konstantinopel durchs Land gereist war, brachte er moldauische und byzantinische Einflüsse mit, unter deren Eindruck das

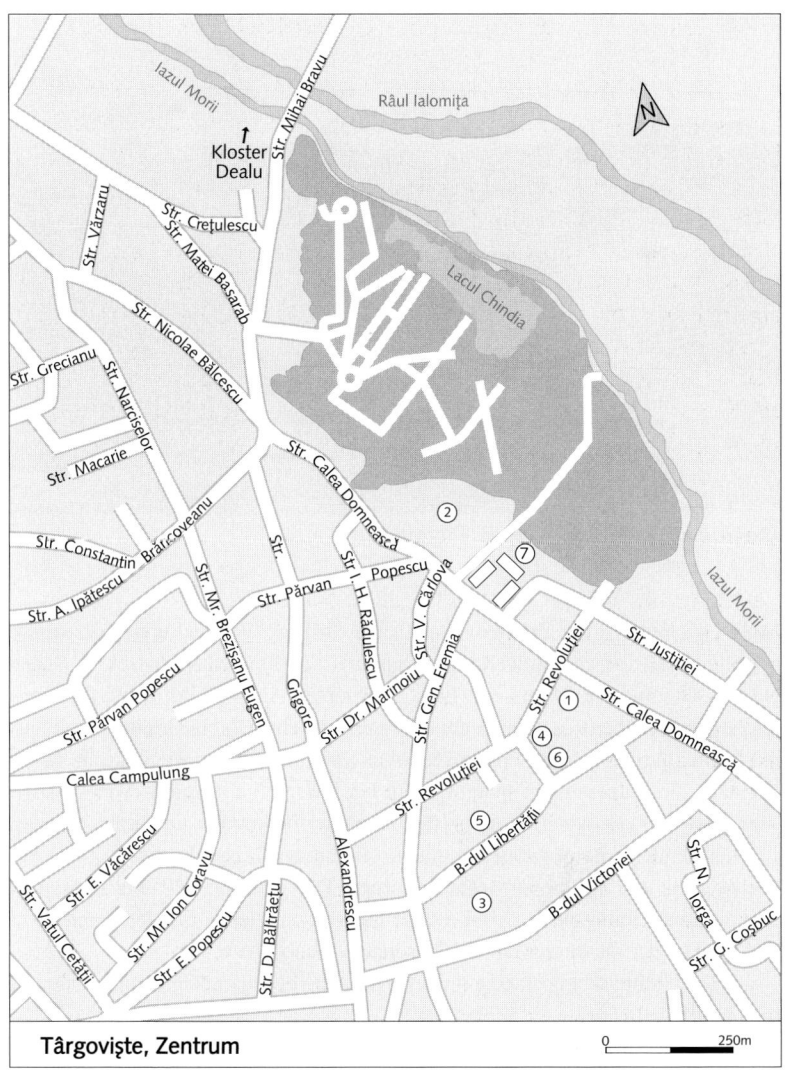

Târgovişte, Zentrum

0   250m

Legende

1 Klosterkomplex Stelea
2 Eingang zum Alten Fürstenhof
3 Stadtpark mit Kirche
   der Metropolie
4 Handschriftenmuseum

5 Hotel ›Dâmboviţa‹
6 Hotel ›Valahia‹

Die Ruinen des Fürstenhofes in Târgovişte

Haus errichtet wurde. Die Kirche ist eine Stiftung Vasile Lupus; sie wurde anstelle eines älteren Bauwerks als Denkmal des Friedensschlusses zwischen walachischen und moldauischen Fürsten errichtet. Als Vorbild diente die Drei-Hierarchen-Kirche in Iaşi. Über dem Grundriß erhebt sich ein Dreikonchentypus mit Exonarthex. Naos und Pronaos werden von Tambourkuppeln bekrönt. Diese wie auch die stabförmigen spätgotischen Fensterumrahmungen und das spezifische Gewölbesystem gehen auf moldauischen Einfluß zurück. Die Ikonostase des 17. Jahrhunderts ist eines der wenigen erhaltenen Beispiele dieser Zeit. Am schönsten ist die Kirche am frühen Morgen. Das gotische schlanke Fenster in exakter Ausrichtung nach Osten nimmt die morgendlichen Sonnenstrahlen auf und versetzt den Innenraum in eine besondere Atmosphäre.

Im 19. Jahrhundert bestand auf dem Areal eine bedeutende griechisch-lateinische Schule.

Gegenüber vom Stelea-Komplex sieht man die Nikolaus-Geartoglu-Kirche aus dem 16. Jahrhundert, vorsorglich in ein Gerüst verpackt.

Als Residenz der walachischen Fürsten neben Curtea de Argeş wurde der Fürstenhof erstmals 1396 erwähnt. Als Vlad Ţepeş von 1456 bis 1462 hier residierte, fügte er einen Wohnturm, den ›Chindia‹-Turm, hinzu. Fürst Petru Cercel (1583–1585) hat neben dem alten einen neuen Fürstenhof in Auftrag gegeben, den er inmitten eines italienischen Gartens anlegen ließ. Durch Brand zerstörten die Türken die Wohnbauten, die Matei Basarab einschließlich eines türkischen

Bades wiederaufbauen ließ. Im Jahr 1660 wurde der Fürstenhof von den Türken auf höchsten Befehl geschleift, später veranlaßte der Woiwode Brâncoveanu seine Wiederherstellung.

Die erste Fürstenkirche in der Art der Metropolienkirche war im 16. Jahrhundert entstanden. Fürst Constantin Brâncoveanu ließ sie gründlich restaurieren. Aus dieser Zeit stammen die wunderbar erhaltenen Wandmalereien. An der Westwand sieht man die für Rumänien so typischen Stifterbilder. Dank der Tradition des Landes, die Spender eines Gotteshauses einschließlich ihrer Familien im Inneren der Kirche bildlich zu verewigen, kann man sich ein Bild von den historischen Persönlichkeiten machen. Im Naos ist eine Empore eingezogen. Darüber erkennt man sehr detailreich die Szene ›Muttergottes Entschlafen‹. Im Pronaos befinden sich mit heraldischen Motiven geschmückte Grabsteine der Gattin des Matei Basarab, Elene (1653 gestorben), und seines Stiefsohnes Mateiaş (1652). Sie werden Elias Nicolai aus Sibiu zugeschrieben. Über dem Pronaos sind zwei kleine Türme angeordnet. Ein Motiv, das sehr an die Bischofskirche in Curtea denken läßt.

Der Komplex des Fürstenhofes ist heute eine beliebte Kulisse für den rumänischen Film.

 ›Dâmboviţa‹, 3 Sterne, Bulevardul Libertăţii 1, Tel. und Fax 02 45/21 33 70, EZ 34 Euro, DZ 45 Euro. ›Valahia‹, 2 Sterne, Bulevardul Libertăţii 7, Tel. 0245/620914, Fax 021/3125992, DZ 25 Euro.

 Das ›Muzeul tiparului şi cărţii vechi româneşti‹ (Handschriftenmuseum) ist sehr sehenswert, Strada Justiţiei 3–5, es bietet einen Überblick über den rumänischen Buchdruck vom 16. bis 19. Jahrhundert.

Kloster Dealu

Nicht weit von der im Tal liegenden alten Hauptstadt thront auf der Höhe das Kloster Dealu (Mănăstirea Dealu). Vierzig Nonnen leben derzeit von der Landwirtschaft und der Teppichproduktion. Das Dealu genannte Kloster in Stadtnähe existiert seit der Zeit des Fürsten Mircea des Alten (1386–1418). Fürst Radu der Große stiftete den Dreikonchenbau neu. Die Kirche war im Jahr 1500 vollendet. Innerhalb der walachischen Baugeschichte ist sie ein Meilenstein. Erstmals wird hier die pyramidiale Abstufung der Kuppeln angewandt. Der Pronaos besteht aus einem rechteckigen Raum, dem ein quergestelltes Rechteck östlich zum Naos vorgesetzt ist, und trägt zwei kleine Tambourkuppeln. Es ist das früheste Beispiel einer solchen pyramidialen Anordnung der Kuppeln. Außen sieht man reiche Gesimse aus Haustein. Die Wandzonen sind in der Horizontalen von Rundbögenarkaden geschmückt, die unterschiedlich Rhythmen innehaben. Besonders reich ausgestaltet sind die Arkaden der Westseite und die Tamboure.

Die Malerei im Inneren ist neu. Im Pronaos sind Nicolae Jorga und Radu der Große bestattet.

Neben der Hauptkirche ist noch die kleine, ›Maria Schutzmantel‹ geweihte Kapelle zu besichtigen.

Câmpulung Muscel

Der Ort Câmpulung Muscel (Cîmpulung alte Schreibweise, dt. Langenau), der sich gut als Ausgangspunkt für Wanderungen in die Karpaten eignet, ist nicht zu verwechseln mit Câmpulung Moldovesc. Als Standort des einstigen rumänischen Geländewagenherstellers ARO konkuriert es mit Piteşti, wo der von Renault aufgekaufte Autohersteller Dacia ansässig ist. Wer von Siebenbürgen über Bran die Walacheirundfahrt beginnt, kann den Ort als Standort für eine Rundfahrt zu den walachischen Klöstern benutzen. Gegründet wurde Câmpulung Muscel um das Jahr 1330 von Vladislav I. Vlaicu. Es sind zwei Kirchen zu erwähnen: die Bisercia Domnească von 1565 und eine viel ältere aus dem 14. Jahrhundert im Negru-Vodă-Ensemble (Strada Negru Vodă 64).

 ›Musecelul Hotel‹, 2 Sterne, Strada Negru Vodă 117, Tel. und Fax 0248/219249, DZ 18 Euro. Zu dieser Gesellschaft gehört auch die ›Cabana Voina‹, 25 Kilometer von Câmpulung Muscel entfernt. Reservierung unter obiger Telefonnummer.

Brunnen im Kloster Cernica bei Bukarest
Nonnen im Kloster Slatina in der Bukowina; Pferdewagen in der Bukowina

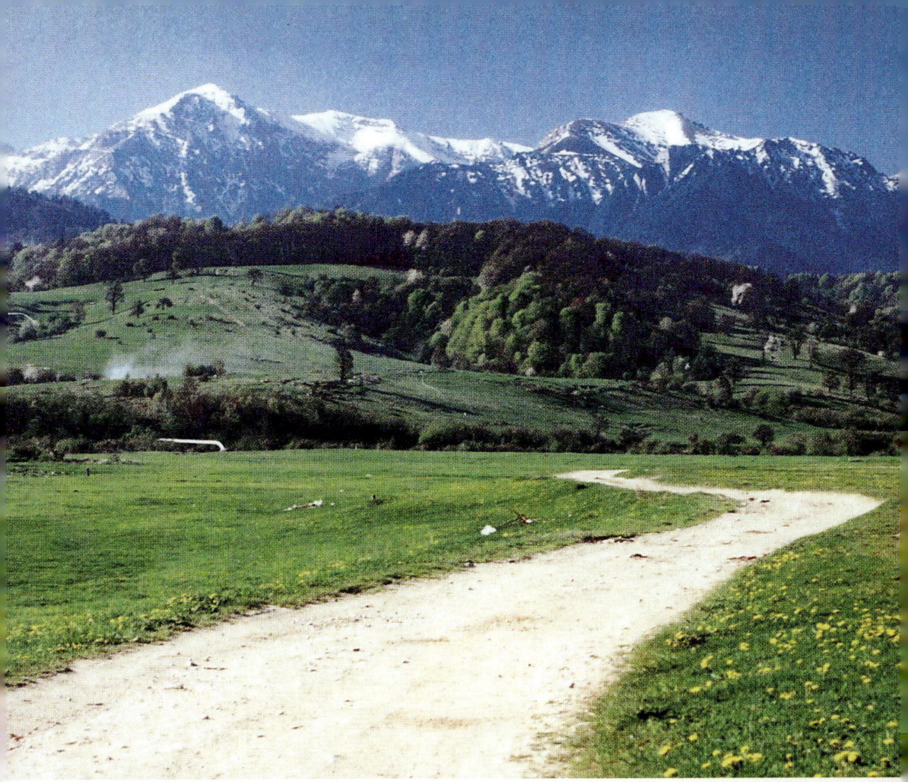

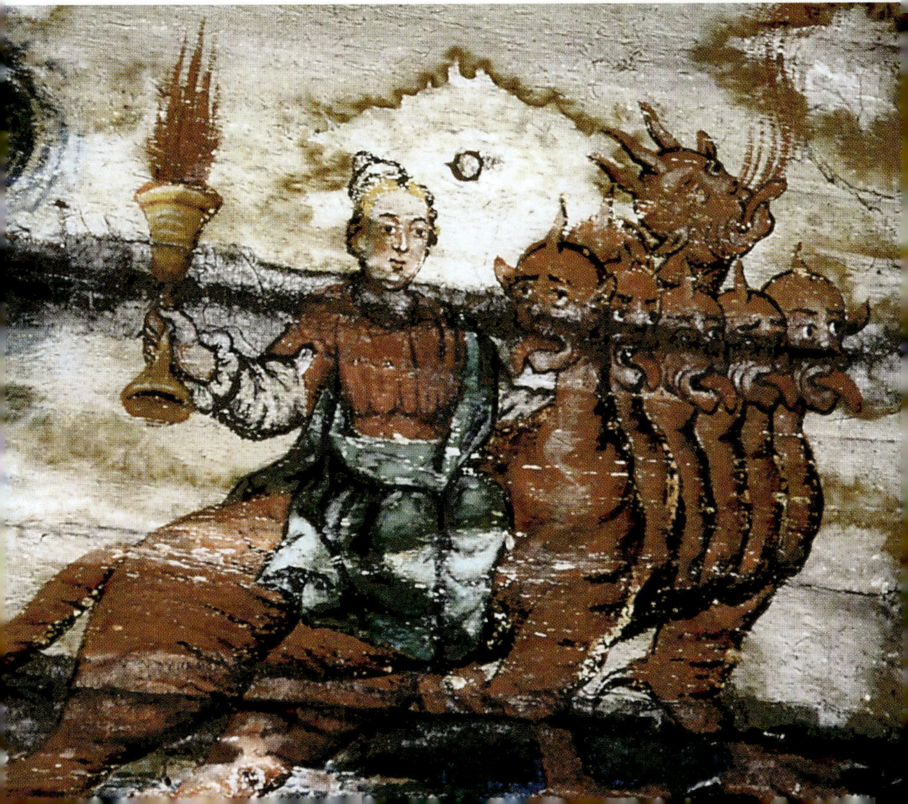

Curtea de Argeş

Die Muntenienfahrt endet in Curtea de Argeş (Aussprache Kurtea de Artschesch), das über Câmpulung oder den Industriestandort Piteşti zu erreichen ist. Die Strecke wird begleitet von endlosen Obst- und Weinanbaugebieten. Im Provinzstädtchen im hügeligen Vorgebirge der Südkarpaten am Oberlauf des Flusses Argeş, dem die Stadt ihren Namen verdankt, findet alljährlich das Folklorefestival der Karpaten statt.

Curtea de Argeş war die erste historische Hauptstadt der Walachei. Ihre Bezeichnung ›Curtea‹ (Hof) stammt aus dem 14. Jahrhundert und weist darauf hin, daß die Fürsten der Walachei unter Basarab I. hier zunächst einen Fürstensitz errichten ließen. Unter den nachfolgenden Fürsten Micolae Aleandru, Wladislaw, Radu I., Dan I. und Mircea cel Batrân wurde sie dann zur ersten Hauptstadt der Walachei – abwechselnd mit Târgovişte. Als sie dann auch noch im Jahr 1359 zum Sitz des ersten von Konstantinopel anerkannten walachischen Metropoliten wurde, war sie nicht nur weltliches, sondern auch religiöses Zentrum der Walachei. Die zwar wenigen, aber grandiosen Bauten sind Zeugen dieser Vergangenheit. Reste des Fürstenhofes mit der Nikolauskirche, die Ruine der Kirche Sân Nicoară, die Bischofs- oder Klosterkirche, die Töpferkirche und die Biserica Drujeşti können besichtigt werden.

Auf dem von einer Mauer umgebenen Areal des ersten Fürstenhofes (Ruinele Curţii Domneşti) wurden bei Grabungen im Jahr 1920 Reste des alten Hofes gefunden. Eine erste Mauer entstand im 13. Jahrhundert und wurde nach ihrer Zerstörung während der Kämpfe zwischen dem Walachen Basarab I. und dem Ungarn Karl Robert von Anjou restauriert. In Nachbarschaft der Ruinen lag die Hofkirche, ein Vorgängerbau der heutigen, dem heiligen Nikolaus geweihten ›Biserica Domnească‹. Die Nikolauskirche (derzeit innen und außen eingerüstet) ist eine der ältesten Kirchen Rumäniens und gleichzeitig das nördlichste, vollkommen erhaltene und kaum veränderte Beispiel einer griechisch-byzantinischen Kreuzkuppelkirche mit einem Turm über dem Naos und einem vorgesetzten Pronaos. Ob die Stiftung auf Basarab I. (1351/52), seinen Sohn Nicolae Alexandru (1359/60) oder auf den Thronfolger Vladislav I. (Vlaicu, 1364–1377) zurückgeht, ist nicht geklärt.

Das Äußere besticht durch seine Schlichtheit. Einziges Schmuckelement sind die typisch alternierend unverputzten Ziegel- und Fluß- oder Bruchsteine, die am

Auf dem Weg in die Karpaten; Wandmaleien in der Kirche von Surdeşti in der Maramureş
Junge Frau in einer Tracht der Maramureş

Turm durch vulkanischen Tuff ersetzt wurden. Sie geben dem Bau eine Farbigkeit von rot und aschgrau. Das Innere befolgt das Konzept einer harmonischen Aufteilung des byzantinischen Kanons aus Pronaos, Naos und Apsis mit zwei Seitenapsiden, die durch eine Ikonostase vom Naos getrennt ist. Der gesamte Innenraum ist von einem Zyklus von Wandgemälden bedeckt, die größtenteils in das 14. Jahrhundert, die Palaiologenzeit, datiert werden. Im ikonographischen Programm läßt sich eine Verbindung zum Chorakloster in Konstantinopel herstellen. Einige Themen sind in abgewandelter Form zu sehen. So wird Christus auf der Deesis über dem Eingang vom Pronaos zum Naos von der Gottesmutter und vom heiligen Nikolaus flankiert. Der Patron der Kirche ersetzt also Johannes den Täufer. Zu Füßen Christi ist ein knieender Woiwode in abendländischer Kleidung dargestellt. Die Wände des Pronaos sind mit ausführlich gestalteten Szenen aus dem Leben des heiligen Nikolaus und der Muttergottes bemalt.

Die Darstellungen in der Kuppel und teilweise im Naos wurden mehrfach restauriert und übermalt, zunächst während Umbauarbeiten, als man die Fenster erweiterte. In den Jahren 1750 bis 1760 wurden die Gewänder teilweise der Mode der Brâncoveanu-Zeit angeglichen. Im Jahr 1827 stattete der Maler Pandeleimon das Innere der Kuppeltürmchen, Teile an Gewölben und an den Wänden neu aus. In den Jahren 1921 bis 1923 wurde die Malerei an beschädigten Stellen ersetzt. Die Hauptapsis wird von der Muttergottes geschmückt, flankiert von Johannes Chrysostomos und dem heiligen Nikolaus. Auf der Westseite des Naos sieht man in der unteren Zone die Stifterbilder und darüber die Muttergottes Entschlafen. Die Wände des Naos sind dem Leben Christi mit Fußwaschung und Christus am Ölberg gewidmet. Originell gestaltete Szenen sind die Volkszählung des Quirinus, das Gleichnis vom törichten Weisen und die Speisung der Fünftausend.

Die Kirche diente auch als Grabstätte. Unter der mit Sonnenrad und Lebensbaum geschmückten Grabplatte des Fürsten Vladislav I. (Vlaicu) vor dem südwestlichen Pfeiler fand man ein Reihe von Schmuckstücken der fürstlichen Kleidung, unter anderem ein perlenbesetztes Diadem, Ringe und eine wertvolle Gürtelschnalle. Die Fundstücke wurden ins Bukarester Museum gebracht. Unter weiteren Grabsteinen vermutet man die Reste von Fürst Radu I. und fürstlichen Familienmitgliedern. Die Kirche ist nur mit einer Führung zu besichtigen, die in Englisch, Französisch und Rumänisch möglich ist.

Auf der Anhöhe südwestlich des Fürstenhofes ist die Ruine einer weiteren Nikolauskirche zu sehen.

Die Sânnicoară-Kirche entstand zeitgleich als Saalkirche mit einem Turm über dem Pronaos.

Das Prunkstück Rumäniens ist die im Norden der mittelalterlichen Stadt als Bischofs- oder Klosterkirche (Biserica Mănăstirii Curtea de Argeş) von Neagoe Basarab gestiftete Kirche. Sie liegt innerhalb eines üppigen Parkes, dessen Bäume

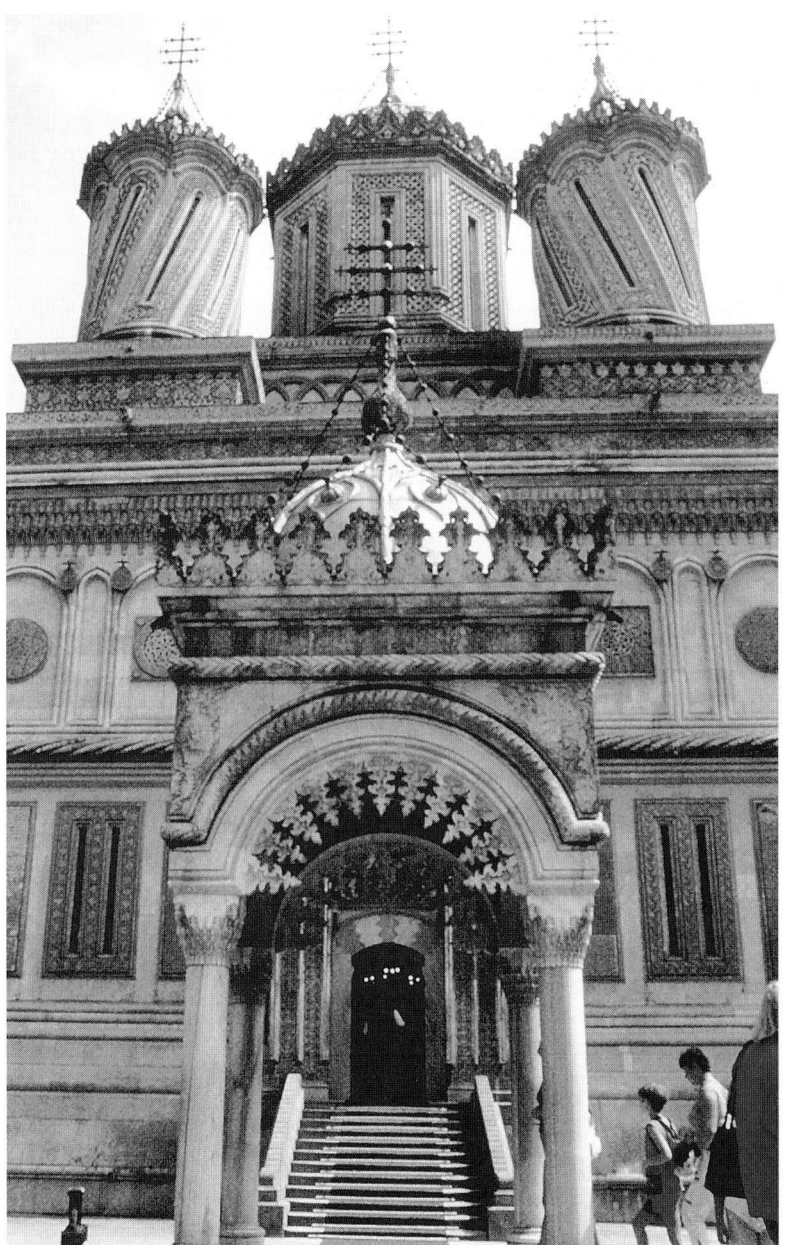

Die prachtvolle Bischofskirche

den Blick auf die Kirche kaum freigeben. Als Baumeister dieser beeindruckenden Klosteranlage gilt der legendäre Meister Manole. Die Kirche ersetzte den alten Bischofssitz der Walachei. Am 15. August 1517 konnte die der Muttergottes geweihte Hauptkirche in Anwesenheit des Patriarchen von Konstantinopel, der Äbte der großen Athosklöster und eines zahlreichen Klerus geweiht werden. Die Einmaligkeit des Bauwerks liegt im harmonischen Grundriß und in der außerordentlichen handwerklichen Präzision der Werksteinarbeiten und des Reliefschmuckes, der – über türkische Vermittlung – auf kaukasischen Einfluß zurückgeführt wird.

Die Kirche ist über einem Dreikonchengrundriss errichtet, dem ein vergrößerter, wohlproportionierter Pronaos vorgesetzt ist, welcher die Doppelfunktion als Kultraum und Grabstätte zu erfüllen hatte. Die Herrscher des 19. Jahrhunderts, Carol I. (Karl von Hohenzollern 1866–1914), seine Gemahlin Carmen Sylva (Elisabeth), eine geborene Prinzessin von Wied, und der Nachfolger, Ferdinand I., ein Neffe Karls, mit seiner Gemahlin Maria, einer Enkelin Königin Viktorias, fanden auf eigenen Wunsch hier ihre letzte Ruhestätte.

Beide Raumzonen kommunizieren miteinander. Naos und Pronaos sind hier erstmals durch eine dreifache Arkadenstellung anstelle der traditionellen Mauer voneinander getrennt. Diese Arkaden waren ursprünglich mit großen bestickten Vorhängen behängt. Berühmt wurde die Kirche wegen ihrer äußeren Gestaltung. Vier verschieden große Kuppeln gemäß der Bestimmung der darunterliegenden Räume bekrönen den Bau. Sie sind hierarchisch gestaffelt. Die größte Kuppel befindet sich über dem Naos, eine etwas kleinere über dem Kultraum des Pronaos, während ganz im Westen die Seiten des Pronaos, die als Grabstätte dienten, mit kleineren Kuppeln geschmückt wurden.

Die Bearbeitung des Steines gibt in ihrer feinen Profilierung Licht und Schatten wieder. Die Ornamente erinnern an den Orient. In Blau, Gold und Grün bemalte Steinmetzarbeiten lassen die Dekoration plastisch hervortreten. Über hundertfünfzig verschiedene Motive kann man zählen, darunter Quadrate, Dreiecke, Kreise, gedrehte Taue, Blüten und Blätter verschiedener Pflanzen. Eine ähnliche Dekorationskunst findet man erst hundert Jahre später in der Drei-Hierarchen-Kirche in Iaşi wieder.

Als die Kirche unter Neagoe Basarab geweiht wurde, hatte sie ihre Bestimmung bereits verloren; der Fürsten- und Bischofsitz war nach Târgovişte verlegt worden.

Die unter Anleitung des französischen Architekten André Lecomte de Nouy 1875 vorgenommenen Restaurierungsarbeiten haben zwar den Gesamtcharakter der Kirche nicht mehr verändert, aber der Innenraum wurde seiner Malereien beraubt. Mit den Darstellungen war 1526 der Künstler Dobromir beauftragt worden. Teile konnten man retten und ins Bukarester Kunstmuseum bringen. Die erhaltenen Fragmente mit den Stifterbildern der Familie Neagoe Basarabs, seiner Frau Sepina, drei Söhnen und drei Töchtern, dem Schwiegersohn Fürst Radu de la Afumaţi sowie religiösen Darstellungen (Deesis, Erzengel Michael, Militärheilige) waren im August 2001 im Bukarester Kunstmuseum in einer Sonderausstellung zu sehen und vermittelten einen phantastischen Eindruck von der hohen Qualität der Werke.

Die Kirche bildete den Kern eines größeren Klosterkomplexes, deren Gebäude gotischen Einfluß aufwiesen. Als fürstliches Kloster war es einst reich beschenkt worden. Das wenige, das von diesem Schatz erhalten blieb, wird heute in Bukarest aufbewahrt.

Neben der Kirche erinnert der ›Brunnen des Manale‹ (Fintina lui Manole) an eine Sagengestalt, die in der rumänischen Volksliteratur, vor allem in Balladen fortlebt. Der Baumeister Manole hatte den Bau nur vollenden können, als er versprach, die erste Frau zu opfern, die am nächsten Tag ankäme. Obwohl es seine eigene war, wurde sie lebendig eingemauert. Die Erfüllung des Versprechens sicherte dem Werk Bestand. Manole jedoch stürzte sich angeblich von den Mauern herab in den Tod.

Curtea war einst auch eine Handwerkerstadt. Aus dieser Zeit ist die Töpferkirche (Biserica Olarlior) von 1680 erhalten. Sie wurde auf einem vermutlich hölzernen Vorgängerbau errichtet. Dem Pronaos ist auf der Südseite ein Glockenturm mit rustikaler Holztreppe beigefügt. Die Außenmalerei ist eine Zutat des 19. Jahrhunderts. Auffällig daran ist die Vielzahl der Stifter. Jedes religiöse Thema geht auf einen anderen Stifter zurück, der vom Maler hier namentlich vermerkt wurde.

Zwei weitere kleinere Kirchen von 1730 sind Architekturbeispiele für Pfarrkirchen: die Kirche ›Zu den heiligen Engeln‹ und am Ortseingang, aus der Richtung von Ploieşti, die ›Drujeşti-Kirche‹. Im Inneren und an der Westseite weisen beide Kirchen Malereien aus der Post-Brâncoveanu-Zeit auf.

 ›Posada‹, Bulevardul Basarabilor 27–29, Tel. 02 48/ 72 14 51, Fax 72 11 09, nicht weit von der Klosterkirche, EZ 32 Euro, DZ 50 Euro.

 Es gibt einen schönen Campingplatz auf der Anhöhe unweit der Kirchenruine: ›San Nicoara‹, 2 Sterne.

Klöster und Kurorte am Olt

Dort, wo der Olt (dt. Alt) die Karpaten durchbricht, beginnt Oltenien, die Kleine Walachei. Der Fluß gab der Region ihren Namen und bildet die Grenze zur Großen Walachei. Der linke Nebenfluß der Donau ist 670 Kilometer lang und entspringt in den siebenbürgischen Ostkarpaten. Er durchfließt die Beckenlandschaften Siebenbürgens, wendet sich bei Turnu Roşu nach Süden und erreicht über den niedrigen Rote-Turm-Paß (250 bis 380 Meter) die Walachei. Der Fluß

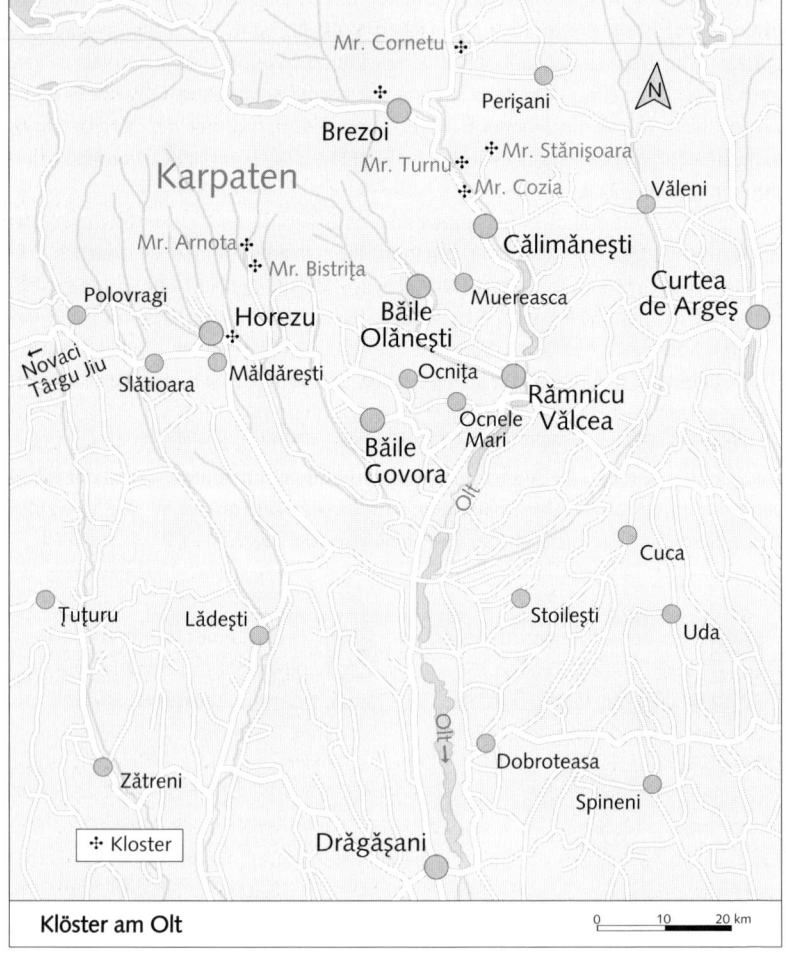

Klöster am Olt

führt häufig gefährliches Hochwasser, ist nicht schiffbar und wird für Wasserkraftwerke genutzt. Bei Brezoi, unweit der mittelalterlichen Zollgrenze zwischen Walachei und Transsilvanien, nimmt er den Lotru auf.

Die Kleine Walachei war mit Ausnahme jener zwei Jahrzehnte zwischen 1718 und 1738/39 immer ein Teil der Walachei. Mit dieser kam sie nach lange währendem Widerstand gegen äußere Mächte im 15. Jahrhundert unter osmanische Herrschaft. Der Hohen Pforte war die Region zwar tributpflichtig, konnte aber ebensowenig wie die Moldau niemals endgültig dem türkischen Reich einverleibt werden.

Als jedoch Prinz Eugen bei Belgrad über die Türken siegte, wurden den Habsburgern im Frieden von Passarowitz Oltenien und das Banat zugesprochen, womit die Kleine Walachei kurzfristig einen anderen Weg beschritt als die Große Walachei.

Wenn man aus Richtung Norden von Siebenbürgen kommend, den Olt entlangfährt, entdeckt man einige Klosteranlagen rechts und links des Flusses. Biegt man von der E 81 auf eine Nebenstraße Richtung Curtea, so trifft man bei Văleni auf ein Nonnenkloster des 17. Jahrhunderts. Folgt man der E 81, so liegt noch vor Brezoi das Männerkloster Cornetu mitten in den Karpaten. Es wurde 1666 von Mareş Băjescu dem Statthalter von Craiova gestiftet und während größeren Restaurierungsarbeiten mit einer Verteidigungsmauer umgeben. Über Brezoi oder auch Calimaneşti lassen sich die kleineren Klöster Pahomie, begründet von den Eremiten Pahomie 1654, später zerstört und in den fünfziger Jahren wiederaufgebaut, und Iezera, eine Stiftung Mircea Ciobanul von 1559 anstelle einer Kapelle des 15. Jahrhunderts, erwandern. Vorbei am Kloster Stânişoara (alte Schreibweise Stînişoara) aus dem Jahre 1747, am linken Ufer des Olt erreicht man Cozia.

Oberhalb des Klosters Turnu sind Naturhöhlen oder Zellen in den Berghang gehauen. Hier suchten die Heiducken (ungarisch Haiduk), die einzeln oder in Banden in den Wäldern lebten und gegen die Unterdrücker kämpften, im 16. Jahrhundert Zuflucht. Das Kloster Turnu entstand auf Veranlassung des Bischofs von Râmnic Varlaam im Jahr 1676.

Kloster Cozia

Dieses Kloster ist der Höhepunkt einer Oltenienfahrt. Idyllisch am Olt, der unmittelbar an der östlichen Klostermauer in südliche Richtung der Donau entgegenströmt, befindet sich eines der ältesten erhaltenen, mittelalterlichen Baudenkmäler Rumäniens. Der wehrhafte Charakter der Anlage ist am besten von der gegenüberliegenden Seite des Olt zu erkennen. Die fürstliche Stiftung wird Fürst Mircea cel Batrân (Mircea der Alte, 1386–1418) zugeschrieben und wurde zur

Grabstätte dieses bedeutenden walachischen Herrschers. Mehr als dreißig Jahre kämpfte er erfolgreich für die Unabhängigkeit seines Landes. Seine Stiftungen waren Ausdruck seines Dankes für die erzielten Erfolge. Die Verehrung für den berühmten Stifter hat viele rumänische Dichter und Dramatiker zu ihren Werken inspiriert.

Inmitten des Klosterhofes steht die Kirche, im Typus eine Dreikonchenanlage mit Naos, Pronaos und einer offenen Vorhalle (letztere auch als Atrium oder Exonarthex bezeichnet). Dieses frühe Beispiel des vom Kloster Vodiţa inspirierten Grundrisses wurde zum Vorbild der weiteren Entwicklung der walachischen Kirchen. Verschiedene Einflüsse kommen im Dekorationssystem zum Ausdruck. Die alternierende Gestaltung mit unterschiedlichen Materialien – hier Ziegel- und Bruchstein – ist typisch byzantinisch. Die kleinen Terrakotten (Friese aus Keramik), die Blend- und Fensterbögen umziehen, weisen auf den Einfluß des Balkan. Die Fensterumrahmungen und die Rosetten der oberen Zone der Fassaden mit geometrischen, vegetabilen und zoomorphen Motiven (darunter der byzantinische doppelköpfige Adler) lassen eine georgische Herkunft der Steinmetze vermuten.

Die aktive Kirche ist vollständig ausgemalt. Eine originelle Ikonostase trennt Naos vom Altarraum. Die Andachtsbilder des untersten Ranges werden von geschnitzten Händen gehalten.

Aus der Gründungszeit des Klosters stammen nur die Wandmalereien im Pronaos, der geschlossenen Vorhalle. Die Szenenfolgen beinhalten den Akathistos-Hymnus, die Vision des heiligen Petrus aus Alexandrien und eine Gruppe von Eremiten. Besonders die überlangen, schematisch ausgeführten Figuren der Ere-

Kloster Cozia

Die Kirche wird durch eine offene Vorhalle betreten

miten unterscheiden sich von den viel später ausgeführten Malereien im Naos, Altarraum und Atrium (offene Vorhalle). Diese wurden zwischen 1704 und 1707 im Brâncoveanu-Stil gemalt. Man betritt die Kirche über das Atrium. Die Außenseite über den Arkaden schmückt eine Dreifaltigkeitsdarstellung der Ostkirche mit drei Engeln zu Besuch bei Abraham und Sarah. An der Eingangswand zur Kirche ist eine originelle Version des Jüngsten Gerichtes angebracht. Immer wieder sehenswert sind die für Rumänien so typischen Stifterbildnisse, die hier die Westseite des Naos schmücken.

Gegenüber, auf einer Anhöhe inmitten eines Friedhofes, steht die Biserica Bolniţei (Kapelle des Siechenhauses). Die Kirche ist immer verschlossen; einen Schlüssel erhält man, allerdings nicht immer, direkt im Kloster. Es handelt sich ebenfalls um einen Dreikonchentypus mit Altarraum, Naos und Atrium. Im Außenbau erkennt man die Stein nachahmende Mörtelschicht, eine lokale Eigenheit des 16. Jahrhunderts. Als Baumeister wird in einer Inschrift der Mönch Maxim genannt.

Bedeutend ist die Kirche wegen ihrer gut erhaltenen Wandmalereien des 16. Jahrhunderts. Die Maler David und dessen Sohn Radoslav haben sie in den Farben Rot, Gelb und Blau im Auftrag des Bezirkshauptmanns Stroe gemalt. Sein Bildnis schmückt die Nordwand im Inneren der Vorhalle. Dort sieht man noch ein Votivbild Mirceas, Erzengel und Szenen aus dem Leben Johannes des Täufers.

Zum Kloster gehört ein Museum der alten Kunst mit Urkunden, Stickereien und Bucheinbänden vom 16. bis 19. Jahrhundert.

Călimăneşti-Căciulata

Die Kleine Walachei ist berühmt für ihre Mineralquellen. Die bedeutendsten Kurorte Rumäniens befinden sich in diesem Teil des Landes. Der zwischen den Bergen Cozia und Căpăţânii liegende Luftkurort Călimăneşti-Căciulata war eine dakisch-römische Siedlung, die im Mittelalter zur Zeit des Fürsten Neagoe Basarab (1512–1521) befestigt wurde. Auf einer Höhe von 260 Metern direkt im Olttal bieten sich hier dem Besucher Mineralwasserquellen als Mittel gegen Rheuma- und Nierenkrankheiten. Schon im Altertum wurden die Quellen genutzt, Neagoe Basarab wußte sie ebenso zu schätzen wie Napoleon III. Große Hotelanlagen haben den Ort leider etwas entstellt.

Auf der Höhe des Kurortes befindet sich die Oltinsel mit dem Kloster Ostrov (dt. ›Insel‹), die durch eine Brücke mit dem Ufer verbunden ist. Neagoe Basarab I. und seine Gattin Despina hatten es im Jahre 1522 gegründet.

Zwischen Călimăneşti-Căciulata und Râmnicu Vâlcea wurde der Olt aufgestaut und bietet Gelegenheit zum Wassersport und zur Erholung.

Die Bäder Olteniens

Auf einer Strecke von etwa hundertsechzig Kilometern zwischen Râmnicu Vâlcea und Baia de Aramă bieten sich dem Reisenden unzählige Sehenswürdigkeiten und Naturschönheiten, entlang einer abwechslungsreichen Strecke. Günstig gelegener Ausgangspunkt für diese Rundfahrt ist der Hauptort Râmnicu Vâlcea.

Der Ort selbst wurde urkundlich unter Mircea dem Alten im Jahr 1389 erwähnt. Begünstigt durch die Lage am Wasser des Baches Iazul Morilor entstand hier die erste Papiermühle der Walachei. Seit 1705 existierte in der Stadt eine große Druckerei, die Bücher in mehreren Sprachen druckte. An Sehenswürdigkeiten bietet der Ort das ethnographische Freilichtmuseum mit walachischen Bauten, den Baukomplex der Bischofskirche aus den Jahren 1656 bis 1856, eine mit Außenmalereien versehene Kapelle von 1751 und die kleinen Klöster ›Cetăţuia‹ (16. Jahrhundert) und Inăteşti (1751).

Nordwestlich von Râmnicu Vâlcea liegt Băile Olăneşti im Tal des gleichnamigen Flusses am Fuß des Căpăţânii-Gebirges. Seit dem 16. Jahrhundert ist der Ort bekannt, entwickelte sich zu einem berühmten Bad und wurde Gegenstand eines 1837 in Rumänien verfaßten Werkes zur Bäderkunde. Von hier lassen sich Wanderungen zu versteckt liegenden Klöstern organisieren.

In Richtung Süden erreicht man Ocnele Mari im Tal des Pârăul Sărat, übersetzt: der salzhaltige Bach am Fuß des Ţeica-Hügels. Schon seit dem Altertum bis ins Mittelalter wurde hier das Salzbergwerk genutzt. Derzeit erfolgt die Salzgewinnung aus Solen (wässrigen Lösungen), die zu Tage gepumpt und anschließend eingedämpft werden. Hier wie andernorts in Oltenien wurde auch Sand gewonnen. Beim Ausbaggern desselben entdeckte man zoomorphe und antropomorphe Steingebilde von hundert Gramm bis zehn Kilogramm oder gar einer Tonne. Die ›Trovanten‹ und ›Mikrolithen‹ sind wahre Kunstwerke der Natur, deren Ursprung noch ungeklärt ist.

Der Badebetrieb in dem dreihundertzwanzig Meter hoch gelegenen Ort wurde 1812 eingerichtet. In der Umgebung liegt der kleine Kurort Ocniţa mit der antiken dakischen Festung Buridava (3.–1. Jahrhundert vor Christus).

Im Südwesten von Râmnicu Vâlcea auf der Strecke nach Hurezu kommt man in den Kurort Băile Govora im Tal des gleichnamigen Flusses, einen sehr bekannten, seit 1879 eröffneten Kurort auf einer Höhe von dreihundertsechzig Metern. Beeindruckend ist der ummauerte Klosterkomplex, der Radu dem Großen (1496) zugeschrieben wird und unter den Fürsten Matei Basarab und Brâncoveanu (1711) erweitert wurde. Bereits 1640 war hier eine Druckerei in Betrieb. In den eigenen Klosterwerkstätten wurden kostbare Stickereien und Ikonen hergestellt. In der Umgebung befindet sich die Ortschaft Muereasca mit dem Kloster Frăşinei. Anstelle der Holzkirche von 1710 entstand unter dem Einfluß von Calinic, als er Bischof von Ramnic war, 1863 das Kloster mit der Steinkirche. Die Besonderheit des Klosters liegt darin, daß es trotz Säkularisation seine Besitztümer nicht verlor und als einziges Kloster in Rumänien die auf dem Athos geltende Kirchensatzung bis heute beibehalten hat. Die Messen werden streng eingehalten, Frauen ist der Zutritt verboten, Fleischgenuß und Rauchen sind untersagt. Der Pflicht zur Gastfreundschaft kommt man im Refektorium nach. Das Kloster war nach dem Zweiten Weltkrieg ein Zentrum des Widerstandes gegen die Kommunisten.

In der Gemeinde Frânceşti ist das Mânăstirea Dintr-un-lem zu besichtigen. Sein Name leitet sich von der ursprünglichen Kirche ab, die aus einer einzigen Eiche (1500) bestanden haben soll. Einen Eindruck vom damaligen Bau gibt das heute noch stehende Siechenhaus. Für Unermüdliche ist nicht weit entfernt das Kloster Surpatele zu entdecken. Es stammt ebenfalls aus dem 16. Jahrhundert und wurde von den Fürsten Matei Basarab und Constantin Brâncoveanu erweitert. Wie viele andere Klöster wurden auch diese beiden zu Museen.

Kloster Bistriţa

Von der Hauptstraße 67 biegt man ab zur Ortschaft Bistriţa. Flußaufwärts am gleichnamigen Fluß und am Eingang zur gleichnamigem Schlucht liegt das von kleinwalachischen Bojaren einer Familie Craioveanu im Jahr 1490 gestiftete beeindruckende Kloster (Mănăstirea Bistriţa). Der Hauptkirche folgte Anfang des

16. Jahrhunderts eine sogenannte Bolniţa (Siechenkirche) mit einer während der Brâncoveanu-Zeit hinzugefügten Vorhalle. Diese Kirche erhielt später von Gheorghe Tattarescu (1850) ihre neugotische Ausmalung. Bistriţa (nicht zu verwechseln mit gleichnamigen Orten), war über hundert Jahre eine der bedeutendsten Stätten altslawischer Kultur in der Walachei und ist bis heute gut erhalten. Die Anlage mit Nebengebäuden wurde zum Aufbewahrungsort wichtiger altslawischer Texte sowie Kirchengerät und Kunstgegenständen aus mehreren Epochen. Bis vor dem Zweiten Weltkrieg unterhielten die Nonnen hier ein Waisenhaus. Erst unter Ceauşescu mußten der Schulbetrieb und jegliche soziale Einrichtung eingestellt werden.

Kloster Arnota

Fährt man die kleine, schlechte Straße weiter bergauf, so erreicht man ein weiteres bedeutendes Kloster. Arnota liegt auf sehr steilem Gelände und wird auch gerne als Adlerhorst bezeichnet. Es handelt sich um eine Stiftung des Fürsten Matei Basarab (1632–1694), die als Grabstätte geplant war. Zunächst fand Matei seine letzte Ruhe in der Hauptstadt, bis seine Gebeine hierher verbracht wurden. Sein Grabstein gehört zu den wertvollsten Bildhauerarbeiten jener Zeit. Der große Kunstförderer stiftete hier die erste vom Humanismus geprägte Schule Südosteuropas und reaktivierte die aufgrund der vielen Kriege brachliegenden Druckereien.

Kloster Horezu

Zurück auf der Hauptstraße erreicht man den Ort Hurez, seit alters her ein wichtiges Marktzentrum am Fuß der Căpăţânii-Berge. Die Umgebung ist bis heute ein geschätztes Obstanbaugebiet.

Der Ort war und ist berühmt durch seine Töpfer- und Keramikkunst. Töpferware wird in vielen Regionen Rumäniens hergestellt. Die hiesige Keramik zeichnet sich aber durch ihre besonders schöne elfenbeinfarbene Glasur aus. Erkennbar sind die Stücke am Hahn, dem ortsüblichen Ziermotiv, sowie den Farbkombinationen, die einem Pfauenschwanz gleichen. Der Töpfermarkt heißt denn auch der ›Hahn von Horezu‹ (›Cocoşul de Horezu‹) und findet am ersten Sonntag des Monats Juni statt. Die Hersteller verschicken ihre Waren in ganz Rumänien und sogar ins Ausland.

Die Entstehung des Klosters Horezu (auch Hurezi geschrieben) fällt in eine Zeit der künstlerischen Hochblüte unter der Herrschaft der Familie Brâncoveanu. Stilistisches Kennzeichen dieser Zeit ist die Wiederbelebung byzantinischer und orthodoxer Ursprünge der Kunst. Der großanlegte Komplex in den Vorkarpaten ist den großen Klöstern auf dem Athos vergleichbar. Die Hauptkirche sollte die Grabkirche für Constantin Brâncoveanu werden und wurde 1690 begonnen. Die Ermordung Constantins und seiner vier Söhne am 15. August 1714 am Hofe des türkischen Sultans wegen Hochverrates verhinderte die Bestattung an diesem Ort.

Der Klosterkomplex ist rechteckig angelegt. An der Südseite liegen die Fürstenhäuser, die Bibliothek, und der Glockenturm. Die Klosterkapelle, das Refektorium, Küche und Backhaus befinden sich an der Ostseite. Die Mönchszellen nehmen die Nordseite ein. Alle Gebäudeglieder sind in ihrer Ursprungsform

Kloster Horezu

erhalten. Nur im 19. Jahrhundert fügte man auf der Südseite angepaßte Anbauten hinzu. Das Areal wird von einem größeren Mauergürtel eingefaßt, der um die Wirtschaftsgebäude und den Fischteich herumführt. Außerhalb der Mauer stehen auf der Ostseite die Krankenkapelle und die Ruinen des Fürstenhauses; gegen Nordosten die Einsiedelei zu den heiligen Aposteln, vom ersten Abt des Klosters Johann errichtet; gegen Westen die Einsiedelei St. Stefan.

Dem Gesamtensemble des Klosters mit der Krankenkapelle, den Einsiedeleien und damit fünf zugehörigen Kirchen liegt ein komplexes Bauprogramm zugrunde, das einmalig in der Walachei blieb. Es wurde zwischen den Jahren 1691 und 1694 vollendet.

Das Kloster, ursprünglich unter dem Namen ›Hurezi‹ bekannt, ist die wichtigste Stiftung des Fürsten Constantin Brâncoveanu und war zeitweilig auch Für-

Ausmalung der Hauptkirche im Kloster Horezu

stensitz. Die Fürstentochter Ancuţa wurde hier bestattet. Der große Hof ist von Festungsmauern geschützt und hat an drei Seiten doppelte Säulengänge, in die sich Veranden, Treppen und Loggien einfügen. Darunter ist die berühmte, 1753 angebaute Dionysos-Loggia, eine Art Altan mit verzierten Säulen. Der typische Brâncoveanu-Stil tritt an den Dekorationen der Säulen und Balustraden hervor. In Stein gehauene Blüten, Blätter, Früchte, ein springender Löwe, ein galoppierendes Pferd und Reiter.

Der wichtige und bedeutendste Bau der Anlage ist die Hauptkirche. Sie erinnert in ihrem Grundriß – eine Dreikonchenanlage mit stark verlängertem Pronaos – an die Bischofskirche in Curtea. Wie alle Kirchen und das Refektorium der Anlage, wurde sie vollständig ausgemalt. Davon blieben neunzig Prozent der Originalausmalung bewahrt. Die Malereien gehen auf zwölf Maler unter der Leitung von Constantin und Joan, wie Inschriften ausweisen, zurück. Diese Maler waren auch in Bukarest in der Doamnei-Kirche tätig. Gleich dem Architekturprogramm liegt auch den Malereien ein komplexes Bildprogramm zugrunde. Im Gewölbe der Vorhalle sind Szenen zum Marienhymnus ›Über dich freut sich‹ zu erkennen. Das Bildprogramm weicht von früheren der Walachei um einige Szenen ab. So sieht man die Leiter des Johannes Klimax, die Jakobsleiter, das Leben des wahren Mönches, das Schiff der Christenheit, den Tod des Sefrem Sărul und den Schleier der Fürsprache der Gottesmutter. Das ikonographische Programm wurde ergänzt um örtliche Heilige wie Nicodim von Tismana, Grigore Decapolitul und Figuren des mystischen Romans Varlaam und Ioasaf (der nach 1650 ins Rumänische übersetzt wurde), dem Leben Konstantins, des Namenspatrons des Stifters. Das Thema des Jüngsten Gerichtes ist hier bereits allgemein verbreitet gewesen und durfte als moralisierendes Moment nicht fehlen.

Im Pronaos sieht man die Ahnenreihe des Stifters, das Geschlecht der Cantacuzenen. Sie beginnt mit dem Begründer Postelnic. Der Woiwode Constantin Brâncoveanu selbst ist als erfolgreicher Herrscher repräsentiert. Der Maler suchte sich für sein eigenes Porträt einen Platz unter den Gerechten; man erkennt ihn rechts oben auf der Kompostion des Jüngsten Gerichtes an der Ostwand der Vorhalle.

Die Fürstenhäuser und die Kirchen wurden mit geschnitztem Mobiliar ausgestattet: Gestühl, Sessel und Ikonostase übernahmen den Schmuck der Türgewände mit pflanzlichen Motiven und lassen an die Goldschmiedekunst denken. Die Ikonostase ist eine vergoldete Lindenholzwand, in der Malerei und Schnitzerei zu einer Synthese finden. In vier Registern, lesbar von oben nach unten, sieht man die Propheten, darunter die Deesis (Fürbitte), zu beiden Seiten die Zwölf Apostel. Im dritten Rang die zwölf wichtigsten religiösen Feste der orthodoxen Kirche und im vierten Rang (erste Reihe von unten) die sogenannten königlichen Ikonen: Christus, die Gottesmutter und Schutzheilige. Feine Steinmetzarbeiten sind am Kenotaph (leeres Grabmal einer Person, die an anderer Stelle bestattet ist) des Fürsten und Stifters zu erkennen. Das ins Weltkulturerbe der ›UNESCO‹ aufgenommene Kloster bietet Fremden Übernachtungsmöglichkeiten.

Polovragi, ein Stück weiter westlich von Horezu am Fuß des 2500 Meter hohen Paring-Berges gelegen, bezeichnet sowohl eine Schlucht und eine Höhle (beides Naturschutzdenkmäler) als auch das Kloster von 1470. Fürst Radu dem Schönen war es zu verdanken. Im 18. Jahrhundert wurde die Anlage um eine Krankeneinrichtung ergänzt. Hervorzuheben sind die Wandmalereien in der Vorhalle (Exonarthex) der großen Kirche, wo die Stiftungen auf dem Berge Athos veranschaulicht werden.

Măldăreşti

Gleich an Horezu schließt sich der Ort Măldăreşti mit seinem sehenswerten Freilichtmuseum an. In ganz Rumänien gibt es diese Museen der Volkskunst. Das hiesige bietet eine gute Gelegenheit, die klassischen Culen (das Wort stammt vom türkischen ›Türme‹), sogenannte Bojarenhäuser zu besichtigen. Es handelt sich dabei um ein besonderes Kapitel der rumänischen mittelalterlichen Architektur. Im Moldauischen nennt man diese Bauten ›conac‹, in Transsilvanien ›curia‹ und eben ›cula‹ in Oltenien. Sie sind teils Wehr- teils Repräsentationsbauten, deren Herkunftsort in Kleinasien und Persien vermutet wird. Sie sind mit dem befestigten Haus der Balkanländer verwandt. Diese befestigten Wohnstätten traten unter der türkischen Herrschaft und häufig in Kombinationen mit den traditionellen Bauernhöfen Rumäniens auf. Es handelt sich um ein fast quadratisches Bauwerk mit Erdgeschoß und einem Stockwerk, zu dem eine Innentreppe führt. Die Außenwände des Erdgeschosses weisen nur eine Tür auf.

Zwei Beispiele, die ›Cula Greceanu‹ aus dem 18. Jahrhundert und die ›Cula Duca‹ aus dem 19. Jahrhundert, sind hier erhalten. Eine Innenbesichtigung ist mit

Eine sogenannte ›Cule‹ im Freilichtmuseum Măldărești

dem Führer möglich. Das massive Erdgeschoß wird von Eichenholzbalken gestützt, durch schmale Schießscharten dringt Tageslicht eher spärlich ein. Über eine steile Innentreppe steigt man zu den breiteren oberen Stockwerken mit unregelmäßig verteilten Fenstern, die ebenfalls als Schießscharten dienten. Direkt unter dem Dach wurde eine Loggia mit niedrigen Säulen eingebaut. Auf dem Areal des Museums befinden sich auch ein Brunnen, Wegkreuze (Troițes) und eine kleine Bojarenkirche. Die Mauern der Kirche sind außen im oberen Drittel von Medaillons mit Heiligenfiguren umzogen, deren Kleidung die Landestracht zeigt.

Naturdenkmäler

Naturliebhabern bietet Oltenien einiges. Ein Abstecher führt in das 1394 gegründete Novaci am Oberlauf des Gilort-Flusses am Fuße des Pârang-Gebirges. Der von Michael dem Tapferen 1598 befestigte Ort ist als Ausgangspunkt für Wanderungen bestens geeignet. Viele alte Bräuche und Sitten wurden hier beibehalten.

Oltenien ist auch die Region der Höhlen. Die Peștera Liliecilor (Höhle der Fledermäuse) in der Bistrița-Schlucht, die Peștera Polovragi unweit vom gleichnamigen Kloster und die Peștera Muierilor (Höhle der Frauen), die erste Höhle, die für den Tourismus elektrifiziert wurde, sind einen Besuch wert. Die Höhlen waren häufig im Mittelalter Zufluchtsorte vor drohenden Gefahren und sind es auch heute noch für die Bären.

Târgu Jiu

Eine Reise durch Rumänien bietet eine ungeheure Vielfalt an Natur und Kunst, so daß für jeden etwas dabei ist. Die Stadt am Oberlauf des Jiu-Flusses ist der wichtigste Ort im Westen Olteniens. Auf geto-dakischen Resten errichteten die Römer aufgrund der günstigen Verkehrslage eine Siedlung. In Târgu Jiu sind die Werke eines des wegweisenden Bildhauers des zwanzigsten Jahrhunderts, Constantin Brâncuşi (1876–1957), zu sehen. Er wurde im sechsundzwanzig Kilometer entfernten Dorf Hobiţa geboren, wo man ihm zu Ehren ein Museum einrichtete.

In den Jahren 1937 bis 1938 schuf Brâncuşi für seine Heimat monumentale Werke, die unter dem Titel: ›Tisch des Schweigens‹, ›Tor des Kusses‹ und ›die unendliche Säule‹ (Coloana Infinitului) weltberühmt wurden. Sie befinden sich alle im großen Stadtpark nicht weit vom Fluß. Gedacht waren die Werke als Erinnerungsmal an die Gefallenen des Ersten Weltkrieges. Sie wurden von der Frauenliga aus Gorj unter Präsidentschaft von Aretia Tătărăscus 1935 in Auftrag gegeben. Die Auftraggeberin war die Gattin des damaligen national-liberalen Ministerpräsidenten und späteren Botschafters in Paris unter der Königsdiktatur Carol II. Das Kunstwerk für die Frauenliga gilt als einziges vollendetes Werk Brâncuşis. Alle drei Denkmäler stehen aneinandergereiht in einer Achse, die das Ufer des Jiu mit dem Gelände verbindet, in dessen Mitte sich die Säule erhebt.

›Die unendliche Säule‹ hat eine Höhe von dreißig Metern und besteht aus vergoldetem Stahl. Die vermeintlich vertikal angeordneten Rhomben sind wie Perlen

Das ›Tor des Kusses‹ von Constantin Brâncuşi

auf einer Schnur über einen Stahlkern gestülpt. Das ›Tor des Kusses‹ besteht aus Stein und hat eine Höhe von über fünf Metern. Das Motiv wurde vom Künstler unzählige Male wiederholt und auf eigene Kosten in der Achse zwischen Säule und Tisch errichtet. Die Einweihung erlebte er persönlich 1937 mit. Für den ›Tisch des Schweigens‹ kam der Künstler mehrfach nach Rumänien. Das Material stammte aus dem Steinbruch Banpotoc.

Brâncuşi war eigentlich Schreiner und Kunsttischler und studierte in Craiova an der Kunstgewerbeschule. Es folgten weitere Ausbildungsjahre an der Akademie in Bukarest, München und an der Ecole des Beaux Arts in Paris. Hier studierte er die Werke von Rodin, schloß Freundschaft mit Modigliani und vielen anderen Künstlern und holte sich die Inspiration zur Entwicklung seiner abstrakten Formensprache. Ihm gebührt das Verdienst der Loslösung von der traditionellen Bildhauerkunst.

In der Umgebung führt eine Abzweigung nach Curtişoara, wo sich ein weiteres Freilichtmuseum mit Dorfhäusern der Olt-Region und typischen Culen befindet. Daneben kann eine Kirche mit einfachen Außenmalereien im Hof eines ehemaligen Adelssitzes besichtigt werden.

Kloster Tismana

Man sollte nicht versäumen, während einer Walacheirundfahrt, Kloster Tismana (Mănăstirea Tismana) aufzusuchen. Es liegt in der Nähe des gleichnamigen Ortes in den Bergen der Karpaten, wunderschön inmitten dichter Eßkastanienwälder. Der Ort selbst gehört zu den ältesten der Region, sein Name geht auf dakisch-getischen Ursprung zurück und bedeutet einen von einer Mauer umgebenen Ort. Die Gründung des Klosters ist eng mit dem bedeutenden und später heiliggesprochenen Geistlichen Nicodim verbunden.

Als die Ungarn das damalige Severin (heute Turnu Severin) eroberten, verließ Nicodim, der auch Kalligraph und Miniaturist war, sein Kloster Vodiţa unweit des Eisernen Tores und begab sich nach Oltenien in das Gebirge. Hier gründete er im Zeitraum von 1375 bis 1378 anstelle einer kleinen Kirche aus Taxus-Holz ein Kloster mit einer Steinkirche. Die finanzielle Unterstützung dazu erhielt er vom Fürsten Radu I.

Im Jahr 1378 konnte die Kirche in Anwesenheit des Patriarchen Philotheos von Konstantinopel geweiht werden. Nicodim erhielt den Rang eines Archimandriten, das Kloster etablierte sich zur Metropolie und wurde im Laufe der Zeit eines der reichsten Klöster der Walachei. Nicodim siedelte zunächst nach Prislop in Silvaşul de Sus im Haţeger Land um und kehrte erst 1406 nach Tismana zurück, wo er verstarb.

Der heutige Bau wurde vom Fürsten Radu dem Großen 1508 veranlaßt. Die Dreikonchenanlage weicht vom Vorgängerbau durch die Pastophorien (Räume zur Aufbewahrung kultischer Geräte) zu Seiten der Apsis, die Tambourkuppeln über Naos und Pronaos sowie den Umgang des Pronaos ab. Teilweise wurden Steine und glasierte Ziegeln der alten Kirche verwendet. Für die Ausmalung konnte 1564 Dobromir, der Kirchenmaler von Târgovişte gewonnen werden. Reste davon, die Darstellung des heiligen Johannes von Rila, sind nur im Pronaos erhalten. Im Jahr 1821 war das Kloster ein Zentrum der Widerstandsbewegung der Walachei unter Führung von Tudor Vladimirescu.

Reste der Innenbemalung in Tismana

Von Tismana nach Craiova

Wenige Kilometer von Tismana erreicht man Baia de Aramă. Wer zur Abwechslung noch ein Naturdenkmal sehen möchte, dem sei empfohlen, nach Ponoare zu fahren. Auf der Karstplattform der Mehdinţi-Hochebene liegen die 25 bis 30 Meter tiefen Zlătoane-Seen. Sie entstehen spontan und verschwinden wieder. Nicht weit von hier liegen der Podul lui Dumnezeu (Gottesbrücke) und der Podul Uriaşilor (Brücke der Riesen) – Bögen, die durch den Einbruch der zwischen Dolinen befindlichen Schwellen entstanden sind.

Wir fahren zurück nach Târgu Jiu und entlang der Bergbauregion durch das Jiutal. Hier wurde seit neuestem das Rafting entdeckt. Die rumänische Regierung sieht vor, in dieser Region den Fremdenverkehr zu fördern. Die alte Bojarensiedlung Craiova hat durch ihre Entwicklung zur Industriestadt (unweit wird Öl gefördert) sehr gelitten. Noch im 15. Jahrhundert stieg sie zum Sitz der Würdenträger der Kleinen Walachei auf, der sogenannten ›Bani‹, die vorher in Strehaia residiert hatten. Vor dem Krieg eine mittlere Provinzstadt, hat sie sich heute zur großen Industriestadt mit allen negativen Auswirkungen entwickelt. Man kann aber innerhalb des zerrissenen Stadtbildes richtige Prachthäuser der Bojaren entdecken.

Ein kleines Flüßchen stand Pate für den Namen der östlichsten Region Rumäniens. Wie in einem Schatzkästchen liegen hier eng beieinander verwunschene Klöster, die einen kostbaren Höhepunkt rumänisch-orthodoxer Kultur darstellen.

Die Moldau

Geschichte der Region

Die Moldau hat nicht zu allen Zeiten eben dieselben Gränzen gehabt, sondern ihr Umfang war zuweilen weiter, zuweilen enger, nach Beschaffenheit der Zu- und Abnahme der Republik. Der Fürst Stephan, mit dem Zunamen der Große, brachte sie zuletzt in diejenigen Gränzen, die sie zu unsrer Zeit hat.

Demetrius Cantemir, ›Beschreibung der Moldau‹,
Faksimile d. Orig. 1771 Bukarest 1973

Man versteht unter der heutigen Moldova (Moldau) den Nordosten Rumäniens mit der Oberen Moldau, auch als Südbukowina bekannt, den Osten mit der ehemaligen Hauptstadt Iași entlang der Grenze zur selbständigen Republik Moldawien sowie das Neamț-Gebiet südlich der Bukowina. Die Grenzen bilden die Ostkarpaten, die Flüsse Pruth und Donau sowie das Schwarze Meer. Das einstige Fürstentum reichte in seinen Blütezeiten im Osten jedoch bis zum Dnjestr (rumän. Nistru) und im Norden bis nach Czernowitz. Im 18. und Anfang des 19. Jahrhunderts wurden die Fürstentümer der Moldau und Walachei als Donaufürstentümer – Principautés Danubiennes – bezeichnet. Man erreicht die Moldau über die Pässe Siebenbürgens oder aus der Richtung der Walachei. Eine schöne Abwechslung bietet die Fülle der Sehenswürdigkeiten gerade nach einem Aufenthalt im Donaudelta, einem Eldorado der Natur.

Der Legende nach zog Dragoș, ein Sohn des Bogdan, übers Gebirge, um den plündernden Völkern Einhalt zu gebieten. Bei der Jagd nach einem Büffel kam er an den Fuß des Gebirges. Seine Hündin, die er sehr liebte und Moldau nannte, bestürmte den Ochsen, dieser lief ins Wasser, konnte zwar erlegt werden, das Hündchen aber wurde durchs Wasser fortgezogen. Zum Andenken an ihn nannte Dragoș den Fluß Moldau (nicht zu verwechseln mit dem gleichnamigen Nebenfluß der Elbe in der tschechischen Republik), den Ort des Geschehens Roman, und den Büffelkopf nahm er ins Wappen seines neuen Fürstentums auf.

Mit dem Untergang des römischen Reiches wurde die Moldau wie auch Siebenbürgen von Sarmaten, Hunnen und Goten heimgesucht. Die römischen Kolonisten flüchteten ins Gebirge, vor allem in die dicht bewaldete Maramureș. Im 14. Jahrhundert gliederte Ungarn unter dem ungarischen König Ludwig dem Großen (1342–1382) das Gebiet hinter den Ostkarpaten zur militärischen Absicherung als vorgelagerte Grenzmark ein und stellte es unter die Führung eines rumänischen Woiwoden. Das nördliche Siebenbürgen wurde jenem sagenumwobenen Dragoș überantwortet. Nach Führungsstreitigkeiten wurde das Gebiet um 1360 unter Fürst

Bogdan, vormals Woiwode der Maramureş und Begründer der Stadt Rădăuţi, unabhängig. Er und seine Nachkommen konnten es beträchtlich erweitern.

Eine ständige Bedrohung stellten jedoch die Tataren dar. Sie hatten im Norden des Schwarzen Meeres das Khanat der Krim geschaffen und ihre Kampfkraft den Türken zur Verfügung gestellt, um die ehemals moldauischen Festungen Chilia an der Donaumündung und Cetatea Albă (türk. Akkerman) an der Dnjestr-Mündung zu erobern.

Im 15. Jahrhundert wurde Ştefan cel Mare (1457–1504) zur führenden Persönlichkeit in der Moldau. Von Papst Sixtus IV. wurde er für seinen erfolgreichen Kampf gegen die Osmanen mit dem ehrenden Namen ›Athleta Christi‹ belegt. Ihm gelang es, den Osmanenvormarsch noch einmal aufzuhalten. Während Konstantinopel 1453 gefallen war, das Byzantinische Reich sein Ende gefunden hatte, drangen die Türken bis jenseits der Donau in die Walachei vor. Im Jahr 1485 unterzeichnete Stefan in Colomea den Vasallenbrief zugunsten des Polenkönigs Kasimir, in der Hoffnung auf Beistand gegen die Türken. Er versuchte immer wieder, Bundesgenossen gegen die Türken zu gewinnen. Da ihm der Beistand versagt blieb, schloß er 1491 gegen Tribut mit den Türken Frieden.

Seine Nachfolger mußten sich aber nicht zuletzt auf seine Empfehlung hin vor den Osmanen beugen, als klar wurde, daß die christliche Welt sich nicht zu einer geschlossenen Front gegen den osmanischen Vormarsch zusammenfinden konnte. Die Oberhoheit der Pforte über die Moldau wurde im Jahr 1512 vertraglich anerkannt und dauerte schließlich bis zum Jahr 1769. Es gelang den jeweiligen Herrschern jedoch, noch eine weitreichende Autonomie innerhalb des osmanischen Reiches zu bewahren. Bis zuletzt wurde das Land von einheimischen Hospodaren (vergleichbar einem Großherzog), die von der Hohen Pforte bestätigt werden mußten, regiert. Sogar der unter Stefan vollendete gesellschaftliche und kirchliche Aufbau des Landes überdauerte die ersten beiden Jahrhunderte osmanischer Oberherrschaft.

Das Denkmal für Stefan den Großen in Hârlau

Auf Stefan folgte 1527 sein illegitimer Sohn Petru Rareş, der im Sinne seines Vaters die glanzvolle Epoche weiterführte. Trotz osmanischer Oberherrschaft dehnte er seinen Herrschaftsbereich bis zum Schwarzen Meer aus und löste sich von Ungarn. Wirtschaftlich profitierte das Land von der wichtigen, von Polen bis zum Schwarzen Meer verlaufenden Handelsstraße, während die Regierungszeit Alexandru Lăpuşneanus geprägt war von einer zunehmenden Abhängigkeit gegenüber der Pforte, der Einmischung der Polen in Staatsangelegenheiten der Moldau sowie der wachsenden Ansprüche der Großbojaren auf die Macht im Staate. Die kurze Herrschaft des Mihai Viteazul festigte die Beziehungen zwischen der Moldau und der Walachei, was sich auch kulturell widerspiegelte.

Nach dem Ende des Russisch-Türkischen Krieges von 1772 bis 1774 war dem eigentlichen Kernland der Moldau – der Bukowina – ein Sonderweg beschieden. Im Jahr 1812 ging Bessarabien verloren, der Pruth wurde zur Ostgrenze des Landes. Im Jahr 1861 kam es zur zweiten, dauerhafteren Vereinigung von Moldau und Walachei, womit die Geschichte des heutigen Rumänien begann.

Die Moldau besteht noch heute aus weiten landwirtschaftlich genutzten Flächen. Doch die einst so typischen Wagendörfer sind verschwunden. Da die Felder oft gewaltige Ausdehnungen hatten und zu weit weg vom Dorf lagen, fuhren zur Zeit der Feldbestellung und der Ernte die Feldarbeiter mit zehn bis fünfzehn Wagen hinaus. Die Wagen dienten oft als Wohnung, woraus solche Wagendörfer entstanden. Die Wagenplane wurde als Zelt auf der Erde genutzt, bisweilen gab es auch Hütten aus Lehm, Stroh oder Schilf mit einer Feuerstelle in der Erde.

Die Bukowina und ihre Geschichte

Das Gebiet im äußersten Nordosten Rumäniens, aber im Nordwesten des ehemaligen Moldaufürstentums, ist unter dem Namen Bukowina bekannt. Es ist mit der Maramureş durch die Prislop-Höhe und mit Transilvania durch das Bistritztal – die Bistriz entspringt an der Flanke der Ostkarpaten – verbunden. Über diese Wege erreicht man noch heute am schnellsten die Region. Unter dem Namen Bukowina gehörte dieser Teil der Moldau mit Suceava und seinen berühmten Klöstern von 1774 bis 1918 zur Habsburger Monarchie. Die Bevölkerung setzte sich in dieser Zeit aus Ukrainern, Rumänen, Juden, Deutschen und Polen zusammen, was dem Land ein ganz eigenes Gepräge gab.

Das Buchenland, wie der Name in der deutschen Übersetzung lautet, war mit der Zustimmung der Russen an Österreich abgetreten worden. Im Rahmen des Russisch-Türkischen Krieges, entfesselt durch Katharinas II. Expansionsdrang, wurde es von den auf russischer Seite kämpfenden Österreichern besetzt und ein Jahr später in aller Form annektiert. Dies mußte das osmanische Reich, zu dem die

Moldau seit den Nachfolgern Stefans des Großen in mehr oder weniger großer Abhängigkeit stand, anerkennen.

Nach zehnjähriger militärischer Verwaltung wurde die Bukowina 1786 mit Galizien vereinigt, das schon nach der ersten polnischen Teilung (1772) erworben worden war. Im Jahr 1849 erhielt die Bukowina den Status eines Kronlandes. Unter den Habsburgern waren im 18. Jahrhundert bereits Deutsche hier angesiedelt worden; dies setzte man im 19. Jahrhundert fort.

Unter Kaiser Joseph II. erfolgte die Säkularisierung des Gebietes. Die Klöster wurden gegen die Proteste der Egumene (Äbte) aufgelöst, und den Geistlichen blieb nichts anderes übrig, als Zuflucht im verbliebenen türkischen Teil zu suchen. In der Provinz Bukowina selbst blieben drei Klöster mit je 25 Mönchen besetzt. Dies waren Kloster Putna, das als Grablege des heiliggesprochenen Stefan des Großen diente, Kloster Dragomirna mit einer Metokkirche (Niederlassung) – der Georgskirche in Suceava, wo die Gebeine des Johannes Novus, dem Patron der Moldau lagen – und Kloster Suceviţa. Proboţa verblieb auf dem Gebiet der osmanischen Moldau, alle anderen Kirchen der Bukowina wurden Gemeindekirchen.

Nach dem Ersten Weltkrieg wurde die Bukowina 1918 im Vertrag von Saint Germain Rumänien zugesprochen, die deutschsprachige Czernowitzer Universität in eine rumänische umgewandelt. Bis zur erneuten Aufteilung konnten in der Provinz Nordbukowina drei größere Völker, Rumänen, Ruthenen und Deutsche, sowie drei kleinere Volksgruppen, Juden, Magyaren und Polen, einträchtig miteinander leben. Auch nach der Angliederung an Rumänien hatte dies Bestand. Doch mit der Besetzung durch die Sowjets im Jahr 1940 und der damit verbundenen Aussiedlung der Deutschen fand diese Vielfalt ein Ende. Die Sowjetunion rechtfertigte ihre Ansprüche mit der widerrechtlichen Einverleibung Bessarabiens durch Rumänien nach 1918 und verlangte eine Kompensation. So wurde der nördliche Teil zusammen mit dem westmoldauischen Bezirk Herţa und seinen umliegenden Gemeinden sowjetisch. Ein halbes Jahrtausend Fürstentum Moldau wurde aufgrund stalinistischer Willkür beendet. Nur einmal in ihrer Geschichte hatte die Bukowina einem ostslawischen Staat angehört: sie war vom 10. bis zum 11. Jahrhundert Teil des Kiever Fürstentums und im 13. Jahrhundert fiel sie kurzfristig unter die Herrschaft des podolischen Fürstentums Halic. Bereits im 12. Jahrhundert war diese Grenzprovinz von Rumänen besiedelt und damit die ethnische und kulturelle Voraussetzung für die im 14. Jahrhundert erfolgte Vereinigung mit der Moldau geschaffen worden.

Noch 1941 konnten die Rumänen das Gebiet zurückerobern, nach ihrer Kapitulation 1944 fiel es jedoch wieder an die Sowjetunion und ist seither der Ukraine angegliedert. Die südliche Bukowina gehört seit 1918 ununterbrochen zu Rumänien.

Die Klöster der Südbukowina

In der Bukowina findet man eine an Schönheit einzigartige Landschaft, die zudem reich an Architekturdenkmälern ist. Wer eine Rumänienfahrt unternimmt, sollte für diesen geographischen Abschnitt viel Zeit einplanen. Ob Winter, Frühling, Sommer oder Herbst – zu jeder Jahreszeit ist dieses so wenig vertraute Kulturgut eine Anreise wert. Um möglichst viele der einsam gelegenen Klöster zu erreichen, ist das Auto die beste Möglichkeit. In den einzelnen Ortschaften dicht bei den Klöstern werden sehr viele Privatzimmer angeboten, die Frauen stehen häufig am Wegesrand und halten Schilder. Die Klöster selbst stellen einfache Kammern gegen ein geringes Entgelt zur Verfügung. Größere Orte wie das im Gebirge liegende Câmpulung Moldovenesc und die Hauptstadt Suceava eignen sich gut als Ausgangspunkte.

Mit dem Aufbau des unabhängigen Staates Moldau und seiner Kirchenorganisation waren diese Denkmäler entstanden. Schon im 14. Jahrhundert erhielten die Klöster den Rang von Metropolien und wurden zu Kulturträgern der Moldau. Ein Kloster zur Ehre Gottes zu stiften und für das eigene Prestige zu gründen, wurde zu einer festen Tradition der moldauischen Fürsten und vermögender Bojaren. Besonders viele Bauwerke sind aus der Zeit Stefans des Großen (1457–1504) und seiner Nachfolger erhalten geblieben. Leider wurden einige Denkmäler Opfer der Schlachten des Ersten Weltkrieges wie zum Beispiel Sf. Procopie-Milişăuti (1487 erbaut).

In ihrer Architektur bestehen die meisten Kirchen der Moldau im Unterschied zu den Klöstern der Walachei, die den byzantinischen Kreuzkuppelstil übernahmen, aus einem länglichen Schiff mit einem vorgezogenen Satteldach. Einige besitzen einen Turm (nicht freistehend), andere nicht. Als Grundriß liegt sehr häufig der sogenannte Dreikonchentypus vor. Dieser ist in den Bauten des 16. Jahrhunderts gegliedert in fünf Räume: das Vorschiff, auch Pronaos genannt, einen Gruftraum mit darüberliegender Schatzkammer, das Hauptschiff oder Naos und den Altarraum. Die Raumgefüge unterscheiden sich in Bezug auf ihre Proportionen, Wölbungssysteme und die Trennelemente zwischen den einzelnen Räumen, die aus Säulen, Gittern oder Mauern bestehen können. Neben Tonnengewölbe und Einzelkuppel, die byzantinisch beeinflußt waren, gilt als eigenständige Entwicklung das sogenannte ›Moldauische Gewölbe‹, welches meistens das Mittelquadrat des Naos bekrönt. Diese Konstruktion besteht aus vier Hauptbögen, über denen Pendentifs das Quadrat in einen Kreis überführen, den vier kleinere Segmentbögen wieder in ein Quadrat verwandeln.

In der Malerei der Moldau kann man drei Phasen unterscheiden. Zur Zeit Stefans des Großen wurde der sogenannte Moldaustil herausgebildet. Für ihn sind das Herausarbeiten des symbolischen Gehaltes wie auch die individuelle Darstellung der Personen auffällig.

Um die Mitte des 16. Jahrhunderts, der zweiten Etappe der Entwicklung der moldauischen Malerei, wird die Außenwandmalerei eingeführt. Eine Vorliebe für umfangreiche Prachtentfaltung wird in der Kirche des heiligen Georg in Suceava sowie in Proboța, Humor und Moldovița deutlich. Feierlichkeit, Beredsamkeit und dramatische Bewegung wechseln einander ab. In einer dritten Phase, wofür die Malereien von Sucevița beispielgebend sind, kann man die Liebe zum erzählerischen Detail und Betonung des Malerischen verfolgen.

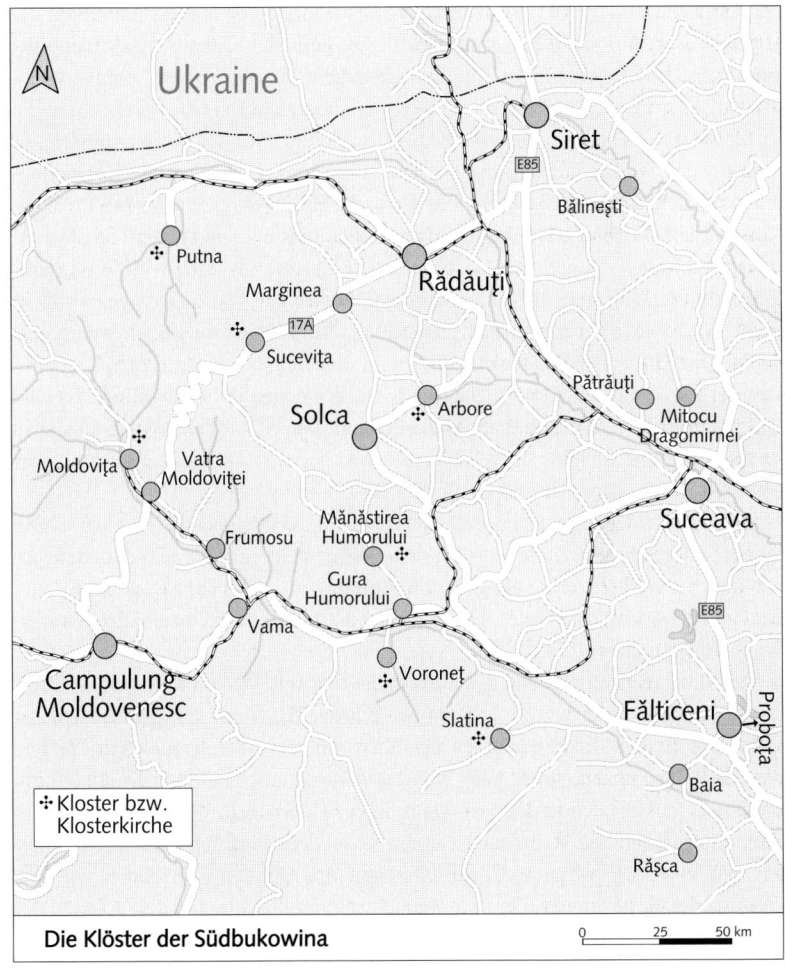

Die Klöster der Südbukowina

Berühmtheit erlangten besonders die Klöster Voroneţ, (1488) Humor (1530), Moldoviţa (1532), Suceviţa (1582) und Arbore (1503) wegen ihrer farbigen Außenmalereien. Aber auch die weniger bekannten Klöster Pătrăuţi, Bălineşti, Râşca und Proboţa sind eine Reise wert. Sie alle gehören zu den herausragenden Leistungen der rumänischen Kunst. Schlicht und unauffällig stehen sie von Mauern umgeben in Tälern oder auf Anhöhen. Jedes hat seine dominierende Farbgebung wie Humor das Rot, Voroneţ das Blau, Moldoviţa das Gelb, Suceviţa und Arbore das Grün.

Noch ist nicht geklärt, warum in der Moldau in dieser Zeit die Außen- und nicht die Innenwände bemalt wurden. Vielleicht fanden die Gläubigen in den kleinen Gotteshäusern nicht ausreichend Platz und folgten dem Ritus außerhalb der Gotteshäuser. Auf jeden Fall kann man diese ›gemalten Gebete‹ als Armenbibel verstehen, die Szenen aus der Bibel wiedergaben, die für den des Lesens unkundigen Bauern gedacht waren. Wie ein Teppich überziehen sie die Kirchenmauern. In ihnen sind aktuelle politische Bezüge eingefügt, die der Aufmunterung zur Abwehr der Türken dienten: die Stadt Konstantinopel, als sie einer Belagerung widerstanden hatte (Moldoviţa), oder die in die Hölle fahrenden Türken im Jüngsten Gericht (Voroneţ). Die Bemalungen stehen in Rang und Qualität den Wandmalereien Italiens in nichts nach. Erstaunlich ist trotz der harten Witterungseinflüsse ihr einzigartiger Erhaltungszustand. Der gesamte Klosterarchipel wurde in das UNESCO-Weltkulturerbe aufgenommen. Vom Tourismus noch wenig entdeckt, sind diese Denkmäler eingebettet in eine malerische Landschaft, häufig von der Ferne gar nicht zu erkennen, als wenn sie sich ducken wollten. Es sind Oasen der Ruhe und der Weltabgeschiedenheit. Die Klöster sind heute wieder in kirchlicher Hand. In allen wirken Mönche oder Nonnen, die viel zum Erhalt, aber auch zur Lebendigkeit ihrer eigentlichen Bestimmung beitragen.

Der von Kriegen geprägten Zeit entsprechend, weihte man die Kirchen häufig einem heiligen Krieger, wie Voroneţ dem heiligen Georg, Milişăuţi dem heiligen Prokopios zu Ehren der Schlacht von Rîmnic im Jahr 1481. Dies sollte zum Kampf anspornen, war doch die Moldau kontinuierlich fremdem Eroberungsdrang ausgesetzt.

Auf den ersten Blick kann die Vielzahl an Figuren, Wiederholungen der Muttergottes und anderer vertrauter Personen aus der Bibel den Betrachter zunächst verwirren. In den Malereien lassen sich aber immer wieder die gleichen Themen wie ein Programm erkennen, auch wenn es Abweichungen in ihrer Deutung gibt. Sie unterscheiden sich in der Farbigkeit, in der Handschrift des Künstlers und in ihrer Anordnung. Die Westseite ist in der Regel dem Jüngsten Gericht vorbehalten, während die Prozession der irdischen und himmlischen Heerscharen zu Christus und der Gottesmutter (der sogenannte Cin oder ›Tschin‹) an der Ostseite, der Apsisseite, zu finden ist. Die Südseite wird regelmäßig vom Akathistos-Hymnus (einem der vielen Lobgesänge zu Ehren der Gottesmutter) mit der Belagerung von Konstantinopel und der Wurzel Jesse geschmückt. Daneben finden sich Genesisszenen – in die häufig ein eher seltenes Thema, der Pakt Adams mit dem Teufel, aufgenommen wurde – die Himmelsleiter des Johannes Klimax, auch Tugendleiter genannt, und oft das nur für die Moldau typische Thema der Himmelszölle, zumeist an der Nordseite. In nur achtzig Jahren entstanden diese unvergleichlichen Außenmalereien, die mit der Kirche von Arbore begannen und abrupt mit der Kirche in Suceviţa endeten. Die gesamte Ikonographie, vor allem der Akathistos-Hymnus, stand unter deutlichem Einfluß von Byzanz.

Für die Ausfertigung wurde die Mauer mit einem Gemisch aus Sand und Kalk, dem auch Lein- und Hanffasern beigemengt waren, getüncht. Die getrocknete Mauer ließ man zunächst ruhen, dann wurde die Wand mit Wasser befeuchtet und der Grundriß der Komposition aufgetragen. Zum Binden der Farbe aus Pflanzen und Mineralien nahm man Ochsengalle und mengte wegen der schädlichen Einwirkung des Kalkes Ruß bei. Statt Wasser und Leim wurde den Farben noch Eigelb beigefügt, um sie fett- und wasserundurchlässig zu machen.

Voroneţ, die ›Sixtinische Kapelle des Ostens‹

Man fährt durch die Ortschaft Voroneţ hindurch und findet am Ende eine schlichte, in völligem Einklang mit der Natur stehende einzelne Kirche von einer Mauer umgeben. Weitere Klostergebäude sind hier nicht erhalten.

An der Stelle des heutigen Baus befand sich ehemals die alte Holzkirche des Daniil Sihastrul, dessen Grabstätte in der Kirche zu sehen ist. Urkundlich entstand die Gesamtanlage bereits 1472, doch das heutige Gotteshaus stiftete erst Fürst Stefan der Große, es wurde laut der Votivtafel am Eingang zum Vorschiff (Pronaos) vom 26. Mai bis 14. September 1488 erbaut. »Stefan der Woiwode, von Gottes Gnaden Herr der Moldau, Sohn des Woiwoden Bogdan, begann zu bauen dieses Gotteshaus im Kloster zu Voroneţ, im Namen des heiligen und ruhmreichen und großen siegreichen Märtyrers Georg im Jahre 6996 (= 1488) im Monat Mai den 26., am Montag nach der Ausgießung des Heiligen Geistes, und beendete es im gleichen Jahre im Monat September den 14.«

Die dem heiligen Georg geweihte Kirche ist damit die letzte von vier innerhalb eines Jahres errichteten Kultbauten: Milişăuti (zerstört), Pătrăuţi, Sf. und Ilie Suceava. Eine Legende erzählt, daß der Fürst Stefan nach der Niederlage von Războieni den Eremiten befragte und auf dessen Geheiß ins Schlachtfeld zurückkehrte.

Das Bildprogramm der Fassaden

Der Blick auf die Malereien der Kirche wird zunächst abgeschirmt durch die tief herabreichende Traufe des Daches. Im Grundriß liegt hier der moldauische Dreikonchentypus mit Altarraum (Apsis), Hauptschiff (Naos) und Vorschiff (Pronaos) vor, dem 1547 der Metropolit Grigore Roșca eine Vorhalle, (rumän. Pridvor) anfügte. Über dem Naos erhebt sich auf moldauischem Gewölbe eine Tambourkuppel, während der Pronaos und die Vorhalle der Hierarchie gemäß mit herkömmlichen byzantinischen Gewölben nach oben abschließen. Von außen sieht man ein Strebepfeilerpaar, das den Seitenschub des innenliegenden Bogens abfängt und die für die Altarnebenräume ausgehöhlten Wände verstärkt. Das Dach ist entsprechend der einzelnen Räumlichkeiten gegliedert: ein Walmdach über dem Naos, ein Kegeldach über dem Turm und dem Altarraum. Neben den Malereien ziert den Außenbau eine auffällige Gliederung durch Blendarkaden und Blendnischen. Der plastische Türschmuck am Türrahmen zum Pronaos und zum Naos sind unter Beteiligung von Siebenbürger Steinmetzen spätgotisch ausgeführt worden.

Für die Außenmalereien und den Bau der Vorhalle und ihre Ausmalung scheint Metropolit Grigorie Roșca verantwortlich gewesen zu sein. Erst in unmittelbarer Nähe wird man der Kunst gewahr, die sich hier verbirgt. Die Außenmalerei aus der Zeit des Petru Rareș, neben Stefan dem Großen der bedeutendste Stifter in der Moldau, stellt eine Welt für sich dar. Hier spiegelt sich ein enorm hohes Kulturniveau des moldauischen Klerus wider.

Auf der Westseite sieht man in beeindruckendem Blau das Jüngste Gericht, ein Thema, das von vielen Kirchen bekannt sein dürfte. Man hat ihm hier die gesamte Fläche überlassen. Auf Fenster, die sonst in der Vorhalle üblich waren, wurde bewußt verzichtet. In fünf Rängen, die von oben nach unten zu lesen sind, präsentiert sich das theologische Programm. In der obersten Reihe rollen Engel den Himmel und die Tierkreiszeichen zusammen, in der Mitte erscheint im Himmelstor Gottvater. Darunter thront Christus in der Mandorla zwischen Maria und Johannes dem Täufer, dies wird als Deesisreihe (Fürbitte) bezeichnet. Sie sind umgeben von Engeln und den zwölf Aposteln als Beisitzer. In der dritten und mittleren Zone sieht man in der Mitte den leeren Thron, die sogenannte ›Hetoimasia‹ (griech. ›Vorbereitung‹). Neben ihm knien Adam und Eva. Auf der linken Seite erscheinen die Gerechten, auf der rechten die Ungläubigen, denen man die feindlichen Gesichter von Juden, Türken, Tataren und Armeniern gegeben hat.

Im unteren Register ist die Seelenwägung dargestellt. Der schwerbepackte Teufel schleppt die Sündenregister herbei, während die Engel, angeführt vom Erzengel Michael, Teufel und Verdammte in den Feuerstrom jagen. Zum Tag des Gerichts blasen die Engel statt Posaunen heimische Holzblasinstrumente

(Bucium). Die Erde und das Meer, die Gräber und die Tiere geben die Toten zurück. Links drängt sich die Schar der Heiligen zum Paradies. Hier thront Maria; die Erzväter Abraham, Isaak und Jakob halten die Seelen der Gerechten im Schoß. Die Malerei gibt außerordentlich anschaulich wieder, wie man sich trotz der Normen, die vorgegeben waren, Freiheiten herausnehmen konnte, um die Porträts, die Landschaft, die Mode und dramatische Handlungen dem Volk anschaulich und harmonisch zu vermitteln. Zur künstlerischen Gesamtwirkung trägt in entscheidendem Maße auch die Farbkomposition bei. Das Blau dominiert, chemische Untersuchungen haben bewiesen, daß man sich des Lapislazuli-Pulvers bediente.

Auf der Nordseite, die dem Wind ausgesetzt und deshalb weniger gut erhalten ist, sieht man den Akathistos, Szenen aus der Genesis und das nur für die Moldau bekannte Thema der ›Himmlischen Zollschranken‹. Das Thema einer Legende innerhalb der Vita des heiligen Basilius des Neuen war durch ein moldauisches Manuskript verbreitet worden. Auch der Pakt Adams mit dem Teufel, ein Thema der apokryphen Schriften, wurde hier volksnah aufgegriffen. Um den Boden, der den Bösen gehörte, bebauen zu können, schloß Adam nach der Vertreibung aus dem Paradies einen Pakt mit dem Teufel, wonach ihm dieser gestattete zu pflügen, unter der Bedingung, daß ihm Adam die Seelen seiner Nachfolger nach deren Tod überlasse. Christus zerriß diesen Pakt. Im Anschluß daran reihen sich Szenen aus dem Leben des Einsiedlermönches Antonius.

Die Register der drei Apsiden werden von der großen Komposition des Gebetes aller himmlischen und irdischen Hierarchen eingenommen. Engel,

Die dem Wetter zugewandte Nordseite ist in schlechtem Zustand

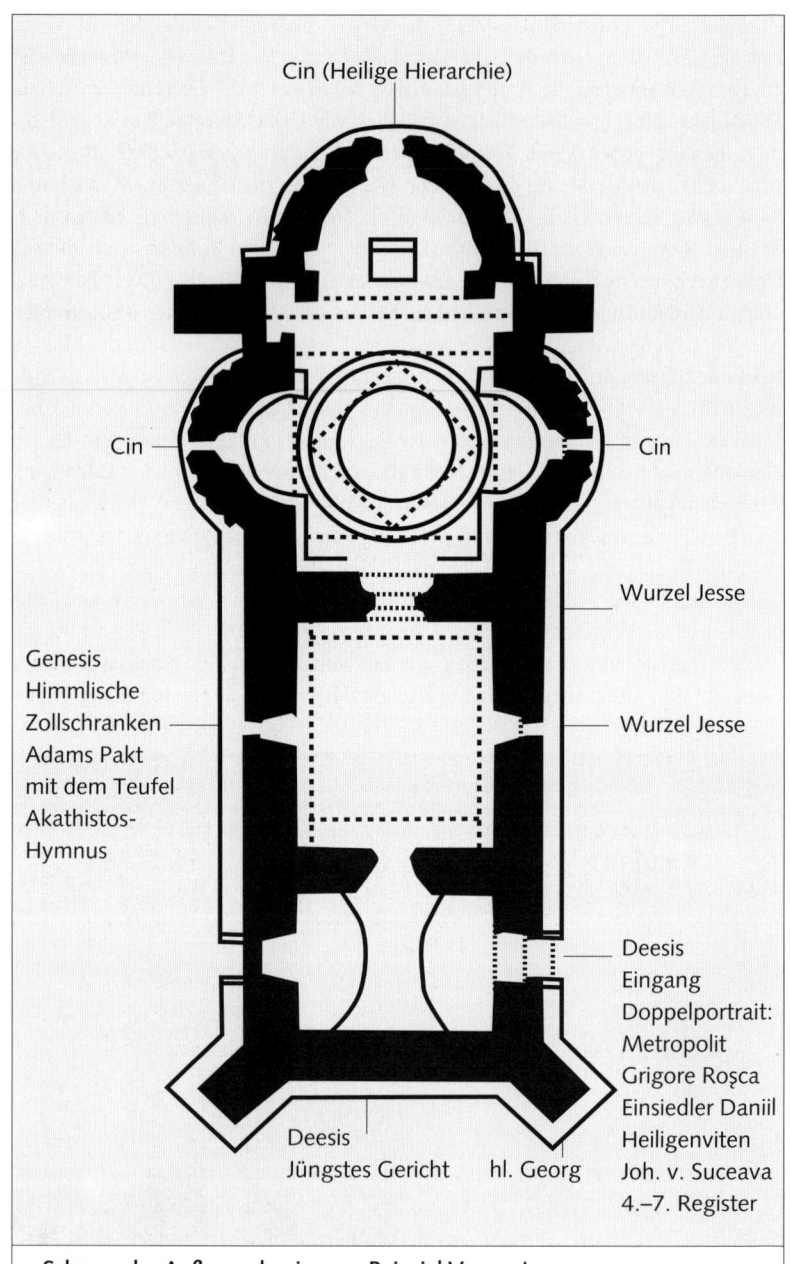

Cin (Heilige Hierarchie)

Cin

Cin

Wurzel Jesse

Genesis
Himmlische
Zollschranken
Adams Pakt
mit dem Teufel
Akathistos-
Hymnus

Wurzel Jesse

Deesis
Eingang
Doppelportrait:
Metropolit
Grigore Roşca
Einsiedler Daniil
Heiligenviten
Joh. v. Suceava
4.–7. Register

Deesis
Jüngstes Gericht

hl. Georg

Schema der Außenmalereien am Beispiel Voroneţ

Erzengel, Cherubime, Seraphime, Propheten, Apostel, Bischöfe, Kirchenväter, Märtyrer, Einsiedler bzw. Mönche streben in fürbittender Haltung der Altarapsisachse zu. Hier thront die Muttergottes mit Jesus Emanuel im Kelch, auf ihren Knien der siegreiche heilige Georg mit dem Schwert in der Hand.

Auf der Südfassade folgt über die gesamte Fläche verteilt die Wurzel Jesse, auf vielen anderen Kirchen jedoch der Akathistos-Hymnus. Über dem Eingang wacht die Deesis und links der Tür sieht man ein Doppelporträt von Daniil dem Einsiedler (mit Heiligenschein) und dem Metropoliten Grigore Roşca (bärtig). Georgs Kampf mit dem Drachen und die Lebensläufe der beiden Heiligen Johannes von Suceava und Nikolaus in den darüberliegenden Zonen schließen die Malerei ab.

Das Kircheninnere

Man betritt die Kirche über den Eingang an der Vorhalle. Die Malereien im Gewölbe und auf den Wänden stellen eine Verbindung von Außen- zur Innenwelt dar. Wie der Pronaos war dieser Bauteil gestalterisch den Heiligenlegenden vorbehalten. Hier sind vor allem Szenen aus dem Leben des Elias und teilweise der orthodoxe Kirchenkalender an die Wände gebannt. Über dem Eingang in den Innenraum zum Pronaos begrüßt ein Bildnis der Muttergottes Eleusa den Besucher. Rührselig lehnt das Kind seine Wange an jene der Mutter und umarmt sie. Ein unbeschreiblich gütiger Ausdruck liegt in deren großen traurigen Augen. Die Malereien im Pronaos selbst gehören der Zeit um 1550 an und sind damit ein halbes Jahrhundert jünger als die des Naos und Altarraumes. So kann man innerhalb dieser Kirche gut die Malereientwicklung vergleichen. Das Gewölbe bedeckt die betende Muttergottes (Orans) mit Jesus Emanuel (byzantinischer Ikonographietypus). Das purpurne Maphorion (Schultertuch) mit goldener Borte hebt sich vorteilhaft vom sternenübersäten Hintergrund ab. Wie in der Vorhalle war es üblich, Begebenheiten aus dem Leben des Kirchenpatrons darzustellen. Man kann im oberen Register 28 Szenen aus dem Leben des heiligen Georg erkennen.

Eine Kette von Medaillons mit Brustbildern von Heiligen, die miteinander durch Blatt- und Blumenverzierung verbunden sind, trennt den Georgszyklus von den Darstellungen des orthodoxen Kalenders, der die Feiertage, die Heiligen und Martyriumsszenen der einzelnen Heiligen enthält.

Der gesamte Innenraum ist, wie für die moldauischen Kirchen üblich, nur spärlich beleuchtet. Durch Staub und Kerzenruß sind die Malereien, die zu den frühesten erhaltenen ihrer Art gehören, dunkler geworden.

Die Malereien des Altarraumes und des Naos wurden vermutlich kurz nach Beendigung des Baues, also um 1500, ausgeführt. Gemäß der orthodoxen Hierarchie befindet sich in der Kalotte des Turmes der Pantokrator (Allherrscher), im

Bildstreifen darunter im Tambour folgen die Seraphen, Erzengel, Propheten, und Apostel und in den kleinen Pendentifs als Vermittler zwischen himmlischer und irdischer Sphäre die Evangelisten. Die oberen Register der Wände sind schwer zu erkennen. Sie zeigen das Leben Jesu Christi, den Passionszyklus eingeschlossen. Die Südwestwand ist traditionsgemäß den Stiftern vorbehalten. Ihre Bilder wurden übermalt, das Abbild des verstorbenen Alexandru (Sohn und Mitregent Stefans des Großen) wurde durch das des jungen Bogdan ersetzt. Auf großem, mit Goldsternen übersäten Hintergrund (in der Moldau den Stiftern vorbehalten)

Malerei im Gewölbe über dem Eingang

empfängt der thronende Christus von Stefan dem Großen die Kirche als Opfergabe und erteilt ihm den Segen. Der heilige Georg als Patron der Kirche hat eine Mittlerrolle und stellt Christus den Woiwoden vor. Stefan trägt eine Krone und den byzantinischen Kaisermantel (die ›Granatza‹). Ihm folgen seine dritte Gattin, Maria Voichiţa (Tochter des walachischen Fürsten Radu des Schönen), ein Mädchen und der Thronfolger Bogdan Vlad. Gegenüber auf der Nordwand ist als Gegenstück Maria mit Krone und in kaiserlicher Kleidung zu sehen.

In der Hauptapsis thront die Muttergottes mit dem Jesuskind, sie sind von Engeln umgeben. Für die Moldau sind zwei Engel zu beiden Seiten des Thrones typisch. Danach folgt ein breiter Seraphenfries als Abgrenzung gegen das nächste Register. Von Nord nach Süd sieht man das Abendmahl, zweigeteilt die Kommunion der Apostel: den Empfang des Brotes und den Empfang des Weines. Dann folgt die Fußwaschung. Darunter stehen zwischen den Archediakonen Stefan auf der Nord- und Prohor auf der Südseite die großen Hierarchen der orthodoxen Kirche: greise Gelehrte, erkennbar an ihren Schriftrollen. Die Nebenräume zeigen Jesus im Grab mit der von drei Engeln begleiteten Muttergottes und den alten Simeon mit dem Jesuskind. Im Inneren bestechen Chorgestühl und Fürstenthron durch die präzise Ausführung ihrer vielfältigen geometrischen Motive, ihrer malerischen Verzierung, in die sich gotische Elemente und Flechtwerkornamente der Manuskripte jener Zeit mischen. Sie geht teilweise auf das Jahr 1577 zurück, teilweise laut Inschrift auf Grigore Roşca, Metropolit von Suceava. Die Ikonostase stammt aus dem 18. Jahrhundert.

Im Gegensatz zu anderen großen Klöstern der Moldau ist Voroneţ arm an Kultgegenständen. Der hier entstandene berühmte Voroneţ-Codex, eine Stiftung Stefans des Großen und eine der ältesten Handschriften der Moldau, befindet sich heute in Putna. Einige Grabplatten, darunter die des Einsiedlers Daniil und des Metropoliten Roşca (gestorben 1570), sind erhalten. Sie sind mit herkömmlichen Varianten der Palmettenranken verziert; Daniils Grabplatte zeigt zwei zu einem Herz verschlungene Halbpalmetten. Davon unterscheidet sich die Grabplatte des Großhofmeisters Grigorcea (1600, zur Zeit der Movilăs) durch die malerische Komposition von Blumen und Blattranken.

Kloster Humor

Das Kloster liegt neben dem gleichnamigen Marktflecken und wurde Anfang des 16. Jahrhunderts gegründet. Außer der Maria-Entschlafens-Kirche sind von den Klosterbauten nur der 1641 errichtete Torturm und Reste einiger Grundmauern erhalten. Laut Urkunden wurde das erste Kloster hier in den Wäldern am Fuß des Höhenzuges Obcina Mare 1415 vom Statthalter Alexander des Guten, Oană, gestiftet. Die Grundmauern dieses Kirchenbaues wurden unweit der ehemaligen Kirche freigelegt. Das heutige Kloster mit der Maria-Entschlafens-Kirche wurde 1530 vom Logotheten (Kanzler) Theodor Bubuiog gespendet. Während der Habsburger Zeit wurde das klösterliche Leben aufgehoben, die Kirche als Pfarrkirche genutzt. Erst seit 1991 wird das Kloster wieder von Nonnen bewirtschaftet.

Die turmlose Kirche entstand als Dreikonchenbau, bestehend aus fünf Räumen mit einem moldauischen Gewölbe über dem Naos. Im Westen wurde eine offene Vorhalle angefügt. Die Verzierungen am Sockelprofil, an Tür- und Fensterrahmungen sowie am Portalrahmen zwischen Grabkammer und Naos weisen auf siebenbürgische Steinmetze hin.

Kloster Humor war von Anbeginn ein wichtiges Kulturzentrum mit einer Schreibstube für die Mönche. Ein beredtes Zeugnis dieser Zeit ist das Evangeliarium von 1473, das sich heute in Putna im Museum befindet.

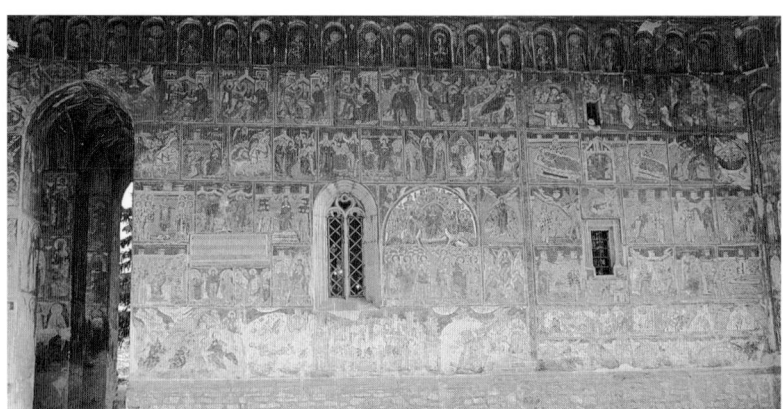

Die Südseite der Kirche von Humor mit dem Akathistos-Hymnus

Der Schatz der Kirche sind ihre Malereien. Die Außenmalereien von 1535 (Datierung der Nordfassade) gehen auf Meister Toma aus Suceava zurück. Die Innenmalereien folgen mit Ausnahme der Grabkammer, für die es keine verpflichtende Überlieferung gab, in ihrem Programm dem üblichen Kanon.

Den Eingang zum Pronaos schmückt ein besonders inniges Muttergottesbild. Im Typus der Liebkosenden (Glykophilousa) stützt Maria den Kopf des Jesuskindes, das sich mit seinen Händen an ihren Schultern festhält. Die Pronaoskuppel wird von einer monumentalen Komposition ausgefüllt. Im Scheitel sitzt vor himmelblauem Hintergrund die Gottesmutter mit zum Gebet erhobenen Händen (Typus Blacherniotissa), umringt von Engeln und den vierundzwanzig Ältesten der Apokalypse. In den Pendentifs sind die Meloden (Hymnendichter) Johannes von Damaskus, Joseph Hymnographos, Theophaes Graptos und Kosmas von Majum zu erkennen. Die Bogenfelder werden durch die sieben ökumenischen Konzile geschmückt, und darunter folgen Szenen des Menologions (Heiligenfestkalender).

Auf der Pronaoswand ist links vom Fenster die steinerne Stifterinschrift zu lesen. Die obere Zone der Grabkammer zeigt das nach kanonischen und apokryphen biblischen Büchern kombinierte Marienleben, darunter die selten zu findende Szene ›Maria besteht die Fluchwasserprobe‹.

Die Außenmalereien sind vor allem an der Südfassade gut erhalten. Hier haben Wind und Wetter die geringste Wirkung. Das Hauptthema ist der ›Akathistos-Hymnus‹, der auch die Wände von Proboţa, der Georgskirche von Suceava sowie Moldoviţa, Baia, Arbore und Suceviţa schmückt. In der byzantinischen Welt waren Marienhymnen sehr verbreitet.

Der Akathistos-Hymnus von Humor

Als wiederholtes Motiv der moldauischen Kirchen sei hier beispielgebend auf die Folge der Darstellungen eingegangen: Sie beginnen links oben an der großen Arkade und sind nach rechts in sieben Bildern zu lesen. Im zweiten Rang direkt darunter folgen die Bilder acht bis sechzehn von links nach rechts. Im dritten Rang sind in drei Bildern Strophe siebzehn bis neunzehn und im vierten die Strophen zwanzig bis vierundzwanzig angeordnet. Sie schmücken sozusagen die Außenwand des Vorschiffs (Pronaos oder auch Narthex).

(1) Verkündigung am Brunnen, ein lanzentragender Engel nähert sich; (2) Verkündigung, lanzentragender Engel nähert sich der thronenden Muttergottes; (3) Verkündigung; (4) Verkündigung; (5) Heimsuchung Maria, rechts Elisabeth; (6) links Josephs Zweifel, Maria sitzt in ein Gespräch vertieft, ein Engel ist wieder sichtbar; (7) Geburt Christi; (8) Reise der Magier; ((9) Huldigung der Magier, die Muttergottes auf dem Thron mit Jesuskind; (10) Rückkehr der Magier; (11) Flucht nach Ägypten, rechts kniet eine Gruppe Huldigender vor einer burgartigen Stadt; (12) Darstellung im Tempel; (13) thronende Maria, das Kind auf dem Schoß streckt die Arme seitlich aus,

Deesis über dem Eingang

rechts flankieren einen Ikonenträger mit der Hodegetria (Wegweiserin); (18) Kreuzigung; (19) thronende Maria hält das Kind frontal auf ihrem Schoß; (20) Christus als Hohepriester wird von links durch Bischöfe und rechts von Kriegerheiligen flankiert; (21) Maria befindet sich eine Kerze haltend vor einer Felsenhöhle, fürbittende Gestalten wenden sich ihr zu. (22) Anastasis (byzantinischer Festbildtypus); (23) die betende Maria (Maria orans) wird von Aposteln verehrt; (24) die thronende Muttergottes mit dem Kind auf dem Schoß, von rechts erscheint eine Strahlenaureole, von links nähern sich huldigende Mönche; (25) thronende Muttergottes mit dem Kind auf dem Schoß, von rechts erscheint wieder eine Strahlenaureole, links kniende Mönche.

Über dem Fenster der Südseite folgen Szenen zu einem anderen Hymnus: ›Über dich freut sich‹.

Ergänzt werden die Hymnen durch Moses (fünfter Rang von links) und die Belagerung von Konstantinopel. Das Thema geht auf die awarische und persische Belagerung Konstantinopels im Jahr 626 zurück und wurde auf die Gegenwart der Moldau übertragen: Nicht nur Konstantinopel war 1453 gefallen, sondern der Fürstensitz Suceava war wiederholt von den Türken erfolglos belagert worden. Die Belagerer, in türkische Gewänder gekleidet, nahmen Bezug zur steten Bedrohung durch die Osmanen.

beidseitig huldigen Apostel; (14) die von einer Mandorla umgebene Muttergottes hält das Kind frontal vor der Brust, zwei symmetrisch geordnete Gruppen von Mönchen und Eremiten, darunter links der Onuphrius, erweisen ihr Ehre; (15) eine blau-rote Aureole umgibt Christus, der Alte der Tage rechts, ein Kreuz mit der Taube des Heiligen Geistes steht in der Mitte; (16) Maria als Panagia (Allheilige) wird von zwei Engelsgruppen verehrt; (17) Liturgieszene: von Heiligenscheinen umgebene Bischöfe links und Mönche

Kloster Moldoviţa

Über die Ortschaft Gura Humorului fährt man auf der E 576 in Richtung Vama und von hier auf einer kleinen, aber guten Nebenstraße über Frumosu nach Moldoviţa. Wie viele moldauische Klöster ist auch dieses aus strategischen Gründen von einer imponierenden hohen Mauer mit integrierten Wohnbauten umgeben. Das Kloster wurde 1945 den Nonnen zurückgegeben, die es auch unter dem Dikatator Ceauşescu behalten durften. Derzeit bewirtschaften und renovieren achtunddreißig Nonnen die Anlage.

Der Vorgängerkomplex des heutigen Klosters bestand aus einer hölzernen Anlage von 1402. Alexander der Gute stiftete 1410 den Steinbau, den später ein Erdrutsch zerstört haben soll. Die alten Grundmauern sind nicht weit vom heutigen Kloster zu erkennen.

Das heutige Kloster Moldoviţa wurde von Petru Rareş gestiftet, der im Garten seine letzte Ruhestätte fand. Die Maria Verkündigung geweihte Kirche wurde laut Inschrift 1532 erbaut und fünf Jahre später ausgemalt. Der Dreikonchentypus mit Turm lehnt sich in seiner Staffelung von Altarraum, Hauptschiff, Grabkammer mit darüberliegender Schatzkammer, Vorschiff und Vorhalle stark an das Vorbild Humor an. Etwas jünger als Humor, unterscheidet sich der Bau nur durch das moldauische Gewölbe und den Turm über dem Naos und die Anordnung der Vorhallenpfeiler.

In der Vorhalle ist rechts das Grab von Kir Gheorghen, nach byzantinischer Zeitrechnung aus dem Jahr 7114, zu sehen. Das Portal zum Pronaos (Vorschiff) enthält in der Lünette eine bemerkenswerte Muttergottes, das Jesuskind zärtlich umarmend (Eleusa- oder Erbarmens-Typus). Im linken oberen Zwickel ist König

Kloster Moldoviţa

*Das Denkmal für Petru Rareş im
Garten des Klosters Moldoviţa*

Salomo dargestellt. Um den gesamten Portalrahmen figurieren Gestalten aus dem Jüngsten Gericht.

Im Grabraum fällt das Baldachingrab für den Metropoliten Efrem aus dem Jahre 1613 besonders ins Auge.

Auf der Westwand im Naos sieht man das Porträt des bedeutenden Stifters der Moldau Petru Rareş, der begleitet von seiner Gemahlin und seinen Söhnen, von Maria empfohlen, dem thronenden Christus seine Stiftung darbietet.

Die für rumänisch-orthodoxe Kirchen übliche Ikonostase wird von einem hervorragenden Kruzifixus von 1593 geschmückt, während die Ikonen vom 17. bis 19. Jahrhundert stammen.

Die Außenmalereien verdanken ihren guten Erhaltungszustand der äußerst sorgfältigen Ausführung. Die Südfassade ist dem Akathistos-Hymnus, gefolgt von der Wurzel Jesse, die Apsis dem sogenannten Tschin oder Gebet aller Heiligen gewidmet: Themen, die auch in Humor an gleicher Stelle vertreten sind.

Beim Tschin handelt es sich um eine erweiterte Deesisdarstellung (Fürbittreihe). Alle Figuren nähern sich im Fürbittgestus einer zentralen Gestalt. Das Ordnungssystem umfaßt in der Moldau die Heerscharen der Engel in den oberen Rängen, denen die Schau einer göttlichen Gestalt ›Alter der Tage‹ (Emmanuel als Pantokrator) gewährt wird. Darunter folgen die Propheten, die den inkarnierten Gott, dargestellt auf dem Schoß der jungfräulichen Mutter, in der visionären Schau erleben konnten. Im dritten Rang von oben folgen die Apostel, die in ihrer Funktion als nahe Begleiter oder ausgewiesene Fürbitter vor dem Thron Christi erscheinen. Dort, wo sie auf das Lamm ausgerichtet sind, versteht man sie als Glieder der Urkirche, denen Christus selbst Zugang zu den Altarsakramenten eröffnet. Im nächsten Rang folgen die Bischöfe und Kirchenväter als Nahtstelle zur himmlischen Hierarchie, die auf das Mandylion (Christusabbild) zielen. Die Vermittler des Heils sind Mönche und Eremiten als Empfänger der Sakramente, als Augen- und Ohrenzeugen und Zeugen des Leidens. Ihr Fürbittgestus weist auf die zentrale Figur des Erzengels Michael.

Unter den Klostergebäuden ist die restaurierte Küsterwohnung von 1612 hervorzuheben. Sie diente als Wohnsitz, als Schule für die Kopisten und Miniaturmaler sowie als Aufbewahrungsort für den Klosterschatz.

Das Kloster verfügt über ein Museum, in dem Handschriften des 15. Jahrhunderts, Stickereien aus der Zeit Stefans des Großen und der Fürstenthron aus der Zeit von Petru Rareş aufbewahrt werden. Die Handschriften geben Aufschlüsse über Organisation und Gestaltung des Klosterwesens.

Die erhaltene Umfassungsmauer weist noch die Zinnen über dem Wehrgang und die befestigten Türme aus der Entstehungszeit auf. Die Arkaden des Wehrganges wurden im 17. Jahrhundert unter dem Einfluß des Klosters Dragomirna mit Rosetten und Blumenmotiven verziert.

Kloster Suceviţa

Der große rumänische Dichter Mihai Sadoveanu schildert das Kloster als eindrucksvolle mittelalterliche Burganlage. Es läßt sich zu Fuß über die Hügel vom Kloster Putna ersteigen oder über die Straße von Rădăuţi erreichen. Das Kloster liegt eingebettet in die Umgebung des gleichnamigen Dorfes, das sich zu beiden Seiten der Landstraße entlangzieht. Die Landschaft unterscheidet sich durch nichts von derjenigen, der man auf dem Weg zu den anderen mittalterlichen Baudenkmälern der Moldau begegnet. Die gleichen bis zum Fuße der bewaldeten Hügel reichenden Felder, überall ein Wasserlauf, überall die gleiche Stille.

Das Kloster ist eine Gründung des Metropoliten Gheorghe Movilă und seiner Familie aus dem Jahre 1582. Der Großbojar Ieremia Movilă konnte ohne fürstliche Erbrechte den Thron der Moldau (1595–1606) besteigen. Dank seiner Schenkungen entwickelte sich Suceviţa als eines der letzten Bauwerke des 16. Jahrhunderts zum reichsten Kloster der Moldau. Einzigartig ist die Erhaltung der ehemaligen Befestigungswerke. Sechs Meter hohe und bis zu drei Meter starke Mauern mit Laufgängen, Ecktürmen und Torturm bilden ein Geviert von 100 auf 104 Metern. Jeder der Türme aus Bruchsteinmauerwerk unterscheidet sich sowohl in Grundriß, baulicher Struktur und Wölbung. An der Nordwestecke befindet sich der Glockenturm; die Glocken stammen noch aus der Gründungszeit, ihre Abbildungen schmücken das Wappen der Stifter und der Moldau. Auch Teile der Wohnbauten sind noch erhalten.

Viele ausschmückende Legenden über das Kloster waren im Umlauf., die Chronik des Grigore Ureche erzählt Genaueres. So war das Schicksal des Klosters seit dem 17. Jahrhundert eng mit den historischen Ereignissen verknüpft. Es wurde 1610 und 1615 von den Polen und Kosaken, 1629 von Räubern geplündert. In die verödete Anlage zogen im Jahr 1642 Mönche aus der Großen Klause von

Galizien. Sechs Jahre später konnte das Kloster unter Fürst Vasile Lupu mitsamt Besitz neu geweiht werden. Während der Habsburgerära behielt es seinen Klosterstatus bei. Während der staatlichen Renovierung von 1954 wurde das Dach originalgetreu wiederhergestellt, die Umfassungsmauern von Putz befreit und der sternförmige Sockel des Turmes freigelegt.

Die dem Heiligen Dreikönigsfest geweihte Kirche ist der letzte und größte in der Reihe der Moldauklöster entstandene Dreikonchenbau. Bestechend sind die harmonischen Proportionen.

Kloster Sucevița

Im Grundriß besteht die Kirche wieder klassisch moldauisch aus Altarapsis, Naos mit hoher Tambourkuppel sowie Bogen und Halbkuppeln über beiden Seitenapsiden, der Grabkammer und der über eine Wendeltreppe erreichbaren Schatzkammer darüber (für Besucher nicht zugänglich), beide mit Quertonnen überdeckt, einem zweijochigen Pronaos mit Kuppeln über Pendentifs sowie der geschlossenen Vorhalle (auch als Exonarthex bezeichnet), an die im Norden und Süden je eine offene Vorhalle auf verschiedenen Stützen angefügt wurde.

Die Wandmalereien der Fassaden und des Inneren sind wunderbar erhalten und entstanden in den Jahren 1595 bis spätestens 1606. In einer Handschrift des Klosters sind die Maler Ion und sein Bruder Șofronie genannt. In all ihrem Schaf-

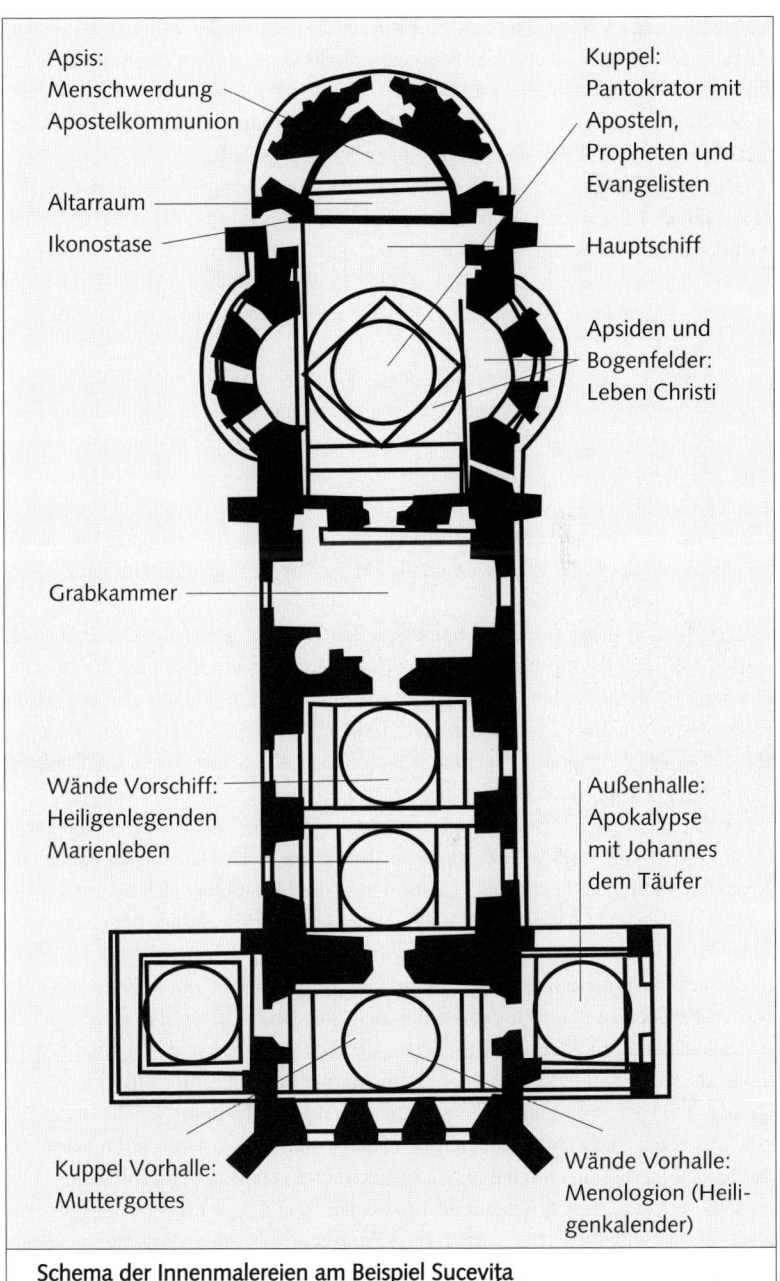

Apsis:
Menschwerdung
Apostelkommunion

Altarraum

Ikonostase

Grabkammer

Wände Vorschiff:
Heiligenlegenden
Marienleben

Kuppel Vorhalle:
Muttergottes

Kuppel:
Pantokrator mit
Aposteln,
Propheten und
Evangelisten

Hauptschiff

Apsiden und
Bogenfelder:
Leben Christi

Außenhalle:
Apokalypse
mit Johannes
dem Täufer

Wände Vorhalle:
Menologion (Heili-
genkalender)

Schema der Innenmalereien am Beispiel Suceviţa

fen zeigt sich im Vergleich zu den früheren Malereien der Moldau das betont erzählende Element, so daß man hier deutlich die dritte Etappe des moldauischen Stils erkennen kann.

Im Inneren hat das reiche ikonographische Programm zu einer starken Unterteilung der Wandflächen in zahllose kleine Szenen geführt.

Die Vorhalle (Exonarthex) wird an der Ostwand vom ›Jüngsten Gericht‹ geschmückt. Im Rahmen der traditionellen Wiedergabe hat sich der Maler erzählerische Freiheiten herausgenommen. So tragen kleine schwarze Teufel auf dem Rücken das Sündenregister der Menschheit in weißen Paketen. Die Gestalt einer kleinen weißen Seele mit einem Hahn auf der Schulter illustriert eine Volkslegende.

Von den Szenen der Heiligenlegenden an den Wänden ist aus der Vita Johannes des Neuen die Überführung seiner Gebeine nach Suceava hervorzuheben. Alexander der Gute, der die die Überführung Anfang des 15. Jahrhunderts veranlaßte, ist in fürstlichem Gewand neben seiner Gemahlin zu sehen. Begleitet vom ganzen Hof verläßt er die Residenzstadt, um die Gebeine zu empfangen. Deutlich kann man die thematische Ausführlichkeit sowie die Reduzierung der Maße erkennen, die der Malerei einen miniaturhaften Zug verleihen und die monumentale Wirkung abschwächen.

Im Pronaos werden die Heiligenlegenden mit der Lebensbeschreibung der beiden Heiligen Georg und Nikolaus auf dem unteren Wandstreifen fortgesetzt. Die großen Wandflächen bedeckt das sogenannte Menologion, der orthodoxe Kalender, mit je einer Episode aus dem Leben aller Heiligen. Die verschiedenen Gewänder zeugen von den Trachten verschiedener Regionen. Wieder hat sich der Künstler liebevoll vielen Details hingegeben.

In der Kuppel ist Abrahams Gastmahl angebracht, das in der orthodoxen Ikonographie die Heilige Dreifaltigkeit symbolisiert. Die Gastgeber Sarah und Abraham wurden entgegen der Traditionen in die Darstellung aufgenommen.

Die Wände und Gewölbe der Grabkammer sind mit Szenen aus dem Leben des Moses dekoriert. Besonders lebendig wird der Auszug aus Ägypten geschildert. In diesem Raum befinden sich auch die Gräber der Stifter. Die verzierten Grabplatten gehören zu den wenigen Denkmälern mit steinbildhauerischem Schmuck in der Moldau. Ihre Rechteckform ist am Rand geometrisch und von einer Schrift umrahmt. Das Mittelfeld ziert ein Schmuckmotiv oder eine Inschrift.

Der Naos ist, wenn auch nicht mehr ausschließlich, dem Neuen Testament gewidmet. Die Südwand präsentiert den Stifter mit Familie. Fürst Ieremia Movilă mit Kreuz und Kirchenmodell in den Händen wird von Maria empfohlen und bietet seine Stiftung dem thronenden Christus dar. Vor ihm schreitet sein Sohn und Nachfolger Constantin, nach ihm folgen Familienmitglieder: Chiajna, die älteste Tochter, seine Mutter Maria, seine Frau Elisaveta, seine Kinder Ecaterina, Alexe,

Stana und Zamfira. Auf der Nordseite kniet der Metropolit Gheorghe Movilă beim Empfang der Kommunion. In der Kuppel thront Christus Pantokrator; die Zwickel darunter füllen die sieben ökumenischen Konzile.

Die Außenmalerei unterscheidet sich von den anderen Klöstern durch die Darstellung der Leiter des Johannes Klimax an der Nordfassade sowie des Brennenden Dornbusches und der Schutzmantelmadonna statt der Belagerung von Konstantinopel an der Südfront.

Auf der Nordwand ist gegen Westen die Legende des heiligen Pachomios (auch Pahomie, Begründer des organisierten Mönchtum) abgebildet. Zu den Szenen der Genesis führt die Himmelsleiter des Johannes Klimax. Das Thema geht auf den Mönch vom Sinai, Johannes Klimax, zurück. Die 30 Stufen versinnbildlichen Tugenden, die zum Paradies führen und entsprechen dem Lebensalter Christi. Auf grauem Hintergrund hat der Künstler das in weiß und blau gesäumte Rot der ausgebreiteten Flügel der in aufsteigendem Reihen angeordneten Engel gemalt, die sich durch eine schräge Leiter vom bläulichen Chaos der Unterwelt abheben. Laster, hier als vielköpfige Teufel geschildert, behindern emporklimmende, entblößte Körper, die sich in unwahrscheinlichen Stellungen winden, um der scheußlichen Umklammerung der Teufel zu entgehen. Nirgends in der Moldau ist der Kontrast zwischen der feierlichen Ordnung der himmlischen Sphäre und der chaotischen, auseinanderdriftenden Hölle dramatischer geschaffen als hier.

Die Südwand schmücken der Akathistos-Hymnus und die Wurzel Jesse. Unter den hellenistischen Gelehrten Platon, Pythagoras, Sophokles und Aristoteles fallen vor allem die jugendlichen Gesichtszüge des letzteren auf.

Das Kloster ist zu Recht stolz auf sein Museum, das neben Putna und Dragomirna eine der reichsten Sammlungen an Stickereien, Silberzeug, Miniaturen, Bücher, Handschriften und Drucke enthält. Im 16. und 17. Jahrhundert unterhielt das Kloster eine Werkstatt mit bedeutenden Schreibern, und Künstlern. Hier nahm das Wirken von Anastasie Crimcas, dem Gründer der Schule von Dragomirna, seinen Ausgang. Im 19. Jahrhundert bestanden hier eine bekannte Drukkerei, eine Buchbinderei sowie eine Schule für Mönche und Laienbrüder,

Unter den Handschriften ragen besonders jene aus dem Besitz von Neagoe Basarab und Alexandru II. Mirceas hervor. Sie enthalten je vier Evangelien und stammen aus dem 16. Jahrhundert. Die gestickten Bildnisse des Ieremia und des Simion Movilă gelten als Hauptwerke der mittelalterlichen Stickerei Rumäniens und zählen zu den interessantesten weltlichen Porträts der Zeit.

Kloster Putna

Dieses älteste von Stefan dem Großen gestiftete Kloster kann man gut nach der Besichtigung von Kloster Suceviţa aufsuchen. Eine neue Straße führt zu dem Pilgerort, der heute wieder von Mönchen belebt ist.

Der Legende nach wurde die eindrucksvolle, von mächtigen Steinmauern umgebene Gesamtanlage in den Jahren 1466 an der Stelle errichtet, wo der vom Fürsten abgeschossene Pfeil zu Boden fiel. Der Chronist Ion Neculce (1672–1745) schrieb ergänzend »und so wurde ein schönes Kloster errichtet, ganz vergoldet, innen und außen bemalt und mit Blei gedeckt«. Während der Herrschaft des Fürsten Vasile Lupu (1634–1653) wurde das Kloster zerstört und entstand nach altem Grundriß noch im gleichen Jahrhundert. Mehrfach wurde es einer Renovierung unterzogen und konnte 1966 mit Unterstützung der UNESCO sein fünfhundertjähriges Jubiläum begehen. Gleich hinter dem Eingang erkennt man eines der vielen im Land aufgestellten Denkmäler Mihai Eminescus.

Die Hauptkirche steht im Zentrum der Anlage. Beim Wiederaufbau verzichtete man auf die Außenmalerei des Dreikonchentypus. Dafür beleben hohe Blendarkaden, Blendnischen und gotische Fensterrahmungen die weißen Außenwände, die wohl einstmals mit bunten Keramikscheiben verziert waren. Die Kirche wurde von Anbeginn als Grabstätte Stefans des Großen geplant. Dessen Grab ist mit einem weißen Marmorbaldachin überdacht. Auch seine Gattin und nachfolgende Moldaufürsten wurden hier bestattet. Die Gräber des 15. und 16. Jahrhunderts sind mit Großbuchstaben, Mäanderranken und daran pickenden Vögeln verziert, Motive, die volkstümlichen Webereien oder Wandmalereien entnommen wurden. Jedes Grab enthält die byzantinische und die lateinische Jahreszahl.

Vor der Westfassade ist eine in sieben Hexagone unterteilte hohe Holzsäule mit eingeschnitzten Porträts moldauischer Fürsten zu bewundern.

Zum Kloster gehört ein sehenswertes Museum, das die einstige kulturelle Bedeutung und das mittelalterliche Kunstschaffen in der Moldau unterstreicht. Es besitzt die gestickte Grabdecke der Maria von Mangop, der zweiten Frau Stefans, das älteste gestickte Porträt in natürlicher Größe.

Alte Glocken im Kloster Putna

Das Kloster war die bedeutendste moldauische Schreibstube des Mittelalters, deswegen ist der Bestand an Miniaturen überragend. Unter den Schätzen, die aus anderen Klöstern der Bukowina stammen, ist das Tetraevangeliar von Humor aus dem Jahre 1473 erwähnenswert. Auch aus der Schule des Gavril Uric vom Kloster Neamţ gibt es Handschriften zu sehen. Etwas Besonderes sind die Silberbeschläge der Handschriften sowie das mit dem Wappen der Moldau geschmückte und von Stefan dem Großen gestiftete Weihrauchfaß von 1470.

In der Nähe des Klosters steht eine Holzkirche, die als ältestes Denkmal religiöser Architektur der Moldau gilt. Die Stiftung des Woiwoden Dragoş von 1353 ließ Stefan der Große aus Volovăţs nach Putna bringen.

Bergwärts, am Rande einer Feriensiedlung, liegt die in den Felsen gehauene kleine Höhlenkirche des Einsiedlers Daniil (Biserica lui Daniil Sihastrul), eines Zeitgenossen Stefans. Den Überlieferungen nach soll er seinem Fürsten während der Osmaneneinfälle mit klugen Ratschlägen zur Seite gestanden haben. Heute verrichtet ein Mönch des Klosters Putna wieder täglich einen einsamen neunstündigen Dienst im Höhlenkloster.

Kloster Arbore

Von Putna fährt man nach Marginea, quert die 17 A und fährt eine kleine Nebenstraße über Solca, mit einem alten Kloster und einer Bierbrauerei, nach Arbore. Das Kloster liegt direkt an der Hauptstraße, ist von einer Holzmauer umgeben und muß aufgeschlossen werden.

Die Johannes dem Täufer geweihte Kirche war eine Stiftung des Heerführers und Bojaren Luca Arbore. Der hohe Würdenträger unter Stefan dem Großen ließ den Bau kurz nach dem Erwerb des Gutes 1502 im Tal der Solca errichten. Der schlichte rechteckige Bau ohne Turm erhielt die erste offene Vorhalle der Moldau. Im Inneren erweckt die Architektur den Eindruck einer Dreikonchenanlage. Tatsächlich handelt sich aber nur um zwei runde, sehr tiefe Nischen im Mauerwerk als Apsiden, die von außen gar nicht in Erscheinung treten.

Ein sehr abwechslungsreiches Gewölbesystem deckt die einzelnen Bauglieder: im Pronaos abgetreppte Bögen und eine Kuppel über Pendentifs, im Naos ein moldauisches Gewölbe, über den Seitenapsiden Halbkugelsegmente und im Altarraum eine Tonne mit Halbkugel. Im Vorschiff liegt der Stifter unter einem Baldachingrabmal.

Kostbare Innen- und Außenmalereien schmückten die Kirche. Die Innenmalereien, allen voran die Stifterporträts, wurden 1538 während einer türkischen Invasion zerstört und vom Meister Dragomir, Sohn des Coman aus Iaşi, wieder erneuert. Unversehrt erhalten blieben nur die Heiligenfiguren im Vorschiff.

Die Außenmalereien entstanden kurz nach der Erbauung der Kirche und gehören zu den ältesten erhaltenen der Moldau. Aufgrund mangelhafter Technik sind sie stark mitgenommen. Neben den klassischen Themen wie Akathistos-Hymnus an der Südfassade, sind hier auffällig viele Heiligenlegenden dargestellt. Die Verweltlichung der Georgslegende erreicht ihren Höhepunkt mit dem Empfang des Heiligen am Königshof und dem Gastmahl. Im Mittelgrund figurieren nicht nur Musiker, sondern auch reigentanzende Jünglinge und Mädchen.

Die Klosterfahrt kann man kunsthandwerklich beenden. Man fährt wieder zurück auf die Straße nach Rădăuti (17 A) und hat Gelegenheit in Marginea eine Töpferei zu besichtigen. Diese schwarze Keramik hat typische geometrische Muster und erinnert an mittelalterliche Bukowina-Keramikfunde.

Kloster Slatina

Aufgrund äußerst schlechter Straßenverhältnisse erreicht man Slatina trotz kurzer Entfernung von Voroneţ nur mit einigem Zeitaufwand. Eine Besichtigung ist jedoch allemal lohnenswert. Die Nonnen, die das Kloster in jüngster Zeit zurückerhalten haben, heißen Gäste allerherzlichst willkommen. Beim Kloster handelt es sich um die erste Stiftung des Fürsten Alexandru Lăpuşneanu aus dem Jahr 1561, das in die Reihe der wunderbaren Klosteranlagen der Moldau gehört. Gleich auf den ersten Blick vermißt man die tief heruntergezogenen Schindeldächer der ersten Generation der Moldauklöster. Die großzügig angelegte Kirche

Kloster Slatina

bleibt mit ihrem dreilappigen Grundriß und der geschlossenen Vorhalle den moldauischen Traditionen treu. Die gesamte Anlage umziehen Umfassungsmauern mit Ecktürmen. Der Turm über der Einfahrt, das Refektorium, die Wohnbauten sowie das Fürstenhaus als wertvolle Beispiele weltlicher Architektur tragen zur Großartigkeit des Gesamtensembles bei.

Man sollte sich nicht wundern, wenn man männliche Geistliche sieht. Ein oder zwei männliche Mitglieder sind in einem rumänisch-orthodoxen Frauenkloster üblich.

Baia

Der kleine Ort Baia war die erste Hauptstadt der jungen selbständigen Moldau. Alexander der Gute (1400–1432), der mit einer Katholikin verheiratet war, hatte hier noch seinen Sitz. Für die Fürstin Ringola, eine Verwandte des polnischen Königs Wladislaw Jagiello, ließ er eine Kirche in Baia Moldovi erbauen.

Heute lohnt im Ort der Besuch der rumänisch-orthodoxen Koimesiskirche. Eine der wenigen Quellen ist die steinerne Inschrifttafel, nach der sie von Petru Rareş gestiftet und am 12. Sept. 1532, vier Tage später als die Kirche von Kloster Moldoviţa, geweiht wurde. Obwohl es sich um eine fürstliche Stiftung handelte, ist die Architektur sehr bescheiden. Der rechteckige Grundriß schließt mit der runden Apsis im Osten ab. Die ungegliederten Fassaden sind völlig glatt verputzt. Die Vorhalle öffnet sich in vier Arkaden. Der darüberliegende Raum war vermutlich für die Aufnahme von Glocken bestimmt und gilt als Vorläufer der vor allem im 17. und 18. Jahrhundert verbreiteten Glockentürme. Die den Klosterkirchen der Moldau zwischen Naos und Pronaos eingefügte Grabkammer fehlt, die Kirche umfaßt also Naos mit Altarapsis, zwei kleinere, in die Dicke der Mauer eingelassene Seitenapsiden, den Pronaos und die schmale Vorhalle, an deren Südseite eine Wendeltreppe in das darüber befindliche offene Geschoß führt. Die Innen- und Außenmalerei wird auf 1535 bis 1538 datiert. Von der Außenmalerei sind leider nur noch Spuren auf der Südseite zu erkennen. Ein Teil der Übermalungen wurde zu einem unbekannten Zeitpunkt entfernt, so daß schwach der Akathistos-Hymnus und die Belagerung von Konstantinopel zu erkennen sind.

Rășca

Im Tal des gleichnamigen Flusses ließ Petru Rareş 1542 eine Kirche von kleinen Ausmaßen errichten, deren Wandmalereien reich vergoldet waren. Unter dem Großstatthalter Costea Băcioc wurde der Kirche Anfang des 17. Jahrhunderts eine

Vorhalle angefügt. Der eintürmige dreilappige Grundriß erhielt auf diese Weise einen zweiten Turm über der Vorhalle, was optisch den Gesamteindruck völlig veränderte. Die Umfassungsmauern mit Wehrtürmen entstanden vom 17. bis 18. Jahrhundert.

Der Ursprungsbau erhielt 1552 Außenmalereien durch Stamatello Cotronas. An der Südfassade sind noch die Leiter des Johannes Klimax, das Jüngste Gericht und Szenen aus dem Leben des heiligen Antonius zu erkennen. Im Inneren erkennt man im Altarraum den heiligen Nikolaus und im Naos die wundersame Brotvermehrung. Auch der Stifter und seine Familie sind noch erhalten.

Proboţa

Um zu diesem Kirchlein zu kommen, muß man die E85 queren, fährt Richtung Fălticeni, von dort am Şomuzul Mare entlang und nach wenigen Kilometern in südliche Richtung. Diese erste Stiftung des Fürsten Petru Rareş von 1440 entstand anstelle zweier Vorgängerbauten, einem aus Holz und einem aus Stein. ›Proboţa‹ bedeutet ›Bruderschaft‹. Die von Wehrmauern umgebene Anlage weist zwei verschiedene Verzierungen auf. Die Außenmalerei, die erste einer moldauischen Kirche überhaupt, ist heute nur noch an der Apsis zu sehen. Zusätzlich ist der Bau mit den Einfassungen der gotischen Fenster in der Vorhalle aus gemeißeltem Stein geschmückt. Das monumentale Gebäude mit dem schlanken Turm über dem Naos hat eine auffällige Höhenbetonung. Diese Wirkung wird zusätzlich durch die hohen gotischen Fenster der geschlossenen Vorhalle verstärkt. Im Osten schließt der Bau mit polygonalen Apsiden ab. Der Komplex mit Wehrmauern, Fürstenhaus und Ecktürmen wird derzeit umfassend renoviert.

Die ursprüngliche Innenausmalung ist zwar schlecht erhalten, doch von großartigem Eindruck. Die Vorhalle wird von der ältesten Darstellung des Jüngsten Gerichtes in der Moldau geschmückt. Das Sujet wurde vom Abt des Klosters und späterem Metropoliten Grigore Roşca eingeführt, der ein Vetter des Fürsten Petru Rareş war. Die Komposition ist am Gewölbe von Sternzeichensymbolen umgeben. Im Vorschiff sind außerdem noch die Synoden und der Heiligenkalender zu erkennen. Die Votivbilder von Petru Rareş, Fürstin Elena und Iliaş wurden durch Eingriffe stark verändert.

 ›Cabana Voroneţ‹, Laura Vatavu, 2 Sterne, 5900 Gura Humorului (Humor), Tel. 02 30/23 10 24, Fax 63 89 52,

Mobil 02 94/63 89 52. Pension ›Casa Elena‹, Elenea Piersic, 3 Sterne, Voroneţ 8, Tel. 02 30/23 06 51, Fax 23 09 68.

›Casa Lucretia‹, 3 Sterne, Strada Ion Luca Caragiale F.N., 5969 Vama, Tel. 02 30/52 01 60, Fax 31 49 29, Mobil 02 94/55 58 37, das liebevoll hergerichtete Haus liegt zwischen Voroneṭ und Moldoviṭa. Auf Wunsch wird sehr typisch gekocht, die Hausherrin spricht französisch. ›Popas Turistic Bucovina‹, 4 Sterne, Suceviṭa, Tel. und Fax 02 30/46 53 89, Mobil 07 44/60 01 23, an der Straße 17 A etwa 20 Kilometer von Rădăuti, in unmittelbarer Nähe von Kloster Suceviṭa, auf 720 Meter Höhe in schönster Natur. Weitere Übernachtungmöglichkeiten gibt es in Fălticeni.

Suceava und Umgebung

Die legendäre Hauptstadt des ebenso sagenumwobenen moldauischen Fürsten Stefan des Großen wurde in Urkunden schon um die Mitte des 14. Jahrhunderts erwähnt. Petru I. Muşat (ca. 1378–ca. 1393) baute sie zeitgleich mit Neamṭ zu einer starken Festung aus. Hauptsitz der moldauischen Fürsten wurde sie erst an dritter Stelle nach Baia und Siret unter Stefan III. dem Großen, einen Rang, den sie im 15. Jahrhundert zeitweise mit Vaslui teilen mußte, da an beiden Orten miteinander rivalisierende Fürsten residierten: in Suceava Ilie und in Vaslui sein Bruder Stefan. An der wichtigen Handelsstraße vom Schwarzen Meer nach Polen gelegen, erlebte Suceava als Handelsstadt eine große Blüte, die erst mit der Verlegung der Hauptstadt nach Iaşi 1565 verlorenging. 1624 wurde die gesamte Stadt niedergebrannt und sank unter den Habsburgern zur Bedeutungslosigkeit herab. Doch der Chronist Dimitrie Cantemir spricht noch von vierzig Kirchen aus Stein und Holz, die das Stadtbild prägten. Heute ist Suceava ein mittelgroßes Städtchen von 110 000 Einwohnern mit Industrie, vor allem Maschinenbau und Holzverarbeitung. Doch fünfzig Kilometer von der Ukraine entfernt fehlen hier wie anderswo zugkräftige Investoren. Zwei Bahnhöfe und ein Flughafen machen die Anreise leicht. Schon bei der Einfahrt fällt ein großer Güterbahnhof auf, der Suceava als Warenumschlagplatz dient.

Stadtbesichtigung

Mittelpunkt der Stadt Suceava ist der Platz des 23. August (Piaṭa 23. August). Begrünt und mit Sitzgelegenheiten bestückt, kann man ihn zum Ausgangspunkt eines ersten Spaziergangs wählen. Kulturhaus und Hotels liegen nicht weit von

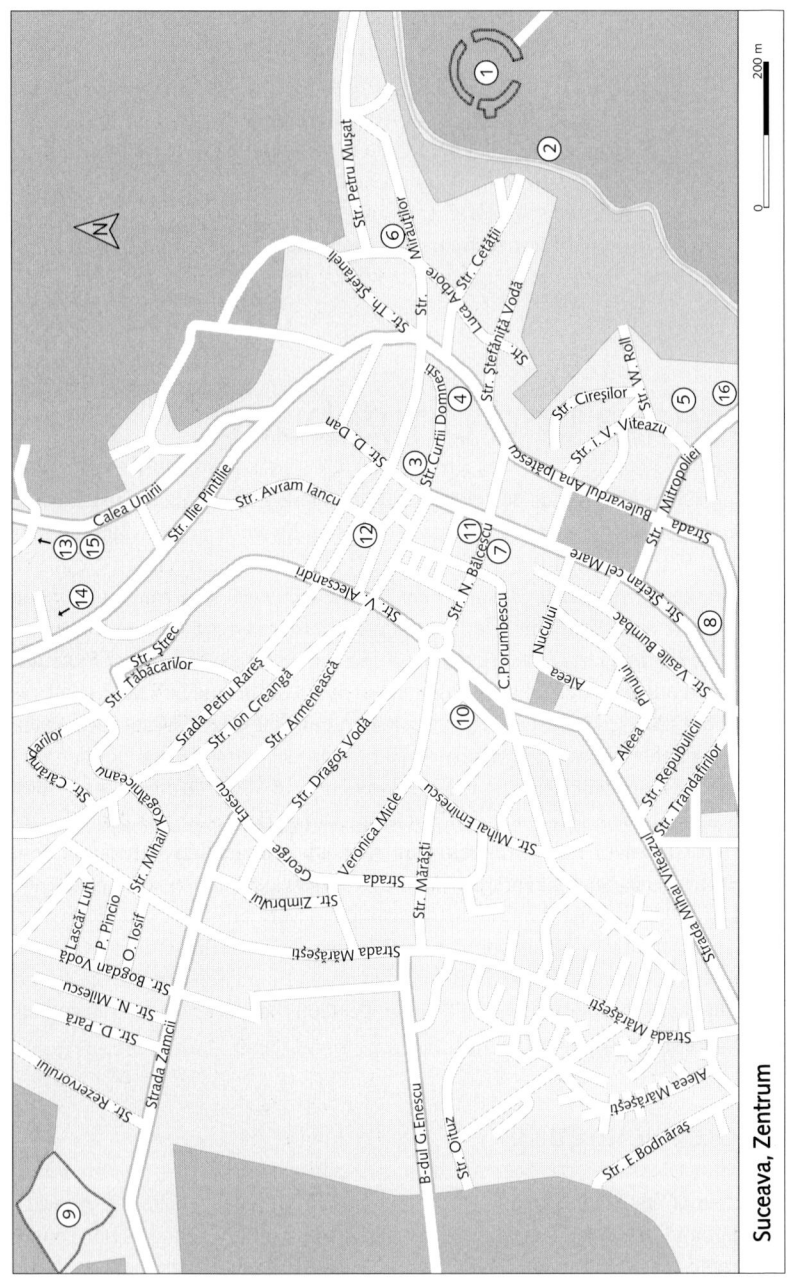

Suceava, Zentrum

ihm entfernt. Die Strada Ştefan cel Mare wurde zur Fußgängerzone erklärt, über sie kommt man direkt zur Demetriuskirche (Biserica Sfântul Dumitriu oder Biserica Învierii – Auferstehungskirche). Typisches Merkmal dieser Kirche ist der freistehende Glockenturm, der 1561 von Petru Rareş gestiftet wurde. Das oberste Geschoß wurde im 19. Jahrhundert hinzugefügt. Grabungen unter der Kirche und südlich davon haben Reste eines Dreikonchenbaus hervorgebracht, der sich als identisch mit einem vom Chronisten Ureche 1475 erwähnten Gotteshaus erwies. Der heutige Bau besteht aus Apsis, Naos mit Seitenapsiden, Pronaos und Exonarthex. Wie auch in der Georgskirche wurden die Scheidewände zwischen Naos und Pronaos entfernt, was dem Innenraum eine größere Leichtigkeit verleiht. Eine steinerne Inschrift an der Südseite nennt Fürst Petru Rareş als Stifter, das Jahr 1534 als Baubeginn. Während der Rahmen der Inschrifttafel spätgotisch ist, gehören die Tafel mit dem moldauischen Wappen (Auerochse) sowie das Rahmenprofil der Renaissance an. Ein ähnliches Wappenschild ist sonst nur noch in Schloß Gherla erhalten. Die Innenmalereien sind durch Kerzenrauch unkenntlich geworden; die Außenmalereien sind nur in spärlichen Spuren erhalten. Derzeit werden die Malereien restauriert.

Nicht weit von der Demetriuskirche liegt ein großer Markt. Geht man in entgegengesetzter Richtung, kann man noch zwei Kirchen besichtigen: die Biserica Cuconilor, nach den Söhnen Stefans des Großen benannt (›cucon‹ – ›kleiner Prinz‹), und ein Stück weiter die Biserica Mirăuţilor, die erste Bischofskirche der Moldau und eine der ältesten erhaltenen Suceavas. Dies sind beileibe nicht alle Kirchen der Stadt. Noch viele liegen versteckt zwischen den Häusern, sind verschlossen und renovierungsbedürftig.

Die Georgskirche (Biserica Sfântul Gheorghe) ist die Hauptkirche des Klosters des heiligen Johannes Novus. Die Kirche trägt zusätzlich den Namen des Heiligen (Biserica Sfântul Ion cel Nou), weil seine Gebeine im Inneren in einem kostbaren Schrein beigesetzt wurden. Die Kirche erhielt im 19. Jahrhundert ein buntes Dach

Legende

1	Cetatea (Zitadelle)	8	Historisches Museum
2	Denkmal Stefans des Großen	9	Kloster Zamca
3	Biserica Sfântu Dumitriu (Demetriuskirche)	10	Hotel ›Continental Arcaşul‹
		11	Hotel ›Suceava‹
4	Biserica Cuconilor	12	Markt
5	Biserica Sfântul Gheorghe (Georgskirche)	13	Bahnhof
		14	Nordbahnhof
6	Biserica Mirăuţilor	15	Flughafen
7	Denkmal Petru I. Muşat	16	Hotel ›Balada‹

Burg Suceava

aus glasierten Ziegeln. Der Bau der ehemaligen Metropolitankirche wurde 1514 bis 1517 unter Bogdan dem Blinden begonnen und unter seinem Nachfolger Stefan dem Jüngeren 1517 bis 1527 vollendet. Im Grundriß erinnert sie stark an Neamţ (Vorhalle, Vorschiff, Hauptschiff, Altarraum), nur fehlt die Grabkammer. Um den liturgischen und repräsentativen Bedürfnissen einer Metropolitan- und Hofkirche gerecht zu werden, wurde der Naos des Bauwerkes durch je ein Joch im Osten und im Westen erweitert. Zahlreiche Eingriffe haben das Aussehen der Kirche verändert. Einschneidend waren 1796 die Einfügung der zusätzlichen Fenster in den Naos in Höhe der Ikonostase und 1900 der Wanddurchbruch zwischen Naos und Pronaos durch den österreichischen Architekten Karl Romstorfer, bei dem die Malereien stark beschädigt wurden.

Die Kirche birgt in einem silberbeschlagenen Schrein unter einem Baldachin die Reliquien des Johannes Novus, dem Schutzpatron der Moldau. Zwölf Reliefs stellen die Legende des Märtyrers dar.

Der Bau war innen und außen bemalt, der Erhaltungszustand der Malereien ist leider nicht allzu gut. Im Inneren haben sie durch den Rauch stark gelitten. Auch außen sind sie schlecht zu erkennen. Die beiden Reihen von Blendnischen unterhalb des Daches werden von Engeln eingenommen. Auf den drei kräftigen Strebepfeilern an der südwestlichen Gebäudeecke, in der Mitte der Südfassade und am Ansatz des Trikonchos sind Gestalten mit Schriftrollen zu erkennen – vermutlich Propheten, vielleicht auch antike Philosophen oder Kirchenväter. Die

Strebepfeiler gliedern die Wand in zwei Abschnitte: links Akathistos und Hymnus ›Über dich freut sich‹ und auf dem friesartigen Streifen unterhalb der Fenster Szenen aus dem Leben des Mose, an die sich die Belagerung von Konstantinopel anschließt. Die rechte Hälfte gehört der Wurzel Jesse, flankiert von antiken Philosophen. Den Osten schmücken die Figurenränge des Tschin. Während sich an der Westfassade Reste vom Jüngsten Gericht erhalten haben, ist die Nordfassade völlig unkenntlich.

Vom Kloster sind noch Teile der Wehrmauern und der Glockenturm am Eingang (1589), eine Kapelle des Metropoliten Anastasie Crimca (1626–1629) und die Klosterzellen aus dem 18. und 19. Jahrhundert erhalten.

Die Festung lag einst vor den Toren der Stadt im Osten auf einem bewaldeten Hügel. Man fährt am besten mit dem Pkw (Taxi). Die Festung des 15. Jahrhunderts ist umgeben vom riesigen Parcul Cetății. Sie geht auf Stefan den Großen zurück, der damit die durch einen Erdrutsch zerstörte Burg des Petru I. Mușat im Norden Suceavas, beim Dorf Scheia, ersetzte. Es entstand ein rechteckiger, von Wehrmauern umgebener Hof mit vorspringenden rechteckigen Türmen. Unter Stefan hielt die Festung 1476 und 1485 der türkischen und 1496 der polnischen Belagerung stand. In den Zwischenzeiten wurde sie wieder hergestellt und um jeweils einen Ost- und Südflügel als Wohnbauten erweitert. Inmitten des Burggrabens schuf man eine zweite Wehrmauer mit rechteckigen vorspringenden Türmen, die bald darauf ummantelt wurden. Hinzu kamen ein neuer Graben mit steinverkleideter Böschung und ein Torbau in der Nordostecke. Über eine Holzbrücke auf Steinpfählen gelangte man in die Burg. Man sprach von geheimen Verbindungskanälen zur Stadt. Im Jahr 1685 wurde die Burg auf türkischen Befehl aufgegeben und zerstört. Der Nordflügel fiel einem Erdrutsch infolge eines Erdbebens zum Opfer.

In der Festung werden Profilfragmente des 15. und 16. Jahrhunderts (aus Gotik und Renaissance), Ofenkacheln und Fußbodenplatten gezeigt.

Kloster Mirăuților in Suceava

Im Wald steht das riesige Bronzedenkmal Stefans des Großen (Statuia lui Ştefan cel Mare) des Bildhauers Eftimie Bîrleanu von 1977. Auf dem Weg zur Festung kommt man an einem idyllisch gelegenen Friedhof vorbei; man nehme sich die Zeit zu einem Spaziergang zwischen den hier mit Kreuzen geschmückten Gräbern. Auch die Friedhöfe haben künstlerische Aussagekraft. Andernorts finden sich Gräber unter Obstbäumen, deren erster Ertrag symbolisch für die Seelen der Toten gespendet wurde, und wieder andere weisen Kreuze, reich mit biblischen Szenen bemalt, auf. Wieder andere schmücken Steinkreuze mit Ornamenten, die dem Holzkerbschnitt entlehnt wurden. Manchmal werden auf Pfählen Holzlaternen für Öllämpchen angebracht.

Nicht weit vom Friedhof befindet sich ein Freilichtmuseum mit Holzbauten der Bukowina.

Das etwas abseits des Zentrums gelegene Kloster (Mǎnǎstirea Zamca) soll von einer damals hier ansässigen Kolonie armenischer Kaufleute gestiftet worden sein. Heute ist es leider sehr verfallen, einige Räumlichkeiten wurden zu einer Autowerkstatt umfunktioniert. Das große Areal wird von einer mächtigen, mindestens 1,5 Meter dicken Mauer umgeben. Diese wurde an einigen Stellen erneuert. Das Kloster besteht aus einer Torkirche, dem Eingangsturm im Osten, der Hauptkirche und dem Wach- bzw. Wehrturm im Westen. Derzeit wird in größerem Stil die Bausubstanz gesichert und restauriert.

Das Kloster Zamca in Suceava wird zum Glück renoviert

Ştefan III. cel Mare

Stefan III. dem Großen, Symbol für religiöse und politische Unabhängigkeit der Moldau, gelang es in einer wirren Zeit nicht nur, den Thron seines ermordeten Vaters Bogdan II. zurückerobern, sondern auch, Thronprätendenten, die von Polen und Ungarn gestützt wurden, auszuschalten und die innenpolitische Situation zu stabilisieren. Mit Hilfe des Kleinadels, der Bauern und des Stadtbürgertums verstand er es während seiner Herrschaft (1457–1504), seine Macht gegen den Hochadel der Bojaren zu verteidigen

Außenpolitisch war das Land von Polen, Kosaken, Ukrainern, Tataren und Osmanen bedroht. Nicht ohne außenpolitische Interessen, entriß er 1461 der Walachei für die Moldau einen Küstenstreifen nördlich des Donaudeltas mit den wichtigen Festungen Chilia und Akkerman. Um gegen den unausweichlichen Osmanenangriff Unterstützung zu finden, schwor er dem Ungarn- wie dem Polenkönig den Lehnseid. Es kam aber zum Angriff des Ungarn Matthias Corvinus im Jahr 1475. Diese Aggression schlug fehl und wurde zum Beginn eines dauerhaften Zusammenwirkens. Auch der Pole Johann I. Albrecht 1497 versuchte vergeblich, die Moldau seinem Machtbereich einzuverleiben. Mehrere kriegerische Auseinandersetzungen brachten der Moldau Gebietsgewinne.

Durch eine geschickte Heiratspolitik verband sich Stefan mit anderen Adelshäusern, er unterhielt enge Kontakte zu Rom und knüpfte enge verwandtschaftliche Bindungen zum Moskauer Großfürsten.
Gegen die Osmanen konnte er zunächst noch Siege verbuchen wie bei Vaslui im Jahr 1475. Aber der ›Athlet Christi‹ wartete vergebens auf christliche Unterstützung. Nach mehreren Schlachten wurde sein Heer bei Răsboieni 1476 durch Mehmed II. Fatih, den Eroberer Konstantinopels, aufgerieben. Auf seinem Sterbebett soll er, enttäuscht von den Christen, seinem Nachfolger Bogdan III. geraten haben, eher eine Verständigung mit den Heiden anzustreben als mit den Christen. Mit Stefan dem Großen wird der kirchliche Aufbau des Landes vollendet, der auch die osmanische Oberhoheit überdauerte. Nach jeder seiner vielen Schlachten legte Stefan zum Dank an Gott ein viertägiges Fasten ein und ließ ein neues Gotteshaus bauen. Der Fürst wurde im Kloster Putna bestattet und erst kürzlich heiliggesprochen.
Seine Spuren führen nicht nur in seine Residenzstadt, sondern in die ganze nördliche Moldau und die Bukowina.

›Zamca‹, 2 Sterne, Strada Zamca, Tel. 02 30/52 09 85, Fax 21 59 19, direkt am Kloster Zamca, EZ 40 Euro, DZ 50 Euro.
›Suceava‹, 2 Sterne, Strada Nicolae Bălcescu 4, Tel. 02 30/21 30 47, Fax 52 10 80, mitten im Zentrum, EZ 30 Euro, DZ 40 Euro.
›Continental Arcaşul‹, 2 Sterne, Strada Mihai Viteazul 4–6, Tel. 02 30/21 09 44, Fax 22 75 98, EZ 40 Euro, DZ 57 Euro.

›Balada‹ 3 Sterne, Strada Mitropoliei 3 Tel. 02 30/22 31 98, Fax 25 00 87, DZ 66 Euro.

 Historisches Museum (Muzeul de Istorie), täglich außer Montag 10 bis 17 Uhr, mit schönen Steinmetzarbeiten des 17. Jahrhunderts.
Zitadelle (Cetatea de Scaun) im Parcul Cetăţii, täglich außer Montag 10 bis 17 Uhr.

Dragomirna

Im Norden von Suceava in Richtung Ukraine kann man weitere sehenswerte Kirchen besuchen. Eine Besonderheit unter allen Klöstern der Bukowina stellt das einsam gelegene Kloster Dragomirna dar. Man fährt wenige Kilometer auf der E85 und muß gut auf den Abzweig nach Dragomirna achten. Über eine Allee mit wunderbaren alten Bäumen, die an Apfelbaumplantagen vorbeiführt, erreicht man das Kloster. Zunächst entstand durch Anastasie Crimca, den Bojar Lupu und Simion Stroici im Jahre 1602 eine kleine sogenannte ›Klausenkirche‹, die später als Siechenkirche diente. Crimca, der große Gelehrte, herausragender Miniaturist und seit 1608 Metropolit der Moldau, ließ dann eine große Klosterkirche am Ufer des Sees in der Nähe von Quellen errichten. Schon auf den ersten Anblick wird die Besonderheit, das Höhenstreben des Baues sichtbar. Bei einer Breite von nur 9,60 Metern steigt der Turm auf eine Höhe von 42 Metern. Diese Schlankheit verleiht dem Gebäude eine außergewöhnliche Eleganz. Auch im Grundriß weicht diese Kirche von den Vorgängerbauten ab. An das Rechteck fügt sich eine schlichte polygonale Apsis, die nach Süden ausgerichtet ist. Herausragend ist der steinerne Turm, der vollständig mit geometrischen und Pflanzenmotiven verziert ist. Die für die Moldau bis dahin ungekannte Meißelarbeit – man kannte nur polychrome Malerei – findet Parallelen noch in der Drei-Hierarchen-Kirche von Iaşi und in Curtea. Deutlich ist der georgisch-armenische Einfluß erkennbar. Als Ziermotiv dominiert der sogenannte Torsadenriegel, ein dreifach geflochtenes Seil, das Zeichen der Einheit von Volk und Glauben.

Auch im Inneren beeindrucken die Monumentalität aus Stein, steinerne Rippen, Torsadenprofile, Rosetten, heraldische Schilde sowie ein gepflasterter

Boden, der fortlaufend in sieben Stufen von der Vorhalle bis zum Altar ansteigt, was eine ungewöhnliche räumliche Dynamik vermittelt. Im Inneren ist Anastasie Crimca bestattet.

Die Bedrohung durch türkische, tatarische, polnische, und kosakische Überfälle veranlaßten den Fürsten Barnovschi, das Kloster mit steinernen, 11 Meter hohen Wehrmauern zu umgeben. Das Viereck besitzt quadratische Türme, Zinnen, starke Strebepfeiler und einen Glockenturm mit Einfahrtstor, an dem das moldauische, mittelalterliche Wappen zu sehen ist.

Der Südseite der Kirche gegenüber liegt das gotische Refektorium, ein großer Saal mit Spitzbogengewölbe, das in der Mitte von einem achteckigen Pfeiler getragen wird. Hierin wurde das Museum eingerichtet. Mittelalterliche liturgische und profane Kunst, ein Ebenholzkreuz von 1542, Decken für

Kloster Dragomirna

liturgische Gefäße, Gold- und Silberstickereien sind zu bewundern. Die Kerze, die am Tag der Weihe (1609) angezündet worden war, wird voller Stolz aufbewahrt. Besonders die Liebhaber von Buchmalerei kommen hier auf ihre Kosten. An Werken ihres Begründers Anastasie Crima beinhaltet die Kalligraphenschule eine slawische Handschrift und ein Psalterbuch.

Unweit des Klosters steht noch die erste kleine Kirche, schlicht und wohlproportioniert. Die ortsansässigen Meister Crăciun, Matieş, Ignat und Gligorie haben die Wände des Hauptschiffes mit Szenen aus dem Leben Jesu Christi ausgemalt. Die Ikonostase aus vergoldetem Holz stammt aus dem Kloster Solca von 1613.

Pătrăuţi

Zurück auf der E 85, weiter in Richtung Norden, folgt der Abzweig nach Pătrăuti. Seine Heiligkreuzkirche ist ebenfalls ein Kleinod. Einsam und verwunschen steht sie im Dorf; den Schlüssel zum Gebäude erhält man im Haus gegenüber, geduldiges Warten wird belohnt. Durch dichtes Gras kommt man zur kleinsten Stiftung

In Pătrăuţi: Westwand mit Jüngstem Gericht

Stefans des Großen aus dem Jahr 1487. Die harmonische schlichte Dreikonchen-kirche mit Vorschiff, Turm über dem Hauptschiff und Altarraum verkörpert den ältesten vollständig erhaltenen Bau dieser moldauischen Ausprägung, einschließlich des ›Moldauischen Gewölbe‹ über dem Naos. Das Gebäude präsentiert sich mit gotischen Einfassungen und Portalen sowie keramischen Verzierungen unter dem Gesims. Das Kirchlein ist leider dem Verfall preisgegeben, da sich zur Zeit niemand findet, der für die so dringenden Sicherungs- und Renovierungsmaßnahmen aufkommen könnte. Auch die Malereien haben sehr gelitten. Vom Jüngsten Gericht, nach 1550 entstanden, ist leider nicht mehr viel übriggeblieben. Über dem Portal ist eine slawische Inschrift zu erkennen.

Durch Ruß und Feuchtigkeit beeinträchtigt, ist die originelle Innenmalerei nur schlecht zu erkennen, obgleich sie von hohem künstlerischen Wert ist. Der Naos zeigt die Beweinung und der Pronaos die Kavalkade des Heiligen Kreuzes, von der noch einiges zu erkennen ist. Die Westseite des Naos ist den Stiftern vorbehalten, hier sind Stefan der Große mit dem Kirchenmodell, sein Sohn Bogdan mit Gemahlin und zwei kleinen Kindern zu sehen, außerdem Kaiser Konstantin und Helena. Deutlich unterscheidet man zwei Malschichten.

Von den Ausstattungsstücken ist ein kostbares Kreuz in Handgröße zu erwähnen, das ins Jahr 1015 datiert wird und beidseitig bemalt ist.

Siret

Ganz im Nordosten Rumäniens liegt das kleine Industriestädtchen Siret, das im 14. Jahrhundert als zeitweilig bedeutender Fürstensitz und Hauptstadt der Moldau bekannt war. In dieser Funktion entstand einer der ältesten Steinbauten der Moldau, die um 1375 erbaute Dreifaltigkeitskirche (Biserica Sfânta Treime). Ihr Grundriß orientiert sich an byzantinischen Vorbildern und ist ein gutes Beispiel für die frühen moldauischen Dreikonchenanlagen mit Vorschiff (Pronaos), Hauptschiff (Naos) und Altarraum (Apsis). Der Außenbau ist dekorativ mit Bruchsteinen verkleidet und von Ziegelbändern durchzogen. Weitere Schmuk-kelemente sind die gliedernden Blendarkaden der Apsiden und glasierte Kerami-kornamente.

Bălineşti

Von Siret aus fährt man eine kleine Nebenstraße in Richtung Süden und trifft auf die Kirche von Bălineşti. Sie stammt ebenfalls aus der Zeit Stefans des Großen. Am Ufer des Sereth steht sie als schlichtes Rechteck mit einem polygonalen Vorschiff und einem auf der Südseite später angebauten Glockenturm. Auftraggeber war 1493 der Kanzler Tăutu. In der Dekoration fallen besonders die gotischen Elemente auf, zum Beispiel die Skulpturen der Vorhalle im Flammenstil, die Fassaden mit Rundtellern aus emaillierter Keramik unter dem Gesims, der Sockel, die Einfassungen und die Rippen am Gewölbe der Vorhalle. Im Inneren breitet sich eine hervorragende Wandmalerei aus, die auf die Leitung des Kirchenmalers und Ordenspriesters Gavriil im Jahr 1493 zurückgeführt wird. Das Porträt des Stifters auf dem Votivbild ist eines der gelungensten Zeugnisse dieser Gattung.

Im Schiff sind Szenen aus dem Leben Christi hervorzuheben, darunter Jesus vor Gericht, der Kreuzweg und die Grablegung. Im Vorschiff ist die heilige Barbara dargestellt.

Die ›Bogdana‹ in Rădăuţi

Auf einer Bukowinafahrt sollte unbedingt die St. Nikolauskirche in Rădăuţi (Radautz) besichtigt werden. Der Ort läßt sich gut im Anschluß an die Besichtigung von Kloster Putna besuchen. Stilistisch und chronologisch ist ein Besuch aber im Anschluß an Siret passender. Man hält sich auf der Hauptstraße entlang in Richtung Suceava bis zu einem kleinen Skulpturenpark. In ihm stehen Büsten der Herrscher Cuza (1859–1866), Petru Rareş (1527–1538), Ştefan cel Mare (1457–1504) und Alexandru cel Bun (1400–1432). Dahinter biegt man rechts ab und kommt zur Bogdana, nach ihrem Stifter Bogdan I. dem Alten (1359–1365) benannt, dem Begründer des unabhängigen moldauischen Fürstentums. Die dem heiligen Nikolaus von Radautz geweihte Kirche wurde anstelle eines Holzbaues von 1360 errichtet und gilt als älteste Steinkirche der Bukowina. Von außen ist sie zunächst gar nicht als Kirche zu erkennen, es könnte sich ohne weiteres auch um ein Bauernhaus handeln. Das tief heruntergezogene Schindeldach reicht fast bis an die Strebepfeiler der Mauern heran. Im oberen Teil sind diese Pfeiler mit einem Fries von Nischen verziert. Unter Fürst Alexandru Lăpuşneanu wurde 1559 die geschlossene Vorhalle angefügt und die steinernen Einfassungen der Fenster ersetzt. Die Kenntnis darüber vermittelt die Inschrift in der Tür der Südseite:»Mit Wohlwollen des Vaters, mit Hilfe des Sohnes und mit Mitwirken des Hl. Geistes hat begonnen und wurde dieser kirchliche Vorraum vom dem rechtgläubigen verehrten Dreieinigkeit Johannes Alexander Woiwode und Herrscher der Moldau im Jahre 7067 (1559), 30 iunie z. Zeit Bischofs Kyr Eutemie aufgebaut«.

Bis zum Ende des 18. Jahrhunderts diente der Bau als Bischofskirche. Unter Bischof Dozitei Herescu wurde 1780 der steinerne Glockenturm angefügt.

Die Architektur der für die Moldau ohne weiteres Beispiel dastehenden dreischiffigen Basilika ist untergliedert in Vorraum (Exonarthex), Vorschiff (Pronaos),

Hauptschiff (Naos) und Altarraum (Apsis). Im Innern sind die für die Moldau ebenso einzigartigen Scheinemporen erstaunlich, Geheimgänge über den Seitenschiffen, die über eine Wendeltreppe ins Vorschiff führten. Das durch kantige Pfeiler unterteilte Hauptschiff trägt ein Tonnengewölbe, die Seitenschiffe Quertonnen.

Die Altarwand besteht aus Holz und stammt aus dem 17. bzw. 18. Jahrhundert. Haupt- und Vorschiff sind durch eine gemauerte Wand voneinander getrennt. 1882 wurden die alten Wandmalereien aus der Zeit Stefans des Großen vom Maler Epaminouchas Bucewski übermalt. Im Altarraum sind Abendmahl, Speisung der Apostel und Fußwaschung zu erkennen.

Der ›Bogdana‹ als Grabstätte seiner Ahnen, deren Gräber im Vorschiff zu sehen sind, ließ Stefan der Große erhöhte Aufmerksamkeit zukommen. Ein Meister Jan schuf in seinem Auftrag 1480 die Grabplatten für den Urahn Fürst Bogdan I. und seine Nachfolger. Der Künstler bediente sich der Technik des Flachreliefs. Ganz fein sind Motive wie das stilisierte Palmblatt gearbeitet, durchsetzt mit eigenständigen Formen aus der einheimischen Flora: mit Buchen, Weißbuchen- und Ulmenblättern.

Die östliche Moldau

Der äußerste Osten Rumäniens grenzt mit dem Pruth an die Nachbarrepublik Moldawien. Von Nord nach Süd durchfließt auf der Binnenseite der Siret (dt. Sereth) die Region. Sie ist größtenteils entwaldet und von fruchtbarem Lößboden bedeckt. Die weiten Flächen werden für Viehzucht und den Anbau von Getreide, Zuckerrüben und Kartoffeln genutzt. Im Frühsommer bezaubern vor allem die nicht endenwollenden Sonnenblumenfelder auf der welligen Hügellandschaft mit goldenen Bildern. Südlich gerät die östliche Moldau in den Einzugsbereich der Donauebene. Die Geschichte dieser Region ist eng mit einem Teil des heutigen Moldawien verbunden. Als Besichtigungsschwerpunkte sind hier die alte Hauptstadt Iaşi, in der man gut einige Tage verbingen kann, das berühmte Weinanbaugebiet Cotnari und die Geburtsstätte des für die Rumänen so wichtigen Dichters Eminescu zu empfehlen.

Den östlichsten Teil Rumäniens kann man von verschiedenen Richtungen ansteuern. Eine Möglichkeit ist es, aus Richtung Süden vom Donaudelta zu kommen. An der Bahnstrecke bei Mărăşeşti, südlich von Bacău, hatte der rumänische General Eremia Grigorescu (1864–1919) die deutsche Offensive unter Feldmarschall von Mackensen zum Stillstand gebracht. Mit dem Mausoleum ›Helden der Nation‹ wird dieser Schlacht bei Mărăşeşti, aber auch der von Oituz gedacht. Weiter geht es nach Bacău. Vor dem Krieg ein kleines und unbedeutendes Städtchen, expandierte es nach dem Zweiten Weltkrieg zur Industriestadt. Heute ist der Ort mit 90 000 Einwohnern drittgrößte Stadt der Moldau. Ein großes Zellulosewerk ist wichtigster Arbeitgeber. In Roman steht eine sehenswerte Bischofskirche mit bemalter Vorhalle. Der Sereth nimmt hier den der Region namengebenden Fluß Moldau auf. Von hier wäre es nicht weit zum Mircești des Dichters Vasile Alecsandri und zum Miclăușeni des Ion Neculces, dem man wichtige historische Chroniken der Moldau verdankt. Über Târgu Frumoș erreicht man schließlich Iași.

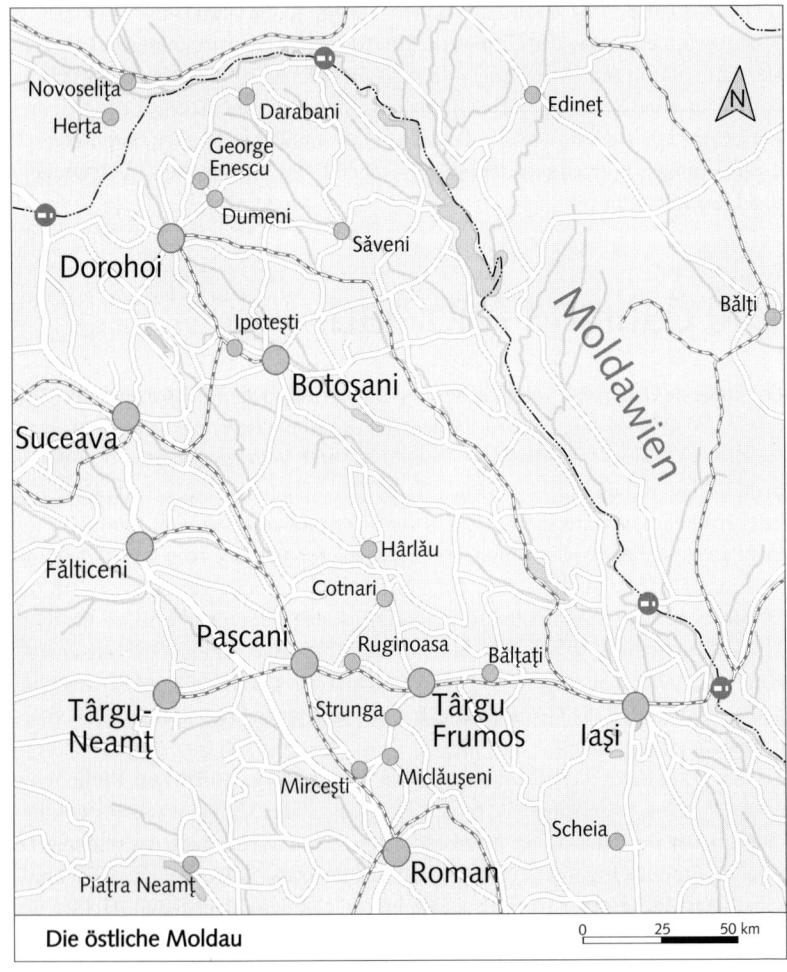

Die östliche Moldau

Rückblick auf Bessarabien

Es lohnt, einen kurzen Blick ins Nachbarland Moldawien, das historische Bessarabien, zu werfen. Die Benennung leitet sich von Basarab ab, einem Eroberer aus walachischem Fürstenhaus. Als Bezeichnung für das Gebiet östlich des Pruth wurde der Name erst im 19. Jahrhundert von der russischen Verwaltung eingeführt. Rußland hatte diesen Teil der Moldau infolge des Russisch-Türkischen Krieges 1812 annektiert. Mit der Namensgebung Bessarabien sollte dieser Teilprovinz eine von der Westmoldau getrennte historische Identität verschafft werden.

Bis zu diesem Zeitpunkt war ›Bessarabien‹ 500 Jahre immer Bestandteil der Moldau gewesen und mit dieser der türkischen Oberhoheit unterworfen. Die Festungen Stefans des Großen und seiner Nachfolger zum Schutz der ostmoldauischen Grenze, Hotin, Soroca, Orhei und Cetatea Albă (Weißenburg), lagen am Dnjestr und nicht am Pruth oder Sereth. Sie hatten sich lange sowohl gegen Einfälle der Steppenbewohner als auch der Osmanen bewährt. Im 19. Jahrhundert wurden Deutsche Kolonisten in diesem Gebiet angesiedelt. Und erst in den letzten 150 Jahren begann die wechselhafte Zugehörigkeit ›Bessarabiens‹. Nach dem Krimkrieg mußte Rußland 1856 den südwestlichen Teil mit dem Donaudelta an die Moldau abtreten, gewann diesen aber durch den Berliner Kongreß von 1878 zurück. Nach dem Ersten Weltkrieg wurde das Gebiet im Zuge der Neuordnung Europas Rumänien zugeschlagen, das es aber 1940 an die UdSSR wieder abtreten mußte. Die Deutschen wurden daraufhin ausgesiedelt. Der Einfall nach Rußland im Bündnis von Deutschen und Rumänen brachte das Gebiet 1941 Rumänien kurzfristig zurück, aber nach der Kapitulation ging es endgültig in den Besitz der UdSSR über.

Heute ist das historische ›Bessarabien‹ in die Ukraine und die nunmehr unabhängige Republik Moldawien (rum. Moldova) aufgeteilt. Doch die Geschichte ging weiter. Nach dem Zerfall der Sowjetunion und der Entstehung des selbständigen Moldawiens kam es zunächst zu einer Annäherung an Rumänien und die Frage nach einer Vereinigung mit Rumänien stand im Raum. Mit großer Spannung war daher die Volksbefragung vom 6. März 1994 erwartet worden. Rumänische Hoffnungen und Sehnsüchte lagen unausgesprochen in der Luft. Doch die Mehrheit der Moldawier entschied für die doch gerade erst erworbene Selbstständigkeit. Wer mag es ihnen verdenken!

Iaşi

Nur wenige Kilometer von der moldawischen Grenze entfernt liegt die Stadt Iaşi (Jassy), ein Synonym für Bildung, Kultur, Revolution, Geschichte und Identität Rumäniens. Gleich bei der Einfahrt wird man der großzügigen Alleen, der Prachtbauten des 19. Jahrhunderts und der vielen Denkmäler zum Andenken an rumänische Gelehrte und Künstler gewahr.

Schenkt man Dimitrie Cantemir Glauben, wurde die Stadt bereits von Stefan dem Großen zur Hauptstadt gemacht, um von hier aus gegen die Türken besser und wirkungsvoller vorgehen zu können als von der alten Hauptstadt Suceava. Sicher ist, daß dieser große Fürst der Stadt die erste, dem heiligen Nikolaus (Biserica Sfântul Nicolae) geweihte Kirche schenkte. Cantemir erzählte vom einstigen Dorf an dieser Stelle, mit weniger als drei Familien, wovon einer der Müller ›Johann‹, rumänisch ›Ioan‹, verkleinert zu ›Iaşi‹, der Stadt den Namen gab. In einem Handelsprivileg, das Fürst Alexander der Gute (1400–1431) den Lemberger Kaufleuten 1408 erteilte, ist Iaşi erstmals als Zollstelle erwähnt, seit 1434 tritt es in den Urkunden als Marktflecken auf. Doch erst Alexandru Lăpuşneanu (1552–1561) verlegte die Verwaltung vollständig hierher und machte Iaşi damit zur Hauptstadt der Moldau, einen Rang den sie drei Jahrhunderte, bis zur Vereinigung von Walachei und Moldau beibehalten sollte. Danach übernahm Bukarest diese Rolle.

Die Stadt hat türkische, russische und österreichische Truppen gesehen, und auch die jüngsten Kriege haben ihr zugesetzt, doch ihrem Flair hat all das nichts

Legende

1	orthodoxe Kathedrale (St. Georg)	14	Kirche des heiligen Theodor
2	Drei-Hierarchen-Kirche	15	Spiridon-Kirche
3	Gheorghe-Asachi-Schule	16	Einheitsmuseum
4	Kulturpalast	17	Statuen der Herrscher
5	Hofkirche St. Nikolaus	18	Cuza-Universität
6	Dosoftei-Haus	19	Copou-Park
7	Kirche des heiligen Sava	20	Kloster Galaţa
8	Baranovschi-Kirche	21	Kloster Frumoasa
9	Kloster Golia	22	Kloster Cetăţuia
10	Nationaltheater	23	Hotel ›Moldova‹
11	Alexandru-Balş-Haus	24	Hotel ›Traian‹
12	Restaurant im ›Casino‹	25	Hotel ›Unirea‹
13	Restaurant ›Bolta Rece‹	26	Hotel ›Continental‹

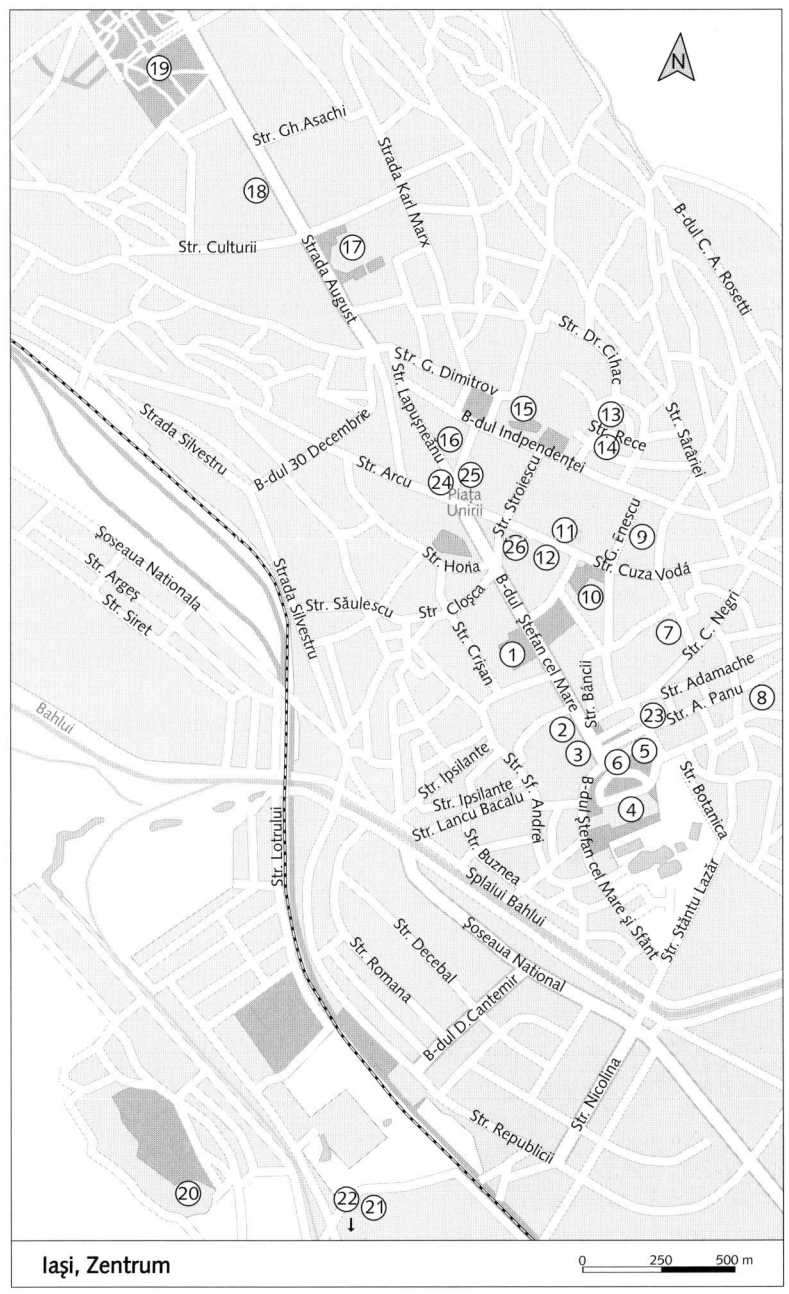

Iaşi, Zentrum

0   250   500 m

anhaben können. Iaşi liegt am Flüßchen Bahlui, das jedoch wenig stadtbildprägende Wirkung ausübt. Cantemir erwähnte auch hier 40 Kirchen, von denen noch viele, wenn auch renovierungsbedürftig, erhalten sind und mit ihren Silhouetten das Antlitz der Stadt bestimmen.

Die Bedeutung der Stadt als historisches Zentrum der rumänischen Kultur kann nicht genügend hervorgehoben werden. Schon unter der Herrschaft des moldauischen Fürsten Vasile Lupu (1634–1653) entstand 1640 im Kloster der Drei Hierarchen eine bedeutende Lehranstalt, die ›Academia Vasiliană‹. Gleichzeitig wurde in diesem Kloster auch die erste Druckerei der Moldau eingerichtet. Anfang des 19. Jahrhunderts löste dann die ›Academia Mihăileană‹ die 1821 aufgelöste ›Vasiliană‹ ab. Sie darf als erste rumänische Hochschule angesehen werden. Ihr Gründer Fürst Mihail Sturdza (1834–1849) vertraute die Leitung dem moldauischen Gelehrten Gheorghe Asachi (1789–1869) an. Berühmte Persönlichkeiten wie der Historiker Mihail Kogălniceanu (1817–1841) und der Nationalökonom Ion Ghica (1816–1847) lehrten hier. Beide spielten auch auf politischem Gebiet eine maßgebende Rolle. Reaktionäre Kreise sorgten kurzfristig für eine Unterbrechung des Unterrichts. Sie hielten die Vorlesungen für zu revolutionär. Ärzte und Naturforscher gründeten eine Gesellschaft, die den Anschluß an die naturwissenschaftliche Bewegung Westeuropas suchten. Die erste rumänische Universität, die heute noch den Namen des Vereinigers der Donaufürstentümer Cuza trägt, wurde 1860 ins Leben gerufen.

Auch auf kultureller Ebene kam Iaşi eine führende Rolle zu. Im Jahr 1836 entstanden hier die erste Philharmonische Gesellschaft und das erste Konservatorium, benannt nach dem rumänischen Komponisten Enescu. Auf dem Gebiet der literarischen Publizistik fiel der Stadt unangefochten die bedeutendste Rolle Rumäniens zu. Unschätzbare Impulse gingen zur Zeit des Nationalen Erwachens von diesem Zentrum aus. Den Anfang machten die Zeitschriften Gheorghe Asachis ›Albina Românească‹ sowie das literarische Beiblatt ›Alăuta Românească‹, beide wurden 1829 gegründet. Es folgten politisch bedeutende Journale: ›Convorbiri Literare‹ 1867 und ›Contem-

Das Denkmal für den moldauischen Gelehrten Gheorghe Asachi

poranul‹ zwischen 1881 und 1891, in denen die größten rumänischen Dichter Mihai Eminescu (1850–1889) und Ion Creangă (1857–1889) veröffentlichten. Während des Kommunismus blieb die Entwicklung zum Industriezentrum der Moldau nicht aus. Viele der chemischen, pharmazeutischen und metallverarbeitenden Betriebe sind in bedauernswertem Zustand.

Das Zentrum von Iaşi

Herz der Stadt ist der Einheitsplatz (Piaţa Unirii). Gerade hier in Iaşi trägt der Hauptplatz seinen Namen mit einer gewissen Berechtigung. War doch gerade Iaşi das Zentrum einer starken Einigungsbewegung im 19. Jahrhundert. Die Statue (1912) des letzten Fürsten der Moldau, Alexandru Ioan Cuza (Statuia lui A. I. Cuza), ist dementsprechend in der Mitte plaziert. Alexandru Ion Cuza gelang 1862 die Vereinigung von Moldau und Walachei. Er wurde damit zum ersten gewählten Fürsten Rumäniens. Seine von fortschrittlichen Gedanken geprägte Politik schuf ihm viele Feinde, die seinen Sturz herbeiführten. In der Emigration 1873 in Heidelberg gestorben, wurde ihm erst nach seinem Tode die gebührende Ehre zuteil. Zwei Hotels, das der Jahrhundertwende angehörende ›Traian‹ und das für die kommunistische Ära stehende ›Unirea‹, säumen den Platz.

Flaniert man entlang des Bulevardul Ştefan cel Mare bis zum Kulturpalast, entdeckt man die wichtigsten Sehenswürdigkeiten der Stadt. In Höhe des Rathauses fällt auf der rechten Seite das mächtige Gebäude der orthodoxen Kathedrale (Mitropolia) mit vier Ecktürmen ins Auge. Gustav Freywald aus Österreich begann den Bau mit Unterstützung des Ingenieurs Gheorghe Asachi 1833. Alexandru Orăscu vollendete ihn 1886. Das Innere ist untergliedert in Pronaos, ein mit Kuppeln überdecktes Hauptschiff, an das sich zu beiden Seiten ein Nebenschiff mit zweigeschossigen Emporen anschließt, und im Osten den Altarraum. Die Innenmalereien wurden unter der Leitung von Gheorghe Tattarescu (1884–1886) ausgeführt. Hinter der Kirche befindet sich der Metropolitensitz.

Benachbart steht die alte Metropolitenkirche Sankt Georg (Biserica Sfântul Gheorghe) ohne Turm von 1761.

Von einzigartiger Bedeutung, nicht nur für Iaşi, sondern für ganz Rumänien, ist die Kirche der Drei Hierarchen (Biserica Trei Ierarhi) – das Juwel der Stadt. Längst wurde sie für die Aufnahme in die Liste des Weltkulturerbes der UNESCO vorgeschlagen (siehe Text auf Seite 325). Nebenan liegt die Gheorghe-Asachi-Schule (Şcoala şi Statuia lui G. Asachi) aus dem 19. Jahrhundert. Der Schriftsteller und Gelehrte sitzt als Skulptur von Ion Georgescu (1890) vor dem Gebäude.

Der Bulevardul Ştefan cel Mare endet vor dem Kulturpalast (Palatul Culturii), wo die Hauptstraßen Iaşis zusammentreffen. Mit dem neugotischen Bau (1907)

Eines der wenigen erhaltenen Wohnhäuser aus dem 17.Jahrhundert:
das Dosoftei-Haus

des rumänischen Architekten Berindey entstand die große Platzanlage, deren Mitte das Denkmal Stefans des Großen (1888) nach dem Entwurf vom Frémiet einnimmt. Im Kulturpalast sind heute die großen Museen der Stadt untergebracht: Museum für Kunst, Museum für Geschichte der Moldau, Museum der Ethnographie und Museum der Polytechnik. Noch vor dem Krieg diente der riesige Komplex als Justiz- und Verwaltungsgebäude. Die den Kulturpalast umgebende Grünanlage bietet Jung wie Alt Erholung. Hier ist, wie in vielen Städten Rumäniens, mit einem übermenschlich großen Kreuz aus weißem Marmor den Opfern der Revolution von 1989 gedacht. Hinter dem Kulturpalast liegt eine Freizeit- und Sportanlage mit einem Sommertheater.

An der Stelle des Kulturpalastes stand vom 16. bis 19. Jahrhundert der Fürstenhof. In seiner Nähe stiftete 1492 Stefan der Große seine einzige Kirche in Iaşi, die Hofkirche Sankt Nikolaus (Biserica Sfântul Nicolae Domnesc). Seit dem 16. Jahrhundert diente sie den Moldauer Fürsten als Krönungskirche. Der heutige Bau mit Keramikschmuck und Malereien in den Blendarkaden ist eine Kopie des 19. Jahrhunderts. Die Kirche ist täglich von 9 bis 16 Uhr geöffnet.

Das Dosoftei-Haus (Casa Dosoftei) gehört zu den wenigen Privatgebäuden, die sich aus dem 17. Jahrhundert erhalten haben. Das Laubenhaus besteht aus zwei verschiedenen Räumen mit Muldengewölben. Die Druckerei des moldauischen Metropoliten Dimitrie Dosoftei (1624–1693) soll hier zeitweise untergebracht gewesen sein. Unter dem Gelehrten Dosoftei wurde das Rumänische als Liturgiesprache eingeführt und löste das Slawische ab. Sein Bronzedenkmal von

I. Bârleanu (1975) zeigt ihn sitzend beim Schreiben eines Buches. Bezugnehmend auf die Geschichte des Hauses finden hier Bücherausstellungen statt.

Aus kunsthistorischer Sicht sind noch die Kirche des heiligen Sava (Biserica Sfântul Sava) vom Meister Enache aus Konstantinopel (1625), die Baranovschi-Kirche, eine Stiftung des Woiwoden Miron Baranovschi (1633), und die Bărboi-Kirche aus dem 18. Jahrhundert interessant.

Das Kloster Golia (Mănăstirea Golia) wurde ursprünglich vom Logotheten Ioan Golia gestiftet. Eine Neugründung durch Vasile Lupus ersetzte es um 1650. Der ummauerte Komplex besteht aus einem weiten unregelmäßigen Hof mit Kirche. Rundtürme verstärken die Ecken, ein Torturm diente gleichzeitig auch als Glockenturm und stellt den ältesten Teil des Klosters dar. Nach den Zerstörungen durch ein Erdbeben ließ es Fürst Grigore II. Ghica in den Jahren 1735 bis 1741 wieder aufbauen. Das östlich der Kirche gelegene kleine Gebäude mit Atrium gehört dieser Zeit an. Ein barocker Wandbrunnen schmückt westlich des Torturmes die Klostermauer.

Die Kirche entspricht im Grundriß dem klassischen Moldautypus: Vorhalle, Pronaos, Grabkammer, Naos und Altarraum. Neu und ungewohnt für die Region ist die Fassadengliederung. Pilaster mit Kompositkapitellen und bogenumrahmte Felder, die giebelbekrönte Fenster einschließen, lassen italienische Künstler vermuten. Bemerkenswert ist noch das Südportal der Vorhalle. Es wird von reichen Ranken und Arabeskendekorationen im Flachrelief gerahmt. Die Bekrönung zeigt das Wappen der Moldau und eine byzantinisch stilisierte Verkündigungsszene. Zeitweise als Gefängnis oder Irrenanstalt mißbraucht, wird die Kirche derzeit renoviert.

Im historischen Casino befindet sich ein Restaurant

Der Kulturpalast in Iaşi

Das 1896 von den Wiener Architekten Fellner und Helmer erbaute Nationaltheater mit Staatsoper (Teatrului Naţional din Iaşi) trägt den Namen des rumänischen Dichters, Erzählers und Dramatikers Vasile Alecsandri (1821–1890), der
später rumänischer Außenminister wurde. Vor dem Theater steht die Statue des
Barden von Mirceşti (Statuia Bardului de la Mirceşti). In den Jahren 1900 bis
1910 wurde das Theater von einer anderen Größe der rumänischen Literatur,
Mihail Sadoveanu, geleitet. An sein Wirken erinnert die Statue in der Grünanlage
des Theaters. Der große Erzähler schrieb über 120 Romane und Novellen. Schräg
gegenüber liegen die Philharmonie und das Alexandru-Balş-Haus. Letzeres ist ein
Bau in reinem Klassizismus. Hier konzertierte einst Franz Liszt. Nach wenigen
Schritten ist der Einheitsplatz wieder erreicht.

Wie wäre es mit einer Pause? Möchte man es etwas nobler, so empfiehlt sich
das historische Casino mit einem schön renovierten Restaurant. Es liegt gegenüber dem einfachen Continental-Hotel. Liebt man mehr das Traditionelle, so läßt
man sich am besten von einem Taxi ins berühmte ›Bolta Rece‹ bringen. In den
Zeiten der literarischen und politischen Gesellschaft ›Junimea‹ (1863–1883) war
dieses Lokal der Treffpunkt der Intellektuellen, Künstler und Revolutionäre. Von
außen wirkt es zierlich und heimelig. Im Inneren stehen weiträumige Keller mit
gemütlichen Ecken für eine Vielzahl von Gästen bereit. Und wenn man schon mal
in dieser Ecke ist, lohnt es sich auch noch, die Kirche des heiligen Theodor
(Biserica Sf. Theodor) und die Spiridon-Kirche (Biserica Sf. Spiridon) mit dem
Grab des Fürsten Grigore Ghica Vodă aus dem 18. Jahrhundert zu besichtigen.

Die Drei-Hierarchen-Kirche

Ein Stein auf der Südseite der Kirche trägt folgende Inschrift: »…wir haben dieses heilige Gebetshaus im Namen der drei Heiligen Vasile cel Mare, Grigorie Bogoslavul, Ioan Gură de Aur gebaut und Erzbischof Varlam hat es 7147 im Mai den 6. geweiht«. Mit den drei Heiligen sind Basilius der Große, Gregor der Theologe und Johannes Chrysostomos gemeint. Alle drei gehören zu den orthodoxen Kirchenvätern, die die Dogmen von Nicäa verteidigt hatten, und werden auch als Stadtpatrone von Iaşi verehrt.

Die Jahreszahl 7147 folgt der byzantinischen Zeitrechnung. In Byzanz wurde der Beginn der Weltära im Jahr 5508 vor Christus angesetzt, womit das Entstehungsjahr der Kirche nach dem lateinischen Kalender dem Jahr 1639 entspricht. Fürst Vasile Lupu, eine bedeutende Persönlichkeit der moldauischen Geschichte und ein großer Förderer der Ostkirche, hat diese Kirche gestiftet. Inmitten der Kirchen St. Nikolaus, St. Sava, Golia und Baranovschi fand hier die kulturelle Hochblüte der Moldau ihren gesteigerten Ausdruck. Dem klassischen moldauischen Dreikonchentypus des 16. Jahrhunderts ist man auch hier treu geblieben. Von Kloster Galaţa übernahm man die beiden hintereinander gesetzten, gleich hohen schlanken Türme. Diese vertikale Betonung ist typisch für das 17. Jahrhundert.

Im Inneren erhebt sich je ein moldauisches Gewölbe über dem Naos und über dem Pronaos. Bewundert wurde die Kirche schon zur Zeit ihrer Entstehung wegen ihrer einzigartigen Außenverzierung. Die Steinornamente erinnern an das Repertoire von Dragomirna. Kleinteiliger Schmuck bedeckt vollständig die gesamte Oberfläche einschließlich gliedernder und statischer Architekturelemente wie Strebepfeiler, Archivolten und Basen der Türmchen. Die Ornamente sind ganz unterschiedlicher Art: Säulchen, wie an russischen Kirchen, orientalische Sonnenmotive, persische Vasen mit blühenden Zweigen sowie geometrische Muster nach armenischen und georgischen Vor-

Die Drei-Hierarchen-Kirche in Iaşi

bildern. Das Mittelgesims ist als gedrehtes Tau gemeißelt und von zwei Marmorbändern begrenzt. Der Einfluß siebenbürgischer Gotik ist in den Strebepfeilern, den Fensteröffnungen, den Profilen der Portale und Fenstergewänden mit ihren Stäben und Eselsrückenbögen sichtbar. Mehrfach war die Kirche Plünderungen ausgesetzt. Erdbeben taten ein übriges. Während der Restaurierung unter der Leitung des französischen Architekten Lecomte de Nouy wurde die originale Innenausmalung beseitigt. Lecomte de Nouy ist durch verschiedene Renovierungen rumänischer Kirchen (Bischofskirche in Curtea) bekannt. Die Denkmalpflege ging im 19. Jahrhundert andere Wege als heute, weshalb kostbarste Malereien ins Museum wanderten oder gar zerstört wurden.

Im Jahr 1641 schenkten der Patriarch und die Synode von Konstantinopel der Kirche die Reliquien der in Rumänien sehr verehrten heiligen Paraschiva. Man dankte damit dem Fürsten Vasile Lupu für seine Unterstützung. Außerdem beherbergt die Kirche drei bedeutende Fürstengräber: den Stifter Vasile Lupu, Fürst Dimitrie Cantemir, dessen Gebeine 1935 aus der Sowjetunion hierher überführt wurden, und Alexandru Ion Cuza. Fern der Heimat gestorben, war es angesichts seiner Bedeutung für Rumänien eine angemessene Ehre für Cuza, in dieser so kostbaren Kirche bestattet worden zu sein.

In Nachbarschaft der Kirche hatte sich ein Kloster entwickelt, wovon nur noch das Gebäude mit gotischem Saal erhalten geblieben ist: die Lehrstätte der berühmten ›Schola Vasiliană‹. Zur Zeit Vasile Lupus war Sofronie Abt und Leiter der Schule. Die zur gleichen Zeit mit Hilfe des Metropoliten von Kiew – Petru Movilă – eingerichtete Druckerei hatte ebenfalls in diesem Kloster ihren Standort. Im Jahr 1642 wurde das erste Werk, ein Lehrbuch in griechischer Sprache, gedruckt. Ein Jahr später kam die berühmte ›Cazanie‹, das Gebetbuch des Metropoliten Varlaam (1632–1653), heraus. Der gotische Saal beherbergt heute prächtige Stickereien und die abgenommenen Reste der Kirchenmalereien.

Seit 1990 sind Kirche und Kloster wieder mit religiösem Leben erfüllt. Für Besucher wird ein Eintritt erhoben. Kirche wie Museum sind täglich von 9 bis 12 Uhr und von 15 bis 19 Uhr geöffnet.

Das Universitätsviertel

Von der Piaţa Unirii nimmt auch die in Richtung Norden führende Strada Lăpuşneanu ihren Ausgang. An ihr liegt die ehemalige Residenz Cuzas. In dem klassizistischen Gebäude wurde das Einheitsmuseum (Muzeul Unirii) eingerichtet. Die Strada Lăpuşnenau geht stadtauswärts in eine breite verkehrsreiche Chaussee über, die Strada 23. August. Sie wird von Grünanlagen und Prachtbauten des 19. Jahrhunderts gesäumt. In einer kleinen Grünzone kann man sich noch einmal mit den moldauischen Herrscherpersönlichkeiten vertraut machen. Acht ganzfigurige Statuen (Statuile) sind in Zweiergruppen angeordnet. Von ihren Sockeln schauen die Gründer Dragoş (1352–1353) und Alexandru cel Bun (1400–1432) langhaarig und mit Schwert in der Hand herab. Ştefan cel Mare (1457–1504) und Mihai Viteazul (1600) weisen mit ihren fürstlichen Insignien in den Händen auf ihren Erfolg. Ihnen folgen ihre Erben Ion Vodă cel Viteaz (1572–1574) und Petru Rareş (1527–1538, 1541–1546). Zwei Kunstförderer und Diplomaten, Vasile Lupu (1634–1653) mit Kirchenmodell und der Philosophenfürst Cantemir (1710–1711) mit Buch und Moldauwappen in der Hand, beenden den historischen Rückblick.

Prächtigster Bau an der Chaussee ist das Hauptgebäude der Cuza-Universität (Universitatea A. I. Cuza) von Louis le Blanc. Am 21. Oktober 1897 fand die feierliche Einweihung statt. Mit seiner großen Freitreppenanlage und dem Brunnen, der den Studenten als Treffpunkt dient, ist der imposante Bau ein klassisches Beispiel des pompösen Historismus. Vor dem Hauptgebäude steht – wie könnte es anders sein – Mihai Eminescu, der sicherlich am meisten verehrte Dichter Rumäniens. An der hiesigen Universitätsbibliothek war der Nationaldichter für ein Jahr (1874–1875) Direktor. Die Gebäude der einzelnen Fakultäten liegen an dieser Straße und sind zum Teil über die Stadt verteilt.

Der größte Park ist der Copou-Park (Grădina Copou), in ihm steht das moderne Eminescu-Museum (Muzeul lui Eminescu) des Architekten Virgiliu Onofrei (1989). Zu den Exponaten zählen seltene Photos und Erstausgaben seiner Bücher. Büsten rumänischer

Der berühmte Dichter Mihai Eminescu war einst Direktor der Universitätsbibliothek von Iaşi

Dichter säumen die Parkwege. Unter ihnen Ion Creangă und Iacob Negruzzi. Bänke laden zum Verweilen ein. In romantischer Erinnerung an zärtliche Begebenheiten zwischen Eminescu und seiner Muse Veronica Micle wird in diesem Park auch noch die Eminescu-Linde (Teiul lui Eminescu) verehrt. Doch ihre Zweige hängen ein wenig traurig herab.

Klosteranlagen im Süden der Stadt

Nicht weit vom Stadtzentrum befinden sich einige sehenswerte Denkmäler. Obwohl nur wenige Kilometer entfernt, sind sie nicht ganz leicht zu finden. Man überquert den Bahlui-Fluß hinter dem Kulturpalast und fährt um den Bahnhof Nicolina, einen der beiden Bahnhöfe Iaşis, herum. Auf dem Weg trifft man auf stillgelegte, völlig verrottete Industrieanlagen, für deren Abriß oder Instandsetzung derzeit kein Geld vorhanden ist.

Kloster Galaţa (Mănăstirea Galaţa) liegt idyllisch auf einem der umliegenden Hügel. Der Woiwode Peter der Lahme (Petru Şchiopul) stiftete 1576 eine Kirche mit Kloster im Tal. Diese wurde zehn Jahre später auf der Bergterrasse neu erbaut. Aufgrund ihrer Lage ist die Kirche auch vom Zentrum aus zu sehen. In den traditionellen moldauischen Dreikonchentypus wurden walachische Elemente aufgenommen, die wegweisend für die späteren Moldaukirchen wurden. Naos und Grabkammer werden hier erstmals durch Arkaden statt der bis dahin üblichen Scheidewand getrennt. Die Apsiden erhielten hier statt einem Fenster drei, wodurch der Innenraum sehr viel lichter wurde. Die Höhentendenz wurde durch die Verdoppelung des moldauischen Wölbungssystems erreicht. Der Außenbau ist durch ein umlaufendes Rundstabgesims in zwei Zonen horizontal untergliedert. Über einem Sockel setzen drei unterschiedlich hohe übereinandergestaffelte Blendarkaden an, die nur von Fenstern durchbrochen werden. Die Verkleidung des gesamten Außenbaus durch Haussteine und Ziegel in wechselnder Anordnung geht ebenfalls auf walachischen Einfluß zurück.

Die Klosterkirche Cetăţuia

Inmitten von stillgelegten Fabriken steht die klassizistische Kirche von Kloster Frumoasa (Mănăstirea Frumoasa). Die Gründung reicht ins 16. Jahrhundert zurück und erfuhr im 19. Jahrhundert radikale Umbaumaßnahmen. Heute ist nur noch die Kirche mit ihrer monumentalen Westfassade erhalten. Auf einem Stylobat (oberste Stufe eines Treppenabsatzes) erheben sich vier korinthische Säulen. In deren Mitte öffnet sich ein Rundbogen, auf den Seiten ruht ein Architrav. Der Dreiecksgiebel schließt die Fassade nach oben ab. Der Innenraum ist ein schlichtes, von Kuppeln überwölbtes Rechteck, mit einer Rundapsis im Osten und einer Vorhalle mit Empore im Westen. Die Kirche liegt eingebettet in einen verwunschenen Friedhof. Das Grabmal der Familie Sturdza (Mormântul Sturdza), bewacht von einer schlanken Frauenstatue, hebt sich von den überwachsenen Gräbern ab. Derzeit wird die Kirche renoviert.

Die schlichte Apsis der Klosterkirche Cetăţuia

Ebenfalls auf einem Hügel, einem der angeblich sieben, liegt Kloster Cetăţuia (Mănăstirea Cetăţuia). Von hier aus hat man einen wunderschönen Blick auf Iaşi und das Flußtal des Bahlui. Umringt von bewaldeten Hügeln entstand die Stiftung Gheorghe Ducas zwiscen 1668 und 1672 auf dem Areal einer ehemaligen Festung, von der sie den Namen erhielt. Auch das Kloster wurde kräftig befestigt. Fünf Meter hohe Steinmauern umgaben einst den Hof. Sie sind nur teilweise in voller Höhe erhalten. Von den Wohngebäuden sind das Fürstenhaus mit Resten eines Bades und das Abtsgebäude mit Anbauten jüngeren Datums gut erhalten. Die schlichte weiße Dreikonchenanlage wird dem Baumeister Gligorie Cornescu zugeschrieben. Die Tradition der doppelten, sehr schlanken und hochaufragenden Türme wurde hier übernommen. In der Gliederung der Fassaden ist eine deutliche Zurücknahme an Zierat zu spüren. Um so dekorativer wirkt das gegensätzlich gewundene Steintau eingefaßt mit Eichenblättern und Rosetten im Flachrelief. Verdoppelte Blendarkadenreihen liegen nur in der oberen Wandzone vor. Außerdem sind die Fenster gotisch umrahmt. Die Wandmalereien im Inneren wurden übermalt. Im Pronaos sieht man das Jüngste Gericht, die Wurzel Jesse und sehr schön gereinigt die Familie des Stifters Duca, der auch hier bestattet wurde. Bei der Besichtigung trifft man auf reges Klosterleben.

Dimitrie Cantemir – ein Vorläufer der Aufklärung

Dimitrie (Demetrius) Cantemir war einst Fürst der Moldau, aber mehr noch humanistischer Gelehrter und Schriftsteller. Seine Leistungen sind heute nur noch wenigen bekannt. Im Jahre 1673 wurde er als Sohn eines rumänischen Serdars (Bojarenamt mit militärischen Aufgaben, Feldherr oder General) geboren. Seinen Ruhm verdankte er weniger seinen politischen Erfolgen als seinen Leistungen als Orientalist und Ethnograph.

Als Geisel nach Konstantinopel geschickt, nutzte er seine Jahre am Hofe des Sultans, um die türkische Sprache und Kultur, vor allem die Musik zu erlernen. Im weiteren Verlauf seines Lebens eignete er sich Arabisch und Persisch an und verfaßte die Schrift: ›Der Diwan oder der Streit der Weisen mit der Welt‹, auch als ›Zwist der Seele und des Leibes‹ bekannt. Das Werk wurde bereits 1698 in Iaşi in rumänischer und griechischer Sprache gedruckt.

Als Fürst der Moldau versuchte er, sich durch einen Vertrag mit Zar Peter dem Großen vom osmanischen Reich unabhängig zu machen und die Tributzahlungen abzuschütteln. Diese Politik scheiterte, er mußte fliehen und fand Aufnahme in Rußland. In Sankt Petersburg ging er eine zweite Ehe mit der Tochter Trubezkojs ein und diente Peter dem Großen als Diplomat. Ein Versuch, mit Unterstützung des Zaren die Moldau zurückzugewinnen, scheiterte jedoch. Im Alter von nur 49 Jahren schied er nach schweren Krankheiten 1723 aus dem Leben.

Sein Sohn Antiochus, Gesandter des Zarenhofes bei König Georg in England, brachte sein Werk. ›Osmanische Geschichte‹ auf die Insel, wo es übersetzt und herausgegeben wurde. Die Moldau verdankt diesem polyglotten Gelehrten einen frühen Höhepunkt rumänischer Geschichtsschreibung. Seine Hauptwerke ›Historia incrementorum atque decrementorum Aulae Othomanicae‹ und ›Descriptio Moldaviae‹, im Faksimiledruck der Originalausgabe von 1771 zu haben, begründeten seinen Ruf als Historiker von europäischem Rang.

Die Umgebung von Iaşi

Iaşi kann sich rühmen, viele Grünanlagen zu haben. Wem dies nicht genügt, der muß nur wenige Kilometer fahren und schon ist er inmitten der Weinberge: im Norden die von Copou, im Nordosten die von Ciric und im Süden die von Bucium. In Richtung Vaslui liegt das Naherholungsgebiet Bârnova mit Campingplatz. Miron Baranovschi hatte hier ein weiteres Kloster gestiftet, das 1990 reaktiviert wurde. Etwas abseits dieser Straße nach Vaslui kann man eine weniger bekannte, aber recht großzügige Stiftung Stefans des Großen, Kloster Dobrovăt (1504), entdecken. Die Malereien entstanden in der Zeit seines Nachfolgers Petru Rareş.

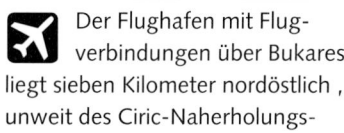 Der Flughafen mit Flugverbindungen über Bukarest liegt sieben Kilometer nordöstlich, unweit des Ciric-Naherholungsgebietes.

 Dem Zugreisenden stehen die Bahnhöfe Nicolina und Iaşi südlich vom Zentrum zur Verfügung.

 Motel ›Aromar Viilor‹, 3 Sterne, Strada M. Sadoveanu 48, Tel. 02 32/11 63 20 43, das kleine Haus mit 16 Zimmern liegt vier Kilometer außerhalb in nördlicher Richtung in den Weinbergen, DZ 40 Euro.

›Moldova‹, 3 Sterne, Strada Anastasie Panu 26, Tel. 02 32/14 23 04, Fax 21 28 62, staatliches Hotel, das privatisiert werden soll, in der Nähe des Kulturpalastes, Restaurant mit schöner Terrasse, bewachter Parkplatz, DZ 40 Euro.

›Traian‹, 2 Sterne, Piaţa Uniri 1, Tel. 02 32/14 33 30, Fax 21 21 87, historisches Gebäude am Einheitsplatz, renovierte Bäder, Restaurant bis 24 Uhr geöffnet, bewachter Parkplatz, EZ 31 Euro, DZ 40 Euro.

›Unirea‹, 2 Sterne, Piaţa Uniri 2, Tel. 02 32/14 21 10, Fax 11 78 54, EZ 54 Euro, DZ 72 Euro.

›Continental‹, 1 Stern, Strada Cuza Vodă 4, Tel. 0232/14220, EZ 15 Euro, DZ 25 Euro.

Im Norden von Iaşi

Wie in einem Dreieck liegen die alten moldauischen Ortschaften Târgu Frumoş, Hârlau und das Paşcani des Schriftstellers Mihail Sadoveanu mit einem großen Kriegsgräberfriedhof. In Ruginoasa war Cuza zu Hause. Bei Târgu Frumoş fährt man auf die Landstraße 28 B in Richtung Norden und erreicht eines der großen und berühmtesten Weinanbaugebiete Rumäniens: Cotnari. Der seit dem 15. Jahrhundert nachweisbare Marktflecken war sogar von Siebenbürger Sachsen kolonisiert worden. Der Fürst und Despot Vodă (1561–1563) hatte hier um die Mitte des 16. Jahrhunderts den Lehrer Johannes Sommer mit der Leitung des von ihm gegründeten lateinischen Kollegiums betraut. Doch das ist lange her. Heute interessiert den Besucher mehr der Wein.

Durch weite Mais- und Sonnenblumenfelder kommt man nach Hărlau (alte Schreibweise Hîrlau) mit der interessanten Kirche Sankt Georg (Biserica Sfântul Gheorghe). Dank einer Inschrift weiß man, daß diese Stiftung Stefans 1492 in nur fünf Monaten errichtet wurde. Die fürstliche Bauhütte mußte für eine solche Leistung außerordentlich gut organisiert sein. Auf den ersten Blick möchte man gar nicht glauben, daß es eine so alte Kirche ist. Mit der Renovierung hat man es einfach zu gut gemeint. Die Silhouette ist zudem wesentlich durch die Blechdächer gestört. Ursprünglich besaß die Kirche mit Schindeln gedeckte Walm- und Zeltdächer. Die Steinfassaden sind vollständig mit Ziegeln verkleidet. Von Außenmalereien weiß man nur über alte Fotografien. Die frühe Dreikonchenanlage mit moldauischem Gewölbe über dem Naos ohne Grabkammer wurde kurz nach ihrer Fertigstellung innen ausgemalt. Das Besondere der Malereien ist, daß hier zum ersten Mal Gewölbezone und obere Wandzone durch einen Medaillonfries voneinander malerisch geschieden wurden und dieses Stilmittel seitdem für die Moldau üblich wurde.

Das nächste Ziel ist Botoşani. Schade, schade, das Städtchen muß einst ein schöner Ort gewesen sein. Zumindest gewinnt man diesen Eindruck, wenn man durch die Fußgängerzone spaziert. Obwohl überall der Putz von den historischen Fassaden abbröckelt, ist ein Hauch vom alten Glanz in dieser Straße, aber nur in dieser, geblieben. In der planlos bebauten Stadt versteckt sich auch eine Georgskirche. Die zierliche Dreikonchenanlage aus Backstein – oder ist es nur eine Verkleidung – besitzt eine schöne vergoldete Holzikonostase. Von Botoşani führen zwei kleine Straßen nach Ipoteşti.

Ipoteşti – auf den Spuren des Nationaldichters Eminescu

Der Geburtsort wird zu Ehren des Dichters auch Mihai Eminescu genannt und geschrieben. Der Ort ist so idyllisch gelegen, daß man rasch die traurigen Bilder der stillgelegten Fabriken und die tristen Hochhäuser um Botoşani vergißt. Die

Bemalung der Westwand der Kirche von Voroneţ
Innenmalerei in Humor

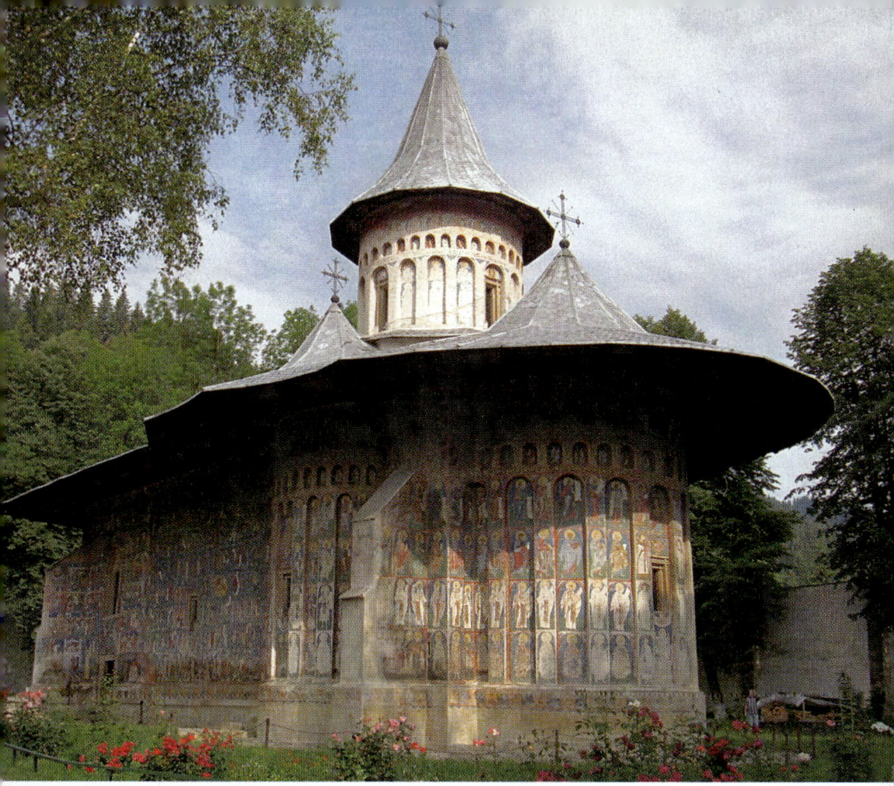

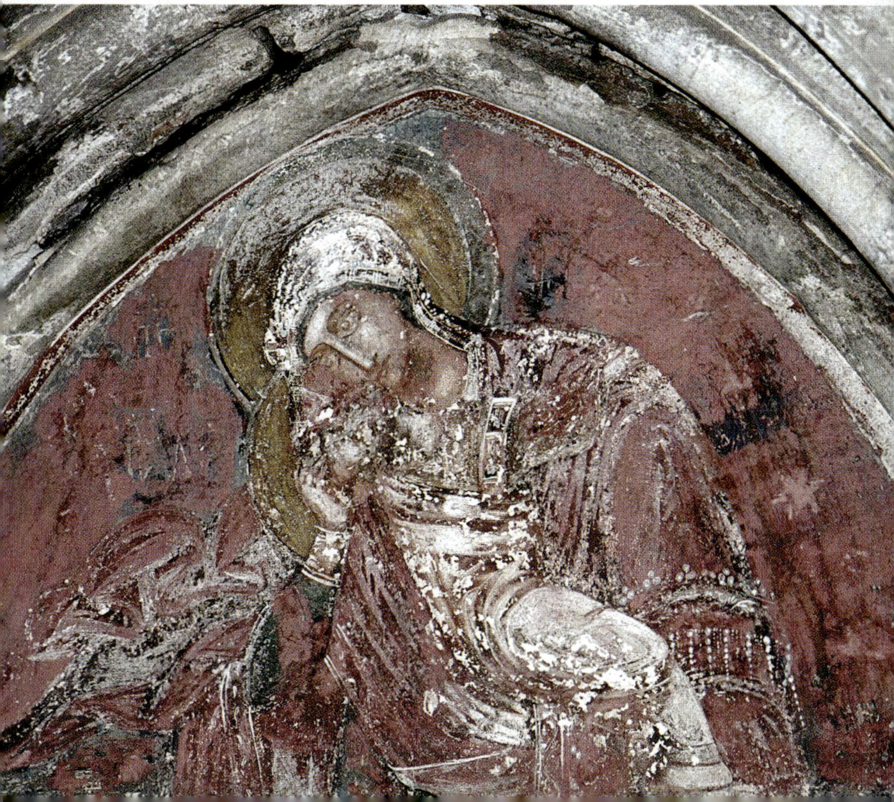

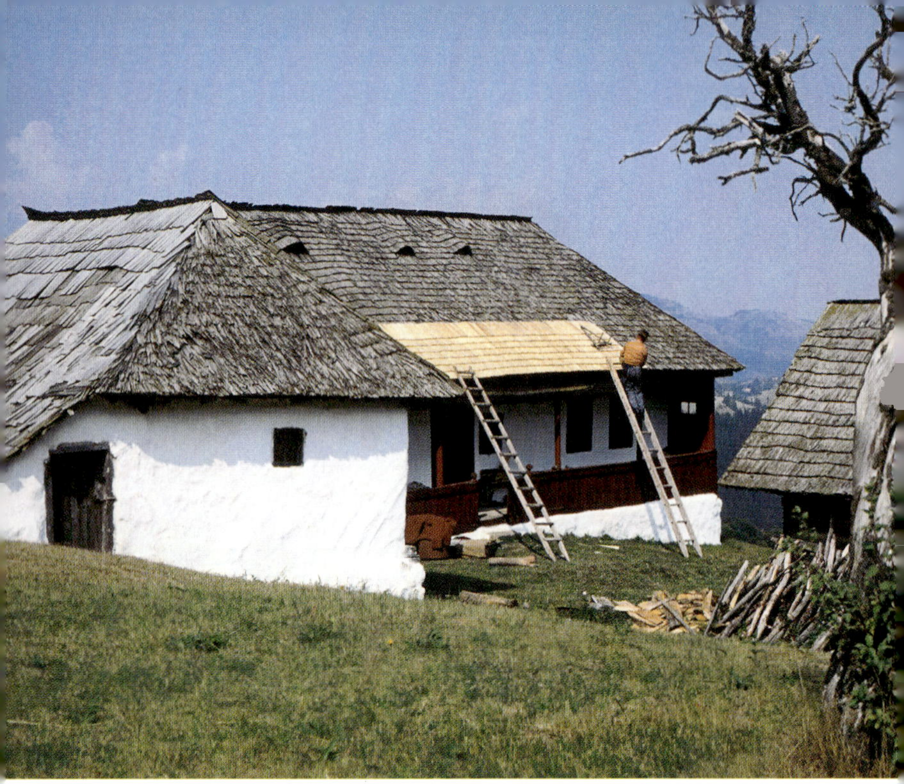

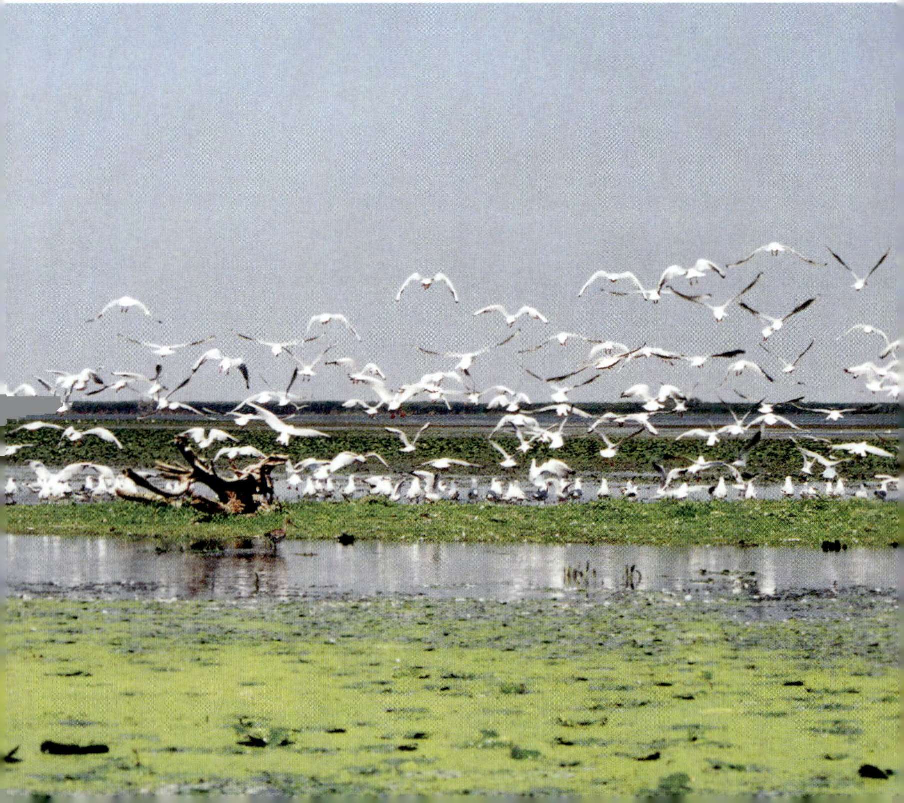

Fahrt auf dem kleinen Sträßchen versetzt in eine andere Welt. Zur Gedenkstätte gehört ein Museum, das täglich außer Montag von 9 bis 17 Uhr geöffnet ist. Auf den Friedhof mit einer kleinen Kapelle lockt das Grab des Dichters viele Verehrer. Auch ein Freilichttheater gehört zum Areal der Gedenkstätte, in dem des Dichters Werke regelmäßig aufgeführt werden. Am 25. Januar 2001 endete das Eminescu-Jahr. Für den Nationaldichter hatte man sehr geworben. Der Rumänienbesucher wird sowieso auf Schritt und Tritt an ihn erinnert. Geboren wurde Mihai Eminescu (1850–1889), der eigentlich Iminovici hieß, in eine turbulente Zeit. Seine Heimat kämpfte um die Unabhängigkeit. Die Revolutionen von 1848 waren gescheitert. Die romantische Bewegung Europas war am Ausklingen. Der Dichter Lenau schon gestorben. Heine und Balzac hatten nicht mehr lange zu leben. In Czernowitz, einer Stadt mit deutscher Kulturausrichtung, ging Eminescu zur Schule. Dort kam er mit Theatertruppen in Berührung, die großen Einfluß auf sein Schaffen ausübten. In seinem kurzen Leben war er mehrfach als Bibliothekar, Souffleur und Übersetzer tätig. Übersetzungen der Werke Schillers in die rumänischer Sprache sind ihm zu verdanken, und auch seinen eigenen Werken gelang ihm der Anschluß an die Weltliteratur.

Obwohl ohne Schulabschluß, studierte er zunächst in Wien, später auch in Berlin, wo er sogar für die rumänische Botschaft tätig wurde. Von der Philosophie wechselte er zu Jura und wieder zur Philosophie. Unter einem Pseudonym erschienen in den ›Literarischen Gesprächen‹ erste Werke. Lesungen hielt er vor der ›Junimea‹, der literarischen Gesellschaft ›Jugend‹. Sein autobiographischer Roman ›Der einsame Genius‹ offenbarte seine melancholische Seele. Gleichwohl traten in seinen Werken auch nationalistische und antisemitistische Züge offen zutage. So verboten die Russen sein fremdenfeindliches Gedicht ›Doina‹. Früh drückte ihn die Geldnot. Seine heute gerne romantisierte Liebe zur Dichterin Veronica Micle, der Frau eines Beamten, inspirierte und beschwerte ihn gleichermaßen. Auch nach dem Tod des um vieles älteren Ehemannes von Veronica fand ihre Liebe keine Erfüllung. Im Zustand geistiger Umnachtung verbrachte er einen Sommer im Neamţer Hospiz. Seine aufopferungsbereite Schwester nahm sich seiner an. Doch am 15. Juni 1889 starb er in Bukarest im Krankenhaus.

Im äußersten Zipfel Rumäniens steht in Dorohoi noch eine Stiftung Stefans des Großen: Sankt Nikolaus (Biserica Sfântul Nicolae) von 1495 mit gotischen Türrahmungen. Und nur acht Kilometer entfernt liegt der Geburtsort einer anderen Größe Rumäniens, des Komponisten Gheorghe Enescu. Die Ortschaft Dumeni wurde ihm zu Ehren umbenannt. Eine Gedenkstätte ist seinem Leben gewidmet.

Voroneţ, Gesamtansicht; Muttergottesdarstellung in Humor
Schindeldecker am Rucar-Bran-Paß; Im Donaudelta

Einsamkeit

Dicht verhängt sind meine Fenster,
an dem Tisch sitz ich allein,
in dem Herd das Feuer flackert,
sinnend blicke ich hinein.
Schwärme süßer Träume steigen,
im Gedächtnis sie erweckt
zirpen leise wie die Grillen in dem
Mauerloch versteckt.
Oder fallen auf die Seele, in der Tiefe
ganz zerschellt,
wie vom Licht am Kruzifixe Wachs
in Tropfen niederfällt.
In den Ecken meines Zimmers

Spinngeweb in Fäden hängt,
in die Bücherstöße haben Mäuse
keck sich eingedrängt.
In des Zimmers stillen Frieden blickt
mein Auge starr hinein,
und ich horche wie die Mäuse nagen
an dem Bücherschrein.
Ach, wie oft schon meine Leier wollt
ich an den Nagel hängen.
Um zu enden mit dem Elend und mit
allen meinen Sängen.
Aber dann der Grille Zirpen und das
Schleichen einer Maus
führen mich zurück zum Sinnen, und
es wird ein Vers daraus.
Aus den Zimmerecken kommt ihr,
still und langsam, Mäuse, Grillen,
und ihr seid für mich die Boten,
meine Traurigkeit zu stillen.
In den Händen die Zigarre in das
Feuer dann ich blick,
und ich halte meine Armut für ein
traurig süßes Glück
Manchmal – aber ach, so selten –,
manchmal, wenn schon abends
spät, ist's, als sollt's die Brust mir
sprengen, denn ich hör, die Türe
geht
Sie ist's! Und das leere Zimmer
scheint mir plötzlich wie gefüllt –
in des Lebens dunklem Rahmen ist
sie mir das Strahlenbild
Und mir will das Herz verbrennen,
daß so schnell verstreicht die Stunde,
wenn ich flüsternd mit ihr sitze,
Hand in Hand und Mund an Munde.

Mihai Eminescu 1878

*In der Eminescu-Gedenkstätte
in Ipoteşti*

Das Neamţ-Gebiet

Zwischen dem Fluß Moldau und dem Cehalău-Gebirge liegt das Neamţ-Gebiet. Auf einer Strecke von etwa dreihundert Kilometern sind dicht beieinander unzählige Kunstdenkmäler und Naturschönheiten zu sehen. Darunter ist eine ältesten Klosteranlagen, ›Neamţ‹, ein unbedingtes Muß einer jeden Moldaureise. Die Rundfahrt um das Neamţ-Gebiet führt auch immer wieder auf die Spuren rumänischer Dichter. Der Name ›Neamţ‹ leitet sich vom slawischen Wort ›Nemetz‹ ab, was ursprünglich ›sprachlos‹ bedeutete und sich als Bezeichnung für die ›Deutschen‹, der Sprache nicht Mächtigen, entwickelt hat. Der Name tauchte erst spät

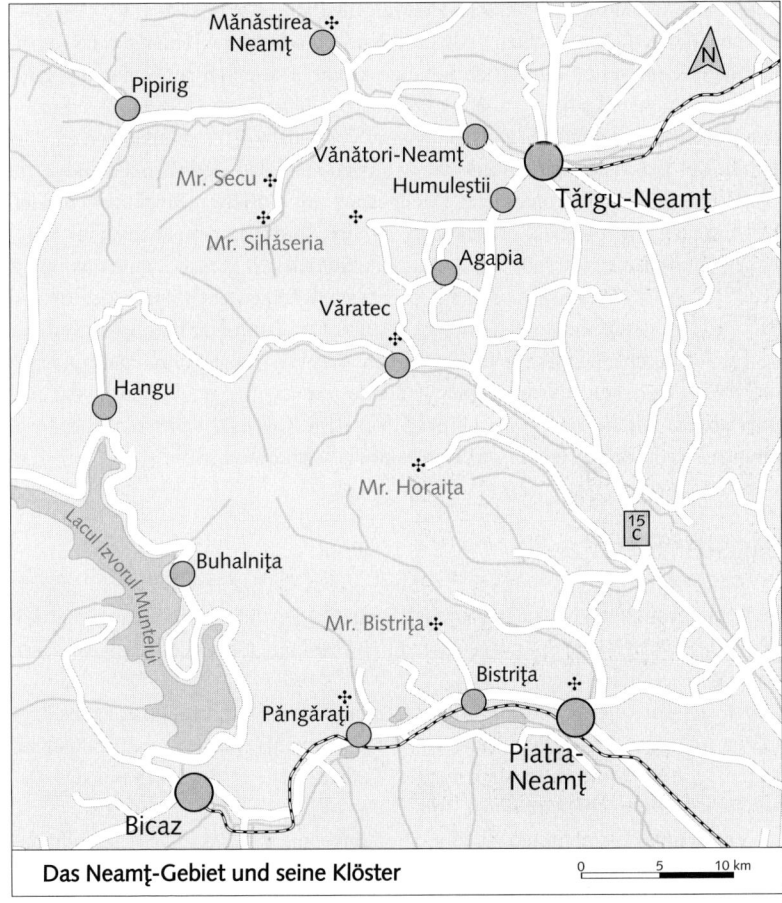

Das Neamţ-Gebiet und seine Klöster

in den Quellen auf, obwohl die ›Nemți‹ (die Deutschen) schon frühzeitig mit der Kolonisierung des Nösnerlandes auch die Moldau erreichten. Der Chronist Ion Neculce erzählte, daß sie in den Burgen von Neamț und Suceava saßen. Die Bezeichnung mag auf die Gewohnheit der Rumänen zurückzuführen sein, eine Kleidung, die nicht der Nationaltracht entsprach, ›deutsche Kleider‹ zu nennen. Vielleicht bezeichneten sie aber auch die in dieser Zeit nachweislich hierhergeholten ausländischen Meister, die neue künstlerische Ausdrucksformen ins Land brachten.

Als Ausgangspunkt für eine Besichtigungsfahrt eignet sich die von waldbedeckten Hügeln umgebene Stadt Piatra-Neamț (übersetzt der Deutsche Fels). Sozialistische Bauten und starke Zersiedelung verschließen leider den Blick auf die Reste der alten Bausubstanz. Vom Zentrum führt eine Treppe durch eine Grünanlage hinauf zu den Resten der Zitadelle mit fürstlichem Wohnsitz von 1499, zwei kleinen, liebevoll hergerichteten Museen (Kunsthandwerk und Rumänische Kunst) und der sehenswerten fürstlichen Johanneskirche. Diese soll auf Stefan den Großen zurückgehen. Es liegt ein Dreikonchentypus ohne Vorhalle vor, der aufgrund der Verstärkung der Nord- und Südmauern von außen nicht zu erkennen ist. Die Kirche aus Bruchsteinmauerwerk wurde an den Fassaden, den Blendarkanden der Apsis und den Friesen unter dem Dachgesims mit glasierten Ziegeln verkleidet. Der Eingang liegt ungewöhnlicherweise auf der Nordseite, dem ehemaligen fürstlichen Wohnbau zugewandt. Der gotisch anmutende Kirchturm erinnert an polnische Beispiele. Dem quadratischen Untergeschoß folgen die polygonalen oberen Stockwerke. Ganz oben war der Glockenstuhl. Der Turm war im oberen Teil nur von außen durch eine Strickleiter zugänglich. Wer entdeckungsfreudig ist und sich nicht von den kalten Hochhäusern abhalten lassen mag, kann im Zentrum die eine oder andere Kirche entdecken. Direkt hinter dem Kaufhaus steht, umgeben vom kleinen Friedhof, die Helena und Konstantin geweihte Kirche.

Kloster Bistrița

Fährt man von Piatra Neamț in Richtung Bicaz, liegen dicht hintereinander unweit der mehrfach zu einem See aufgestauten Bistrița einige mehr oder weniger bedeutende Klosteranlagen.

Kloster Bistrița (Mănăstirea Bistrița), nicht zu verwechseln mit der gleichnamigen Anlage in der kleinen Walachei, gilt nicht nur als eine der ganz großen Klosteranlagen der Moldau, sondern auch als bedeutendste Stiftung des Fürsten Alexander des Guten (Alexandru cel Bun, 1400–1432).

Von seinem Enkel Stefan stammt der Glockenturm (1498). Dieser besteht aus einem tonnengewölbten Erdgeschoß und zwei Stockwerken mit Kuppeln auf

Die Hauptkirche im Kloster Bistrița

Pendentifs darüber. Im ersten Stockwerk befindet sich eine Kapelle, im zweiten die Glockenstube. Die Johannes Novus geweihte Kapelle besitzt bedeutende Wandmalereien von 1538. In ihrer Kuppel sieht man die Muttergottes mit dem Jesuskind, die Pendentifs werden von den Evangelisten geschmückt, und an der Ostwand sind Szenen aus der Passion Christi (Fußwaschung, Abendmahl, Christus vor den Hohenpriestern Hannas, Kaiphas und Pilatus, Kreuzigung) angebracht. Die untere Zone gehört den Heiligen und Kirchenvätern. Auf der Süd- und Nordwand wurden die Passions- und Heiligenszenen fortgesetzt, bereichert durch Darstellungen zum Leben Johannes des Täufers und des in der Moldau sehr verehrten Johannes Novus. Die Malereien der Westwand wurden durch Anbauten zerstört.

Die Hauptkirche ist die Maria Entschlafen geweihte, einfach getünchte Dreikonchenanlage. Sie wurde über dem Grundriß des Vorgängerbaues im Jahr 1554 unter Alexander Lăpușneanu errichtet. Archäologische Untersuchungen haben in dem nicht mehr erhaltenen Ursprungsbau die erste bekannte Grabkammer der Moldau nachgewiesen. Ein solcher Raum wurde in die Dreikonchenanlagen der Moldau zwischen Naos und Pronaos eingefügt. Von Beginn an als Grabstätte konzipiert, wurden in der Kirche ihr Stifter Alexander und seine Familie, darunter seine Frauen Anna und Maria sowie zwei Söhne bestattet. Außerdem fanden hier der bedeutende Chronist der Moldau, Grigore Ureche (1647), und Josif Mușat, erster Metropolit der Moldau, ihre letzte Ruhe. Der am meisten verehrte Schatz der Kirche ist eine Gnadenikone der heiligen Anna, ein Geschenk des Palaiologenkaisers Manuel (1395–1427). Die Malereien der Kirche wurden Anfang des 19. Jahrhunderts erneuert. Um sie zu schonen, befindet sich heute das Kerzenhaus außerhalb des Gotteshauses.

Mit der ersten Kirche entstanden auch die ersten Mönchszellen, eine Kopistenschule wurde eingerichtet, und sogar die erste Chronik der Moldau schon 1359 durch Mönche geschaffen. Durch eine Belagerung des bekannten Osmanen Süleyman des Prächtigen wurden Teile des Klosters wie Mauer, Zellen, Fürstenhaus in große Mitleidenschaft gezogen und bedurften des Wiederaufbaus, den Petru Rareș Mitte des 16. Jahrhunderts veranlaßte und gleichzeitig die Nikolauskapelle spendete.

Als unter Alexander Lăpușneanu der Neubau der Hauptkirche entstand, wurden auch die Nebengebäude und die Umfassungsmauer renoviert. Sie gelten heute als bedeutende Profanbauten der Moldau und werden gerne als Pendant zu den Gebäuden des Klosters Moldovița verstanden.

Im ehemaligen Fürstenhaus mit Malereien aus dem 16. Jahrhundert wurde im Jahr 1932 eine Sammlung alter Kunst mit Stickereien, Webwaren, Silberarbeiten, Manuskripten und Drucksachen untergebracht. Gerne öffnen die wenigen Mönche auf Anfrage die Räumlichkeiten und zeigen stolz die Glocke Stefans des Großen, Teile des Fürstenmantels Alexander des Guten sowie die Ikonen des

17. bis 18. Jahrhunderts. Erst 1987 wurde das Bauwerk einer erneuten Restaurierung unterzogen.

Entlang der Straße Richtung Bicaz sind noch kleine Anlagen anzutreffen. Das Männerkloster von Bisericani in der Gemeinde Viişoara wurde anstelle eines hundert Jahre älteren Baus Anfang des 16. Jahrhunderts erneuert.

Fast im Wald, einsam und leider sehr mitgenommen liegt das Kloster Pângăraţi im Süden der Stânişoara-Berge. Die Stiftung Fürst Alexander Lǎpuşneanus wird derzeit sehr intensiv von einigen wenigen Mönchen renoviert. Doch auch dieses Kirchlein wartet mit einer Besonderheit auf den Besucher; es handelt sich nämlich um eine Doppelkirchenanlage. Zwei funktionale Räume liegen übereinander. Im oberen befindet sich ein schlichter Steinaltar. Auf solche doppelgeschossigen Kirchen trifft man in Rumänien sonst nur noch in Suceava und in Cilic-Dere in der Dobrogea. Vielleicht hat sich hier kleinasiatischer Einfluß niedergeschlagen.

Die Klöster Vǎratec und Agapia

Zurück über Piatra Neamţ folgt man in nördlicher Richtung der TN 15C und kann über kleine Abzweigungen mehrere Klöster erreichen. Mit den Augen des Dichters Hogaş sieht man die Umgebung Kloster Vǎratecs folgendermaßen: »...die Vǎratec-Berge sind hoch, die Wälder so schattig, die Täler so versteckt und tief, die Bäche so klar, die Heuwiesen so dicht, so hoch und so aufgeblüht, die Luft so balsamisch, daß die mutwilligste Seele sich von einer süßen Melancholie erweicht fühlt«. Das Kloster ist eine Gründung der Nonne Olimpiada aus dem Jahre 1785. Die ehemalige Holzkirche wurde Anfang des 19. Jahrhunderts durch den heutigen Steinbau ersetzt. Viele der Gebäude gehen auf das 19. Jahrhundert zurück. Einige sind durch eine später vorgesetzte hölzerne Veranda gemütlich anzuschauen. Auffällig viele Gebäude sind mit Schindeln gedeckt. Zum Kloster gehören weitere Kirchen, die außerhalb der Mauern liegen. Auf dem Friedhof befindet sich das Grab von Veronica Micle, der Muse Eminescus, mit der poetischen Grabinschrift: ›Das Nichts bringt dich, das Nichts nimmt dich‹.

Im Kloster selbst ist ein Museum mit bemerkenswerten Ikonen zu besichtigen. Wanderfreudige können von hier über den ›Weg der Königin‹ zum Kloster Agapia wandern (etwa sieben Kilometer). Auch lohnt es sich, das Naturreservat der ›kupfernen Wälder‹ (Brǎnişte Naturreservat) mit uralten Eichen auf einer Höhe von 460 bis 550 Metern zu durchstreifen.

Das Kloster Agapia gehörte mit Vǎratec zu den größten orthodoxen Nonnen-klöstern Europas. Noch heute ist das Klosterleben lebendig. Den Baukomplex stiftete Hetman Gavriil Coci, ein Bruder des Fürsten Vasile Lupu, im 17. Jahrhundert. Von 1858 bis 1862 erfolgte eine vollständige Erneuerung. Von kunsthistorischem

Interesse sind die Innenmalereien des bekannten rumänischen Malers aus dem 19. Jahrhundert: Nicolae Grigorescu, ›Meister Nicu‹ genannt. Der Künstler, der unter dem Einfluß der Schule von Barbizon stand, hat im Jahr 1860 hier im Alter von 22 Jahren begonnen und damit seinen künstlerischen Aufstieg begründet. Im klostereigenen Museum wurde seinem Werk ein eigener Saal gewidmet. Das Museum ist überhaupt sehr sehenswert. Es präsentiert überaus anschaulich Ikonen, religiöse und profane Handschriften, Dokumente zu wichtigen Persönlichkeiten der Umgebung; ein Saal ist rumänischen Dichtern gewidmet.

Außerhalb des Klosters liegt eine Gedenkstätte für den heiliggesprochenen Alexandru Vlahuţa (1858–1919), ein patriotischer Dichter, Philosoph und Jurist.

Tărgu Neamţ

Im Vorort Humuleşti, kurz vor der Einfahrt nach Tărgu Neamţ, steht das Geburtshaus von Ion Creangă (1837–1889), eine Gedenkstätte mit Dokumenten zu Leben und Werk des Dichters. Tărgu Neamţ liegt am Ufer des Neamţul (auch als Ozana bekannt), für dessen Wasser aus dem Gebirge die Stadt berühmt war. Der Ort in den Vorkarpaten wurde bereits in vorgeschichtlicher Zeit besiedelt und war im Mittelalter ein wichtiger Markflecken mit Zollstation.

Überragt wird die Ortschaft von Burg Neamţ auf dem Pleşu-Hügel (525 Meter). Nicht beweisen läßt sich die Vermutung, der Deutsche Ritterorden sei der Bauherr gewesen. Unter Fürst Petru I. Muşat wurde die Anlage 1380 vergrößert und durch Stefan den Großen befestigt, wonach sie sogar Mehmed II., dem bedrohlichsten Gegner der Moldau, trotzte. Noch im Jahr 1600 zog sich die fürstliche Familie des Vasile Lupu vor den Angriffen des Polen Johann III. Sobieski in die Burg zurück. Erst 1716 wurde sie Opfer der österreichischen Angriffe. Das 1965 bis 1972 restaurierte Gebäude ist ein bedeutendes Denkmal der mittelalterlichen rumänischen Architektur. Man erreicht die Burg mit dem Auto, indem man in Richtung Kloster Neamţ fährt und dann nach rechts abzweigt. Direkt im Ort, man orientiere sich Richtung Hospital, befindet sich das Haus von Veronica Micle mit einer Ausstellung zum Leben und Werk der Dichterin.

Kloster Neamţ

Etwa sechzehn Kilometer von Tărgu Neamţ liegt ein Höhepunkt einer jeden Moldaureise, eine der bedeutendsten mittelalterlichen Mönchsgemeinschaften der Region: Kloster Neamţ (Mănăstirea Neamţ), einst eine reiche Anlage unweit vom Knotenpunkt zweier wichtiger Handelsstraßen des Mittelalters. Einer der Handelswege verlief von Transsilvanien über den Petru-Vodă-Paß und Pipirig über das Ozana-Tal, ein zweiter kam von Humuleşti, wiederum einem Knotenpunkt für drei Richtungen. Schüler des serbischen Mönchs Nikodemus sollen das Kloster im 14. Jahrhundert gegründet haben. Die Großzügigkeit der Fürsten hat einen Komplex mit der Hauptkirche ›Christi Himmelfahrt‹, der Georgskirche, Maria Entschlafen- und Maria Verkündigungskapelle sowie die Johannes dem Evangelisten geweihte Friedhofskirche hinter dem Kloster entstehen lassen. Zum Ensemble gehören noch die außerhalb des Klosters liegenden Einsiedeleien: Sf. Ioan Bogoslav mit der 1835 errichteten Steinkirche, die Einsiedelei Vovidenia mit ihrer Steinkirche von 1751 und die Einsiedelei Pocrov mit einer Holzkirche von 1714.

Man betritt das Kloster durch den ältesten Teil der heutigen Anlage, den Eingangs- oder auch Glockenturm, ein Geschenk Alexanders des Guten (1400–1432). Die zeitlichen Unterschiede sind an den Geschoßen ablesbar. Das Obergeschoß wurde erst Anfang des 19. Jahrhunderts fertiggestellt und darin 1819 die Maria Verkündigungskapelle eingebaut. Die Wandmalereien im Erdgeschoß sollen auf jene Stefans des Großen zurückgehen, wurden aber im 19. Jahrhundert übermalt. Thema ist hier der selten dargestellte mittelalterliche Roman ›Varlaam und Ioasaf‹.

Bei ausgiebigen Grabungen der sechziger Jahre wurden im Zentrum des Klosters Reste eines Holzbaues und Fundamente eines darüberliegenden Steinbaus entdeckt. Hierbei handelte es sich um die erste Christi Himmelfahrt geweihte Kirche, eine Stiftung des Fürsten Petru Muşat (1375–1391), die vermutlich durch ein Erdbeben zerstört worden war. Darüber hatte man viel später, nämlich 1795, im

Neamţ ist eine der bedeutendsten mittelalterlichen Klosteranlagen der Moldau

klassizistischen Stil eine Georgskirche (Biserica Sfântul Gheorghe) erbaut. Sie wurde zum Zeitpunkt der Grabungen abgetragen und in den Osttrakt der Klosterbauten versetzt. In dieser Georgskirche wird eine wundertätige Muttergottesikone, eine Nachahmung derjenigen vom Berge Athos, mit drei Händen aufbewahrt. Die dritte Hand soll die des heiligen Damaschinos sein, dessen Hand die Muttergottes geheilt habe. Zur Erinnerung an die beiden ursprünglichen Kirchen haben die Restauratoren deren Grundrisse im Boden markiert. Die schwarzen Steine zeigen den Grundriß der Christi-Himmelfahrts-Kirche, die weißen den der Georgskirche.

Stefan der Große beschloß die Errichtung einer neuen, nördlich der alten gelegenen Christi-Himmelfahrts-Kirche (›Maria Entschlafen‹). Sie wurde seine größte Stiftung und laut Inschrift am Eingangstor 1497 beendet. In etwas größeren Maßstäben ist sie eine Nachbildung der ersten Kirche von Putna mit Exonarthex, Pronaos, Grabkammer, Naos und Altarraum. Hier findet man den Prototyp für alle moldauischen Klosterkirchen des 16. Jahrhunderts. Im Inneren wurden die Räume ursprünglich durch Wände mit Türöffnungen voneinander getrennt. Doch zugunsten der Erweiterung des Gottesdienstraumes wurde die Wand zwischen Naos und Grabkammer abgebrochen und dabei das Stifterbild zerstört. Die moldauische Kuppel findet sich im Gegensatz zu anderen Kirchen hier nicht nur über dem Naos, sondern auch über der Grabkammer und den beiden Kuppeln des Pronaos und der Vorhalle. Die Sakristei, ein kleiner Vorbau, wurde 1553 an der Südseite der Apsis angefügt. Der Fassadenschmuck ist eine Synthese aus byzantinischer Tradition mit unverputzter Oberfläche aus Bruchstein und Schmuck aus Ziegeln und Schmelzglaskeramik in Friesen, Bändern und Arkaden. Gotischen Traditionen verpflichtet sind die profilierten Steingewände an Fenstern und Türen, die auf siebenbürgische Meister zurückgehen. In den Blendnischenreihen finden sich teilweise Malspurenreste.

Den Restaurierungsarbeiten ist es durch Abnahme des Putzes zu verdanken, daß die Dekorationen wieder zum Vorschein kamen. Ebenso wurde auch die ursprüngliche Dachform der Teildächer aus der Zeit Stefans des Großen wiederhergestellt.

An den im 19. Jahrhundert übermalten Wandmalereien lassen sich zwei Etappen ausmachen: die Malereien des Schiffes, Vorschiffes und der Grabkammer gehören der Zeit Stefans des Großen an, die der Vorhalle und des Vorschiffes der Epoche des Petru Rareş (1554).

Während eines Besuches wird vielleicht gerade durch das Schlagen auf ein Holzbrett oder Holzlatten zum Gottesdienst gerufen. Eine Tradition, die auf das türkische Verbot des Glockenläutens zurückzuführen ist und bis heute für besondere Anlässe beibehalten wurde. Der Gottesdienst in rumänischer Sprache dauert zwischen einer und dreieinhalb Stunden und ist ein einziger Lobpreis auf Jesus Christus und die Muttergottes. Vor der Messe wird die Ohrbeichte abgenommen, will man an der Eucharistie teilnehmen. Geweihtes Wasser und Brot werden gereicht, beides sollte man nüchtern zu sich nehmen. Das Brot erhält man in Form kleiner Brötchen, sinnbildlich der wahre Leib Christi, gestempelt mit Jesus Christus der Siegreiche.

Nicht nur als Gesamtensemble, in dem verschiedene Bauphasen moldauischer Baukunst vertreten sind, ist Neamţ einzigartig, sondern auch als Kulturzentrum von herausragender Bedeutung. Die Klostergebäude, denen während der Renovierung ein Laufgang vorgesetzt wurde, waren Zeugen für fünfhundert Jahre intensiver kultureller Leistungen.

Die weithin bekannte Schule der Miniaturisten wurde in der ersten Hälfte des 15. Jahrhunderts von Gavril Uric geprägt, dem Autor eines illuminierten Tetraevangeliums von 1429, das sich heute in der Bodleian Library von Oxford befindet. Zur Zeit Stefans des Großen war die führende Gestalt Teodor Mărăşescul. Große Gelehrte wie Makarie und Eftimie wurden hier ausgebildet. Ihnen sind die Chroniken der Moldau zur Zeit des Petru Rareş und Alexander Lapuşenanu zu verdanken. Im 18. Jahrhundert wurde von dem Metropoliten Veniamin Costache die erste Druckerei eingerichtet und ersetzte die Schreibschule. Infolgedessen wurden viele Werke aus dem Griechischen und Slawischen ins Rumänische übersetzt. Viele dieser Übersetzungen werden in der Klosterbibliothek aufbewahrt, die sich im Südwesten des Klosterensembles befindet. Die Bibliothek verfügt über einen Bestand von etwa 18 000 weltlichen und religiösen Texten. Die bekannteste Übersetzung ist die ›Filokalia Dobroliubie‹.

Das intensive geistige Leben wurde von so markanten Persönlichkeiten wie Bischof Pahomie (Anfang 18. Jahrhundert) geprägt. Vor allem aber der heilig gesprochene Paisie Velicicovschi errang Ende des 18. Jahrhunderts mit seiner theoretisch erarbeiteten und praktisch in Neamţ umgesetzten Reorganisation des geistlichen Lebens weit über die Grenzen seines Landes hinaus Bedeutung. Diese Strömung ist als ›paisianistische Bewegung‹ bekannt geworden.

Das Klostermuseum neben der Bibliothek verfügt über eine stattliche Sammlung an Kunstgegenständen. Außer der Schreibstube unterhielt das Kloster auch eine Werkstatt für liturgische Stickereien. Eines der bedeutendsten Werke, das Epitaphios des Abts Siluan von 1437, befindet sich in Bukarest. Trotzdem kann der Besucher hier noch einen reichlichen Bestand bestaunen. Vieles wurde von den Mönchen selbst gefertigt. Auch Ikonen werden gezeigt, von denen die Ikone der wundertätigen Muttergottes hervorgehoben sei. Ihre Rückseite ist mit dem heiligen Georg bemalt. Einst schenkte der byzantinische Kaiser Johannes VIII. Palaiologos Fürst Alexander dem Guten die Kostbarkeit. Dieser wiederum vermachte sie dem Kloster Neamţ. Die Ikone soll im siebten Jahrhundert geschaffen worden sein und verdankt dem Fürsten Michael Sturdza (1844–1845) den Beschlag aus Silber mit Edelsteinen.

Außerhalb der imposanten Mauern auf der Westseite befindet sich das runde Weihwassergebäude (1837–1847). Zum Patronatsfest des Klosters an Christi Himmelfahrt und Pfingsten wird das Wasser geweiht. Die Kuppel wurde 1974 bis 1977 von Varahil Moraru bemalt.

Das Männerkloster war während der Ceauşescu-Ära nicht vollständig enteignet worden. Nach 1991 erhielt es auch einen Teil seines Besitzes (Weinberge, Wald) zurück. Wer mit dem Abt spricht, wird vom Bestreben nach Selbstversorgung erfahren.

Unweit vom Kloster war Mihai Eminescu 1886 in einer Psychatrischen Klinik interniert.

Von Vănători-Neamţ erreicht man das Dragoş-Vodă-Reservat, in dem Wisente und eine intakte Wald- und Weiherfauna geschützt werden.

Über Secu und Sihăstria nach Bicaz

Die verwunschene Lage der Klöster Secu und Sihăstria macht diese Bauwerke besonders liebenswert. Abseits der Hauptstraße führt eine gute Straße durch einen Wald zum Kloster Secu. Es wurde in der Nachbarschaft einer älteren Anlage vom Statthalter Nestor Ureche 1602, dem Vater des berühmten Chronisten, erbaut. Die

Am Bicaz-Paß

Dreikonchenanlage mit zwei Türmen ist stilistisch durch die Bauweise der Walachei beeinflußt. Eine Weiheinschrift mit dem Wappen der Moldau war ursprünglich von Vasile Lupu auf Burg Neamţ angebracht. Auch hier findet man eine Sammlung alter Kunst- und Kultgegenstände, die im Kloster angefertigt wurden.

Über einen Schotterweg oder besser zu Fuß kommt man nach Kloster Sihăstria. Bischof Ghedeon von Roman stiftete einen Vorgängerbau. Doch der heutige stammt von 1825, die Kapelle aus dem zwanzigsten Jahrhundert. Drei Kilometer weiter liegt die Klause Sihla mit einer Holzkirche von 1763.

Über die Hauptstraße kommt man durch Pipirig, ein Zentrum der Volkskunst. Es ist Ausgangspunkt einer Wanderung zur Höhle der heiligen Teodora (14 Kilometer). Bei Hangu erreicht man einen Stausee (Lacul Izvorul Montelui), wo man die Route N 15 über den Borsec-Paß (Pasul Borsec 1105) nach Siebenbürgen wählen kann. Dabei bietet sich ein Abstecher in den heilklimatischen Kur- und Wintersportort Durău auf 800 Meter Höhe an. Außerhalb liegt das gleichnamige Kloster, die Gründung einer Tochter Vasile Lupus aus dem 17. Jahrhundert mit modernen Malereien in Enkaustik-Technik (wachsgebundene Farben) von N. Tonitza. Oder man fährt am See entlang Richtung Bicaz.

Das Städtchen liegt im Zentrum der Ostkarpaten am Zusammenfluß der Bicaz mit der Bistriţa. Die Umgebung bietet schönste Wander- und Skigebiete. Besonders locken die Berge des knapp 2000 Meter hohen Ceahlău, auch Olymp der Moldau genannt. Bicaz selbst ist ein Städtchen mit 15 000 Einwohnern, das vom Tourismus und von der 1955 vollendeten großen Zementfabrik ›Stejam‹ lebt. Im 19. Jahrhundert war hier ein bedeutendes Flößer- und Waldwirtschaftszentrum. Nach 1884 wurde der Ort königliche Domäne. Heute ist er berühmt für seinen 35 Kilometer langen Stausee, der eine Fläche von 440 Quadratkilometern aufweist. Die Staumauer hat eine Höhe von 127 und eine Länge von 435 Metern. Das Wasserkraftwerk war einst nach Lenin benannt. Unweit befand sich in den fünfziger Jahren eines der größten Strafarbeitslager des Landes. Viele politische Häftlinge haben am Staudamm mitgearbeitet.

Von hier aus kommt man über den schönsten Paß der Ostkarpaten nach Siebenbürgen. Etwa sechzig Kilometer führen durch die wilde Bicazklamm mit engen hohen Felswänden, an deren Ende eine Schlucht, der sogenannte ›Höllenschlund‹, wartet. Dahinter liegt der Lacul Roşu auch Mördersee (ungar. Gyilkostó) genannt. Die eisenhaltige Tonerde gab ihm den rötlichen Schimmer und verhalf ihm zu seinem Namen ›Roter See‹. Im Jahr 1838 rutschte ein bewaldetes Felsmassiv aus über 1000 Meter Höhe in den Fluß. Das Gestein wirkte wie ein Staudamm: Die Nadelbäume ertranken und ragen jetzt nur noch mit ihren kahlen Spitzen aus dem See hervor, aus dem die Bicaz fließt. Über den Bicaz-Paß (Pasul Bicaz 1256 Meter) geht es in vielen Serpentinen durch dichtes Waldgebiet in das Städtchen Gheorghieni nach Siebenbürgen.

An der rumänischen Schwarzmeerküste endet der imposante Lauf der Donau. Trotz mancher menschlicher Eingriffe konnte hier eine wahrhaft beeindruckende Fluß-landschaft in ihrer Ursprünglichkeit über-dauern

Entlang der Donau
zum Schwarzen Meer

Die Donau, ein europäischer Fluß und seine Geschichte

Die Donau (rumän. Dunărea), vielbesungen in Fallmerayers ›Wasserfahrt von Regensburg nach Trapezunt‹ und in Grillparzers ›Donaureise eines Misanthropen‹, ist nach der Wolga (3530 Kilometer) der zweitlängste Fluß Europas. Mit einer Länge von 2850 Kilometern durchfließt sie zahlreiche Kulturräume Mittel- und Südosteuropas.

Nach den jüngsten politischen Umbrüchen säumen gegenwärtig zehn Staaten die Ufer der Donau. Vom Schwarzwald bis zum Schwarzen Meer beträgt ihr Einzugsgebiet etwa 817000 Quadratkilometer. Jährlich pumpt die Donau 203 Kubikkilometer Wasser ins Schwarze Meer. Das ist mehr als der gesamte Zufluß in die Nordsee in gleicher Zeit. Ihr Schiffahrtsweg beginnt bei Kelheim mit dem Main-Donau-Kanal.

Geomorphologisch läßt sich der gesamte Flußlauf in drei Teile untergliedern, den oberen, mittleren und unteren Verlauf. Allein durch Rumänien fließt etwa ein Drittel der Länge, der gesamte Unterlauf, der größtenteils als Staatsgrenze fungiert. Unterhalb von Bela Crkva (Weißkirchen, Jugoslawien), bei Baziaş, wo die Donau in den Gebirgsdurchbruch des Eisernen Tores eintritt, durchströmt sie auf

Blick über die Donau nach Bulgarien

einer Länge von 130 Kilometern vom pannonischen Becken kommend, die Nahtstelle zwischen Balkan- und Karpatengebirge und erreicht nach Überwindung des Eisernen Tores das walachische Tiefland. In der gesamten Engtalstrecke bildet die Flußmitte die jugoslawisch-rumänische Staatsgrenze.

Auf der rumänischen Seite befinden sich in dieser Höhe in den Ortschaften Baziaş, Cuşiţi und Zlatiţa Klöster, die im 17. und 18. Jahrhundert auf mittelalterlichen Vorgängerbauten entstanden sind.

Zwischen den 1200 Meter hohen Banater Karpaten im Norden und dem serbischen Erzgebirge im Süden zwängt sich der Fluß hindurch. Beim Eingang in das Engtal ist das Flußbett noch 1000 Meter breit, wird aber mehr und mehr durch die Felswände auf 350 bis 120 Meter verengt. Um die Wassermassen durchzuschleusen, hat sich die Donau in eine Tiefe von bis zu achtzig Metern in den weichen Kalk gegraben. Stromschnellen, Wirbel und felsige Untiefen ließen diese Schiffspassage über viele Jahrhunderte zu einer gefährlichen und sehr gefürchteten auf dem Donaulauf werden.

Die Ökologie der Donau

Das größte Problem der Donau ist der jahrzehntelange Raubbau. Unter kommunistischer Herrschaft wurden in allen Comecon-Ländern Schwerindustrien ohne Rücksicht auf die Umwelt aus dem Boden gestampft, so auch in Rumänien. Die Ölraffinerien in Ploieşti leiten ihre Abwässer über die Ialomiţa in die Donau ein. Bukarest entleert sich über die Dâmboviţa.

Das gigantische petrochemische Kombinat von Giurgiu leitet flüssige Emissionen in die Donau. Auch die luftverschmutzenden Industrien, wie die Kunstdüngerfabrik in Turnu Măgurele, tragen zum Schaden bei. Brăila und Galaţi haben sich zu Industriestädten gewandelt. In Tulcea ist ein Schwermetallwerk ohne Umweltauflagen durch iranische Betreiber wieder in Betrieb genommen worden. Ungeklärt ist, welche Schäden durch das Atomkraftwerk Cernavodă verursacht werden.

Neben der Europäischen Gemeinschaft bemüht sich das Projekt ›Blue Danube‹ der UNESCO um die Erhaltung der unteren Donau in einem möglichst naturnahen Zustand. Im Rahmen von ›Blue Danube‹ arbeiten ausgewählte Schulen, sogenannte UNESCO-Projektschulen, aus der Donauregion länderübergreifend in zahlreichen Arbeitsgruppen zu verschiedenen Themen, zum Beispiel Umwelt und Ökologie, Kultur und Tradition oder Frieden und Menschenrechte. Im Jahr 2001 hat Deutschland, vetreten durch ein Gymnasium in Passau, die Koordination des Donau-Projektes übernommen.

Das Eiserne Tor

Nach Orşova auf der rumänischen und Tekija auf der serbischen Seite beginnt das eigentliche Eiserne Tor (rumän. Portile de Fier). Dieser etwas poetische Name geht auf die osmanischen Türken zurück, die nicht nur den Donaudurchbruch, sondern noch mehrere Balkan- und Karpatenpässe als ›Demir Kapi‹ (Eisentor) bezeichneten. Ehemals unterband bei Niedrigwasser ein quer durch den Fluß verlaufendes Felsriff jegliche Durchfahrt. So endete die ganzjährige Schiffbarkeit der Donau abrupt. Erste Sprengungen im Jahr 1834 schufen eine Fahrmöglichkeit für flache Barken. Erst zwischen 1891 und 1896 wurde auf serbischer Seite ein zweieinhalb Kilometer langer, 80 Meter breiter und drei Meter tiefer Umgehungskanal in den Felsen gesprengt. Während des Ersten Weltkrieges legten Deutsche Truppen neben dem Kanal Geleise und ließen die Schiffe flußaufwärts von Lokomotiven im Schlepptau gegen die starke Strömung ziehen. Im Städtchen Orşova ist ein der heiligen Anna geweihtes Nonnenkloster aus dem 20. Jahrhundert zu sehen. Es wurde nach dem Ersten Weltkrieg zum Gedenken an die Opfer des Krieges gestiftet.

Auf dem Weg nach Drobeta-Turnu Severin liegt der Abzweig zum Männerkloster Vodiţa von 1364 bis 1372, eines der drei Gründungen, die auf den heiligen Nicodim zurückgehen.

Unterhalb der rumänischen Stadt Drobeta-Turnu Severin und der serbischen Stadt Kladovo dreht sich die Donau in zwei Kehren um die Halbinsel Klijuc (Schlüssel) aus dem Bergland heraus. Ab hier spricht man von der unteren Donau. Die 1971 bis 1984 entstandenen Kraftwerksbauten haben das Durchbruchstal des Eisernen Tores völlig verändert. Als jugoslawisch-rumänisches Gemeinschaftsprojekt wurde das Großkraftwerk Djerdap I unter dem Eisernen Tor zwischen Slip und Gura Văii 1972 errichtet. Der Betondamm hat eine Höhe von 58 Metern und eine Breite von 941 Metern; er staut das Wasser 150 Kilometer zurück. Lag der Wasserpegel vor der Regulierung etwa 60 Meter über dem Meeresspiegel, so ist er infolge des Dammes um 35 Meter gestiegen. Zahlreiche Orte versanken in den Fluten, wie die alte Römerstadt Orşova und die Insel Ada-Kale vor Tekija. Man siedelte 30 000 Menschen um. Die marmorne Trajanstafel auf serbischer Seite wurde an der Steilwand um 40 Meter nach oben versetzt. Während die Reste der alten römischen Straßenkonstruktionen in den Fluten verschwanden, hat die Stromenge ihre Schrecken verloren. Die heute unproblematische Passage ermöglichen doppelstufige Schleusen mit über 300 Meter langen und 30 Meter breiten Schiffskammern und 32 Metern Wasserhub. Auch größere Containerschiffe sowie Passagierschiffe kommen hier durch. Etwa 79 Kilometer stromabwärts reguliert seit 1984 ein weiteres Stauwehr – Djerdap II. – den Strom. Die Turbinen beider Wasserkraftwerke erzeugen 1068 Megawatt Strom, der auf beide Staaten aufgeteilt wird.

Durchs rumänische Land – die Walachei

Nach der Überwindung des Eisernen Tores öffnet sich die 500 Kilometer lange und bis 150 Kilometer breite Ebene der Walachei. Dieses Tiefland liegt 37 bis 40 Meter über dem Meeresspiegel. Eingerahmt im Norden von den Karpaten und im Süden vom Balkankamm, der die Wasserscheide zwischen Mittelmeer und Schwarzem Meer bildet. Im heutigen Rumänien ist der Name Walachei kaum noch üblich, man spricht vielmehr von ›Tără Romanesceă‹ (Römerland). Während der Antike war die Region als römische Provinz Moesien bekannt. Die Donau wird hier von der sogenannten ›Balta‹, einem acht bis fünfzehn Kilometer breiten Sumpf- und Auengürtel, begleitet. Berühmt war und ist die Region für das zähe oltenische Rind und die endlosen Weizenfelder. Wenn man diese Landschaft sieht, kann man die viel besungene und bedichtete Eintönigkeit und Melancholie dieser Gegend gut nachvollziehen.

Von Drobeta-Turnu Severin führte einst die auf zwanzig Bögen ruhende Trajansbrücke des berühmten Architekten Apollodorus von Damaskus über die Donau nach Kladovo. Sie wurde angeblich aus Neid von Hadrian zerstört. In der Stadt Drobeta-Turnu Severin befinden sich direkt am Donauufer die Reste einer Zitadelle des 13. bis 16. Jahrhunderts. Man hatte sie anstelle der einstigen Römerfestung errichtet. Heute ist das gesamte Areal zu einem Freilichtmuseum umgestaltet, das archäologische Funde und Reste der Trajansbrücke ausstellt. Das dazugehörige Museum beherbergt unter anderem ein Aquarium. Es ist täglich von

Römische Überreste im Freilichtmuseum von Drobeta-Turnu Severin

9 bis 16 Uhr 30 geöffnet. Nur wenige Kilometer von der Stadt entfernt ist über eine kleine Nebenstraße das Kloster Topolniţa, dessen Bau 1643 durch Lupu Beliga veranlaßt wurde, zu erreichen. Die Donau fließt ab Drobeta bei geringem Gefälle in südlicher Richtung träge dahin.

Unter Aufnahme des Flusses Timok bildet der Fluß das Dreiländereck zwischen Bulgarien, Serbien und Rumänien. Ab hier ist der Strom auf 399 Kilometer Länge Grenzscheide zwischen Bulgarien und Rumänien. Weitere Nebenflüsse strömen der Donau zu: der Jiu aus der Richtung von Craiova, desweiteren Vedea, Argeş und schließlich der Olt, der die Walachei in einen östlichen Teil – Muntenien, mit der Hauptstadt Bukarest – und einen westlichen Teil – Oltenien, mit dem Hauptort Craiova – unterteilt. Letzterer bringt zwar die meisten Wassermassen, insgesamt wird das Volumen der Wassermenge im Unterlauf jedoch kaum gesteigert.

Nur wenige Brücken erhalten den Kontakt zu Bulgarien. Erst bei Ruse trifft man auf die Doppeldeckbrücke, die das bulgarische Ruse (Ruscuk) mit dem rumänischen Giurgiu verbindet. Mit einer Spannweite von 4000 Metern über die hier 2240 Meter breite Donau zählt sie zu den längsten Brücken Europas. Trotz der vielversprechenden Bezeichnung ›Brücke der Freundschaft‹ (›Druschba‹) durfte jahrzehntelang niemand hinüber. Die Donauhafenstadt Giurgiu (Aussprache Dschurdschu) war vom 16. Jahrhundert bis 1829 türkischer Brückenkopf. Im 20. Jahrhundert wurde sie zum Verladeplatz für Erdöl und erlitt deshalb im Zweiten Weltkrieg durch alliierte Bomben schwere Schäden. Über die längste Pontonbrücke der Militärgeschichte setzten deutsche Truppen am 2. April 1941 vom rumänischen Giurgiu über die Donau nach Bulgarien. Erst in jüngster Zeit haben Rumänien und Bulgarien beschlossen, bei Silistra eine weitere Brücke zu bauen, die im Jahre 2004 fertig sein soll.

 ›Parc Continental‹, 3 Sterne, Dobreta-Turnu Serverin, Bulevardul Carol I. 2, Tel. 02 52/31 28 51, Fax 316 68, E-Mail: parc@drobeta.expert.ro, EZ 44 Euro, DZ 56 Euro.
›Traian‹, 2 Sterne, Bulevardul Tudor Vladimirescu 74, Dobreta-Turnu Serverin, Tel. 02 52/31 28 51,

Fax 310290, EZ 24 Euro, DZ 33 Euro.
›Continental Motel Gura Văii‹, 3 Sterne, Gura Văii, Calea Timişoarei, Tel. 02 52/32 67 78, Fax 31 69 68, E-Mail: parc@drobreta.expert.ro, an der Fernstraße E70 (DN6) bei Kilometer 348,5.

Die Dobrogea

In Höhe von Silistra (Bulgarien) geraten die Bergketten von Karpaten und Balkan außer Sichtweite. Die Donau hat nun den Charakter einer Seenplatte mit weitverzweigten Armen, die vor dem Höhenzug der Dobrogea (dt. Dobrudscha, bulgarisch Dobrudza) mit immerhin 400 Metern Höhe nach Norden ausweicht. Die Donau erreicht Cernavodă (der Fluß Cerna mündet bei Orșova in die Donau), wo sich das erste, 1996 in Betrieb genommene Kernkraftwerk des Landes befindet. Knapp 10 Prozent des Strombedarfs werden hier erzeugt.

Von hier bis Constanța durchstach man in strikter West-Ost-Richtung einen Kanal, der auf 64 Kilometer in 70 Meter Breite über zwei Schleusen die Dobrogea quert und eine direkte Verbindung zum Schwarzen Meer bildet. Flußabwärts fahrende Schiffe sparen durch diesen 1984 eröffneten Kanal ganze 250 Fahrtkilometer. Der Kanal hatte aber auch das Ziel, die Bewässerung der Dobrogea zu fördern. Als Donau-Schwarzmeer-Kanal war er das ehrgeizige Projekt des ›Conducators‹. Es brauchte aber mehrere Anläufe: Schon 1949 versuchte man die Idee umzusetzen, stellte das Vorhaben aber bereits 1953 ein. Im Jahr 1975 wurde der Plan wieder aufgegriffen. 300 Millionen Kubikmeter Erdreich mußten dafür ausgehoben werden; beim längeren Panamakanal war es nur etwa die Hälfte gewesen. Nationales Prestigedenken war der Motor für dieses Projekt, denn der Kanal untersteht der Souveränität Rumäniens, anders als die Donau, die seit dem 19. Jahrhundert der gemeinsamen Kontrolle der Anliegerstaaten unterliegt. Hinsichtlich seiner Wirtschaftlichkeit ist der Kanal sehr umstritten. Aufgrund hoher Gebühren wird er von den Schiffen kaum befahren, obwohl jährlich 75 Millionen Tonnen transportiert werden könnten. Ein Kanal zur Verbindung von Bukarest mit der Donau sollte folgen.

Ab hier wird die Donau rechter Hand von den fruchtbaren Hügeln der Dobrogea begleitet und auf dem linken Ufer vom bis zu 25 Kilometer breiten Hochwasserbett mit mooriger Vegetation. Dahinter liegt der ganz anders geartete Bărăgan: »Im Sommer von der Sonne versengt, im Winter von Stürmen durchtobt, ein öder, trauriger, glanzloser Landstrich ohne Flüsse, ohne kühlende Wiesen und Wälder, nichts als unermeßliche Weite, war der Bărăgan meinem Herzen dennoch das teuerste Fleckchen Erde«, so beschrieb Mihail Sadoveanu in seinen ›Geschichten am Lagerfeuer‹ die Region. Früher menschenleer und wüst, ist sie wegen ihres extremen Klimas gefürchtet und wird auch Rumäniens Kanaan genannt. Gerne siedelte man in diesem Teil der Donauebene unerwünschte Volksgruppen wie Roma an, und während des Kommunismus lag hier ein bevorzugtes Abschiebegebiet für politisch Unerwünschte. Durch ihre glühende Hitze im Sommer und das eiskalte Steppenklima im Winter lehrte die Gegend die Menschen trotz des fruchtbaren Bodens das Fürchten. Bewässerungskanäle förderten die landwirtschaftliche Nutzung, das Gebiet ist mit endlosen Weizen- und Sonnenblumenfeldern bedeckt. Typisch für diese Region ist die besonders widerstandsfähige Kugeldistel.

Bei Hârşova sammeln sich die Arme der Donau kurzfristig, um sich dann über eine Breite von dreißig Kilometern in drei Arme und drei Inseln aufzuteilen: Insula Calia, die Große und die Kleine Brăila. Natürliche Wälder wechseln sich hier mit künstlich angelegten Pappelwäldern ab. Bald darauf biegt die Alte Donau – Dunărea Veche – ab. Bei Brăila treffen die Arme wieder zusammen. Nach nur zwanzig Kilometern folgt die nächste größere Stadt Galaţi (dt. Galatz). Von Norden mündet der Sereth (rumän. Siretul) ein, der von der Bukowina bis hierher 686 Kilometer zurückgelegt hat. Nur kurz darauf ergießt sich der Pruth (rumän. Prut) in den Strom; hinter ihm liegen fast tausend Kilometer.

Bei Galatz ändert die Donau ihren Lauf nach Osten und teilt sich in Nebenarme, flache Seen und Sümpfe. Auf rumänischer Seite halten die Höhen der Dobrogea die Wassermassen der Donau in Schach. Auf dem kurzen Stück durch Moldawien und Ukraine prägt sie die weite Steppenlandschaft. Zum dritten Mal auf rumänischem Staatsgebiet bildet sie einen Grenzverlauf, auf 130 Kilometer zwischen Ukraine und Rumänien. Moldawien besitzt an der Mündung des Pruth auf einer Länge von 960 Metern territoriale Donaurechte. Das Gebiet zwischen Pruth und Dnjestr ist das alte Bessarabien mit der Hauptstadt Kischinau

Aus der Geschichte der Dobrogea

Das Land des Getreides und der Sonnenblumenfelder hat häufig den Ruf eines Exilortes, in dem Verlorenheit und Einsamkeit herrschen. Diese historische Landschaft wird von der unteren Donau, dem Delta und dem Schwarzen Meer umgeben. Da nach Süden keine natürliche Grenze besteht, ist es in der Geschichte häufig zu Konflikten gekommen. Das mittelalterliche Herrschergeschlecht der Dobritici, unabhängige Bojaren (ein Dobrotica ist 1350 bis 1385 nachweisbar), hat dem Landstrich den Namen gegeben. Zu Römerzeiten war es Teil der römischen Provinz Moesia Inferior. In der Zeit Justinians wurde das Gebiet nach den Skythen des nördlichen Schwarzmeergebietes ›Scythia Minor‹ genannt. Im Mittelalter fiel es ans erste Bulgarische Reich (681). Nach einer kurzfristigen Unabhängigkeit im 14. Jahrhundert wurde der Landstrich Teil des osmanischen Reiches und islamisiert. Bis 1940 prägte ihn ein buntes Völkergemisch aus Bulgaren, Tataren, Rumänen, Türken, Griechen, Armeniern, Juden und Krimtataren, die nach der Eroberung der Krim durch Rußland (1783) hierhergeflohen waren. Als Folge der mit russischer Unterstützung erzielten Befreiung Bulgariens von den Osmanen (1874) entstand im Frieden zu San Stefano (Vorort von Konstantinopel, heutiger Flughafen von Istanbul) auf Kosten der Pforte für kurze Zeit Großbulgarien. Die westlichen Großmächte revidierten auf der Berliner Konferenz – unter Vermittlung des Deutschen Reiches – die Entscheidungen. Der östlich der Donau liegende Teil, die Norddobrudscha wurde Rumänien zugesprochen, das viel lieber Bessarabien zum Dank für den Durchmarsch russischer Truppen behalten hätte. Diese Region wollten aber die Russen wegen der Donauhäfen, und sie bekamen sie auch. Im südlich der Donau gelegenen Teil der Dobrogea entstand nunmehr als Bruchteil von Großbulgarien das rigoros verkleinerte autonome Fürstentum ›Donau-Bulgarien‹.

Der Vertrag von Bukarest (1913) im Anschluß an den zweiten Balkankrieg brachte Rumänien nochmals zu Lasten Bulgariens einen Gebietsgewinn: einen Landstreifen im Süden, den sogenannten Cadrilater (vom franz. Quadrilatere, das Viereck, die Süddobrudscha). Zwischen 1916 und 1918 stand das muslimisch und bulgarisch besiedelte Cadrilater unter bulgarischer Verwaltung, die übrige Dobrogea unter gemeinsamer Verwaltung der Mittelmächte. Nach dem Ersten Weltkrieg wurde die gesamte Dobrogea einschließlich Cadrilater an Rumänien gegeben, wo es bis zum Zweiten Weltkrieg verblieb. Die von Bulgarien beanspruchte Rückgabe des Cadrilater erfolgte 1940 im Wiener Schiedsspruch. Die Norddobrudscha verblieb bei Rumänien, womit die Teilung der Dobrogea bis heute besteht. Dieser Streifen bildet im Süden die einzige Landesgrenze zu Bulgarien, wohin es wenig Verkehr und derzeit noch bescheidene Beziehungen gibt. Neigungen, wenn man davon sprechen kann, stammen aus der Zeit um 1877, als die Rumänen Bulgarien unterstützten. Das 20. Jahrhundert war eher geprägt von Enteignungen und Umsiedelungen. Zwischen Rumänien und Bulgarien kam es zu einem Bevölkerungsaustausch. Ein Vertrag von 1934 zwischen Türken und Rumänen sorgte für die Umsiedelung der Türken und damit für das Ende des muslimischen Elementes. Die einst großen sephardisch-jüdischen Gemeinden in Ruse und Galatz sind ebenso Geschichte wie die Tochterkolonien von in Bessarabien einst ansässigen deutschen Siedlern, meist Mennoniten und Pietisten aus Württemberg.

Die Steppen der Dobrogea, die bereits an die Ostmoldau heranreichen, waren immer schon Einfallsgebiet für viele Völker: Awaren, Bulgaren, Kumanen, Petschenegen und Tataren; nur noch die Ortsnamen in der Region erinnern heute daran.

Constanţa

Constanţa (dt. Konstanza), das ›kleine rumänische Stambul‹, wie es Istrati bezeichnete, ist mit 450 000 Einwohnern nicht nur eine der großen Städte Rumäniens, sondern auch der größte Hafen des Landes. Die modernen Hafenanlagen (Portul de Petrol) wurden zur Verschiffung des in Ploieşti geförderten Öls, eine der Haupteinnahmequellen der Stadt, gebaut. In 50 Metallbehältern sammelt man 200 000 Tonnen Petroleum. Daneben hat sich der Frachtverkehr ganz allgemein entwickelt. Deutlich wird dies an den großen Getreidesilos am Hafen. Ein reger Fahrgastverkehr verbindet Rumänien mit Odessa, Sewastopol, Varna und Istanbul. Die Werft, eisenverarbeitende Werke und die Lebensmittelverarbeitung ergänzen die wirtschaftliche Bedeutung Die Stadt ragt wie eine kleine Halbinsel ins Meer und schließt einen kleinen Golf ein, wodurch das Meeresufer das Aussehen einer Steilküste erhält. Im Hinterland findet man viele Streusiedlungen die einst deutsch, griechisch, armenisch und jüdisch geprägt waren.

Stadtgeschichte

Die Stadt wurde zum ersten Mal im 6. Jahrhundert vor Christus, als Seefahrer aus Milet kamen, erwähnt. Sie gehörte unter dem Namen Tomis zusammen mit Kallatis, Histria, Dionysopolis und Odessos zu einem Bund von fünf Städten und wurde 138 vor Christus zur Metropole ernannt. Tomis war die größte und wichtigste Stadt an der Küste des ›Pontus Euxinus‹, wie man das Schwarze Meer in der Antike nannte. Der Name der Stadt wird durch verschiedene Volkssagen hergeleitet: vielleicht hieß ihr Begründer Tomos, vielleicht aber handelte es sich um das griechische Wort ›témnein‹ (›zerschneiden‹) in Anspielung auf einen Mythos, demzufolge Absyrtos von seiner Schwester Medea zerschnitten wurde, während die Argonauten, von Äetes, dem Vater Medeas und Absyrtos aus Kolchis verfolgt, sich zu diesen Gestaden flüchteten. Auch das Kap Midia läßt sich mythologisch erklären. Es könnte die byzantinische Schreibung für Medea sein. Vielleicht aber handelt es sich bei Tomi einfach um ein lokales, thrakisches Wort: ›Anschwellung‹, ›Gipfel‹, ›Sporn‹, was einen Bezug zur Halbinselform des Geländes herstellt.

Das heutige Zentrum war einst die griechische und später die römische Stadt. Man lebte vom Handel, nicht von eigener Produktion. So verfrachteten die Griechen hier ihre Waren und brachten sie quer durch die Dobrogea. Die gesamte Küste war für sie eine Anlegestelle. Mit dem Aufstieg der Nachbarhäfen Kallatis und Histria sorgten Mißgunst und Neid für Bestrebungen, das antike Tomis zu unterjochen. Ein Krieg 260 vor Christus wurde zugunsten von Tomis entschieden.

Unter den Römern wurde die Stadt zum Verwaltungszentrum der pontischen Städte und zum Sitz des Präfekten des Küstengebietes, ›praefectus orae maritimae‹. Die Stadt entwickelte sich zur bedeutendsten Stadt des römischen Reiches am Schwarzen Meer. Während dieser Blütezeit des Römischen Reiches unter Octavian Augustus verbrachte Ovid hier seine letzte Lebensjahre.

Die Völkerwanderung sorgte vor allem unter den Goten im 3. Jahrhundert nach Christus für große Zerstörungen. Doch noch im 5. und 6. Jahrhundert war ein reger Handel mit Konstantinopel nachweisbar. Nach archäologischen Forschungen erfolgte gerade in dieser Zeit die Ausbreitung der Stadt. Am Rande entstand die Ortschaft Constantiana, deren Name auf die Altstadt übertragen wurde und den Namen Tomi verdrängte. Die Awaren löschten im 7. Jahrhundert dieses Constantiana völlig aus. Auf den Ruinen von Tomis/Constantiana entstand das heutige Constanţa. Im 12. bis 14. Jahrhundert nutzen die Genueser den Hafen. Unter den Türken entwickelte sich das von ihnen ›Küstendje‹ genannte Constanţa weiter, mußte aber einen gewissen Bedeutungsverlust hinnehmen.

Im 19. Jahrhundert, eingeleitet mit der Gründung Rumäniens 1878, folgte der große Aufschwung: Constanţa entwickelte sich zur Großstadt, der neue Seehafen und die Eisenbahn wurden gebaut. Auf dieser Eisenbahnstrecke entstand bei Cernavodă eine zu ihrer Zeit spektakuläre Stahlbrücke: 1661 Meter lang und 11 Meter breit – die längste der damaligen Welt. Die Ingenieurleistung des Rumänen Saligny galt damals als Wunder der Technik. Sie überspannte die dort in zwei Armen fließende Donau und ermöglichte die direkte Zugverbindung zwischen Bukarest und Constanţa. Constanţa stieg zum ersten Seehafen Rumäniens auf und erhielt ein bedeutendes Industriezentrum. Während der sozialistischen Ära entstanden die wohl unvermeidlichen Fabriken und Einheitswohnblocks, aber auch Theater und Schulen. Die Stadt verzeichnete ein starkes Anwachsen der Bevölkerung. Zwischen 1930 und 1965 stieg die Einwohnerzahl von 60 000 auf 135 000.

Auch als Fundstätte archäologischer Zeugnisse machte die Stadt von sich reden. Grabungen brachten in den sechziger Jahren eine Kaufhausruine des 2./3. Jahrhunderts zum Vorschein, und im Jahr 1962 fand man eine Fortunastatue.

Stadtbesichtigung

Constanţa ist nicht unbedingt als schön zu bezeichnen, dennoch ist die Stadt als Fundort griechischer, römischer und byzantinischer Zeugnisse von Interesse. Im Stadtplan ist die alte Römer- bzw. Griechenstadt am klassischen Straßenschema mit den rechtwinkligen Straßenzügen erkennbar.

Das Zentrum bildet die verkehrsberuhigte Piaţa Ovidiu. Hier befand sich einst die griechische Agora, später das römische Forum. Während der Türkenzeit war

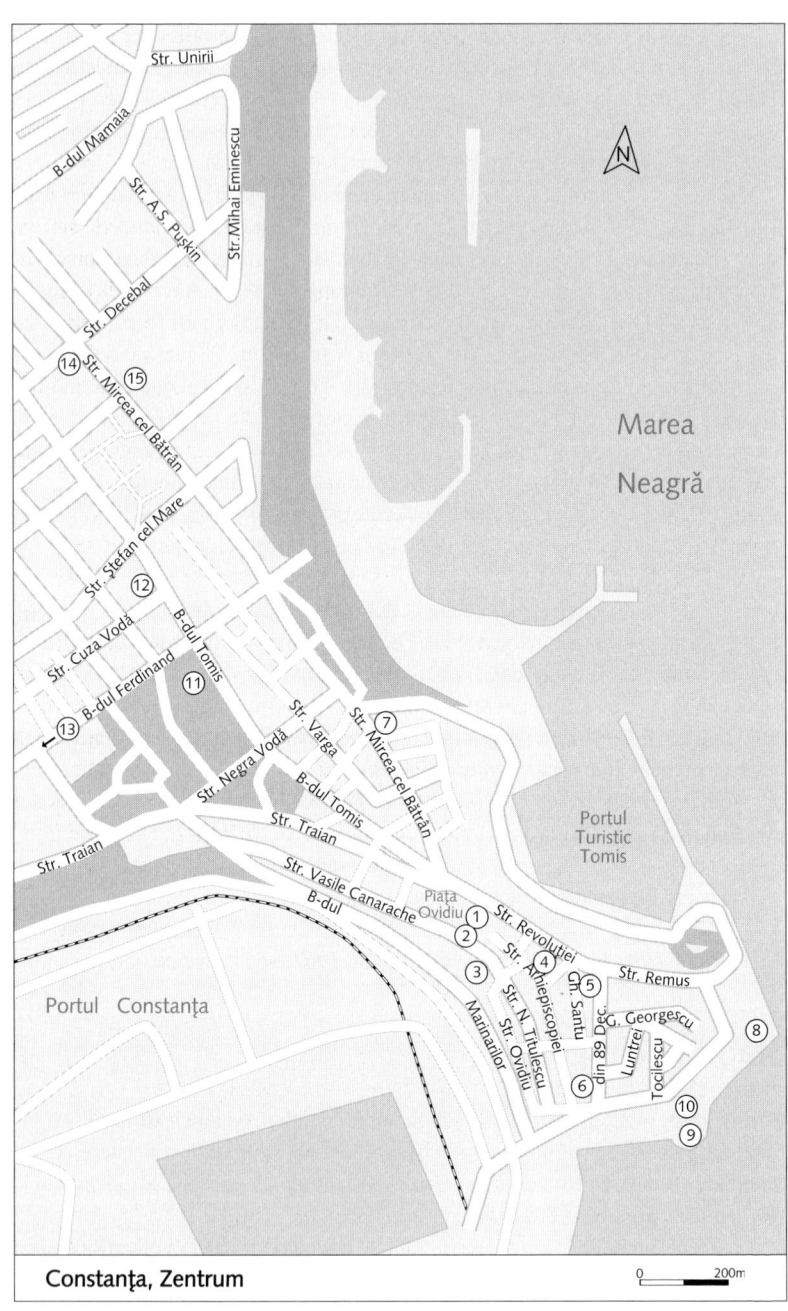

Str. Unirii

B-dul Mamaia

Str. A.S. Puşkin

Str. Mihai Eminescu

Str. Decebal

⑭ Str. Mircea cel Bătrân ⑮

Str. Ştefan cel Mare

Str. Cuza Vodă ⑫

B-dul Tomis

Str. Cuza Vodă

B-dul Ferdinand ⑪

⑬ ←

Str. Varga

Str. Mircea cel Bătrân ⑦

Str. Negra Vodă

B-dul Tomis

Str. Traian

Str. Traian

Str. Vasile Canarache

B-dul

Piața Ovidiu

Marea

Neagră

Portul Turistic Tomis

Str. Revoluţiei

① ④

② Str. Arhiepiscopiei

③ Str. N. Titulescu

Str. Santu

⑤

Str. Remus

Mainarilor

Str. Ovidiu

din 98 Dec.

G. Georgescu

⑧

Portul Constanța

⑥ Luntrei

Tocilescu

⑩

⑨

Constanța, Zentrum

0   200m

hier der ›Meydan‹, der freie Platz oder auch Markt. Am besten läßt man sein Auto hier stehen, denn von hier aus lassen sich alle sehenswerten Denkmäler zu Fuß erreichen.

Im Mittelpunkt des Platzes steht das Ovid-Denkmal (Statuia lui Ovidiu), das 1887 enthüllt wurde. Es handelt sich um das erste Denkmal von Ettore Ferrari, der auch die Statue des rumänischen Dichters Eliade Radulescu in Bukarest schuf. Als Anhänger des Risorgimento in Italien hatte er sich in Rom mit dem Giordano-Bruno-Denkmal verewigt. Das Ovid-Denkmal ist Schenkungen zu verdanken.

Hinter dem Denkmal befindet sich das Historische Museum der Dobrogea. Es umfaßt 19 Säle in denen Exponate aus dem Neolithikum, dem Paläolithikum – die Mammuthauer aus Poarta Alba – sowie aus griechischer und römischer Zeit ausgestellt werden. Darunter befinden sich Architekturfragmente, Schmuck, Glas, Keramik, Münzen, Reliefs und kostbare Statuetten.

Der größte Schatz des Museums sind vierundzwanzig Statuetten griechisch-römischer Gottheiten, die im April 1962 an der Stelle des Bahnhofs gefunden wurden. Eine davon verkörpert die Göttin Tyche (Fortuna), die Hüterin der Stadt Tomis. Dargestellt ist sie mit Diadem, Füllhorn in der linken und Zepter in der rechten Hand. Zu ihren Füßen liegt Pontos, der Gott des Schwarzen Meeres und Schutzherr des Hafens und der Schiffahrt. Auf dem Kopf trägt er eine Krone, die die Fünfeckform der Festung mit dem Haupttor und den Verteidigungstürmen versinnbildlicht. Eine Marmorbüste der ägyptischen Göttin Isis befand sich ebenso darunter wie eine Ädikula mit zweisprachiger griechisch-lateinischer Inschrift, die in der Mitte die Göttin Nemesis in doppelter Darstellung eingemeißelt zeigt. Drei weitere Statuen und zwei Reliefs stellen vermutlich die Göttin Hekate dar. Die Athletengestalt eines Dioskuren neben seinem Pferd auf einem Sockel ist mit einer Inschrift in griechischer Sprache versehen. Weitere Reliefs lassen die Figuren des Dyonisos, Hermes und des Mithras im Kampf gegen den Stier erkennen sowie eine Gruppe der drei Grazien. Ein Basrelief stellt thrakische Reiter dar. Zu dieser Gruppe gehört auch die in Marmor ausgeführte Gestalt eines phantasti-

Legende

1 Ovid-Denkmal	9 Spielcasino
2 Historisches Museum	10 Avariul (Aquarium)
3 Mosaik von Constanţa	11 Archäologischer Park
4 Moschee	12 Hotel ›Sport‹
5 römisch-katholische Kirche	13 Bahnhof
6 rumänisch-orthodoxe Kirche	14 Hotel ›Capri‹
7 Synagoge	15 Hotel ›Astoria‹
8 Alter Leuchtturm	

Ovid in der Verbannung

*Keines verbleibt in derselben Gestalt,
und Veränderung liebend
Schafft die Natur stets neu aus
anderen andere Formen,
Und in der Weite der Welt geht
nichts – das glaubt mir – verloren.*

Ovid, Metamorphosen

Publius Ovidius Naso, 43 vor Christus geboren, ein Zeitgenosse Vergils, Horaz und des Geschichtsschreibers Titus Livius war sicherlich der berühmteste Zugereiste in Tomis. Als Dichter feierte er erste große Erfolge mit seinen ›Amores‹ so daß er sich statt der Ämterlaufbahn dem Dichterleben widmen konnte. Als Hauptwerk gelten die ›Metamorphosen‹, die literarische Vorlage für viele Werke der bildenden Kunst von der Renaissance bis in die Neuzeit. Aus nicht völlig geklärten Gründen traf ihn der Bannstrahl des Augustus, und er begab sich im Jahre 8 nach Christus nach Tomis in die Verbannung »wie mir befohlen, zum öden Gestade des Gastlichen Meeres kam ich: dies Land, es liegt nahe dem eisigen Pol«.
»Hic Ego Qui Jaceo, Tenerorum Lusor Amorum, Ingenio Perii, Naso Poeta Meo. At Tibi, Qui Transis Ne Sit Grave Quisquis Amasti Dicere Nasonis Molliter Ossa Cubent« (»Der ich hier liege, ein Sänger der zärtlichen Liebesgefühle, durch mein Talent ging ich, Naso, der Dichter, zugrund. Der du vorbeikommst, liebtest du je, so mögest du gerne sagen, sanft in der Grube sollen ruhen, Nasos Gebeine.«). Diese Grabinschrift wünschte er sich in seinen ›Tristien‹, den Klageliedern, für die er ebenso wie für die ›Epistulae ex Ponto‹ in der Verbannung reichlich Stoff fand. In den genannten Schriften beklagte er aufs heftigste sein Dasein.
Doch besserte sich seine Situation, und er lernte sogar Getisch. Von seinen Dichtungen in dieser Sprache ist uns leider nichts erhalten geblieben. Doch sein Verhältnis zu Tomis änderte sich dahingehend: »Weil ihr Tomiten fürwahr meines Schicksals freundlich euch annehmt ist auch Tomi mir teuer, das mir aus der Heimat Vertriebenem gastlich bleibt und getreu bis auf den heutigen Tag«.
Ohne die Heimat je wiedergesehen zu haben, verstarb er im Jahr 17 nach Christus, immer noch im Besitz des römischen Bürgerrechtes und all seines Hab und Gutes in Rom nur drei Jahre nach Kaiser Augustus, dem er trotz aller Bemühungen seiner Freunde und unter Einsatz all seiner Beziehungen die Erlaubnis zur Rückkehr nicht abgewinnen konnte.

schen Tieres mit Schlangenleib, Säugetiermaul, Menschenhaar und -ohren: die Schlange Glycon, die als Gottheit verehrt wurde.

Das Museum verfügt über eine Bibliothek, ein Münzkabinett und ein Lapidarium mit über 300 Inschriften. Im Hof werden Fragmente von Marmordenkmälern aufbewahrt.

Neben dem Museum befindet sich der archäologische Komplex mit dem berühmten Mosaik von Constanţa. Im August 1959 wurden sensationelle Bau- und Mosaikfunde unweit es Ovidplatzes gemacht. Man hat sie in zehnjähriger Arbeit wissenschaftlich erforscht, konserviert und für Besichtigungen zugänglich gemacht.

Die Hauptattraktion davon sind die Überreste eines vorwiegend aus geometrischen Linien und verschiedenen Pflanzenmotiven bestehenden Mosaiks eines römischen Bauwerks größeren Ausmaßes. Nach langjährigen Forschungen hat sich herausgestellt, daß zur Absicherung des Küstensteilhanges Terrassen und stützende Unterbauten angelegt wurden. In vier Etagen kann man diese Terrassenreste erkennen. Zuoberst (heutiger Ovidplatz) befanden sich Wohnbauten, eine Terrasse darunter ein Gebäude, dessen Mosaik man heute sehen kann, darunter in zwei Etagen Lagerräume. Das Mosaik hatte ein Ausmaß von 2000 Quadratmetern, erhalten sind etwa 850 Quadratmeter. Der größere Teil lag auf dem Dach eines Bauwerks der unteren Terrasse, das durch Einsturz zerstört wurde. Unter der Terrasse wurden verschiedene Räume freigelegt, die wohl als Warenlager gedient haben. In den darin gefundenen Amphoren, etwa 150 an der Zahl, wurden Materialien wie Kolophonium, Bitumen, Harz, Spuren von Öl und sogar Wein gefunden, ferner bauliche Reste, die man Thermen zuordnet.

Daß Constanţa über die Jahrhunderte hinweg eine Vielvölkerstadt war und es bis heute ist, verdeutlichen anschaulich verschiedene religiöse Bauten. Nicht weit vom Ovidplatz steht die osmanische Moschee, nicht das einzige islamische Gotteshaus der Stadt. Immer noch aktiv, kann man sie nur mit Kopfbedeckung betreten. Sie wurde anstelle einer älteren, kleineren 1910 im maurischen Stil errichtet. Trotz ihres 50 Meter hohen Minarettes liegt sie versteckt in einer Nebenstraße. Die Kuppel ist aus Eisenbeton, dem Material der Zeit um die Jahrhundertwende. Säulen und Treppen wurden aus Kalkstein von Albeşti gefertigt. Das Eingangstor ist mit schwarzen italienischen Marmorplatten geschmückt. Im Inneren dominieren in Ockergelb, Kobaltblaub, Rot und Grün die Arabesken. In den Stickereien erkennt man Blumenmotive.

Vom zentralen Ovidplatz ist es auch nicht weit zur rumänisch-orthodoxen Kirche des 19. Jahrhunderts. Ihre Fassade ist durch Blendziegelstreifen in mehrere Felder gegliedert. Im Inneren stehen zwei Sessel, für deren Schmuck Motive des Thronsessels von Fürst Petru Rareş aufgenommen wurden. Die realistischen Wandmalereien schuf Ghiţă Popescu.

Die römisch-katholische Kirche in der Strada N. Titulescu wurde vom Architekten Romanode Simon 1885 entworfen; sie ist ein roter Backsteinbau im neoromanischen Stil. Ihr Turm auf der quadratischen Grundlage betont die Romanik. Die Synagoge befindet sich unweit des Puppentheaters (Teatrul de păpuşi). Die Küstenpromenade ist in Terrassen angelegt. Im Süden, am Eingang des Handelshafens, ist der alte genuesische Leuchtturm zu sehen. Der heutige Küstenleuchtturm ist ein 90 Meter hoher Obelisk in Form eines Pyramidenstumpfes aus Stahlbeton mit drei Flächen, der Unterbau beträgt 150 Quadratmeter. Das Laternenhaus ist umgeben von einem Aluminiumschuppenpanzer. Nachts ist der Turm dank des Fluoreszenzlichtes auf eine Entfernung von 25 Seemeilen sichtbar.

Ein Stückchen weiter liegt an der Südspitze der Halbinsel Constanţa das Spielcasino (Cazinoul). Es wurde zwischen 1908 und 1910 vom rumänischen Architekten Daniel Renard in gelungenem Art Nouveau errichtet. Einzelne Gebäudeteile sind um den zentralen Hauptraum herum gruppiert. Allein seine phantastische Lage lohnt den Besuch.

Dahinter liegt das 1958 eingerichtete Aquarium (Acvariul), in dem Pflanzen und Tierwelt der Küste, aber auch der Donauzone veranschaulicht werden. Südlich von Constanţa befindet sich in Agipea eine dem Museum angeschlossene biologische Station. Wer viel Zeit hat, dem sei noch der Archäologische Park der Stadt empfohlen. Man geht zum Ausgangspunkt Piaţa Ovidiu zurück, läuft über den Bulevardul Tomis und trifft linker Hand auf den Park.

 ›Capri‹, 3 Sterne, Strada Mircea cel Bătrân 109, Tel. 02 41/55 30 90, Fax 55 09 93, DZ 112 Euro.
›Sport‹, Strada Cuza Vodâ 2, 2 Sterne, Tel. 02 41/61 75 58, Fax 61 10 09, DZ 40 Euro.
›Astoria‹ 2 Sterne, Strada Mircea cel Bătrân 102, Tel. 02 41/61 46 96,

Fax 64 51 94, DZ 30 Euro.
›Unirii‹, 1 Stern, Strada Unirii 32–34, Tel. 02 41/61 78 55, Fax 61 60 23, DZ 40 Euro.

 Muezul de Istorie (Muzeul de Istorie Edificiul roman cu mozaic), geöffnet täglich außer Montag 9 bis 19.30 Uhr.

Basarabi

Die kurze Fahrt von Constanţa in Richtung Silistra lohnt sich für mehrere Erlebnisse. Zunächst kommt man über den Donaukanal nach Basarabi, wo man am Ortsausgang freundlich auf die Besichtigung der hiesigen Weingüter Murfatlar hingewiesen wird. Einst war die Gegend berühmt für den süßen, blaßgoldenen-bräunlichen Muskat mit einem Alkoholgehalt von 16 bis 18 Prozent. Heute werden viele französische Reben wie Pinot Gris, Chardonnet, aber auch Riesling angebaut. Man produziert mehr weißen als roten Wein, der dank des kalkhaltigen Bodens besonders gut gedeiht.

Das ist aber nicht alles in dem kleinen Ort. Hier in Basarabi wartet ein Kleinod auf den Kunstliebhaber. Im Südwesten der Ortschaft, am Steilufer des Teichs Carasu, der heute ein Teil des Donau-Schwarzmeer-Kanals ist, entdeckten Arbeiter der Kreidesteinbrüche 1957 eine Höhle. Solche Anlagen befanden sich vom 9. bis 12. Jahrhundert im gesamten Byzantinischen Reich. Sie dienten sakralen Zwecken, aber auch zur Verteidigung und zum Wohnen.

Innerhalb der Anlage sind zwei Bautypen zu unterscheiden: offene, stufenartig in den Fels gehauene Becken und eher bescheidene, direkt in den Felsen getriebene Räume, die durch Mauerteile unter Verwendung von Mörtel ergänzt wurden. Sechs Kirchen, Bestattungsräume und geschlossene Galerien sind auf engstem Raum wie ein Labyrinth miteinander verbunden. Ein wenig erinnert das System an frühchristliche Traditionen. Die sechs Kirchen bestanden aus je zwei oder drei Räumen, die voneinander mittels Türen oder Pfeiler getrennt waren. Die Altarräume sind mit je einem Altartisch ausgestattet. Bei einigen existieren auch die Nebenräume des Altarraums, die in den leicht zu bearbeitenden Felsen aus Kreide gehauen wurden.

Interessant sind die bildlichen Darstellungen, die als Einritzungen ausgeführt wurden. Man sieht verschiedene Formen von Kreuzen, Oranten (Betende) als Porträts Verstorbener, eucharistische Becher mit zwei Vögeln. Ein Formenrepertoire ganz anderer Art repräsentieren die Tiere wie Schlange, Pferd, Wolf und Hase mit symbolischem Charakter und Szenen von Ritualen und Mythen. Im Rahmen dieser Darstellungen kann man Rutenbündel oder Standarten erkennen, mancher Figur ist eine Doppelaxt, Dreschflegel oder Keule in die Hand gelegt, um mythische Rituale oder Jagden vorzunehmen. An Schriftzeichen lassen sich Runen, kyrillische, glagolithische und griechische Buchstaben erkennen. Die Höhlenanlagen im Kreidefelsen von Basarabi wurden kürzlich restauriert.

Das ›Tropaeum Traiani‹ in Adamclisi

Nur 35 Kilometer von Constanţa entfernt befindet sich in der Süddobrudscha das Dorf Adamclisi mit dem Siegesdenkmal für den römischen Kaiser Trajan: das Trofeul lui Traian‹ (Trajans Trophäe). Der Ort und seine Umgebung gehören zu den wichtigsten archäologischen Ausgrabungsstätten in Rumänien. Kurz vor dem Ortseingang führt eine Allee nach rechts zum rekonstruierten zylindrischen Monumentalbau des ›Tropaeum Traiani‹. Der Ort beherbergt ein 1977 eröffnetes Museum, in dem die Originale des Tropaeum sowie Funde der Umgebung aufbewahrt werden. Am Ortsausgang sichtet man die Reste der ehemaligen römischen Festung.

Lange haben die Reste des Tropaeum Traiani als Ruine vor dem Ort existiert. Sie wurden im Jahr 1837 von Moltke entdeckt und 1882 bis 1891 von G. Tocitescu ausgegraben. Die in der Region lebenden Türken hielten den Bau seiner Form nach, die an die Kuppel einer Kirche erinnerte, für christlich und nannten ihn ebenso wie den Ort ›Adam-Kilisse‹ – die ›Kirche des Menschen‹. Im 19. Jahrhundert begann im Zuge der rumänischen Staatsbildung das Interesse an der Vergangenheit. Das Tropaeum Traiani, einst dem Mars Ultor geweiht, wurde rekonstruiert und 1977 zum hundertjährigen Jubiläum der rumänischen Staatsgründung feierlich wieder eingeweiht. Nach gründlichen Forschungsarbeiten hatte man es so wiederhergestellt, wie es einst ausgesehen haben könnte. Der originale Kern blieb erhalten, um ihn herum wurde die Wandverkleidung (im Inneren die original Mauern), mit Metopen, Friesen, Zinnenverzierungen und Wasserspeiern in Gestalt von Löwen sowie der Bekrönung, allesamt in Kopien nach Originalen wiederhergestellt.

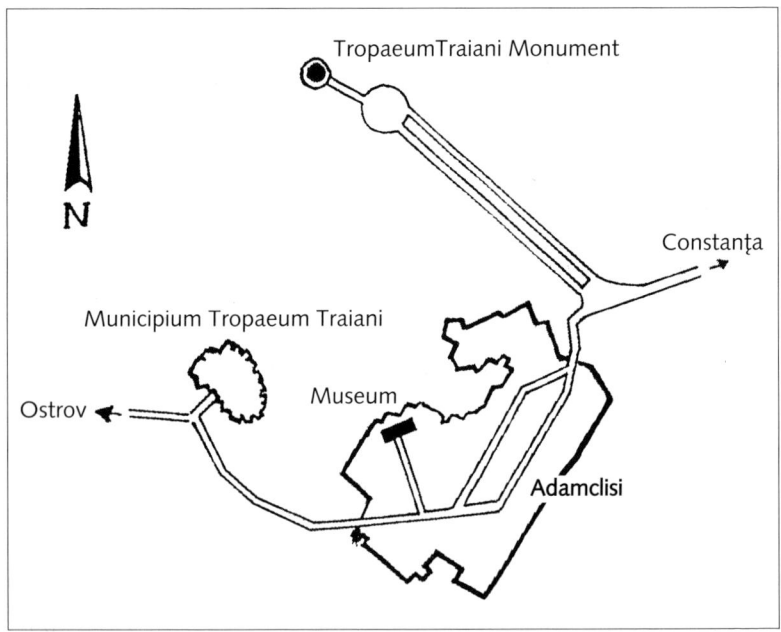

Lageplan Adamclisi

Die Römer gründeten nach dem endgültigen Sieg Kaiser Trajans über die Daker im Jahre 106 nach Christus eine römische Niederlassung in der Provinz Moesia Inferior. Diesem Sieg widmeten sie das Denkmal auf dem Hügel, der die Ortschaft beherrscht. Laut einer Inschrift wurde das Werk provinzieller Meister 108 bis 109 nach Christus errichtet. Thematisch war es der Vorläufer der dem gleichen Thema gewidmeten Trajanssäule in Rom. Das Tropaeum setzt sich zusammen aus Treppenbasis, Rundsockel, konischem Dach und statuenbestandenem Oberbau. Beim Umrunden des Zylinders, der einen Durchmesser von 30 Metern hat, wird der große römische Triumph anschaulich auf den 54 Zentimeter bis 1,5 Meter hohen Reliefs vermittelt. Bekrönt ist das Monument mit der Tro-

Reitender Geto-Daker auf einem Fries in Adamklisi

paeum Trophae (Trofeul) von neun Metern Höhe. Zu seinen Füßen kauern zwei gefangene Dakerfrauen, zwischen ihnen ein gefesselter Mann.

Im Museum sind die Originale des Frieses und der Metopen (verzierte Platten aus gebranntem Ton) zu bewundern. Dargestellt sind Figuren, Gefangene und Freie, Reiterangriffe, Gefechte zwischen Legionären und Dakern, Kämpfe um eine Wagenburg, die Flucht der Daker, die Vorführung von Gefangenen und Trophäen.

Die Festung (Cetatea), deren Reste am Ortsausgang in Richtung Ostrov auf einer Anhöhe zu sehen sind, wurde noch während der Völkerwanderung genutzt. Einige Bestandteile lassen sich auf einem Spaziergang ausmachen.

Von Adamclisi kann man weiter nach Ostrov fahren. Nur wenige Dörfer sind in dieser etwas hügeligen Landschaft angesiedelt. Man sollte einen vollen Tank haben, denn auch Tankstellen sind rar. Doch die Landschaft liegt beschaulich da und bietet immer wieder Anlaß zum Anhalten. Von Ostrov ist es nicht mehr weit zur bulgarischen Grenze. Westlich vom Ort, auf der Donauinsel Pacuiu lui Soare, wurden Reste einer byzantinischen Festung aus dem 10. Jahrhundert entdeckt. In Ostrov selbst wurde Römisches gefunden. Von hier aus setzt eine Autofähre, allerdings sehr unregelmäßig, über die Donau in die etwa 80 000 Einwohner große Stadt Călăraşi.

Die rumänische Schwarzmeerküste

Der westliche Pontus Euxeinos (griech. das wohlgastliche Meer), eigentlich ein Pontos Axeinos, ein ungastliches Meer, liegt im südöstlichen Zipfel des Landes und erstreckt sich über eine Länge von 245 Kilometer. Sein dunkler eisensulfidhaltiger Schlick gab ihm den Namen. Der Salzgehalt liegt mit 20 Prozent unter dem des Mittelmeeres (36 Prozent).

Im Süden grenzt das rumänische Schwarzmeer an die Ortschaft Vama Veche und die bulgarische Dobrogea und im Norden an den Chilia-Arm (ukrainisch Kilija) des Donaudeltas, der gleichzeitig die Grenze zu Moldawien und der Ukraine bildet. Das Schwarze Meer (Marea Neagră) ist das Tor zur Welt: durch die Straße von Kertsch ist es mit dem Asowschen Meer, über den Bosporus mit dem Marmarameer und darüberhinaus über die Dardanellen zum Mittelmeer verbunden.

Den rumänischen Küstenstreifen kann man in zwei Abschnitte untergliedern. Der erste, nördliche Küstenabschnitt verläuft auf einer Länge von 143 Kilometern, die beim Kap Midia (60 Meter hohes Kalksteingebirge mit Löß und Sandstein bedeckt) beginnen, nach Norden entlang des Donaudeltas, einschließlich des Lagunenkomplexes Razim bis zur Mündung des Chilia-Armes. Die Ufer sind hier niedrig, bis maximal einen Meter über dem Meeresspiegel. Man findet hier Dünen und Sandbänke, alles Folgen der Anschwemmungen der Donau und der Meeresbrandung. Das Landschaftsbild ist geprägt von typischen Teichen, die als Fischreservoir dienen, sowie endlosem Schilfdickicht – ein Vogelparadies. Die hier lebenden Pelikane, Kormorane, Reiher und Schwäne sind seit 1966 in Reservaten geschützt.

Der zweite Küstenabschnitt verläuft vom Kap Midia nach Süden bis Vama Veche. Hier locken breite, offene Strände, feinkörnig und flach, die schon lange für den Tourismus hergerichtet sind. Das Ufer liegt hier höher, man findet Kliffe aus Sandstein und sarmatischem Kalkstein. Vom höheren Westen fällt das Gestein nach Osten sanft ab. Die Meeresbrandung hat die ausgedehnten Strände verursacht. Die Flachküste reicht weit ins Meer, erst nach etwa 200 Kilometern folgt ein Abfall des Meeresbodens auf eine Tiefe von bis zu 2245 Metern. Eine Untiefe ist wegen des Fischreichtums von wirtschaftlicher Bedeutung. Mit einer mittleren Temperatur von 12,5 Grad handelt es sich um die wärmste Zone. Hier reihen sich Badeorte und moderne Heilbäder aneinander: Mamaia, Eforie Nord, Eforie Sud und Mangalia. Sie bieten schwefel-, brom-, jodhaltige sowie natrium-, calcium- und salzhaltige Heilquellen.

In geringer Entfernung von der heutigen Küste liegen sogenannte Limane, Ortschaften, die an einstigen Flußmündungen lagen. Diese Mündungen wurden vom

Meerwasser überspült und nachher durch Nehrungen vom Meer wieder abge-
trennt. Es sind die Ortschaften Tasaul, Siutghiol, Tatlageac und Techirghiol. Ihre
Gewässer werden weder von Grundwasser noch von Süßwasserflüssen gespeist.
Der Techirghiol-See bei Eforie mit seinen 55 bis 50 Gramm Salz pro Liter ist

Die rumänische Schwarzmeerküste

berühmt für sein heilbringendes Salzwasser und die außergewöhnliche Heilkraft seines Schlammes. Schlammbäderkuren sind hier möglich. Gemäßigtes kontinentales Klima von durchschnittlich 22 Grad mit Höchstwerten im Juli und August sorgt für erholsame Aufenthalte. Daneben sind neue Sommerbadeorte mit mythologischen Namen wie Olimo, Neptun, Jupiter, Venus, Aurora oder Saturn entstanden. Sie bieten auch sportlich Ambitionierten ein vielfältiges Angebot: Surfen, Schwimmen, Reiten.

Die Schwarzmeerküste, eines der wichtigsten Tourismusgebiete Rumäniens, ist seit den fünfziger Jahren erschlossen. Von hier lassen sich viele Ausflüge ins Landesinnere, in die Bukowina mit ihren Klöstern, nach Bukarest und ins Donaudelta unternehmen. Auch die in unmittelbarer Umgebung liegenden ehemaligen griechischen Siedlungen mit ihren Museen bieten während eines Badeurlaubs eine sehenswerte Abwechslung.

Historisch betrachtet, wandelt man entlang der rumänischen Schwarzmeerküste auf den Spuren des alten Thrakien. Schon in vorgeschichtlicher Zeit besiedelt, haben sich im griechischen Altertum drei antike Städte besonders herausgebildet: Histria/Istria, Kallatis/Mangalia und im Zentrum der Küste eine der großen Städte Rumäniens mit dem größten Hafen des Landes: Constanţa, das antike Tomis. Alle drei Städte liefern Zeugnisse einer bewegten Vergangenheit, in der der Handel ein wichtige Rolle gespielt hat. An der Ausgrabungsstätte Histria, etwa 60 Kilometer nördlich von Constanţa, läßt sich diese antike Erbe ergiebig verfolgen.

An der Schwarzmeerküste bei Mangalia

Die Ausgrabungsstätte Histria

Am Ufer des Sinoe-Sees ist eine einzigartige archäologische Fundstätte zu besichtigen. Nur wenige Besucher verlieren sich hierher. Dem Ausgrabungsareal ist ein Museum angeschlossen, das einen Überblick von der Zeit des Neolithikums, über die griechische Besiedelung hin zur römischen Epoche und der frühen byzantinischen Zeit vermittelt. Die Entdeckung der Stadt und ihre kontinuierliche Erforschung seit 1914 verdanken die Rumänen ihrem Archäologen Vasile Pârvan.

Das antike Histria (Istria) ist aus antiken Quellen durch Strabo und Eusebius bekannt. In der frühen Mythologie hört man vom Istros, einem Sohn der Tethys. Der Weg der Argonauten auf der Suche nach dem sagenumwobenenen goldenen Vlies soll über Istros ins Mittelmeer geführt haben. Tatsächlich wurde die Donau in antiken Quellen zweigeteilt. Ihr Oberlauf wurde lateinisch Danubius und griechisch Danubis genannt, während der Unterlauf lateinisch Histria und griechisch Istria/Ister oder Istros hieß.

Die Gründung der Stadt ging demnach auf das 7. Jahrhundert vor Christus zurück, als Bewohner der ionischen Stadt Milet südlich der Donaumündung die nach dem Fluß Istros benannte griechische Kolonie gründeten. Der Sinoe-See war damals eine offene Bucht und bot damit ein natürliches Hafenbecken. Die Versandung erfolgte im 2. Jahrhundert nach Christus Die Siedler der Stadt standen einerseits in regem Kontakt zur einheimischen, getisch-dakischen Bevölkerung, trieben Handel mit dem Hinterland und versorgten andererseits ihr Mutterland Griechenland mit Waren, darunter Getreide. Mehrfach war die Stadt Belagerungen ausgesetzt: im 5. und 4. Jahrhundert vor Christus vermutlich durch die Skythen. Infolgedessen kam es zu Plünderungen und Zerstörungen, und die Stadt wurde mehrfach wiederaufgebaut. Im 4. und 3. Jahrhundert konnte sie jedoch nicht mehr an die früheren Erfolge anknüpfen und entwickelte sich allmählich zum Agrarumschlagplatz. Mit der römischen Eroberung im 1. Jahrhundert vor Christus endete der 600 Jahre andauernde erste große historische Abschnitt in der Geschichte der Stadt. In einer zweiten Periode wurde die Stadt mit der Provinz Moesia Inferior dem römischen Reich eingegliedert. Bei der Neuordnung des Reiches unter Kaiser Diokletian wurde Histria der Provinz Scythia zugeteilt. Nach der Zerstörung durch die Awaren im 6. Jahrhundert nach Christus gaben die Menschen die Stadt auf, und es wurde keine Siedlung mehr darauf errichtet. So ist Histria als einzige Grabungsstätte am Schwarzen Meer in Rumänien erhalten geblieben.

Auf einem Rundgang kann man die Ergebnisse der langjährigen Forschungen besichtigen. Etwa die Hälfte der antiken Stadt ist ausgegraben. Die Funde liegen in mehreren Schichten übereinander, wovon nur die oberen ausgegraben wurden. Man sieht griechische, römische und byzantinische Reste. Die heutige Ausgrabungsstätte ist von der römischen Verteidigungsmauer umgeben, die nach einer

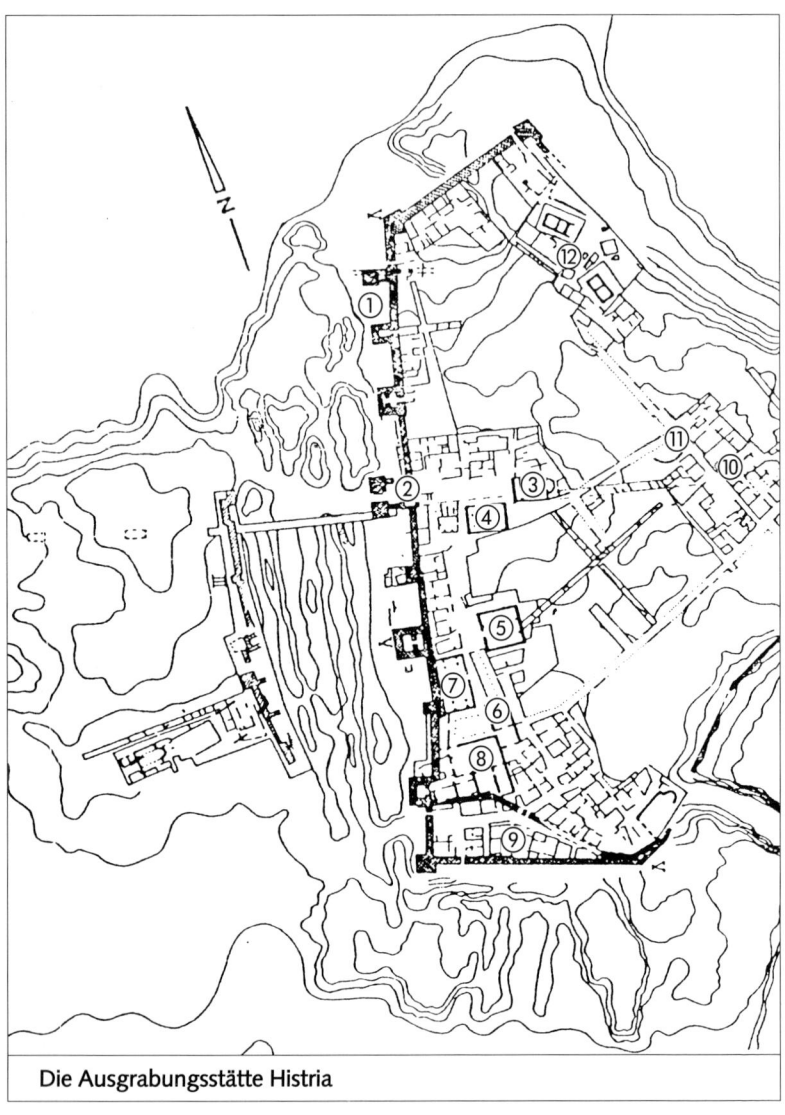

Die Ausgrabungsstätte Histria

Legende

1 Römische Mauer
2 Westtor
3 frühchristliche Basilika mit Krypta

4 Basilika 5./6. Jahrhundert
5 Basilika 5./6. Jahrhundert
6 Basilika

Niederlage im 3. Jahrhundert nach Christus errichtet wurde. Das Material dazu kam offensichlich von zerstörten Häusern, denn man hat Steinblöcke mit Inschriften von Wohnhäusern gefunden. Der Verteidigungsmauer waren drei Erdwälle vorgelagert, unter denen die Fundamente einer älterer Stadt entdeckt wurde.

Der Eintritt in die römisch-byzantinische Stadt erfolgte durch ein doppeltes Haupttor im Westteil der Mauer, die am stärksten ausgebaut ist. Das Tor besaß vier Türme. Hier beginnt auch heute der Rundgang. Direkt hinter dem Tor öffnet sich ein trapezförmiger Platz, gesäumt von öffentlichen und privaten Gebäuden. Auf der Ostseite befinden sich die Reste einer frühchristlichen Kirche mit Krypta, die bis ins 6. Jahrhundert benutzt wurde. Die Südseite weist Reste der Basilika forensis, eines Profanbaus für öffentliche Versammlungen, auf. Zwei Säulenreihen unterteilen sie in drei Schiffe. Beide Bauten stammen aus dem 6. Jahrhundert und machen deutlich, daß das antike Histria bis ins frühe Christentum besiedelt war. Direkt an der genannten Basilika führt eine gepflasterte Straße zu den Thermen. Im Pflaster sind deutlich Wagenspuren zu erkennen. Die Mauer säumen Bauten verschiedener Größe und Anordnung. Einige dienten Verteidigungszwecken, andere wohl privaten. Die Straße erweitert sich zu einem Platz an dem öffentliche Gebäude lagen: zwei Basiliken aus dem 6. Jahrhundert und ein Handelszentrum.

Am Ende der Straße liegen genau im Süden die römischen Thermen. An ihrer Stelle verlief einst die hellenistische Stadtmauer. Der große Komplex wurde ins zweite nachchristliche Jahrhundert datiert. Seine Mauern sind abwechselnd aus Stein- und Ziegeln aufgeschichtet. Hinter den Thermen lag der Wirtschaftsbereich der Stadt. Im östlichen Teil der Stadt befanden sich die Wohnhäuser. Interessant ist noch die größte Basilika der Dobrogea mit Maßen von 60 mal 30 Metern. Gegliedert in Atrium, Narthex und Naos und einer polygonalen Apsis im Norden und Süden. Im 6. Jahrhundert errichtet, wurde sie bis zur endgültigen Zerstörung am Ende des Jahrhunderts mehrfach wiederhergestellt. Viele Fragmente von Säulen und Kapitellen weisen auf die einstige Pracht.

Im Norden der Ausgrabungsstätte drang man in ältere Bauschichten vor und legte die Überreste zweier griechisch hellenistischer Tempel frei. Die erste hellenistische Stadt war wohl zweigeteilt. Ein Teil, ein 35 Hektar großes Areal, ließ sich anhand der Keramikfunde als Wohnviertel identifizieren. Ein Zweiter diente öffentlichen Interessen mit Heiligtümern und der Agora. Dieser Bereich brachte Tempelreste von drei Tempeln hervor. Einer war dem Zeus, einer der Aphrodite

7 Handelsgebäude
8 römische Thermen
   2./3. Jahrhundert
9 Wirtschaftsviertel

10 Wohnviertel
11 Große Basilika
12 Sakralbereich

Im Museum von Histria

und einer einem unbekannten Gott geweiht. Die Inschriften verweisen auf das 6. Jahrhundert vor Christus, nach Zerstörungen, vermutlich durch die Perser unter Darius, erfolgte der Wiederaufbau auf gleichen Grundmauern. Die erneute Zerstörung im 4. Jahrhundert vor Christus bewirkte Neubauten im gleichen Areal mit Materialresten der alten Tempel. Aus dieser Phase stammt vermutlich ein dritter Zeustempel, der Altar von Zeus Polieus und die Propyläen. Inschriften auf Marmorfragementen geben Hinweise auf das 3. Jahrhundert vor Christus. Zu Beginn der römischen Periode bis zum 6. Jahrhundert nach Christus entstanden auf diesen nicht mehr existierenden Tempeln Gebäude verschiedener Bestimmung.

Nördlich der befestigen Stadt lag die ausgedehnte Nekropole mit Tumuligräbern.

Von Istria aus fährt man am Meer entlang, läßt Ovidiu, wo sich ein Wärmekraftwerk befindet, rechts liegen, fährt vorbei an Narodori mit einem Industriekomplex für Petrochemie und kommt zum ersten der vielen touristisch erschlossenen Badeorte Rumäniens, nach Mamaia. Das einstige Sumpfgebiet wurde erst im 19. Jahrhundert trockengelegt.

Die Badeorte mit Mangalia

Von Constanţa aus fährt man weiter nach Süden in die Kur- und Seebäderorte. Eforie Nord wurde 1892 gegründet und war der erste Kurort Rumäniens. In kurzen Abständen reihen sich Eforie Süd, Costineşti, Neptun-Olimp, Jupiter, Cap Aurora, Venus, Saturn und Mangalia hintereinander. Von Constanţa bis nach Mangalia sind es nur 44 Kilometer. Alle Badeorte sind mit öffentlichen Bussen zu erreichen. Viele Hotels bieten eine Auswahl verschiedener Kategorien, auch Campingplätze stehen ausreichend zur Verfügung.

Eine kurze Schleife führt nach Techirghiol am gleichnamigen See. Im Kurort befindet sich ein Kloster mit einer Holzkirche, die man eher im Norden Rumäniens, in der Maramureş oder in Siebenbürgen vermutet. Es handelt sich um die Holzkirche der heiligen Maria von Techirghiol aus der Klause Sinaia aus dem 18. Jahrhundert. Als Bauwerk der Bauern des Nordens weist sie alle bäuerlichen Merkmale im Baustil sowie der Malerei auf. 1934 versetzte man sie zunächst nach Stîna Sfînta Ana in der Nähe von Sinaia. Unter Patriarch Justinian nahm die Kirche 1951 ihren heutigen Standort ein. Im Innenhof befindet sich ein Erholungsheim der Priesterschaft, im Stil eines rumänischen Klosters angelegt. Den Innenhof schmückt ein Brunnen mit dem heiligen Panteleimon von Ion Jalea.

Die Endstation der Bahnlinie von Bukarest ans Meer ist Mangalia. Der Ort verfügt über ganzjährigen Kurbetrieb. Feine Sandstrände und ein problemloser Zugang zum Meer eröffnen es auch für Kinder. In den letzten Jahren konnte der Zulauf an deutschen Touristen wieder gesteigert werden.

Wie schon die Namen der neugegründeten Badeorte Venus und Saturn verraten, liegen sie auf antikem Siedlungsgebiet. So verdankt auch Mangalia seine Entstehung der antiken Festung Kallatis. Griechische Kolonisten der Megarer aus Heracleia hatten die Siedlung mit Festung im 6. Jahrhunderts vor Christus gegründet. Nach Histria war es die zweite griechische Gründung an der rumänischen Küste. Tomis folgte 100 Jahre später. Im Jahr 313 vor Christus konnte die Stadt ihre Selbständigkeit erfolgreich gegen den Thraker Lysimachos wahren, mußte einige Jahre später dann nachgeben. Erst mit dem Untergang Mazedoniens erhielt

Im Gestüt von Mangalia

Die Moschee von Mangalia

sie ihre Selbständigkeit zurück. Der Kampf gegen das Monopol von Tomis endete 260 vor Christus mit einer schweren Niederlage. Unter den Römern verbünde-
te sich die Stadt zunächst mit Mithridates VI., im dritten Krieg gegen die Römer
siegten diese jedoch unter M. Terentius Varro Lucullus. Nach einem Zwischenspiel durch den Dakerkönig Burebista wurde die Stadt unter Augustus der Provinz
Thrakien eingegliedert. Berühmter Sohn der Stadt war der antike Historiker und
Geograph Demetrios im 3. Jahrhundert vor Christus.

Nach einer letzten Wohlstandsperiode im 6. Jahrhundert, die durch den Einfall
der Awaren ein Ende fand, wurden die Informationen über die Stadt spärlich.
Viele Jahrhunderte später – die Stadt war für die Genuesen von Bedeutung –
wurde sie auf mittelalterlichen Landkarten als ›Pangale‹ (griechisch ›schön‹)
bezeichnet. Der Name Mangalia tauchte danach bei Paulo Georgi von Ragusa
erstmals auf. Als der türkische Reisende Evlia Celebi die Dobrogea Mitte des
17. Jahrhunderts bereiste, schätzte er Mangalia als größten Hafen am westlichen
Schwarzen Meer. Heute ist Mangalia ein Seehafen und der Standort wichtiger
Schiffswerften, mit 50 000 Einwohnern ist der Ort sehr viel kleiner und gemüt-
licher als Constanţa.

Sehenswert ist das Archäologische Museum, das in seiner jetzigen Form in den
siebziger Jahren eingerichtet wurde. Es illustriert das Leben in den menschlichen
Siedlungen südlich der Donau vom Neolithikum bis zum Einfall der Awaren.
Keramik und Schmuck der geto-dakischen Zeit, griechische Importkeramik sowie
Münzen des 4. Jahrhunderts vor Christus, als die Stadt eigene Prägungen vornahm,

sind zu sehen. Ebenfalls ausgestellt sind Grabbeigaben wie Glas, Statuetten und besonders beeindruckend jene aus gebranntem Ton, deren Produktion im 3. Jahrhundert vor Christus in Kallatis einsetzte und zu höchster Qualität gebracht wurde.

Die antike Stadt wurde nicht nur Opfer der Kriege und Plünderungen, sondern auch der Erdbeben. So liegt der östliche Teil der ehemaligen Festung Kallatis im Meer unter dem Sand versenkt. Der Verlauf der Verteidigungsmauer konnte erforscht werden. Jenseits eines zweiten Schutzwalles lagen die Nekropolen. Bei Grabungen hat man nicht nur Sarkophage gefunden, sondern auch Grabhügel mit steinernen Bauten. Sie wurden auf dem Areal des heutigen Stadions und im Stadtpark entdeckt, ebenso wie eine Basilika im syrischen Stil, die als christliche Kirche in Benutzung war. Im Hotel ›President‹ sind archäologische Ausgrabungen aus dem 4. Jahrhundert vor Christus bis zum 6. Jahrhundert nach Christus gesichert, restauriert und gut sichtbar. Auch aus osmanischer Zeit, deren Spuren leider so wenig in der Dobrogea erhalten sind, ist hier ein Kleinod zu finden. Die Sultan-Esmaha-Moschee von 1590 liegt etwas versteckt, umgeben von einem ebenso malerischen muslimischen Friedhof.

Von Mangalia bis zur bulgarischen Grenze nach Vama Veche, was so viel bedeutet wie ›alter Zollpunkt‹, fährt man acht Kilometer.

 Nach kleinen gemütlichen Hotels wird man an der Küste vergebens Ausschau halten. Die meisten sind riesige Hochhäuser mit möglichst großer Bettenkapazität, die niedrigeren Preisangaben beziehen sich auf die Nebensaison.
In Mamaia:
›Rex‹, 4 Sterne, Tel. 02 41/83 15 95, Fax 83 16 90, DZ 105 bis 125 Euro.
›Central‹, 3 Sterne, Tel. 02 41/891740, Fax 83 10 60, EZ 10 bis 40 Euro, DZ 70 bis 180 Euro.
›Ovidiu‹, 2 Sterne, Tel. 02 41/83 15 90, DZ 61 bis 112 Euro.
In Eforie Sud:
›Riviera‹, 2 Sterne, StradaFaleza 8, Tel. 02 41/74 89 25, DZ 22 bis 70 Euro.

›Excelsior‹, 2 Sterne, StradaFaleza 4, Tel. 02 41/74 87 54, Fax 74 89 85, DZ 8 bis 30 Euro.
In Neptun:
›Doina‹, 3 Sterne, Tel. 02 41/70 10 12, Fax 70 11 12, DZ 54 bis 70 Euro.
›Delta‹, 2 Sterne, Tel. 02 41/70 12 47, DZ 50 bis 66 Euro.
In Cap Aurora:
›California‹, 3 Sterne, Tel. und Fax 02 41/73 12 93, DZ 44 bis 88 Euro.
In Mangalia:
›President‹, 4 Sterne StradaTeilor 6, Tel. 02 41/75 58 61, Fax 75 56 95, DZ 64 bis 111 Euro.
›Mangalia‹, Fax 75 35 10, Strada Rozelor 35, Tel. 02 41/75 20 52, Fax 63 26 50, gleich am Strand, DZ 35 bis 57 Euro.

Hier nur ein paar kleine Tips aus der Vielzahl des Angebotes:

In Mamaia:

›Hanul Piratilor‹, die ›Gaststätte der Piraten‹, liegt auf der Insel Ovidiu und ist in Form eines Schiffes gebaut.

›Cherhana‹, Bar mit Fischspezialitäten.

In Neptun:

›Calul Bălan‹ (›Weißes Roß‹), rumänische Küche.

›Crama Neptun‹, rustikaler Weinkeller.

›Insula‹, gute Fischgerichte.

Ins Donaudelta

Eine Fahrt entlang der Küste nach Norden durch die Dobrogea bis zum Delta der Donau ist ein einzigartiges Erlebnis, für das man sich viel Zeit nehmen sollte. Die Strecken sind kurz, aber überall gibt es viel Natur zu erleben. Von Istria über Sinoe ist es ein kurzes Stück nach Jurilovca. Der Ort liegt am Razim-See, einem ehemaligen Golf, der durch Nehrungsbildung zum Haff wurde. Der Kanal von Jurilovca nach Gura Portiței (Pförtchen) stellt eine Verbindung mit dem Meer her. In den Dörfchen lebt man vom Fischfang, Meer- und Süßwasserfische, darunter Hausen und Stör, werden gefangen. Die Fischer sind häufig ›Lipowaner‹, orthodoxe Slawen, die während der russischen Kirchenspaltung geflohen und im Dikkicht des Deltas ihrem Glauben treu bleiben konnten.

Über die kleine DJ 222 kommt man nach Babadag am gleichnamigen See, wieder eines der vom Schwarzen Meer gebildeten Haffs mit reichhaltigen Fischvorkommen. In der Umgebung ist dichter Wald zu finden. Das eigentliche Delta ist nicht mehr weit, ein geeigneter Ausgangspunkt für die Schiffsfahrten auf einem der drei Donauarmen ist Tulcea (Tultscha gesprochen).

Der Ort bietet Hotels mit guten Standards. Man kann Tagestouren von den Hotels aus buchen und Privatschiffe mieten. Wer es wagt, sich mit einem eigenen kleinen Boot ins Labyrinth zu begeben, sollte örtliche Ratschläge in Anspruch nehmen. Ein bequemes Erlebnis sind die schwimmenden Hotels, von Atbad SRL verwaltet. Sie verfügen über Kabinen mit Bad, haben Speisesäle und können bis zu 20 Personen auf eine Kreuzfahrt für 10 Tage aufnehmen. Tulcea ist eine Stadt mit derzeit 110000 Einwohnern, das historische Tor zum Delta und seit römischer Zeit ein wichtiger Flußhafen. Die Anlegestelle der Schiffe befindet sich direkt vor dem Hotel ›Delta‹. Mietet man ein kleines Privatschiff, vereinbart man vorher den Preis und wird häufig mit der ausgesprochen köstlichen Fischsuppe aus Donaufischen bewirtet. Für Angelfreunde gibt es die Möglichkeit, per Genehmigung tagelang in Abgeschiedenheit für die eigene Fischsuppe zu sorgen.

›Delta‹, 3 Sterne, Strada Issaccei 2, Tulcea, Tel. 02 94/51 47 20 oder 51 47 21, Fax 51 62 60, direkt am Wasser, Zimmer renoviert, Restaurant mit guter Küche, vor allem Fisch, DZ 80 Euro.

›Egreta‹, 2 Sterne, Strada Păcii 1, Tulcea, Tel. 02 94/51 71 03, EZ 30 Euro, DZ 36 Euro.

›Cormoran‹, 3 Sterne, Tulcea/Uzlina (Ortschaft hinter Murghiol), neu eröffnet, Sate Uzlina, Tel. 02 94/65 62 27, Fax 73 63 72, EZ 72 Euro, DZ 90 Euro.

 In der Umgebung von Tulcea gibt es einige Zeltplätze: in Maliuc (80 Plätze), in Crişan (80 Plätze), Murighiol am Sf. Gheorghe Kanal (230 Plätze) und in den Wäldern von Babadag. Die Reisebüros vermitteln Übernachtungsmöglichkeiten in Fischerhäusern.

 Deltamuseum, Strada Progresului 32, geöffnet täglich außer montags 10 bis18 Uhr, das Museum wurde 1950 ins Leben gerufen und beinhaltet neben dem Aquarium Exponate zur gesamten Flora und Fauna des Deltas.

Verwendung von Schilfgras zum Dachdecken

Das Delta

Das mit 4530 Quadratkilometer auf rumänischem Territorium liegende versumpfte Donaudelta gehört zu den größten Deltas der Welt und ist nach dem der Wolga das zweitgrößte Europas. Einschließlich des Lagunenkomplexes Razim-Sinoe steigert sich die Größenordnung insgesamt auf 5050 Quadratkilometer, was einer Ausdehnung der achtfachen Größe des Bodensees gleichkommt. Über viele Jahrhunderte hinweg hat die Donau Schwemmland mitgeführt und eine unermeßliche Wasserwildnis geschaffen, die sich zu über 80 Prozent auf rumänischem Territorium befindet. War das Areal bis 1968 so gut wie unberührt, Deltakarten rar, Besucher wenig, so sollte das zweite Großprojekt der Ceauşescuregierung das Donaudelta vernichten. Zu einem Drittel sollte es in Agrarland umgewandelt werden, obwohl Rumänien über 15 Millionen Hektar Ackerland verfügte, auf dem allerdings häufig Mißernten erzielt wurden. Ein weiterer Teil sollte industriell genutzt werden. Über Ansätze – man hatte bereits begonnen, einen Teil des Deltas trockenzulegen – ist man glücklicherweise nicht hinausgekommen. Es heute noch fast so vorzufinden wie einst, was der Revolution von 1989 zu verdanken ist. Mit der Entscheidung der rumänischen Regierung vom 27. August 1990 wurde das gesamte Areal des Donaudeltas zum Reservat deklariert.

Etwa 100 000 Hektar, ein Viertel des riesigen Gebietes stehen als ›Biosphäre Reservat‹ unter dem Schutz der UNESCO. Große Teile sind damit strengsten Naturschutzauflagen unterworfen.

Das Delta selbst ist 80 Kilometer von der Stelle entfernt, an der sich die Donau in drei Arme teilt und sich in Nord-Süd-Richtung über 160 Kilometer ausdehnt. Diese Teilung erfolgt oberhalb des Hafens Tulcea. Die in ihren Armen mitgeführten Schwemmstoffe verschieben den Lauf der Donau ins Meer hinein und vergrößern das Delta um etwa 40 bis 50 Meter pro Jahr. Seit der ersten Beschreibung der Donau hat sich der Fluß 60 Kilometer meerwärts nach Osten bewegt. Zur Schwarzmeerküste wechselt das Landschaftsbild des Deltas zwischen Buchten, Brackwasser und Salzsümpfen. Ab Hârşova breitet sich eine amphibische Urlandschaft mit einem Labyrinth von Wasseradern aus. Unterhalb von Tulcea liegt ein endloses Schilfdickicht. Bringt der Sommer tropische Temperaturen mit hoher Luftfeuchtigkeit, folgt im Winter schneidendes Steppenklima, Temperaturen bis zu minus 25 Grad sind möglich. Alles erstarrt zu Eis, die Eisdecke der Donau kann bis zu einem Meter stark werden. Während der Frühjahrsschmelze staut sich der Fluß hunderte von Kilometern zurück. Im Delta leben etwa 15 000 Menschen, deren Leben sich seit Jahrhunderten wenig verändert hat.

Die Mündungsarme der Donau

Der Chilia-Arm (rumän. Braţul Chilia, ukrainisch Kilija) fließt nach Norden, ist zerfurcht und führt die rumänisch-ukrainische Grenze weiter. Auf ukrainischer Seite liegen die Städte Izmail, Kilija und Richtung Mündung das malerische Städtchen Vylkove, auch ukrainisches Venedig genannt. Die Ufer sind von Mangroven bewachsen. Bei Pardina teilt sich der Donauarm in viele schmale Zweige, die sich bei Chilia Veche wieder vereinigen. Bei Periprava nach 103 Kilometern endet der Schiffahrtsweg. Unweit liegt der Letea-Wald, ein Dschungel aus heimischen Bäumen wie Eiche, Liane, Ulmen und Erlen, das Zuhause von Schlangen, Vipern, Füchsen, Mardern und Geiern.

Der Sulina-Arm (rumän. Braţul Sulina) ist der Hauptarm von etwa 72 Kilometern, eine nahezu gerade Strecke, die für die Hochseeschiffahrt ständig ausgebaggert werden muß. Große Flußbagger halten die Fahrrinne von 150 Metern Breite und mit einer Tiefe zwischen 7,5 und 25 Metern ständig frei. Sie ist mit roten und grünen Bojen markiert. Über diesen Kanal haben die Schiffe Zufahrt bis Brăila. In ihm vermengen sich Salz- und Süßwasser. Eine erste Regulierung war zwischen 1880 und 1892 an der hier verlaufenden Alten Donau durchgeführt worden. Ein Gedenkobelisk erinnert daran. Die entlang des Kanals liegenden Institute für Biologie und Wasserökologie sind derzeit geschlossen. Nach Zweidrittel der Strecke liegt rechts am Ufer das Dorf Crişan, gegenüber befindet sich das Hotel ›Lebăda‹ (›Schwan‹), das derzeit in deutsch-rumänischer Zusammenarbeit renoviert wird. Das angrenzende Umwelt-Museum ist sehr unregelmäßig geöffnet. Der Leuchtturm von Sulina markiert den offiziellen Anfangspunkt der Wasserstraße. Tatsächlich aber reicht sie noch 12 Kilometer ins Meer, vom Stahlkoloß eines Kiesbaggers markiert. Noch in jüngster Zeit machte der Kanal von sich reden, als die Russen an seiner Einfahrt die ›Rostock‹ versenkten, um den Kanal für die Durchfahrt der Natoschiffe während des jüngsten Balkankrieges zu blockieren.

Die meisten Touristenschiffe befahren diesen Kanal. Mit einem Privatboot benötigt man hin und zurück mindestens 10 Stunden, es geht langsam, man kann die Tiere beobachten und so manchen Wunsch beim Kapitän äußern. Sulina selbst soll ein Landungsort der Byzantiner gewesen sein. Nachweislich kamen hierher die Genueser und später die Türken.

Der Sankt-Georgs-Arm (rumän. Braţul Sfântul Gheorghe) ist nur für kleinere Schiffe passierbar. Wild schlängelt er sich 113 Kilometer zum Meer. Am seinem Endpunkt liegt Sfântul Gheorghe, ein malerischer Fischerort, berühmt für seinen guten Kaviar. Vom Sankt-Georgs-Arm zweigt der streckenweise verkrautete Dunavaţ-Kanal ab, der in die große ausgesüßte Meeres-Lagune, den Razim-See, mündet.

Zwischen den drei Armen breiten sich abwechselnd Festland und Wasser aus. Teilweise entfernen sich die Arme auf bis zu hundert Kilometer voneinander und bilden das einzigartige Delta. Endlose Nehrungen, Kanäle und flache, von Eichenwäldern belebte Landschaften erwarten den Besucher. Trotz vermeintlicher Monotonie erlebt man ständig wieder Überraschungen. Von der Flußmündung wirkt in der Ferne der ›Pontus Euxinus‹ wie ein anderer Erdteil.

Allein durch ihre Fischfauna nimmt die Donau eine Sonderstellung unter den mitteleuropäischen Flüssen ein, denn viele Arten kommen nur im Flußsystem der Donau vor: Steingreßling, Schrätzer, Zingel, Streber und Huchen, alle vom Aussterben bedroht, daneben Wels, Zander, Hecht, Böbel, Barsch, Plattfisch, Schleie, Karpfen, Karausche, aber auch Krebse und Frösche. Der überreiche Fischbestand drückt sich in 150 Fischarten aus.

Für die Ornithologen ist das Delta ebenso eine Fundgrube wie für die Angler. Mannigfaltigste Arten von Reihern, Silber-, Purpur- und Löffelreiher, Graureiher, Seidenreiher, daneben Schwäne, Stelzvögel wie Weißstörche, aber auch Flugenten, Wildgänse, Bläßhühner, Kraniche, Kiebietze, Stelzenläufer, Säbelsschnäbler, Lachmöven, Rohrweihen (Habichtart), Wanderfalken, Seeadler, Waldkauz, Eisvogel und Bienenfresser kann man beobachten. Im Delta befindet sich eine der größten Pelikankolonien Europas, es ist ein Paradies für Kormorane, Haubentaucher und viele andere und wahrhaft ein exotischer Winkel Europas. Auch der Liebhaber von Wildtieren findet Überraschungen: Bisamratten, Fischotter, Wildschweine, Hasen, Rehe, Wasserschlangen, Steppenviper und Füchse.

Die Botaniker können sich an Weiden, Raps, Wolfsmilch Pfefferminzarten und Wasserschierling erfreuen. Eine überwältigende Pflanzenfauna hat sich erhalten, darunter sogar die insektenfangende, fleischfressende Pflanze ›Aldorovandato‹. Lianen und Kriechpflanzen überwuchern die Galeriewälder aus Eichen, Weiden und Schwarzpappeln am Chiliakanal. Gelbblühende Wasserlilien schmücken die Seen. Blumen über Blumen, die dank der Bienen das Gebiet zum Paradies für Imker machen. Schmetterling- und Schneckensammler kommen auf ihre Kosten. Entlang der Küste von Sulina nach Sf. Gheorghe verlaufen hohe Sanddünen. Allein über fünfundzwanzig verschiedene Ökosysteme konnten sich hier erhalten.

Doch trotz des Schutzes durch die UNESCO ist das Delta nach wie vor gefährdet: Frühere militärische Zonen sind jetzt unkontrollierter, der Erschließung touristischer Angebote steht vieles offen. Vermehrt starten Linien- und Kreuzfahrtschiffe, Tragflügelboote düsen in nur neunzig Minuten durch den Sulinakanal. Motorschiffe dringen zu entlegensten Brutkolonien vor. Die Schlammpisten zu abgelegenen Dörfern werden asphaltiert. Moskitoschwärmen begegnet man mit Pestiziden. Industriell wird hier im versumpften Gebiet das wichtige Schilf genutzt. Noch in den fünfziger Jahren haben Zehntausende politischer Häftlinge unter primitivsten Lebensverhältnissen und mit ungeeignetem Werkzeug die Ausbeutung der Schilfes und anderer zellwollehaltiger Wasserpflanzen geleistet. Heute wird die Ernte im Winter mit großen Maschinen betrieben. Eis ist für sie kein Hindernis. Aus den Binsen wird Zellstoff gewonnen, der in Brăila in großen Fabriken industriell weiterverarbeitet wird. Das Exportgut geht nach Deutschland und Frankreich. Aber auch in Tulcea ist ein Umweltverschmutzer angesiedelt. Waren vielerorts die Fabriken nach der Revolution stillgelegt worden, so ist das Aluminiumwerk in Tulcea durch iranische Betreiber wieder in Betrieb genommen, ohne Auflagen für den Schutz der Umwelt.

Negativ für die Donau waren schon im 19. Jahrhundert die Begradigung, die Verbauung von Uferstrecken und Altarmen, die Errichtung von Stauwehren, und die Wasserverschmutzung. Der letzte große Umweltskandal wurde im Februar 2000 durch Zyanid weit weg im Norden Rumäniens ausgelöst und hat auch die Donau erreicht. Aber auch andere wirtschaftliche Nutzungen stehen dem Naturschutz entgegen. So hat sich der starke Einsatz von Aalen, die sich mit heimischen Fischen nicht gut vertragen, negativ ausgewirkt.

Galaţi

Am Rande des Deltas liegen die Städte Brăila und Galaţi (Galatz). Bei Galaţi mündet der Siret (Siretul) und oberhalb der Pruth (Prut) ins Delta. Zwei Fährverbindungen führen über die Donau. Die Überfahrt dauert zehn Minuten und wird

Auf Donaufahrt

sehr häufig durchgeführt. Von hier sind es noch 148 Kilometer zum Schwarzen Meer. Die Stadt Galaţi, direkt vor dem Donaudelta, war seit dem 17. Jahrhundert ein Ausfuhrhafen. Zur Zeit des türkischen Außenhandelsmonopols wurden hier die Warenbewegungen von türkischen Beauftragten kontrolliert. Eine Schwemmsandinsel teilt den Donaulauf an dieser Stelle in zwei Arme, die eine Breite von 150 und 300 Metern haben. Die seit hundert Jahren durchgeführten Begradigungen der Donaumündungsarme haben es ermöglicht, daß Hochseeschiffe die Stadt erreichen, wofür der wichtigste Donauhafen geschaffen wurde. Die schon zur Südmoldau gehörende Stadt hatte sich mit ihren 150 000 Einwohnern in den sechziger Jahren zu einem bedeutenden Industriezentrum entwickelt. Galaţi war einst Sitz der Donaukommission.

Brăila

Brăila ist ebenfalls ein bedeutender Hafen an der unteren Donau. Die walachische Stadt mit 228 000 Einwohnern ist Umschlagplatz für Getreide. Im Jahre 1386 wurde sie erstmals erwähnt und als Zentrum eines osmanischen Einflußgebietes (Rajah) von 1542 bis 1829 stark befestigt. Wer Zeit für einen Spaziergang hat, kann am linken Flußufer im Stadtpark verstreute Reste der osmanischen Befestigung entdecken und das eine oder andere Bojarenhaus.

Panait Istrati gehörte zu einer Gruppe von Schriftstellern, die vorwiegend in der französischen Sprache schrieben. Geboren wurde er in Brăila in ärmlichen Verhältnissen; den Vater lernte er nie kennen. Ähnlich Gorki schlug er sich mit vielerlei Gelegenheitsarbeiten durch. Er kam nach Frankreich, wo ein Selbstmordversuch scheiterte. Er lernte Romain Rolland kennen und schrieb sein Leben nieder. Schon der erste Band ›Kyra Kyralina‹, 1923 erschienen, machte ihn berühmt. Eine Reise in die Sowjetunion brachte ihn auf Distanz zum Kommunimus, was er in seinen Werken ›Rußland nackt‹, ›So geht es nicht‹, ›Auf falscher Bahn‹ zum Ausdruck brachte. In Frankreich als Agent der rumänischen Geheimpolizei und in Rumänien als Agent Moskaus verdächtigt, starb er vergessen und einsam 1935 in Rumänien an Tuberkulose. Einige seiner Werke liegen in deutscher Sprache vor; es lohnt sich, ihn wieder zu entdecken.

Die Donau als Handelsstraße gehört allen – Die Donaukommission

Seit mehr als 2500 Jahren ist die Donau Ziel von Händlern. Schon im 7. Jahrhundert vor Christus gründeten die Griechen an ihrem Lauf Handelskolonien. Das osmanische Reich sicherte sich im 15. Jahrhundert seine Eroberungen auf dem Balkan durch Sperrfestungen am südlichen Ufer. Besonders wichtig wurde Giurgiu, türkisch Yer-Kökü, übersetzt ›die Erdwurzel‹. Es bildete den Brückenkopf in die Walachei. Im 17. Jahrhundert herrschten verwirrende Zustände an der Donau. Hauptgegner waren Polen und Osmanen, dazwischen lagen Walachen, Siebenbürger, Kosaken und Tataren. Mit der Zurückdrängung der Türken ging die strategische Bedeutung der Donau verloren, der Strom wurde wieder internationale Handelsstraße.

Unter Maria Theresia traf man erste Maßnahmen zur Regulierung und Begradigung. Im Jahr 1830 tuckerte ein erster Kahn immerhin von Wien nach Budapest. Seit 1838 garantierten zwischen Österreich, Großbritannien und Rußland geschlossene Vereinbarungen eine freie Schiffahrt. Sie wurden im Frieden von Paris bestätigt (1856), der der Moldau einen schmalen Landstreifen Südbessarabiens mit den entfestigten Donaustädten Ismailia und Kilia zuwies, das Delta selbst stand noch unter osmanischer Hoheit. Das russische Protektorat endete, nachdem die Russen den Krimkrieg gegen die Türkei und ihre Verbündeten Österreich, England und Frankreich verloren hatten.

Eine völkerrechtlich verbindliche Regelung wurde 1853 mit der Gründung der Donaukommission in Angriff genommen, sie sollte der Garant für die Freiheit der Schiffahrt auf der Donau werden. Zuvor hatte man das mittelalterliche Stapel- und Niederlegungsrecht an schiffbaren Flüssen abgeschafft (Wiener Kongress 1815). Der Frieden von Adrianopel (1829) hatte die Schiffahrt für Anrainer liberalisiert und die Mündung ins Schwarze Meer dem Handel geöffnet. Dabei erhielt Galatz den Status eines Freihafens, in dem weder Einfuhr- noch Ausfuhrzölle erhoben wurden.

Die Donaukommission sicherte nun allen, auch Nichtuferstaaten, das Recht der freien Passage. Ihr Gremium wurde zweigeteilt: Die ›Europäische Donaukommission‹ war für die See- und Meeresdonau zuständig. Ihre Aufgabe bestand darin, das verworrene Donaumündungsgebiet von Isaccea abwärts für die Hochseeschiffahrt tauglich zu machen. In ihr waren alle damaligen Großmächte wie Österreich, Rußland, Frankreich, Großbritannien und Preußen vertreten.

Die ›Ständige Donaukommission‹ kümmerte sich um die Binnendonau.

Hier hatten nur die souveränen Uferstaaten wie Württemberg, Bayern, Österreich, das osmanische Reich und seit 1866 Rumänien Stimmrecht. Das Organ mit Sitz in Galatz verfügte über eigene Beamte, eine eigene Gerichtsbarkeit in Flußpolizeiangelegenheiten und über eine Gebührenhoheit, die von den Behörden der Uferstaaten unabhängig war. Der Verkehr zu den Häfen war den Anwohnern vorbehalten. Die Begradigung des Sulinakanales und die Vertiefung der Schiffahrtsrinne von 2,44 Meter auf 7,31 Meter gehörten zu den ersten Leistungen der Kommission.

Der Waren-, Personen- und Postverkehr nahm in dieser Zeit einen großen Aufschwung. Hatte die Donau bis zum 19. Jahrhundert nur in ihrem Ober- und Mittellauf als Handelsstraße gedient, war sie nun zur europäischen Wasserstraße geworden. Wichtige Aufgabe der Kommission war es, die beträchtlichen Kosten für die Wartung dieser Wasserstraße aufzubringen. Nach dem Ersten Weltkrieg war die Donau gar bis Ulm internationalisiert und von einer internationalen Donaukommission verwaltet worden. Beamten aller Nationalitäten waren hier tätig und entwickelten sich zu einem diplomatischen Vorposten. Nach dem Zweiten Weltkrieg sah die Welt ganz anders aus. Die Sowjetunion und ihre südosteuropäischen Satelliten stellten im August 1948 in Belgrad (Belgrader Konvention) eine neue Donaukommission, in der die Westmächte nicht vertreten waren, zusammen. Allen nicht angrenzenden Staaten wurde das Mitspracherecht in Donau-Fragen entzogen. Erst 1960 wurden Österreich und 1963 die Bundesrepublik aufgenommen.

Seit 1954 hat das Gremium seinen Sitz in Budapest, gegenwärtig gehören ihm 11 Mitgliedstaaten an: Bulgarien, Deutschland, Jugoslawien, Kroatien, Moldawien, Österreich, Rumänien, Rußland, Slowakei, Ukraine und Ungarn.

Reisetips von A bis Z

Anreise

Die Anreise ist per Eisenbahn, Flugzeug, Schiff und Auto möglich. Wer das Auto wählt, fährt günstig über Österreich. In Neusiedl/Nickelsdorf überquert man die Grenze nach Ungarn, von hier geht es über die neue Autobahn Richtung Györ bis Budapest, dann durch die Stadt über die E60 Richtung Szolnok, weiter Richtung Debrecen und über den Grenzübergang Ártánd. Durch Ungarn fährt man insgesamt 400 Kilometer, benötigt kein Visum, aber eine Autobahnvignette. Sie gilt 9 Tage und kostet derzeit 7 Euro. Außerdem stehen Busverbindungen mit der Firma Trans Europas von Deutschland nach Rumänien und umgekehrt Tel. 01 73/322 07 49 oder über Solo-Reisen Nürnberg Tel. 09 11/22 75 16 zur Verfügung.

Ärztliche Versorgung

Die medizinische Versorgung ist zwar flächendeckend, aber mangels Medikamenten und technischer Ausrüstung unzulänglich. Eine Grundausstattung ist vor Reiseantritt angebracht. Die mit einem roten Kreuz gekennzeichneten Erste-Hilfe-Stationen gibt es in fast allen Dörfern. Sie sind meist wie die Apotheken notdürftig ausgerüstet. Es empfiehlt sich, eine Auslandskrankenversicherung mit Rückholversicherung abzuschließen und die gängigen Schutzimpfungen vor Reiseantritt aufzufrischen: Tetanus, Diphterie, Polio und Hepatitis A. Wer sich zu einem Jagd-, Land- oder Sportaufenthalt in den Wäldern aufhält, sollte sich einer Impfung gegen Tollwut unterziehen.

Camping

Das rumänische Tourismusministerium gibt eine Übersichtskarte heraus, auf der Campingplätze und Motels aufgeführt werden

Diplomatische Vertretungen in Rumänien

Deutsche Botschaft:
Strada Rabat 21, 71272 Bucureşti,
Tel. +40/(0)21/230 28 30
(auch außerhalb der Dienstzeiten),
Fax 230 58 46, E-Mail:
botschaft@deutschebotschaft-bukarest.ro.
Außenstelle:
Strada Mureş 116a, 1900 Timişoara,
Tel. +40(0)256/30 98 00,
Fax 190487,
E-Mail: germanco.@mail.dnttm.ro.
Deutsches Generalkonsulat:
Sibiu, Strada Lucian Blaga 15–17,
Tel. +40(0)269/21 11 33,
Fax 21 41 80,
E-Mail: info@germanconsulsibiu.ro.
Österreichische Botschaft:
Konsularabteilung Strada Salcîmilor 12, Bucureşti,
Tel. +40/(0)21/619 16 01.
Schweizerische Botschaft:
Strada Pitar Moş 12,
70152 Bucureşti,
Tel. +40/(0)1/610 65 85.

Diplomatische Vetretungen Rumäniens

Botschaft von Rumänien, Matterhornstr. 79, 14129 Berlin, Tel. 030/80 49 16 98 (Sekretariat), Fax 030/803 16 84, E-Mail: ro-amb.berlin@t-online.de Consulatul General Bonn, General-konsulat Bonn, Legionsweg 14, 53117 Bonn, Tel. 02 28/683 81 12, Fax 02 28/68 02 47. E-Mail: konsulatbonn@t-online.de, Sprechzeiten: Mo bis Fr 8 bis 13 Uhr und 14 bis 17 Uhr. Consulatul General al Romaniei, Generalkonsulat von Rumänien, Dachauerstr. 17, 80335 München, Tel. 089/55 33 07; 089/55 33 08, Fax 089/55 33 48, E-Mail: rumaenische-muenchen@t-online.de. In Österreich: Botschaft der Republik Rumänien, Prinz-Eugen-Str. 60, 1040 Wien, Tel.+43/(0)1/505 32 27.

In der Schweiz: Botschaft der Republik Rumänien, Kirchenfeldstrasse 78, 3005 Bern, Tel. +41/(0)31/352 35 22, Fax 352 35 22.

Ein- und Ausreisebestimmungen

Zur Einreise ist ein gültiger Reisepaß erforderlich. Bei Aufenthalten unter 30 Tagen benötigen EU-Bürger seit 1. Januar 2001 kein Visum mehr. Bei längeren Aufenthalten wird das Visum in der Konsularabteilung der jeweiligen Botschaft oder an der rumänischen Grenze erteilt. Es ist für österreichische und Schweizer Bürger kostenlos, für deutsche Bürger kostet es derzeit 38 Euro. Sind Kinder unter 14 Jahren nicht im Reisepaß der Eltern eingetragen, wird ein Licht-bildausweis mit Visum verlangt. Die Ein- und Ausfuhr rumänischer Währung ist verboten. Frei konver-tierbare Währung kann bis zu einer

Höhe von 10 000 USD eingeführt werden. Es empfiehlt sich eine Rückfrage bei der Einreise am Zoll, da Änderungen durchgeführt werden könnten.

Geschenke bis zum Wert von 1000 Euro sind erlaubt. Gegenstände mit höherem Wert wie Computer, Laptop und Drucker müssen bei der Einreise schriftlich deklariert werden, nicht dagegen Fotoausrüstungen. Die unterschriebenen Zollerklärungen müssen bis zur Ausreise aufgehoben werden. Jagd- und Schußwaffen (zur Nutzung als Sportwaffe) sowie Munition müssen deklariert werden. Die Einfuhr aller anderen Waffen ist verboten und wird bei Nichtbeachtung strafrechtlich geahndet.

Einkäufe

Wer sich eine kleine Erinnerung aus Rumänien mitbringen möchte, sollte sich an den Verkaufsständen, die sich an den Straßen oder vor den Klöstern aufbauen, ein wenig Zeit nehmen. Da findet man qualitätvolle Tischdecken aus Leinen und Baumwolle mit den typischen farbigen Stickereien, handgestrickte Pullover, Jacken und Socken, aber auch Korbwaren in Hülle und Fülle für die kleinen Bedürfnisse im Haushalt. Daneben wird preiswert rustikale Keramik angeboten. Auch die Holzartikel Löffel, Schalen, Becher, Dosen, Brettchen, Aufhänger sind nützliche Mitbringsel, die man bei uns kaum mehr findet. Schön gedruckte Postkarten und Beschreibungen der

Denkmäler findet man derzeit noch relativ wenig. Für die Grüße aus Rumänien muß man sich noch mit den blassen Relikten der Vergangenheit begnügen.

Eisenbahn

Die rumänische Eisenbahn verbindet alle größeren Städte des Landes miteinander. Sie ist zwar oft langsam, und die Züge sind häufig schmutzig und überfüllt, aber sie ist preiswert und recht zuverlässig. Es ist billiger, die Karten in Rumänien vor Ort zu kaufen. Unter www.cfr.ro bekommt man Fahrplan- und Preisauskünfte im Internet auch in englischer Sprache.

Feiertage

1. Januar (Neujahr), im April beweglicher Feiertag (orthodoxer Ostermontag)
1. Mai
1. Dezember Nationalfeiertag (Erklärung des Anschlusses Siebenbürgens an das Königreich Rumänien 1918). 25./26. Dezember Weihnachten.

Fotografieren

Es ist landesweit erlaubt, außer an den mit Schildern und Zeichen eigenes gekennzeichneten Orten. An ein vorgegebenes Fotografierverbot sollte man sich strikt halten. Gutes Filmmaterial kann man in Siebenbürgen, Bukarest und größeren Städten erhalten.

Fluggesellschaften

Austrian Airlines, AUA,
Bulevardul Bălcescu 7, Bukarest,
Tel. +40/(0)1/614 12 21.
Lufthansa, Bulevardul Magheru 18,
Bukarest, Tel. +40/(0)1/650 40 74;
Zweigstelle Flughafen Bukarest/
Otopeni, Tel. +40/(0)1/633 62 22.
Swissair, Bulevardul Magheru 18,
Bukarest, Tel. +40/(0)1/650 74 30.
Tarom, rumänische Fluggesellschaft,
Strada Doamniţa Anastasia, Bukarest,
Tel. +40/(0)1/616 33 46;
Zweigstelle Flughafen Otopeni,
Tel. +40/(0)1/633 66 02.
Tarom Deutschland, Frankfurt Innen-
stadt, Zeil 13, Tel. 0269/29 52 70;
Fax 29 29 47, E-Mail:
frankfurt@tarom-online.de.
Tarom Berlin, Budapester Straße 26,
Tel. 02 30/247 85 86, Fax 247 85 87,
E-Mail:berlin@tarom-online.de.

Flugverbindungen

Flughäfen stehen in Bukarest,
Constanţa, Tulcea, Temesvar,
Sibiu, Suceava und Satu Mare zur
Verfügung. Regelmäßige Flüge
starten von Deutschland (München,
Frankfurt, Hamburg, Berlin), aus der
Schweiz und Österreich nach
Bukarest, Constanţa und zweimal
wöchentlich von München nach
Timişoara und Sibiu.

Geschäftszeiten

Es gibt keine einheitlichen Öffnungszeiten in Rumänien. In Bukarest sind
die Geschäfte in der Regel täglich
von 9 bis 18 Uhr und sogar samstags
teilweise bis 18 Uhr, die Banken
werktags zwischen 9 und 16 Uhr
geöffnet.

Grenzübergänge

von Ungarn aus dem Westen
Turnu/Battonya (neu)
Nădlac/Nagylak
Borş/Ártánd
Gyula/Vărşand

Kraftstoff

In Rumänien gibt es zwischenzeitlich eine gute Versorgung mit Kraftstoff durch die Petromtankstellen und andere Anbieter; Diesel (Motorino): kostet etwa 16 000 Lei, Super (Super) 26 000 Lei, Normalbenzin (Benzină normale) 25 000 Lei, bleifreies Bezin heißt ›fără plumb‹. Es empfiehlt sich aus Qualitätsgründen, möglichst bei Petrom oder MOL (ungarisch) zu tanken.

Metro

Bukarest verfügt über ein leistungsfähiges Metronetz, welches ein ideales Fortbewegungsmittel innerhalb der Stadt dastellt. Die Tickets werden direkt in den einzelnen Stationen verkauft.

Mietwagen

Das Mietwagenangebot hat sich seit wenigen Jahren stark verbessert. Am Flughafen Otopeni in Bukarest sind zwischenzeitlich alle internationalen Autovermietungen – seit jüngster Zeit auch Sixt und eine nationale Vermietung, die gute Konditionen bei freundlichem Service bietet – vertreten. Auch an den Flughäfen der kleineren Städte wie Sibiu und über

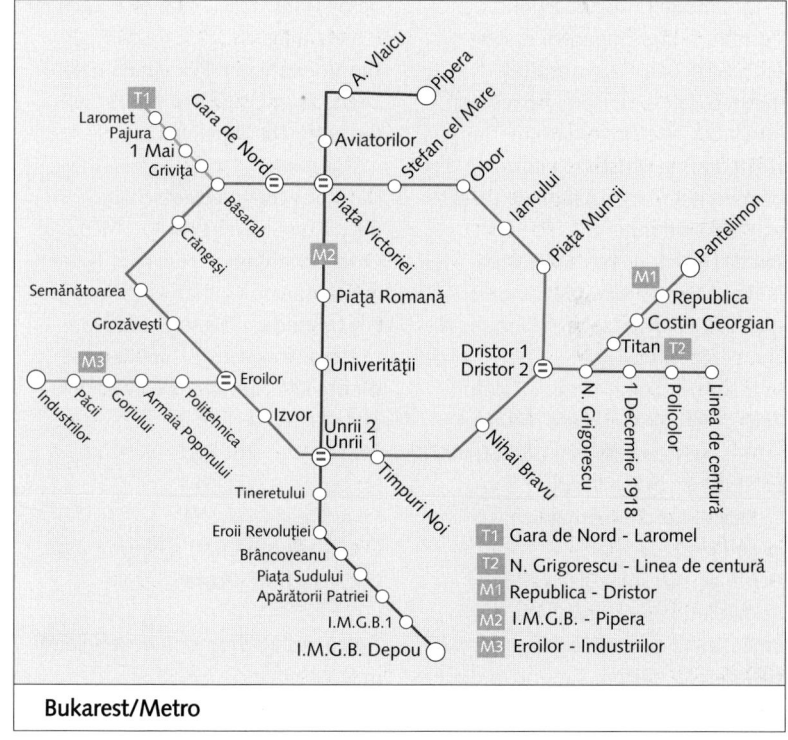

Bukarest/Metro

die Hotels stehen Mietwagen zur
Verfügung. Achtung: Mietwagen
können zwar in Ausnahmefällen über
Österreich in Deutschland abgegeben werden, aber nur gegen
hohe Rücktransportkosten.

Museen

Die Museen sind in der Regel
Dienstag bis Sonntag von 10 bis
18 Uhr geöffnet. Im Anschluß an
die jeweiligen Kapitel findet man
teilweise eine Kurzbeschreibung,
spezielle Hinweise und die jeweiligen
konkreten Öffnungszeiten.

Post- und Kommunikationswesen

In den meisten Regionen sind die
Postämter täglich geöffnet; einschließlich Samstagvormittag. Die
meisten Telefongespräche werden
durch die Telefonvermittlung hergestellt, aber es entstehen immer mehr
nationale und internationale Direkt-
wahlverbindungen.

Für das Telefonieren sollte man
20 Lei Münzen für Stadtgespräche
und 100 Lei Münzen für Ferngesprä-
che bereithalten.

In Bukarest kann man per Telefon-
karte telefonieren: diese ›Cartela‹
kostet zwischen 50 000 und 80 000
Lei und ist auf Postämtern und in
U-Bahn-Stationen erhältlich, seltener
in den Hotels.

Achtung: seit Juli 2002 gelten in ganz
Rumänien neue Vorwahlen, sowohl
im Festnetz als auch bei den Mobil-
funkgesellschaften. Sie sind in diesem
Buch bereits berücksichtigt. Für die

Festnetzvorwahlen gilt, daß nach der
›0‹ eine ›2‹ eingefügt wird, Bukarest
beispielsweise hat also jetzt die Vorwahl 021 anstatt 01. Bei Anrufen aus
dem Ausland wird auch weiterhin die
›0‹ nicht mitgewählt.

Bei den rumänischen Mobilfunknum-
mern ändern sich die Vorwahlen wie
folgt:
Connex 07 21 (statt 091),
07 22 (statt 092), 07 23 (statt 09 13);
Orange (vorher Dialog) 07 40 (statt
090), 07 44 (statt 094), 07 45 (statt
095), Cosmorom 07 66 (statt 096)
und Zapp Mobile 07 88 (statt 098).

Das Telefonieren mit Mobiltelefonen
ist im D1- und D2-Netz sowie mit
dem E-Plus Handy Traveller auch im
E-Netz möglich.

Die Vorwahl von Rumänien nach
Deutschland ist 00 49 (+49) plus
Ortsvorwahl ohne Null plus Teilneh-
mernummer.

Die Vorwahl von Deutschland
nach Rumänien ist 00 40 (+40) plus
Ortsvorwahl ohne Null plus Teilneh-
mernummer.

Für besondere Dienste und Notrufnummern werden in Bukarest
dreistellige Nummern verwendet:

Polizei	Tel. 953
Arzt	Tel. 961
Notruf	Tel. 981
Feuerwehr	Tel. 958

Die Briefkästen sind gelb und tragen
die Aufschrift ›Poşta‹.

Rumänisches Fremdenverkehrsamt

In Deutschland:
• Dachauer Str. 32–34,

80335 München,
Tel. 089/51 56 76 87,
Fax 51 56 76 89,
E-Mail: ro-touramt@t-online.de.
• Budapester Str. 20a, 10787 Berlin,
  Tel. 030/241 90 41,
  Fax 24 72 50 20,
  E-Mail: romaniatour@t-online.de.
• Rumänisches Kulturinstitut Berlin
  Titu Maiorescu, Königsallee 20,
  14193 Berlin,
  Tel./Fax 030/89 09 12 32.
In Österreich:
• Währinger Str. 6–8, 1090 Wien,
  Tel. +43/(0)1/317 31 57,
  Fax 31 73 15 74.
In der Schweiz
• Schweizergasse 10, 8001 Zürich,
  Tel. +41/(0)/211 17 30,
  Fax 211 17 45,
  E-Mail: romtourism@cyberlink.ch.

Sprache

Im ganzen Land wird Rumänisch
gesprochen. Die Verständigung ist
teilweise in Englisch möglich. In Tanssilvanien findet man viele deutschund ungarischsprechende Menschen.
Italienische oder spanische Sprachkenntnisse sind aufgrund der Sprachverwandtschaft von Vorteil. Auch
Französisch wird hin und wieder gut
verstanden. In den Grenzgebieten im
Donaudelta bietet das Russische eine
Möglichkeit der Verständigung.

Stromspannung

220 Volt, Wechselstrom,
mitgebrachte Geräte können ohne
Adapter angeschlossen werden.

Trinkwasser

Bei Wanderungen sollte man darauf
achten, nur das Wasser aus eigens
gekennzeichneten Quellen: ›apă
potabilă‹ – ›Trinkwasser‹ zu verwenden.

Unterkunft

Rumänien hat schon in den fünfziger
Jahren den Badetourismus entdeckt.
Aus diesem Grunde sind an der
Schwarzmeerküste viele Hotelanlagen entstanden, die zwar heute
wenig von den westlichen Gästen
aufgesucht werden, aber durchaus
über westlichen Standard verfügen,
je nachdem, für welche Kategorie
man sich entscheidet. Allerdings muß
man sich auf große Bettenburgen
gefaßt machen, die nicht unbedingt
zur Verschönerung des Landschaftsbildes beitragen.
Die Hotels in den Städten sind teilweise privatisiert und mit Niveau
renoviert. Hier findet man alle Kategorien, vor allem in Bukarest, vom
Luxushotel bis zum kleinen 2-Sternehotel. Die Preise überschreiten in
größeren Städten allerdings teilweise
das westliche Niveau bei weitem,
ohne den entsprechenden Standard
zu bieten.
Immer mehr kleine Privatunterkünfte
etablieren sich mit liebevoll hergerichteten Zimmern und einer
schmackhaften Hausmannskost.
Dies gilt vor allem für die Bukowina.
Bescheidene, preiswerte Übernachtungsmöglichkeiten stehen auch in
den dortigen, meist von Nonnen

bewirtschafteten Klöstern zur Verfügung.

In Siebenbürgen wurden teilweise in leerstehenden Pfarrhäusern von rumäniendeutschen Gemeinden kleine Gästehäuser eingerichtet. Informationen bekommt man über die Landsmannschaft der Siebenbürger Sachsen in Deutschland e. V., Karlstraße 100, 80335 München , Tel. 089/23 66 09-0, E-Mail: info@siebenbuerger.de. Im Internet findet sich die komplette Liste unter www.siebenbuerger.de. In den Gebirgsorten, den ehemaligen Hochburgen der Nomenklatura, findet man saisonal geöffnete Hotels. Derzeit sind viele wegen Renovierung geschlossen.

Auch Campingsplätze stehen zur Verfügung, jedoch nicht ausreichend, das Fremdenverkehrsamt verschickt ein Verzeichnis mit Campingplätzen und Motels.

Insgesamt müssen natürlich Abstriche im Komfort gemacht werden. Da die Übernachtungsmöglichkeiten nicht flächendeckend gewährleistet sind, ist es ratsam, sich rechtzeitig nach einer Bleibe umzuschauen, um nicht nachts bei schlechter Beleuchtung suchen zu müssen. Eine Vorreservierung ist derzeit, mit Ausnahme von Siebenbürgen/Transsilvanien, nicht nötig, da Rumänien vom Kulturtourismus vergessen zu sein scheint.

Das Fremdenverkehrsamt stellt ein Hotelverzeichnis jederzeit zur Verfügung.

Daneben findet sich eine Auswahl an Unterkünften mit kurzer Beschreibung und Preisangaben in den Kapiteln zu den einzelnen Städten.

Unfälle

Egal, ob schuldhaft oder nicht, man sollte immer die Polizei verständigen. Notrufnummern für ganz Rumänien:

Notruf/Polizei	Tel. 955
Feuerwehr	Tel. 981
Unfall	Tel. 961
Pannenhilfe	Tel. 9271 oder 021/222 15 52/53

ACR Automobil Clubul Román in Bukarest   Tel. 021/223 45 25 oder 312 33 33.

Abschleppdienst – Asistenta Rutiera   Tel. 021/222 22 22.

Für am Fahrzeug entstandene Schäden sollte man sich eine Bestätigung ausstellen lassen, um sie bei der Ausreise an der Grenze vorzuweisen, da man sich sonst unter Umständen dem Verdacht der Fahrerflucht aussetzt.

Verkehrsvorschriften

Man benötigt einen internationalen Führerschein, Kfz-Papiere sowie die grüne Versicherungskarte. Abweichende Verkehrsbestimmungen: Höchstgeschwindigkeit innerhalb geschlossener Ortschaften für Fahrzeuge 50 km/h. Außerhalb geschlossener Ortschaften gilt für Pkw 90 km/h, Motorrad, Bus, Lkw 80 km/h. Auf Autobahnen 120 km/h

für Pkw, 100 für Motorrad, 80 km/h
für Lkw, Bus.
Telefonieren während der Fahrt ist
ohne Freisprechanlage verboten. Auf
Brücken besteht Überholverbot. Es
gelten 0,00 Promille, d.h. es herrscht
absolutes Alkoholverbot!
Besondere Hinweise auf Verkehrs-
schildern:

Toate directiile   – Alle Richtungen
Ocolire   – Umleitung
Ceata   – Nebel
Drum periculos   – Gefährliche
                      Fahrbahn
Claxonarea
interzisa   – Hupverbot

Wandern

Wandern mit einigen schwierigen
Steigungen ist im gesamten Karpa-
tenraum möglich.
Höhlenwanderungen sind möglich.
Die meisten der 11 000 Höhlen
befinden sich um das Apuşeni-
Gebirge. Man kann sie ohne Geneh-
migung erkunden.
Das Kletterzentrum ist Buşteni.

Wintersport

Die meisten Skizentren entstanden
in den 60iger und 70iger Jahren. Die
bekannteren sind:
• Poiana Braşov 4500 Meter Länge
  an Pisten
• Sinaia seit 1897, Bobbahn
• Predeal mit 15 Pisten
• Buşteni
• Kleinere Gebiete bei Sibiu, Secu,
  Secu Văliug, Trei Ape, die Dörfer
  am Semenic-Massiv im Banat,

Durău unweit des Ceahlău-Massivs
in den Ostkarpaten und Borşa im
Maramureşgebiet.
Die Saison dauert von Dezember bis
März.

Wassersport

An der Schwarzmeerküste gibt es
gute Möglichkeiten zum Surfen und
Wasserskifahren, auf Flüssen, wie
zum Beispiel dem Olt, und Seen ist
Kanu- und Kajakfahren möglich, die
Ausrüstung muß jedoch mitgebracht
werden.

Zahlungsmittel

Die Landeswährung ist der Rumänische Leu (ROL), in der Mehrzahl
Lei. 1 Leu entspricht 100 Bani
(1 Ban). Es gibt Münzen zu 50,
100 und 500 Lei sowie Banknoten
zu 1000, 5000, 10 000, 50 000,
100 000 und 500 000 Lei. Im Herbst
2002 bekam man für einen Euro
etwa 32 000 Lei.
Der rumänische Leu ist derzeit nicht
handelbar: man kann ihn nicht
außerhalb Rumäniens erhalten. Das
Wechseln in die Landeswährung
empfiehlt sich an Grenzübergängen,
bei Banken, Touristenämtern und in
größeren Hotels. Vorsicht vor Wech-
selangeboten auf der Straße ist geboten. Reiseschecks in EUR oder
US-Dollar werden nur von Banken
und offiziellen Wechselstuben angenommen. Kreditkarten akzeptieren
größere Hotels, einige private
Restaurants und Geschäfte sowie
internationale Autovermietungen.

Die Lebenshaltungskosten sind für Touristen, abgesehen von teilweise hohen Hotelpreisen, derzeit noch sehr günstig.

Zeitunterschied
Mitteleuropäische Zeit plus 1 Stunde, Rumänien hat ebenfalls die Sommerzeit eingeführt.

Noch ein paar Dinge, die man unbedingt wissen sollte...
Hiermit soll Überraschungen und unliebsamen Erfahrungen vorgebeugt werden.

- Es kann dem Reisenden geschehen, daß er von vermeintlich in Staatsauftrag handelnden Personen mit einem Ausweis angehalten wird. Der Reisende wird nach seinen Papieren gefragt werden, sollte er sie nicht dabeihaben, fordern diese Leute eine Strafe. Einer solchen Aufforderung sollte man niemals nachkommen. Organisierte Gruppen mit fingierten Dokumenten versuchen auf diese Weise, Ausländer einzuschüchtern. Man sollte sofort laut nach der Polizei rufen und sich gegebenenfalls an Passanten wenden.
- Wer mit dem Privatfahrzeug anreist, sollte unbedingt bewachte Parkplätze ansteuern. Es kostet wenig, und man kann seine Besichtigungen gelassen durchführen.
- Die Straßenverhältnisse in Rumänien sind teilweise nicht vergleichbar mit europäischem Standard. Deshalb sind Kilometerangaben mit Vorsicht zu betrachten, da daraus keine Zeitplanung erschlossen werden kann. Man sollte auf Pferdefuhrwerke, Tiere und Fußgänger auf der Fahrbahn gefaßt sein.
- Gleichermaßen gilt zu beachten, daß es aufgrund der Straßenverhältnisse gehäuft zu einer Reifenpanne kommen kann. Einen relativ gut ausgestatteten Reifenservice findet man in jedem noch so kleinen Ort. Noch nie war ich so froh, das Schild ›Vulcanizare‹ zu entdecken wie in Rumänien.
- Vorsicht ist bei vermeintlichen Unfällen oder Pannen Dritter geboten, die sich oft als Inzenierung von Straßenräubern erweisen, man sollte keinesfalls anhalten.
- Bettelnde Kinder sollten nicht durch allzu verschwenderisch ausgeteilte Dollar- und Euro-Scheine dazu erzogen werden, Betteln zu ihrem Lebensziel zu machen.
- Vor Abschluß eines Schutzbriefes sollte man sich über die Konditionen ausführlich informieren. Wird ein Rücktransport für das mitgebrachte Fahrzeug nötig und ein Mietwagen erforderlich, muß dieser an der Grenze abgegeben oder auf eigene Kosten der Rücktransport aus dem Heimatort geleistet werden.

Glossar

Akathistos-Hymnus

›Akathistos‹ bedeutet übersetzt ›nichtsitzend‹, dabei handelt es sich um einen Marien-Hymnus der orthodoxen Kirche, der im Stehen gesungen wird. Er besteht aus 24 Strophen, den Okoi, an den sich ein Gruß-Hymnus anschließt. Sowohl die Entstehungszeit als auch der Dichter sind umstritten. Seit dem 9./10. Jahrhundert wird er innerhalb der orthodoxen Liturgie gesungen. Der Samstag der fünften Fastenwoche ist ihm geweiht, an diesem Tag wird er vollständig gesungen. Erzählt wird in diesem Hymnus auch von der Belagerung Konstantinopels durch die Perser/Awaren (626), der dank einer Muttergottes-Ikone getrotzt wurde.

Akkerman (türkisch)

Die milesische Kolonie des Altertums Tyras hieß rumänisch Cetatea Alba, türkisch Akkerman. Die ehemalige moldauische Festung war ein wichtiger und umstrittener Hafen an der Dnjestr-Mündung. 1484 von den Türken erobert, wurde die Stadt 1812 russisch, 1918 bis 1940 und 1941 bis 1944 erneut rumänisch und ist heute als Belgorod-Dnjestrowskij urkainisch.

Alexandru I. cel Bun

Alexander der Gute, Fürst der Moldau (1400–1432).

Alexandru II.

Alexander, Fürst der Moldau (1448–1449 und 1451–1455) gemeinsam mit Peter III.

Alexandru III. Lăpuşneanu

Alexander der Lauscher, Fürst der Moldau (1552–1561 und 1564–1568).

Alexandru IV. Ilias

Alexander Iliasch, Fürst der Walachei (1616–1618, 1627–1629, 1631–1633).

Altreich

rumän. ›Rege Veche‹, Rumänien, wie es vor dem Ersten Weltkrieg bestand, mit der Walachei, Moldau und Dobrudscha.

Andreanum

Freibrief (Privilegium) für die Siebenbürger Sachsen aus dem Jahr 1224. Benannt nach seinem Verleiher, König Andreas II. von Ungarn, sind in diesem die Beziehungen zwischen dem Grundherrn und den Siedlern geregelt. So wurden darin die Siebenbürger der Hermannstädter Grafschaft zu einer politischen Gemeinschaft, dem ›unus populus‹ vereinigt und ihnen weitgehende Rechte und Privilegien verliehen. Dies wurde schrittweise auf sämtliche Siedlungen und damit auf die gesamte ›Nationsuniversität‹ (Universitas Saxonum‹) ausgedehnt und 1486 von M. Corvinus bestätigt. Das Original blieb nicht erhalten, wurde

jedoch in einer urkundlichen Bestätigung des Freibriefes durch Karl I. von
1317 überliefert. Pflichten: Abgaben
an den König, Freistellung von
Kriegern, und Bewirtung des Königs;
Rechte: Gebietsautonomie, aus-
schließliches Bürgerrecht auf diesem
Gebiet, freie Wahl eigener Richter,
Beamter und Pfarrer sowie das Privileg eigener Gerichtsbarkeit unter
Anwendung des eigenen Gewohn-
heitsrechtes.

Anjous
französisches Grafengeschlecht,
deren ältere Linie Anjou-Neapel im
Mittelalter (1308–1386) nach dem
Aussterben der ungarischen Árpáden
die Krone Ungarns (Siebenbürgen
gehörte dazu) erlangte: Karl Robert
(1308–1342), Ludwig I. d. Gr.
(1342–1382). Eine Tochter Ludwigs,
Maria, wurde die Gemahlin Sigismunds des Luxemburgers, wovon
dieser seine Ansprüche auf Ungarn
mit Siebenbürgen ableitete.

Apsis/Konche/Exedra
ein meist halbrunder mit Halbkuppel
überwölbter Raum, der einem
Hauptraum ein- oder angebaut ist.

Archimandrit
Abt einer Klosteranlage, Vorsteher
mehrerer Klöster.

Architrav
auf Säulen ruhender Querbalken.

Aromunen
rumän. Arămăn, romanisiertes
Balkanvolk, das nie zur Eigen-
staatlichkeit gelangte und heute in
Sprachinseln lebt. Die Aromunen
sprechen eine rumänische Variante,
das Makedorumänischen.

Aron Tiran
Aaron der Tyrann, Fürst der Moldau
(1591–1592 und 1592–1595).

Atrium
hier: Bezeichnung für die offene, an
den Pronaos angefügte Vorhalle
moldauischer Kirchen, rumänisch
›Pridvor‹ genannt.

Bessarabien
rumän. Basarabia, historische Landschaft zwischen Pruth (rumän. Prut)
und Dnjestr (rumän.Nistru, ukrainisch
Dnestr). Gehörte bis 1812 zur Moldau und wurde im Frieden von Bukarest 1812 dem russischen Reich
angegliedert, nach dem ersten Weltkrieg ging es an Rumänien und 1940
wieder an die UdSSR.

Bessen/Bessis/Bessier
untergegangener Volksstamm, der
im 7. Jahrhundert zwischen Schwarzem Meer und den Flüssen Dnjestr
und Pruth siedelte. Von ihnen soll
sich der Name Bessarabien ableiten.

Bogdan I. Muşat
Bogdan I. Muschat, erster
unabhängiger Fürst der Moldau
(1348–1365).

Burzenland
rum. Ţară Bîrsei, ung. Barcaság, nach
dem Burzenbach benannt, der vom
Alt (Olt) und seinen Nebenflüssen
gespeist wurde. Einst 13 freie
Gemeinden, die Ende des 12. Jahrhunderts dem ungarischen Herr-

schaftsbereich einverleibt wurden.
1211 wurde das Gebiet zur Verteidigung den deutschen Rittern anvertraut, nach deren Vertreibung
1225 wurde es zum Komitat, an dessen Spitze ein Szeklergraf stand. Im
15. Jahrhundert erfolgte der Anschluß an die Nationsuniversität
(s. a. ›Andreanum‹).

Cadrilater
zur Dobrudscha gehöriges Gebiet um
Dobritsch (bulgar. Dobric), das seit
1940 wieder an Bulgarien zurückgegeben wurde.

Cantemir
Fürstenfamilie der Moldau des
17. und 18. Jahrhunderts, deren
bedeutendster Vertreter Dimitrie
(auch Demetrius 1673–1714) war,
weniger als Fürst der Moldau,
sondern eher als Schriftsteller
und Gelehrter.

Christus Emmanuel
auf die ostchristliche Kirche be-
schränkte Darstellungsform des Christus: »Siehe, die Jungfrau wird empfangen und einen Sohn gebären und
ihn Emmanuel nennen« (Mt. 1,23)
Christus ist jugendlich, unbärtig mit
kurzem Haar, gewölbter Stirn oft
auch mit faltigem Antlitz dargestellt.
Übersetzt bedeutet Emmanuel
»Gott ist mit uns«.

Cin oder Tschin
die sogenannte Liturgie aller
Heiligen, die bildlich die Außenseite

der Apsis (Ostteil) der moldauischen Klöster dominiert. Es handelt sich dabei um eine Reihung von mehreren hundert Gestalten, die in fünf bis sieben Registern (Reihen) hierarchisch geordnet sind und sich auf den Ostpunkt der Kirchen zu bewegen. In jedem Rang bildet eine

Gottesdarstellung das kompositionelle und inhaltliche Zentrum der Figurenreihe. Das Wort ist slawischen Ursprunges und bedeutet Abfolge, Hierarchie, Ordnung. Es besteht eine Verbindung zur Gliederung der russischen Beamtenschaft und der im Kirchenrecht festgelegten hierarchischen Rangordnung. Die griechische Entsprechung lautet ›Akoluthia‹, was im Rumänischen auch mit ›Gebet aller Heiligen‹, ›rugăciunea tuturor sfinăilor‹ umschrieben wird.

Constantin Brâncoveanu
letzter Fürst der Walachei (1688–1714), danach folgten die Fanarioten.

Cula
Bojarenhaus in Oltenien.

Deesis
(griech. ›Bitte‹, ›Gebet‹) Bezeichnung für eine Darstellung, bei der sich Maria als Verkörperung des neuen Bundes und Johannes der Täufer als Vertreter des alten fürbittend dem Weltenrichter in der Mitte nähern. Es ist ein häufiges Motiv der orthoxen Kirche.

Drei Hierarchen
Vasile (Basilius der Große), Grigore (Gregor der Theologe auch Gregor von Nazianz d. J.) und Ioan (Johannes Chrysostomos, auch Guldenmund). Die Drei Hierarchen wurden als Vorkämpfer des Dreifaltigkeitsdogmas ursprünglich am 30. Januar kultisch verehrt, das Fest ist in Vergessenheit geraten.

Dreikonchentypus
eine kreuzförmige Kirche, deren an der Vierung gelegene Kreuzarme gleich lang sind und in gleich großen Apsiden enden. Im Inneren entsteht die Wirkung eines Zentralraumes. In der Moldau werden im Westen das Vorschiff (Pronaos oder Narthex), Grabkammer und Vorhalle (Exonar-

thex oder Atrium) angefügt. Der Typus wird häufig auch als drei- bzw. vierlappig bezeichnet.

Exonarthex
die geschlossene, an den Pronaos anschließende Vorhalle der moldauischen Kirchen, im rumänischen auch ›Pridvor‹ genannt.

Fanarioten
von den Türken in der Moldau und Walachei eingesetzte Griechen. Ihr Name leitet sich vom Stadtteil Konstantinopels Fanar (Phanar) ab, in dem sie vorwiegend ansässig waren.

Gaugasen
turksprachiges Volk, das sich zur christlichen Orthodoxie bekannte.

Geten
nordthrakischer Volksstamm, der im Donaugebiet siedelte und mit den Dakern verschmolz.

Glacis
freies Vorfeld ohne toten Winkel vor Befestigungsanlagen.

Gropniča (rumän.)
Grabkammer, die zwischen Naos und Proanos als Grabraum in die Dreikonchenanlage eingefügt wird. Darüber liegt oft die über eine Wendeltreppe zugängliche Schatzkammer.

Heiducken
auch Haiduken vom ungar. haidú, Bezeichnung für ungarische Hirten,

seit dem 15./16. Jahrhundert für Söldner, die zur Grenzverteidigung gegen das osmanische Reich eingesetzt wurden und in die ungarischen Parteienkämpfe eingriffen.

Hetman
militärischer Rang, Oberbefehlshaber.

Hohe Pforte
Bezeichnung für die osmanische Regierung in Konstantinopel.

Hospodar
byzantinischer Titel, entspricht dem Fürsten oder Woiwoden.

Igumen
Igumenos (neugriech.), Abt eines morgenländischen Klosters.

Ioan Neculce
rumänischer Geschichtsschreiber der Moldau, der wichtige Chroniken hinterließ (1672–1745).

Ioan Novus (Sf.)
der heilige Johannes der Neue, auch Johannes von Suceava genannt. Der Kaufmann aus Trapezunt lebte im 14. Jahrhundert und wurde von den Tataren enthauptet, weil er seinem christlichen Glauben nicht abschwören wollte. Seine Vita überlieferte Grigore. Große Verehrung erfuhr er in der Moldau, wohin seine Gebeine 1402 nach Suceava überführt wurden.

Ioan Vodă cel Viteaz
Johannes der Tapfere

Johannes Klimax
(auch Klimakos) Mönch vom Sinai, der im 7. Jahrhundert lebte und ein Werk über die 30 Stufen zur Vollkommenheit, zum Paradies, die sogenannte ›Himmlische Leiter‹, schrieb.

Kalotte
gekrümmte Fläche eines Kugelabschnittes.

Kiptschag
Kyptschak, türk. Eigenbezeichnung für die Kumanen und ihr Siedlungsgebiet.

Knese
entspricht dem Woiwoden. Bezeichnung für den Fürsten der Walachei

Kumanen
(slaw. Polowzer) turksprachiges Nomadenvolk, das im 11. Jahrhundert aus Zentralasien nach Südrußland vordrang und Ungarn 1071/72 verwüstete. Ein Teil assimilierte sich in Ungarn.

Kurutzen
Aufständische gegen die nationale Unterdrückung der Ungarn im Habsburger Reich (auch Kuruzen).

Lipowaner
sogenannte Altgläubige, nach der russisch-orthodoxen Kirchenspaltung verfolgt, flohen sie vor dem Zaren ins unwegsame Donaudelta. Sie sind häufig auffallend hellhäutig und sprechen unter sich Russisch.

Logothet
(griech.) Kanzler und Schreiber am
moldauischen Hof in der Zeit der
Fanarioten.

Mandorla
mandelförmiger Heiligenschein, der
bei Christus- oder Mariendarstel-
lungen den ganzen Körper umgibt.

Maria Entschlafen
Maria Himmelfahrt in der
orthodoxen Kirche.

Marien-Hymnus
›Über dich freut sich‹
einer der vielen byzantinischen Hymnen, die in der Moldau neben dem
Akathistos-Hymnus häufiges Thema
in der Wandmalerei sind.

Martyrologium
Heiligenkalender bzw. liturgisches
Buch mit Verzeichnis der Märtyrer
und Heiligen und ihrer Feste mit
Lebensbeschreibung.

Matei Basarab
Fürst der Walachei (1632–1654)

Menologion
liturgisches Monatsbuch der orthodoxen Kirche mit Lebensbeschrei-
bungen der Heiligen jedes Monats.

Mihai Viteazul/Viteazu
Michael der Tapfere, Fürst der
Moldau und der Walachei (1592–
1601).

Mircea cel Bătrân
Mircea der Alte, Fürst der Walachei
(1386–1418)

Mircea Ciobanul
Mircea der Hirte, Fürst der Walachei
(1545–1554).

Moldauisches Gewölbe
eine Gewölbekonstruktion, meistens
über dem Naos (Hauptschiff), die aus
vier Hauptbögen besteht, über denen
Pendentifs das Quadrat in einen Kreis
überführen, den vier kleinere Segmentbögen wieder in ein Quadrat
verwandeln.

Muttergottes Eleusa
Muttergottesdarstellung, auf der sich
Maria Wange an Wange an ihr Kind
schmiegt.

Naos
in der byzantinischen und rumänisch-
orthodoxen Kirche der Hauptraum
(Hauptschiff) des Gotteshauses, an
den die Apsis anschließt. In ihm wird
die Liturgie abgehalten.

Narthex
in der byzantinischen und rumänisch
orthodoxen Kirche der vom Lang-
haus/Hauptschiff (Naos) durch
Säulen, Gitter oder Wand abgetrenn-
te Raum, nicht zu verwechseln mit
dem Portalvorbau. In der byzantinischen Kirche lautete die hierar-
chische Ordnung im Kirchenbau:
Narthex, Naos, Bema. In den
moldauischen Dreikonchenanlagen

wird der Narthex häufig auch als Pronaos bezeichnet.

Neagoe Basarab
Fürst der Walachei (1512–1521).

Nicodim von Tismana
Mönch serbisch-griechischer Herkunft, der auf dem Berge Athos erzogen wurde. Kämpfte für die Orthodoxie gegen das Vordringen der ungarischen Katholiken.

Nösnerland
von Nösen, der alten deutschen Bezeichnung für die Stadt Bistritz abgeleitete Bezeichnung für das nordsiebenbürgische Siedlungsgebiet. In der Regel von Szeklergrafen geleitet, nach der Ausweitung des Andreanums wurde es 1366 eigener Distrikt. Die 26 freien sächsischen Gemeinden wurden in die vier Gebiete Bistritz, Rodenau, Senndorf und Baierdorf unterteilt.

Palmette
palmblattähnliches symetrisches Ornament.

Paraschiva Sf.
Heilige Paraschiva, auch als Paraskeve d. J. bekannt, in Bulgarien und Serbien auch als Petka verehrt. Sie lebte im 10. Jahrhundert bei Konstantinopel, ihre Gebeine wurden auf wundersame Art aufgefunden und in die Apostelkirche von Konstantinopel gebracht, wo sie Wunder wirkten. Die Gebeine

wurden mehrfach vor den Türken gerettet und 1641 endgültig nach Iaşi überführt.

Pastophorien
die häufig rechteckigen, zu beiden Seiten des Altarraumes angefügten Räume, die zur Aufbewahrung kultischer Geräte und Gewänder, aber auch von Reliquien dienen konnten.

Pendentiv
Konstruktion eines Dreiecks, die den Übergang von einer rechteckigen Grundfläche in eine Kuppel ermöglicht.

Petru Muşat
Fürst der Walachei (1374–1391).

Petru Rareş
Peter mit dem spärlichen Bart, Fürst der Moldau (1527–1538).

Petru Şchiopul
Peter der Lahme, Fürst der Moldau (1574–1591).

Petschenegen
nomadisches Turkvolk zwischen Ural und Wolga, das im 9. Jahrhundert die Magyaren nach Westen abdrängte.

Pridvor
siehe Exonarthex.

Pronaos
siehe Narthex.

Radu cel Frumos
Radu der Schöne, Fürst der Walachei
(1463–1475), Bruder des Vlad IV.
Ţepeş.

Radu cel Mare
Radu der Große, Fürst der Walachei
(1495–1508).

Radu de la Afumači
Fürst der Walachei (1522–1523
und 1524–1529).

Sava hl.
auch Sabas genannt, bedeutender
serbischer Heiliger.

Seraph
Engel mit sechs Flügeln, der gerne in
der byzantinischen Kunst dargestellt
wird.

Siebenbürgische Schule
(rumän. Şcoala ardeleană) Bewegung
rumänischer Gelehrter des 18. und
19. Jahrhunderts, die es sich zur Aufgabe gemacht hatten, die lateinische
Herkunft und kontinuierliche Besiedelung Siebenbürgens durch die
Rumänen zu beweisen. Als Begründer gelten die in Wien und Rom zu
Priestern ausgebildeten Samuil Micu
(1745–1806), Gheorghe Ľincai
(1754–1816) und Petru Maior
(1760–1821), nach dem die Universität in Tǎrgu Mureş benannt ist.

Ştefan cel Mare
Stefan der Große, Fürst der Moldau
(1457–1504).

Stühle
im ungarischen Königreich Gerichts-
und Verwaltungsform autonomer
Bevölkerungsgruppen, die vermutlich
unter Karl I. Robert (Anjou) zwischen
1325 und 1329 entstand. Der Name
leitet sich vom Gerichtsstuhl ab. Die
Grafschaften bzw. deren Unterein-
heiten wurden dabei in Stühle umgewandelt, ihre Führung dem Königs-
grafen aus den Reihen der Siedler
und einem gewählten Beisitzer, dem
Stuhlsrichter, übertragen. Viermal
jährlich fand die Stuhlversammlung
statt. Die aus Vertretern aller Stühle
gebildete Gauversammlung kam
zweimal jährlich in Hermannstadt
zusammen.

Teutsch, Georg Daniel
Historiker, Pfarrer, Bischof, wurde
1817 in Schäßburg geboren und
wirkte lange in Hermannstadt. Er
reformierte das Schulwesen, sorgte
für die Verlegung des Bischofssitzes
von Birthälm nach Hermannstadt,
schrieb eine Siebenbürger Geschichte
und befaßte sich eingehend mit dem
Reformator Honterus.

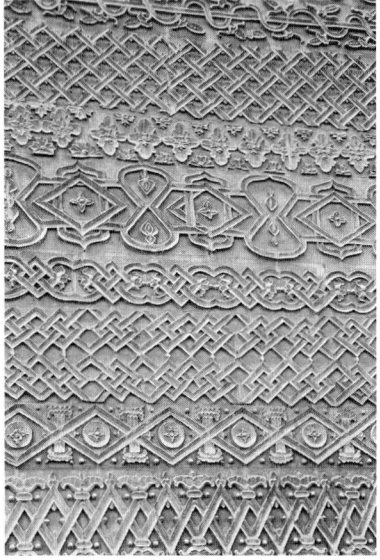

Troiţes
als Wegekreuze aufgestellte Holzkreuze.

Tropaion
Tropaeum (lat.), Siegeszeichen.

Unionsuniversität
Universitas Saxonum (Gesamtheit
der Sachsen), oberste politische Ver-
waltungs- und Gerichtsbehörde zwischen 1486 und 1876. Nach den
Türkeneinfällen entstand mit den
Szeklern und dem ungarischen Adel
1437 die ›Unio trium nationum‹,
deren Kern die von Andreas privili-
gierte Hermannstädter Provinz war.

Unitarier
protestantische Glaubensrichtung
die aufgrund ihrer Bibelauslegung
die Dreifaltigkeitslehre ablehnt.

Vlad III. Ţepeş
Vlad der Pfähler, Fürst der Walachei
(1463–1475).

Vauban, Sébastien le Prestre de
französischer Feldmarschall
(1633–1707), dessen Gedanken zum
Festungsbauwesen vom 17. bis ins
19. Jahrhundert in ganz Europa
großen Einfluß hatten.

Wimperg
gotisches Ziermotiv in Form von
einem Giebel an Fenster und
Portalen

Wurzel Jesse
der Stammbaum Christi. Aus der
Gestalt des meist schlafend gezeigten
Jesse wächst ein Baum auf, an dessen
Ästen die königlichen Vorfahren (12)
erscheinen, darunter David mit der
Harfe und Salomon mit Turban. Den
Abschluß bildet Christus, die Prophe-
ten oder Weisen (Aristoteles u. a.)
können zugeordnet sein.

Rumänien im Internet

www.turism.ro
Rumänisches Ministerium für
Tourismus mit Informationen zu Landeskunde, Politik und Geschichte,
auch in deutscher Sprache.

www.romaniatour.de
Rumänisches Tourismusamt in Berlin,
wenige Basisinformationen.

www.tarom-online.de
Rumänische Fluggesellschaft.

**www.deutsch-rumaenische-
gesellschaft.de**
nützliche Linksammlung zu vielen
Bereichen.

www.siebenbuerger.de
Landsmannschaft der Siebenbürger
Sachsen, Siebenbürger Zeitung.

www.karpatenwilli.com
Wilhelm Scherz aus Jüterbog, Rumä-
nienfreund und Wanderer. Anregen-
de Bilder und Reportagen von seinen
Touren.

www.rumaenien-reisen.de
Schmetterling Reisen in Frankfurt/M.
Spezialist für Rumänien-
Individualreisen, Flüge, Hotels,
Transfer.

www.reky-travel.de
Kleiner Reiseveranstalter in Sibiu, der
auch individuelle Touren zusammen-
stellt.

www.auswaertiges-amt.de
Deutsches Außenministerium. Basis-
informationen über alle Länder,
Sicherheitshinweise, gesetzliche
Bestimmungen etc.

Über die Autorin

Birgitta Gabriela Hannover hat Kunstgeschichte, Theaterwissenschaft und Archäologie in München studiert. Reisen nach Ost- und Südosteuropa folgte ein einjäh-
riger Aufenthalt in Moskau, der mit einer Tätigkeit am Theater verbunden war.
Ihre langjährige Tätigkeit als Studienreiseleiterin ermöglichte die kontinuierliche
und intensive Verbindung zu den im Umbruch befindlichen Ländern im Osten.
Nicht nur die Kulturgüter, sondern insbesondere die Gastlichkeit der Menschen
haben den Anlaß für diesen Reiseführer gegeben.

Leseempfehlungen

Die Leseempfehlungen sollen den Einstieg ins Land Rumänien erleichtern. Angegeben sind nur Titel, die entweder im deutschen Buchhandel oder in den Bibliotheken in deutschsprachigen Übersetzungen vorliegen. Die Auswahl wurde so getroffen, daß der Leser durch ihren Inhalt auch mit Besichtigungsobjekten in Berührung kommt.

Allgemeines

Klein, Horst G./Göring, Katja: Rumänische Landeskunde, Gunter Narr Verlag, Tübingen 1995.
Reiseführer Siebenbürgen, Wort und Welt Verlag, Thaur bei Innsbruck 1993.
Verseck, Keno: Rumänien, Beck'sche Länderreihe, München 2001.

Kultur

Die Daker. Archäologie in Rumänien, Ausstellungskatalog Historische Museen der Stadt Köln, Verlag v. Zabern, Mainz 1980.
Goldhelm, Schwert und Silberschätze. Ausstellungskatalog der Schirn, Frankfurt a. M. 1994.

Geschichte

Völkl, Ekkehard: Rumänien. Vom 19. Jahrhundert bis in die Gegenwart, Pustet-Verlag, Regensburg 1995.

Zeitgeschichte, politische Literatur

Märtin, Ralf-Peter: Dracula. Das Leben des Fürsten Vlad Tepes, Wagenbach Verlag, Berlin 2001
Olschewski, Malte: Der Conducator Nicolae Ceausescu. Phänomen der Macht, Ueberreuter Verlag, Wien 1990.
Oschlies, Wolf: Ceauşescus Schatten schwindet. Politische Geschichte Rumäniens 1988–1998, Böhlau Verlag, Köln 1998.
Schlesak, Dieter: Wenn die Dinge aus dem Namen fallen, Rowohlt, Reinbek 1991.

Erzählungen, Romane, Lyrik

Eliade, Mircea: Auf der Mântuleasa-Straße. Erzählungen, Suhrkamp Verlag,
   Frankfurt a.M. 1973.
Eminescu, Mihai: Der Abendstern, Aufbau Verlag, Berlin 1964
ders.: Engel und Dämon, Reclam-Verlag, Leipzig 1972.
Goma, Paul: Ostinato. Roman, Suhrkamp Verlag, Frankfurt a.m. 1973.
Istrati, Panait: Familie Perlmutter, Büchergilde, Frankfurt a.m. 1988.
Müller, Herta: Reisende auf einem Bein, Rowohlt TB-Verlag, Reinbek 1995.
Müller-Guttenbrunn, Adam: Der große Schwabenzug, Bamberg 1953.
Sadoveanu, Mihail: Geschichten am Lagerfeuer. Ex libris Volk und Welt,
   Berlin 1988.
Wiesel, Elie: Gesang der Toten. Erinnerungen und Zeugnis, Herder Verlag,
   Freiburg 1989.

Reiseliteratur

Melas, Evi: DuMont Kunst-Reiseführer Rumänien, Köln 1991.
Wischenbart, Rüdiger: Canettis Angst. Das Reise-Buch der Ränder.
Erkundungen am Rande Europas, Wieser-Verlag, Klagenfurt 1994.

Sprachführer

Octavian, Nicolae, Langenscheidts Sprachführer, Rumänisch, München 2001.

Landschaftsbeschreibungen

Trost, Ernst: Die Donau. Lebenslauf eines Stromes, Amalthea Verlag,
   München 1989.
Weithmann, Michael W.: Die Donau, Pustet Verlag, Regensburg 2000.

Landkarten

ADAC-Karte Rumänien (nicht mehr lieferbar).
România Harta rutieră (Rumänien-Straßenkarte), Amco-Press Rumänien.
România Harta Mănăstirilor (Rumänien-Klosterkarte), Amco-Press Rumänien.

Kartenregister

Adamclisi, Tropaeum traiani 368
Bukarest, Umgebung 237
Festung Alba Iulia 175
Histria, Ausgrabung 374
Holzkirchen in der Maramureş 106
Kirchenburgen in Siebenbürgen 131
Klöster am Olt 258
Klöster der Südbukowina 279
Klöster im Neamţ-Gebiet 339
Östliche Moldau 316
Rumänische Schwarzmeerküste 371
Stadtplan Arad 67
Stadtplan Bistriţa 198
Stadtplan Braşov 124
Stadtplan Bukarest, Caleia Victoriei
            und Bulevardul Bălcescu 219
Stadtplan Bukarest, Handelsviertel
            und Bulevarduul Unirii 222
Stadtplan Bukarest, Cotroceni-Viertel
Stadtplan Bukarest, Piaţa Victoriei
            und Piaţa Revoluţiei 212
Stadtplan Bukarest, Übersicht 208
Stadtplan Cluj-Napoca 187
Stadtplan Constanţa 362
Stadtplan Iaşi 319
Stadtplan Oradea 95
Stadtplan Satu Mare 102
Stadtplan Sibiu 163
Stadtplan Sighişoara 146
Stadtplan Suceava 304
Stadtplan Timişoara 79
Stadtplan Târgovişte 245
Stadtplan Târgu Mureş 196

Personenregister

Adamovici, Gherasim 74
Alexander der Gute
(Alexandru cel Bun) 291, 340
Alexander Lăpuşneanu 342, 300,
314, 318
Alexici, Nicolae 71
Alexici, Stefan 72
Aman, Theodor 171
Andreas II. 119, 121
Anghel, Athanasius 40
Antonescu, Petre 210
Apafi, Mihaly I. 116
Arăpaşu, Teoctist 39
Asachi, Gheorghe 321
Aurelian 21
Ausländer, Rose 46

Babeş, Vicenţiu 68
Bánffy, Georg 118, 189
Bärenfuß, Reymund 136
Bariţiu, Gheorghe 159
Bartók, Béla 70, 74
Basarab I 22, 206, 253
Báthory, Gabriel 125
Báthory, Stephan IV. 116
Bethlen von Iktár, Gabriel 116
Bethlen, Nikolaus 158
Bethlen, Stefan 158
Bogdan I 22, 315
Brâncoveanu, Constantin 23, 206,
209, 210, 225, 239
Brâncuşi, Constantin 269
Brukenthal, Samuel 118

Cantacuzino, Mihai 226, 243
Cantacuzino, Şerban 56
Cantemir, Dimitrie 23, 56, 274, 330
Caraffa, Antonio 125

Caragiale, Ion Luca 242
Carol II. 27
Ceauşescu, Nicolae 29, 228
Celan, Paul 46
Cioabă, Ioan 48
Ciobotea, Daniel 39
Ciorbea, Victor 32
Cipariu, Timotei 159
Codreanu 27
Constantinescu, Emil 32
Coresi 127
Corvinus, Matthias 104, 116, 126, 190
Cosbuc, Gheorghe 70
Creangă, Ion 321
Cuza, Ioan Alexander 25
Cuza, Alexandru Ioan 321

Damiani, A. 71
Decebal 21, 185
Doja, Gheorghe 64
Dosoftei, Dimitrie 56, 322
Dósza, György 77
Dracula, siehe ›Vlad III. Ţepeş‹

Eberhard, Franz 141
Eliade, Mircea 218
Elisabeth (Sissi) 118
Elisabeth von Rumänien 243
Eminescu, Mihai 321, 332, 338
Enescu, Gheorghe 70, 213, 337

Fabritius, Fritz 44
Ferdinand I. 26
Ferenc, Sztárill 96
Franz II. Rákóczi 101
Franz Joseph 118

Geisa II. 119, 121
Gheorghiu-Dej, Gheorghe 28
Ghica, Ion 320

Goma, Paul 29
Gorbatschow, Michail 30
Grigorescu, Lucian 98, 171
Grigorescu, Eremia 315
Groza, Gheorghe 70, 73
Groza, Petru 28
Grozăvescu, Trajan 70
Guttman, Jószef 96

Haas, Konrad 161
Hadrian 185
Hersch, Ferdinand 70
Hillebrand, Franz Anton 97
Honterus, Johannes 119, 125, 128
Horga-Popovici, N. 73
Hörler, Rudolf 137
Huet, Albert 169
Hunyadi, János 77, 116, 200

Iancu, Avram 68, 118, 159
Ianici, Mihai 71
Iliescu, Ion 31, 32
Istrati, Panait 386

Joseph II. 44, 77, 94, 118, 162

Kaiser Rudolf II. 23
Karl VI. 77
Karl von Hohenzollern-Sigmaringen
   (Carol I.) 26
Kittner, Alfred 46
Kogălniceanu, Mihail 25, 320
Kopácsi, Istvan 104
Kyrill 55

Lechner, Ödon 160
Lenau, Nikolaus 47, 75
Leopold I. 65
Löbl, Ferenc 96
Luca Arbore 299

Ludwig I. von Anjou 115, 129
Ludwig II. 64, 116
Lungu Puhallo, Emilia 74

Maffay, Peter 142
Maior, Petru 56, 159
Man, Nicolae 108
Margul-Sperber, Alfred 46
Maria Theresia 77
Matei Basarab 242
Mavrocordat, Constantin 24, 227
Mende, Valer 96
Method 55
Michael der Tapfere 23, 68, 188
Micle, Veronica 343, 344
Micu, Inocenţiu 159
Micu, Samuel 56, 159
Mihai Viteazul 276
Mihai Vodă 242
Mihail Sturdza 320
Mihaileanu, Radu 46
Mihnea der Schlechte 169
Mincu 213, 224
Mincu, Ion 210, 223, 224
Mircea cel Batrân 253, 259
Mircea III. Ciobanul 209
Moltke, Hans 114
Monţia, Emil 73
Movilă, Gheorghe 293
Müller, Herta 76
Müller-Guttenbrunn, Adam 75
Munteanu, Radu 108, 109
Murad II. 115
Mureşanu, Andrej 127

Neacşu 56
Neagoe Basarab 257
Neculce, Ion 56
Nikodemus von Tismana 38
Năstase, Adrian 32

Oberth, Hermann 147
Octavian Augustus 361
Olahus, Niclaus 161
Olinescu, Marce 70
Ovid 361

Paciurea, Dimitrie 98
Pallady, Stefan 171
Pallady, Theodor 171
Petöfi, Sandor 145
Petraş, Gheorghe 98
Petru Rareş 276, 291, 301, 302
Pipos, Petru 70
Ponehalski, Alexandru 108
Pătraş, Ioan Stan 112

Rákóczi, Franz 65
Rákóczi, Georg I. 116
Rimanóczy, Kálmán junior 96
Rosenkranz, Moses 46
Rössler, Josef 85
Roth, Stefan Ludwig 155
Rădulescu, Ioan Heliade 25

Sadoveanu, Mihai 213, 324, 331
Sándor Graf Károlyi 101
Schipa, Tito 70
Schmidt, Andreas 44
Schöpf, Johann Nepomuk 85, 98
Sereni, Teofil 40
Sigismund der Luxemburger 64, 181
Sima, Horia 28
Sinan Pascha 23
Sincai, Gheorghe 159
Slavic, Ioan i 70
Stalin 29
Stefan III. der Große 278, 281,
    298, 303, 318
Stoß, Johann 151
Stoß, Veit 178
Strauß, Richard 70

Süleyman 64
Şincai, Gheorghe 56
Ştefan cel Mare 275

Tabacovici, Sevastian 74
Tekeli, Sava 72
Tenețchi, Stefan 74
Teutsch, Georg Daniel 169
Trajan 21, 185, 367
Tucholsky, Kurt 162

Unterberger, Michael 85
Ureche, Grigore 56

Vágó, József 96
Vágó, László 96
Vasile Lupu 320
Vidu, Ion 73
Vlad III. Ţepeş (Dracula) 130, 145,
    148, 202, 209, 246,
Vladislav I. Vlaicu 248
von Anjou, Karl Robert 156, 206
von Anjou, Ludwig 156
von Bethlen, Gabriel 138
von Braun, Wernher 147
von Brukenthal 120
von Brukenthal, Samuel 171
von Hunedoara, Iancu 181
von Salza, Hermann 121

Weismüller, Johnny 78
Weiß, Michael 125
Weißglas, Immanuel 46
Wiesel, Élie 111

Zaicu, Ioan 71
Zápolya, Johann 116, 162
Zugravul, Stefan 184

Ortsregister

Adamclisi 367

Agnetheln (dt. Agnita, ungar.
Szentágota) 136

Agîrbiciu (dt. Arbegen,
ungar. Egerbegy) 158

Akkerman 24

Alba Iulia (dt.
Karlsburg/Weißenburg,
ungar. Gyulafehérvár) 54, 174

Albeşti (dt. Weißkirch,
Fehéregyház) 145

Alt-Bukarest (Curtea Veche) 30, 225

Anina 89

Apoldu 54

Arad 18, 54, 66f

Arbore 280, 299

Axenter Sever (dt. Frauendorf,
ungar. Assonyfalva) 158

Babadag 380

Bacău 316

Baia 301

Baia Borsa 37

Baia de Aramă 262, 271

Baia Mare (dt. Frauenbach/Neustadt,
ungar. Nagybánya) 36, 103

Baia Sprie 104

Banat (rumän. Banatul) 16, 51,
54, 64

Basarabi 366

Baziaş 353

Bazna (dt. Baaßen,
ungar. Felsöbajom) 158

Bazoş 87

Bega 80

Berndorf 142

Bessarabien 43, 317

Bicaz 349

Biertan (dt. Birthälm,
ungar. Berethalom) 152

Bârşana 99, 110

Bistriţa (dt. Bistritz,
ungar. Besterce) 197

Bistriţa (Oltgebiet) 263

Blaj (dt. Blasendorf,
ungar. Balázsfalva) 159

Bocşa 89

Bodrogu Nou 73

Bogdan Vodă 113

Borsec-Paß 349

Borşa 109, 113

Borşa-Bäder (Baia Borşa) 109

Botoşani 332

Bozovici 90

Braşov (dt. Kronstadt,
ungar. Brassó) 123

Brâila 353, 383, 386

Buchenland 276

Bucureşti (Bukarest) 16, 30,
39, 45, 207f

Budeşti-Josani 110

Buftea 238, 240

Bukowina 276

Buziaş 90

Buzău 242

Băgaciu 54

Băile 1. Mai 99

Băile Govora 263

Băile Herculane 90

Băile Olăneşti 262

Bălineşti 280, 313

Cap Aurora 376

Castel Bran (dt. Törzburg,
ungar. Tórcsvár) 129

Cernavodă 353

Chilia 24

Chilia Veche 383

Chilia-Arm (rumän. Brațul Chilia, ukrainisch Kilija) 383
Câlnic (alte Schreibweise Cîlnic, dt. Kelling, ungar. Kelnek) 160
Câmpulung Moldovenesc 248, 278
Câmpulung Muscel (Cîmpulung alte Schreibweise, dt. Langenau) 248
Cârța (alte Schreibweise Cîrța, dt. Kerz, ungar. Kerc) 135
Cisnădie (dt. Heltau, ungar. Nagydisznód) 135
Cisnădioara (dt. Michelsberg, ungar. Kisdisznód) 133
Cluj-Napoca (dt. Klausenburg, ungar. Kolozsvár) 186
Colentina 237
Constanța (dt. Konstanza) 17, 18, 360f
Costești 20, 179
Costinești 376
Cotnari 54
Cozia 259
Coștiui 99
Craiova 35, 271
Cristian (dt. Grossau, ungar. Kereszténysziget) 160
Criș (dt. Kreisch, ungar. Keresd) 152
Criș (Fluß, dt. Kreisch, ungar. Körös) 94
Crișul Alb 73, 94
Crișul Repede 94, 186
Crăciunel 54
Csatád 75
Curtea de Argeș 38, 253
Cușiț 353
Czernowitz 46, 274
Căldărușani 238, 241
Călimănești-Căciulata 262
Cîncșor (dt. Kleinschenk, ungar. Kissink) 136
Dealu Frumos (dt. Schönberg, ungar. Lesses) 136
Densuș (dt. Densdorf) 184
Deseșt 110
Deva (dt. Diemrich, ungar. Déva) 181
Dâmbovița 237
Dârjiu (Dîrjiu alte Schreibeweise, dt. Dersch, ungar. Székelyderzs) 144
Dnjestr (rumän. Nistru) 274
Dobrogea (dt. Dobrudscha) 16, 26, 52, 55, 357f
Donau (rumän. Dunărea) 18, 35, 36, 274, 352
Donau-Schwarzmeer-Kanal 357
Donaudelta 26, 30, 52, 380
Donauebene 54
Dorohoi 45, 337
Dragomirna 310
Dragoș-Vodă-Reservat 348
Drobeta-Turnu Severin 354, 355
Dumbrăveni (dt. Elisabethstadt, ungar. Erzsébetváros) 152
Dumitra 54
Dunavaț-Kanal 383
Durău 349

Eforie 371
Eforie Nord 376
Eforie Süd 376
Eisernes Tor (rumän. Portile de Fier) 354
Feleacu 186
Fogarascher Gebirge (rumän. Munții Făgărașului, ungar. Fograsi-havasok) 17
Frâncești 263
Frumosu 291

Făgăraș (dt. Fogarasch,
 ungar. Fogaras) 137

Galați (dt. Galatz) 353, 385
Giurgiu 18, 356
Gradiște-Tal 179
Gura Humorulu 291
Gura Portiței 380
Guttenbrunn 75

Hațeg (dt. Hatzeg,
 ungar. Hátszeg) 183
Hațeger Land 183
Hârlau 331
Hârșova 358
Histria (Istria) 373
Hodoș-Bodrog 73
Homorod (dt. Hamruden,
 ungar. Homórod) 142
Humor 279, 280, 287f
Hunedoara (dt. Eisenmarkt,
 ungar. Vajdahunyad) 181
Hurez 264
Kloster Hurezu 38, 264
Huși 54
Hărlau 332
Hărman (dt. Honigberg,
 ungar. Szászhermány). 140

Iași 17, 45, 274, 318f
Ieud 108
Igriș, (dt. Egresch,
 ungar. Egres) 135
Ineu 73
Ipotești 332
Ismail 24
Iza 99

Jiu 35
Jiu-Tal (dt. Schiltal) 18

Judvei 54
Jupiter 376
Jurilovca 380

Kap Midia 370
Karpaten 17, 54
Karpatenbogen 17
Kladovo 355
Kleine Walachei 258
Kloster Agapia 343
Kloster Arnota 264
Kloster Bistrița
 (Neamț-Gebiet) 340
Kloster Neamț 344
Kloster Secu 348
Kloster Sihăstria 349
Kloster Topolnița 356
Kloster Văratec 343
Kreisch (Crișana) 16
Kurbad Rodbav (dt. Rohrbach,
 ungar. Nádpatak) 136
Lacul Roșu 349
Lechința 54
Lenaudorf 75
Lenauheim 75
Lipova 72

Mangalia 376
Maramureș (dt. Marmarosch,
 ungar. Máramaros) 16, 52, 99
Marginea 299, 300
Mediaș (dt. Mediasch, ungar.
 Medgys) 18, 154
Merghindeal (dt. Mergeln,
 ungar. Morgonda) 136
Meșendorf (dt. Meschendorf,
 ungar. Mese). 144
Mihail Kogălniceanu 43
Mogoșoaia 213, 239
Moisei 109

Moldau (Moldova) 16, 38, 50, 54, 274
Moldawien 274, 317
Moldoviţa 91, 279, 280, 291
Moneasa 73
Munar 74
Muntenien 54
Muntii Oaşului 99
Mureş (dt. Mieresch/Marosch, ungar. Maros 72, 114
Mureştal 18
Murfatlar 55
Măldăreşti 267
Mărăşeşti 315

Neamţ-Gebiet 274, 339
Neptun-Olimp 376
Nicoreşti 54
Nitzkydorf (Nißchidorf) 76
Nösnerland 197
Novaci 268
Nădlac 66

Ochrid 38
Ocna Sibiului (dt. Bad Salzburg, ungar. Vizakna) 160
Ocna Şugana 99
Ocnele Mari 262
Ocniţa 263
Odessa 46
Olt (dt. Alt) 258
Oltenien 54
Onceşti 99
Oradea 18
Oraştie (dt. Broos, ungar. Szászvaros) 179
Orşova 354

Panciu 54
Pasul Borsec (dt. Borsec-Paß) 195

Pasul Băniţa-Merişor 183
Pasul Prislop 110
Pasărea 238
Paşcani 331
Petroşani (dt. Petroschen, ungar. Petro zseny) 183
Peştera Liliecilor (Höhle der Fledermäuse) 268
Piatra-Neamţ 340
Pietrosul Rodnei 110
Pângăraţi 343
Pipirig 349
Pârân Petea (Peta-Bach) 99
Ploieşti 242
Plopiş 110
Plugova 90
Poiana Braşov (Schulerau), 129
Poienile Izei 109
Polovragi 267
Ponoare 271
Prahova-Tal 242
Prejmer (dt. Tartlau, ungar. Prázsmár) 138
Preslav 38
Prislop 17
Prislop-Berg 113
Proboţa 277, 279, 280, 302
Pruth 274
Putna ff 298
Păltiniş (Hohe Rinne) 173
Pătrăuţi 280, 311
Păuliş 73

Radna 72
Râmnicu Vâlcea 262
Rădăuţi 314
Râşca 280, 301
Râşnov (dt. Burg Rosenau, ungar. Rozsnyó) 129

Reghin (dt. Sächsisch-Regen/
    Sächsisch-Reen,
    ungar. Szászrégen) 195
Retezat 35
Retezat-Gebirge 183
Reşiţa (dt. Reschitza, ungar.
    Resicabánya) 44, 89
Rogoz 108
rumänische Ebene
    (Câmpia Română) 18
Rupea (dt. Reps,
    ungar. Köhalom). 144
Ruse 356
Ruşi (dt. Reußen,
    ungar. Rusz) 158

Salonta 73
Săpănţa 112
Sankt-Georgs-Arm
    (rumän. Braţul Sfântul Gheorghe)
    383
Sarmizegetusa Regia 179
Sarmizegetusa-Ulpia Traiana 185
Saschiz (dt. Keisd, ungar. Szászkézd)
    144
Satu Mare (dt. Sathmar,
    ungar. Szatmárnémeti) 74, 99,
    101f
Saturn 376
Scheia 307
Schiltal 35, 183
Schwarzes Meer 274
Schwarzmeerküste 370
Scueava 278
Sebeş (dt. Mühlbach,
    ungar. Szászsebes) 49, 160, 178
Seleuş, 73
Semenic-Gebirge 66, 90
Sibiu (dt. Hermannstadt,
    ungar. Nagyszeben) 39, 160

Siebenbürgen
    (dt. auch Transsilvanien,
    rumän.Transilvania/Ardeal,
    ungar. Erdély) 16, 114f
Sighetu Marmaţiei 113
Sighetu-Marmaţiei
    (ungar. Máramaros-Sziget 111
Sighişoara (dt. Schäßburg,
    ungar. Segesvár) 18, 145f
Silistra 357
Sinaia 242, 243
Sânmiclaus 158
Sânnicolau Mare 74
Siret (dt. Sereth) 313, 315
Siutghiol 371
Slatina 300
Slimnic (dt. Stolzenburg,ungar.
    Szelindék) 158
Snagov 238, 240
Solca 299
Someş (dt. Somesch,
    ungar. Szamos) 114
Strehlenau 75
Suceava 38, 276, 279, 303ff
Suceviţa 277, 280, 293f
Südbukowina 274
Sulina-Arm
    (rumän. Braţul Sulina) 383
Şeica Mare (dt. Marktschelken,
    ungar. Nagyselyk) 158
Şimleu Silvaniei 54
Şiria 73
Şoimoş 72
Şura Mare (dt. Großscheuern,
    ungar.Nagycsúr) 158
Şurdeşti 107

Tasaul 371
Tatlageac 371
Techirghiol 371, 377

Theiß 36, 37
Tigăneşti 238, 241
Timişoara (dt. Temeschwar/
    Temeschburg 17, 30, 43, 66, 77f
Târgovişte 30, 38, 244
Târgu Frumoş 331
Târgu Jiu 35, 269
Târgu Mureş (dt. Neumarkt,
    ungar. Vásárhely) 195
Târnava-Mare
    (dt. Grosse Kokel) 145
Tisa (dt. Theiß, ungar. Tisza,
    ukrainisch Tissa) 99
Tismana 38, 270
Transsilvanien 51, 54
Transsilvanische Pforte
    (Poarta de Fier a Transilvaniei) 185
Tulcea 353, 380
Turda (dt. Thorenburg,
    ungar. Torda) 186
Turnu Măgurele 353
Tărgu Mureş 42
Tărgu Neamţ 344f
Tîrnava Mare (Große Kokel) 114

Urlaţi 54

Valea Călugăreasca 54
Valea Viilor (dt. Wurmloch,
    ungar. Nagybaromlaka). 158
Vama Veche 370
Vaser 37
Venus 376
Viişoara 343
Vinţu de Jos (dt. Unterwinz,
    ungar. Alvinc) 179
Viscri (dt. Deutschweißkirch,
    ungar. Szászfehéregyháza) 145
Vişeu 99
Vişeu de Sus 91

Voroneţ 280
Voroneţ 280, 281f
Vylkove 383

Walachei (Ţară Româneasca) 16,
    38, 51, 206, 355
Waldkarpaten 99

Zabrani 75
Zemeş 242
Zlatiţa 353
Zlătoane-Seen 271

Trescher Verlag

Der Osteuropaspezialist

Armenien entdecken
3000 Jahre Kultur zwischen West und
Ost, 19.95 €

Estland entdecken
Die Fortsetzung Skandinaviens
im Baltikum, 16.95 €

Flußkreuzfahrten in Rußland
Unterwegs auf Wolga, Don, Jenissej
und Lena, 14.95 €

Georgien entdecken
Unterwegs zwischen Kaukasus
und Schwarzem Meer, 18.95 €

Kasachstan entdecken
Auf Nomadenwegen zwischen
Kaspischem Meer und Altaj,
14.95 €

Kirgistan entdecken
Zu den Gipfeln von Tien-Schan
und Pamir, 14.95 €

Kroatien entdecken
Unterwegs zwischen Istrien,
Slawonien und Dalmatien, 14.95 €

Litauen entdecken
Europas neuer Mittelpunkt
im Baltikum, 14.95 €

Masuren entdecken
Unterwegs im Land der Seen
und Wälder, 13.95 €

Montenegro entdecken
Zwischen Adria und Schwarzen
Bergen, 14.95 €

Moskau und Goldener Ring
Altrussische Städte an Moskva, Oka
und Volga, 19.95 €

Edeltraud Maier-Lutz

Flußkreuzfahrten auf dem Dnepr

Unterwegs zwischen Kiev und der Krim

Trescher-Reihe Reisen

Thea Kvastiani, Vadim Spolanski, Andreas Sternfeldt

Georgien entdecken

Unterwegs zwischen Kaukasus und Schwarzem Meer

Trescher-Reihe Reisen

**Trescher Verlag im Internet unter www.trescherverlag.de
mit ausführlichen Infos über alle unsere Bücher und Onlineshop**